国家社科基金项目(批准号:2019BKS140)研究成果
郑州大学马克思主义基本理论学科“双一流”建设项目支持

Moral Beliefs and Legal Culture

道德信仰与法治文化

魏长领 著

河南人民出版社
·郑州·

图书在版编目（CIP）数据

道德信仰与法治文化 / 魏长领著. -- 郑州 ：河南人民出版社，2024. 12. -- ISBN 978-7-215-13733-2

Ⅰ. D64

中国国家版本馆 CIP 数据核字第 2024E3Z353 号

河南人民出版社出版发行

（地址：郑州市郑东新区祥盛街 27 号 邮政编码：450016 电话：0371-65788055）

新华书店经销　　河南锦华印务有限公司印刷

开本　710 mm×1000 mm　1/16　印张　20. 75

字数　320 千

2024 年 12 月第 1 版　　2024 年 12 月第 1 次印刷

定价：69. 00 元

前　言

党的十八届四中全会通过的《中共中央关于全面推进依法治国若干重大问题的决定》指出,全面推进依法治国的总目标是建设中国特色社会主义法治体系,建设社会主义法治国家。该决定把坚持依法治国和以德治国相结合,作为实现总目标必须坚持的五个原则之一。强调国家和社会治理需要法律和道德共同发挥作用,既重视发挥法律的规范作用,又重视发挥道德的教化作用。以法治体现道德理念,强化法律对道德建设的促进作用;以道德滋养法治精神,强化道德对法治文化的支撑作用,实现法律和道德相辅相成、法治和德治相得益彰。习近平总书记强调指出:"一方面,道德是法律的基础,只有那些合乎道德、具有深厚道德基础的法律才能为更多人所自觉遵行。另一方面,法律是道德的保障,可以通过强制性规范人们行为、惩罚违法行为来引领道德风尚。……发挥好道德的教化作用,必须以道德滋养法治精神、强化道德对法治文化的支撑作用。"①在学习和领悟《中共中央关于全面推进依法治国若干重大问题的决定》与习近平总书记关于强化道德对法治文化的支撑作用思想的基础上,本人于2019年以"中国特色社会主义法治文化建设的道德支撑问题研究"为题申报国家社科基金项目,获批立项。本书是在该项目最终研究成果的基础上修改完善而成的。

本书旨在深入研究法治文化的内涵和功能,以及道德的内涵、特点和功能,在此基础上揭示道德与法律、道德与法治文化的关系。不仅从历史的视角、分析的视角、哲学的视角等不同角度探讨法律与道德的关系,而且进一步从权利与义务及其关系的视域下,通过分析权利与义务、法律权利与道德

① 习近平:《加快建设社会主义法治国家》,《求是》2015年第1期。

权利、法律义务与道德义务及其关系，分析法律与道德的关系，指出法律与道德在起源和发展上的相互联系，道德与法律相互渗透、相互转化；法治与德治相辅相成，道德和法律历来是维护社会秩序的两种软硬相济的手段，且有着共同的价值诉求。

本书对中西方文化发展史中道德与法治文化的关系进行了考察和分析。道德和法律共同建基于封建宗法等级制度，共同维护中国传统社会的秩序。这种文化模式的积极方面包括："礼法并用""德主刑辅"维护社会长治久安；"敬德保民""明德慎罚"体现中国传统德法文化的人文性质；"子帅以正""为政以德"的政治道德观，强调从政者的道德素养是政治和法律的基础等。其消极方面包括：维护宗法等级制度的礼治（礼、德、法混合）文化阻碍了"法律面前人人平等"，君权神授、"天不变道亦不变"的君主专制和"三纲五常"阻碍了法治的民主化，法典的刑事性和刑法的刑罚性阻碍了现代法治精神的生成和培育，道德法律化和法律道德化（道德化的法律）阻碍了法律、法治的独立发展等。本书对西方法治文化与道德之关系进行了历史考察，将西方法治文化与道德之关系的历史分为四个阶段：古希腊罗马时期、中世纪、近代（文艺复兴时期至19世纪）、现当代（19世纪末至今）。最后分析了现代自然法发展的代表人物富勒关于法律与道德的思想。富勒认为，人类社会要建立秩序，特别是良好的秩序，离不开规则，而任何规则都与所在社会人们的道德有关，都包含道德因素，法律规则就是义务的道德的派生物，是义务的道德的法律化。正因为如此，法律离不开道德且具有道德性，不具有道德性的法律就不再具有法律的权威或效力。

本书回顾了中国社会主义法治文化建设历程及历史启示，该历程分为三个时期：新中国成立到改革开放，这是社会主义法治文化的曲折发展时期；改革开放到党的十八大，这是社会主义法治文化的拨乱反正与发展时期；新时代中国特色社会主义法治文化建设时期。本书探讨了新时代中国特色社会主义的时代特征及其对法治文化建设提出的更高要求和价值诉求，并进一步分析了新时代中国特色社会主义法治文化建设道德支撑的内在机理，从法治国家、法治政府、法治社会一体建设和依法治国、依法执政、依法行政的统一层面系统研究法治文化建设的总体诉求，把道德之善融入法治之理的具体要求。

本书提出了如何以道德支撑新时代中国特色社会主义法治文化建设的路径和对策：其一，立法要体现社会主义道德要求。要恪守以民为本、立法为民理念，要科学立法、民主立法、依法立法，要把公正、公平、公开原则贯穿立法全过程，要把实践中广泛认同、较为成熟、操作性强的道德要求及时上升为法律规范。其二，要提高执法人员和司法人员的道德素质。建立和完善行政伦理规范体系，加强其道德教育和道德修养，提升其综合素质和人文情怀。其三，以道德滋养全民的法治信仰。充分发挥道德在培育人们法治信仰上的作用，把法治文化建设纳入公民道德建设工程、社会信用体系建设中，增强法治的道德底蕴、强化规则意识，倡导契约精神、弘扬公序良俗，营造全社会讲法治、重道德的良好环境。法治信仰培育要注重内省型模式和外源型模式相结合，传承和转化中华传统法律文化的精华。其四，发挥领导干部道德在法治文化建设中的关键作用。领导干部应该深入学习并宣传贯彻习近平法治思想，高度重视社会主义法治文化建设，努力成为全社会的道德楷模，筑牢“不想腐”的道德堤坝，加强政德修养，树立正确的权力观。其五，法治文化建设应该贯彻社会主义核心价值观。核心价值观既是个人的德，也是一种大德，要推动社会主义核心价值观融入法治文化建设。其六，通过社会诚信体系建设促进法治文化建设。打造诚信政府，以此带动社会诚信体系建设；制定切实可行的工作人员道德规范，加快政府诚信立法和失信赔偿立法进程；真正落实政务公开，加强政府诚信监督机制和体系建设。

从整体上看，本书分为四个部分：第一部分（第一、二章）是学理分析，对道德支撑法治文化建设的基本概念、基本理论问题进行学理分析。第二部分（第三、四章）是历史借鉴，是对中国传统文化中法与德、法治与德治、法治文化与道德文化之关系的考察和反思；并对西方法治文化与道德之关系进行历史考察。第三部分（第五、六章）是时代研究，简要回顾中国社会主义法治文化建设历程；分析新时代中国特色社会主义法治文化的时代特征与价值诉求。第四部分（第七、八章）是问题分析和对策探讨，分析新时代中国特色社会主义法治文化建设的道德支撑所面临的问题及其根源；并探讨在新时代中国特色社会主义法治文化建设过程中发挥道德支撑作用的具体路径、对策和措施。全书呈现“学理分析→历史借鉴→时代考察→问题分析和对策探讨”的内在逻辑和框架结构。

目　录

第一章　法治文化的内涵、要素及功能

党的二十大报告明确指出，我们要坚持走中国特色社会主义法治道路，建设中国特色社会主义法治体系、建设社会主义法治国家，围绕保障和促进社会公平正义，坚持依法治国、依法执政、依法行政共同推进，坚持法治国家、法治政府、法治社会一体建设，全面推进科学立法、严格执法、公正司法、全民守法，全面推进国家各方面工作法治化。在全面推进社会主义法治国家建设的过程中，法治文化建设具有极其重要的地位。在社会主义法治国家建设的各个环节，如果没有法治文化的精神引领和内在保障，就会走偏方向，就会缺乏精神动力。深入分析法治文化的内涵、要素及功能，进而分析中国特色社会主义法治文化建设中的道德支撑问题，对法治中国建设具有重要意义。

第一节　文化与法治文化

习近平总书记强调指出："全面推进依法治国需要全社会共同参与，需要全社会法治观念增强，必须在全社会弘扬社会主义法治精神，建设社会主义法治文化。"[①]什么是文化？什么是法治？什么是法治文化？什么是社会主义法治文化？这些是文明研究社会主义法治文化建设必须要弄清楚的问题。

① 习近平：《加快建设社会主义法治国家》，《求是》2015年第1期。

一、文化的内涵

什么是文化？在学术研究中，“文化”一词出现的频率较高，相关定义众说纷纭。在我国古代，“文化”有“文治与教化”之意。早在《易经》中就有“观乎天文，以察时变；观乎人文，以化成天下”的说法。由此，汉语言中出现的“人文化成”一词，应是“文化”的最初形态。“文化”一词最初源自拉丁文Colere，在现代汉语中，其最早出现于20世纪初，由欧洲经日本传入中国，含义为发展、教育、耕作、尊重等。具体来说，指代礼仪风俗、生活习惯等。之后，随着时间的推移，逐步演变为个人素质和社会中的知识、思想、文艺作品等，并引申为整个社会生活。现代意义上的“文化”概念于1887年首次提出，源自英国文化人类学之父爱德华·泰勒的著作《原始文化》(*Primitive Culture*)一书。“所谓文化或文明，就其广泛的民族学意义而言，它是一种复合体，它包括了作为社会成员的人所掌握和接受的所有知识、信仰、艺术、道德、法律、风俗以及其他任何才能和习惯。”①这是目前人类学界普遍接受的一种较为权威的学术解释，也为后来的“文化”概念的界定，提供了基本遵循和价值指导，其影响一直持续至今。

1999年，中国出版的《辞海》对“文化”的定义是：“广义指人类在社会实践过程中所获得的物质、精神的生产能力和创造的物质、精神财富的总和。狭义指精神生产能力和精神产品，包括一切社会意识形式。例如自然科学、技术科学、社会意识形态。有时又专指教育、科学、文学、艺术、卫生、体育等方面的知识与设施。”②

尽管很难界定一种为大家所共同接受的文化定义，但其基本内涵却是一致的，即文化是一种社会现象，是人们长期创造形成的产物，同一种文化具有相同的特征。同时，文化又是一种历史现象，文化可以以物质或精神形态传承，是社会历史的积淀物，也是一种心理沉淀。文化涵盖了诸多范畴，包括民族或国家的地理、历史、文学艺术、风土人情、民俗习惯、制度体系、思

① ［英］泰勒：《原始文化》，蔡江浓译，浙江人民出版社1988年版，第1页。
② 夏征农编：《辞海》，上海辞书出版社1999年版，第4365页。

维方式等。文化是人类思想的表现和文明的结晶，其根本作用在于促进社会的文明和进步，促进人的全面自由发展。

二、法治的内涵

“法治”是相对于“人治”而言的，是一种不同于人治的治国理政的方略、策略，其英文解释为“rule of law”。根据“法治”的字面含义，法治就是法律之治，或者说，如何利用法律进行国家治理。在《辞海》中，对“法治”一词的解释主要有两种：一种是指中国古代法家以法治国的政治主张，如商鞅、韩非子所提倡的家国制（指国家和集体，权利和权力属于占极少数的统治阶级）；另一种是指资产阶级宣扬法治主义的政治主张（指个人觉醒，突出个人权利，权利和权力属于全体民众），提倡法律至上、三权分立等。在中国学界，亚里士多德关于法治的经典定义较为普遍地被接受。在《政治学》中，亚里士多德指出：“我们应该注意到邦国虽有良法，仍然不能实现法治。法治应当包含两重意义：已成立的法律获得普遍的服从，而大家所服从的法律本身又应该是制定得良好的法律。”①从亚里士多德的论述中可以看到，法治包含两个方面的含义：一是所立之法律须是良法；二是所立之法应至高无上，被普遍遵守。随着历史的发展，亚里士多德的法治思想被赋予越来越丰富的内涵，法治思维、法治方式、法治精神、法治意识、法治价值越来越被内含于“法治”之中。法治是法治现代国家治国理政的最基本方式，也是现代社会核心价值的最鲜明体现。法治强调依法治国、依法行政、依法执政，强调法律权威、法律至上、法律面前一律平等、权利保障与权力制约等价值、原则和精神，具有形式意义上的法治和实质意义上的法治之分。法治是一种与人治相对立、与德治相补充的政治主张与施政方式。我们所提倡的法治是形式法治和实质法治的统一，它应该包含良法和善治两个方面的内容。良法是法治的先决条件，善治是法治的宗旨。良法是指那些符合公平正义要求的、能够反映社会发展规律的、能够反映最广大人民群众的意愿和利益的法律。只有好的法律才能让百姓最大限度地认同，法治的效果才能得到最

① ［古希腊］亚里士多德：《政治学》，吴寿彭译，商务印书馆 1981 年版，第 202 页。

大发挥。善治就是要通过法治,切实保障法律赋予人民管理国家与社会各项事务的权力,并通过民主法治化对国家与社会管理事务进行治理。法治的本质在于人民对良法的普遍遵循。

因此,我们所界定的法治就是以民主政治为前提,以法律至上性和权威性为核心,以权力制约为根本,以权利保障为方向的国家治理模式、管理机制、秩序状态和价值观念,是自由、平等、民主、文明、秩序等的完美结合,是人类社会发展、文明进步的内在要求和必然结果。

三、法治文化的内涵

如前所述,"文化"在人类发展史上是一个不断丰富的过程,也是一个不断创新的过程,人类的实践不断赋予"文化"以新的内涵,也不断创造出各种新的文化类型。不同的文化,如政治文化、科技文化、社会文化、生态文化等,都是人类创造的物质和精神上的成就。这里所讲的法治文化,就是其中的一种。单从字面上来看,"法治文化"是"法治"与"文化"的结合,体现了二者的相互融合、有机互动,这就要求我们既要从文化的视野来构造法治,也要用法治的理念来丰富文化。

关于法治文化的内涵,中国学界已有相关研究基础。大体来说,代表性观点可以概括为观念说、现象说和体系说。关于观念说,其中最为普遍的观点认为法治文化是一种与人治文化相对立的先进文化。比如张文显认为,法治文化就是法治的精神构成。① 孙育玮认为,法治与法治文化密切相关,体现了法治的基本理念、精神和原则,是与人治文化相对立存在的进步文化形态,其本质是一种关于法的文化共识、价值取向和行为方式。② 在陈仲看来,法治文化是指先进的、文明的法律文化,既包括先进的法治物质存在方式,也包括人们的一种科学的法律思维方式和法治生活方式。③ 此外,王曼倩认为,法治文化主要表现为与法治有关的心理、意识、观念、思想、价值观

① 参见张文显:《法治的文化内涵——法治中国的文化建构》,《吉林大学社会科学学报》2015年第4期。

② 参见孙育玮:《和谐社会法治文化命题的理论与实践》,《法学》2006年第6期。

③ 参见陈仲:《法律文化与法治文化辨析》,《社科纵横》2009年第9期。

等精神形态。[1] 关于现象说，以刘斌和李林为代表。刘斌认为，法治文化就是法治社会呈现出来的一种文化状态和精神风貌。[2] 在李林看来，从广义上说，法治文化是一个国家中由法治理念、法治精神、法治价值、法治思维、法治理论、法治意识等精神文明成果，法律制度、法律规范、法治措施等制度文明成果以及自觉执法守法等行为方式共同构成的一种文化现象和法治状态；从狭义上说，法治文化是关于法治精神文明成果和法治行为方式相统一的文化现象和法治状态。[3] 关于体系说，李德顺教授认为，法治文化是基于市场经济，围绕法治核心概念，以民主为实质的社会文化体系。[4] 刘作翔认为，法治文化不仅涵盖法律规范、法律制度、法律组织机构和法律设施等，还包括法律观念、法律精神、法律思想、法律价值体系等。[5] 沈国明认为，法治文化的核心是法治理念和法治思维模式，还包括法治运行机制和法治软硬件条件，以及法治实践活动。[6]

结合相关研究，我们可以尝试对"法治文化"的内涵进行界定，即法治文化就是在法治建设过程中，经过长期历史沉淀而形成的，人们对法治所持有的共同价值观念、追求、思维方式、信仰等，与相应衍生出的法律制度、实践活动、物质成果的总和。可以看出，法治文化不仅包括精神层面的要素，还包括制度层面和物质层面的要素。

法治文化作为一种进步的文化形态，与人治文化和专制文化相对立，其特点是：

第一，超前性。法治文化是人类社会由野蛮状态迈向文明社会的重要表现内容。正是法治的出现，人类社会变得有序且可控，开始向文明状态演变。亚里士多德曾说过："凡是不凭感情因素治事的统治者总比感情用事的人们较为优良。法律恰正是全没有感情的；人类的本性（灵魂）便谁都难免

---

① 参见王曼倩：《多元主体互动的法治文化建设》，《中共中央党校学报》2021 年第 4 期。
② 参见刘斌：《中国当代法治文化的研究范畴》，《中国政法大学学报》2009 年第 6 期。
③ 参见李林：《社会主义法治文化概念的几个问题》，《北京联合大学学报》2012 年第 2 期。
④ 参见李德顺：《法治文化论纲》，《中国政法大学学报》2007 年第 1 期。
⑤ 参见刘作翔：《法治文化的几个理论问题》，《法学论坛》2012 年第 1 期。
⑥ 参见沈国明：《中国社会主义法治文化的历史回溯和进路》，《学术月刊》2022 年第 9 期。

有感情。”[1]在亚里士多德看来，法治显然优于人治，他认为法律是没有感情的智者，是众人智慧的体现，所以用法律来治理社会更能得到公正的结果，而人类受感情因素的制约，难免受到人性和私情的影响，因此在治理国家时容易陷入偏见和自私。所以，他又说道：“要使事物合乎正义（公平），须有毫无偏私的权衡；法律恰恰是这样一个中道的权衡。”[2]从中可以看出，法治是一种有效的治理方式，而这种治理方式相对于人治的方式更为先进。相应地，法治文化是一种先进的文化，它是优于人治文化的文化形态。

第二，制度性。理性的法治观念是法治文化的内核，而这种观念的外在表现形式是理性制度。法律制度本质上是通过制度的建构，来对包括私权和官权在内的专制权力进行限制。通过公法制度的建立，将政府官员的权力进行限制或约束，以保障私人权益领域免受不恰当侵损，以此来消解政府的专权与独断，使人民免受暴政之苦。[3] 只有以制度为基础来进行国家治理，才能真正展现法治理性的一面。因此，法治文化其实是建立在理性化的基础之上，不因任何人主观意志的变化而变化，不因统治者的改变而改变的一种理性制度文化。

第三，渗透性。法治文化作为人类文化的一种，具有约束人、教育人、引导人、陶冶人、塑造人的化人功能，一旦被接受，就会对人的价值取向和行为方式产生潜移默化的影响，进而渗透到整个社会，营造出一种浓厚的法治氛围，使处于此环境中的人都会或多或少地受到感染。在作用范围上，法治文化不仅作用于精神领域，还体现在包括立法、执法、司法、守法等各个环节在内的制度、物质、行为等各个方面，可谓在社会各个角落渗透、影响着每一个人。

四、社会主义法治文化

中国的社会主义法治文化，既有法治文化的共同特征，也有独特的价值

① ［古希腊］亚里士多德：《政治学》，吴寿彭译，商务印书馆 1981 年版，第 166 页。

② ［古希腊］亚里士多德：《政治学》，吴寿彭译，商务印书馆 1981 年版，第 173 页。

③ 参见［美］博登海默：《法理学——法哲学及其方法》，邓正来、姚姬武译，华夏出版社 1987 年版，第 224 页。

内涵，主要表现在以下几个方面：

其一，社会主义法治文化的价值基石是民主法治。法治文化首先应该是民主文化，法治是民主的表达形式和实现形式。民主是法治的基础，也是法治的价值保证。中共中央办公厅、国务院办公厅 2021 年印发的《关于加强社会主义法治文化建设的意见》指出，社会主义法治文化建设的原则之一就是要坚持以人民为中心，做到坚持为民所用、依靠人民群众、不断满足人民群众需求。社会主义法治文化的价值基石——民主法治，在法治文化的价值诉求中居于基础地位。民主，即“多数人的统治”，针对的是“专制”，其本质是社会治理的最终决定权不是依靠个人，而是掌握在全体人民的手中，所以要始终坚持人民的主体地位，不能搞“独裁”。“人民民主是社会主义的生命”这一论断，在揭示民主与社会主义紧密联系的同时，也提出了社会主义法治的最根本要求。缺少了民主就不是真正的社会主义，也就不存在社会主义法治文化。

其二，社会主义法治文化的价值追求是自由平等。建设社会主义法治国家，重视和培育“自由”的价值取向尤为重要。当然，“自由”并不是说可以随心所欲、无所限制，恰恰相反，每个人的自由都是以法律允许为前提的自由，只有这样，社会才能维持稳定的秩序，人们才能更大程度地实现自由。“平等”是社会主义法治的基本属性，任何组织和个人都必须依照法律规定从事活动，必须维护宪法法律权威性，必须依法行使权利和履行义务，不享有超越法律的任何特权。自由平等是人类文明的发展目标，是法治建设的内在要求，也是社会主义法治文化的价值基础。

其三，社会主义法治文化的价值内核是公平正义。千百年来，人们始终把公平正义视为一种美好的社会愿望和目标。党的二十大报告中指出：“我们要坚持走中国特色社会主义法治道路，建设中国特色社会主义法治体系、建设社会主义法治国家，围绕保障和促进社会公平正义，坚持依法治国、依法执政、依法行政共同推进，坚持法治国家、法治政府、法治社会一体建设，全面推进科学立法、严格执法、公正司法、全民守法，全面推进国家各方面工作法治化。”①同时，还要“加快建设公正高效权威的社会主义司法制度，努力让人民群众在每一个司法案件中感受到公平正义”②。中国作为人民当家作主的社会主义国家，一切权力理应属于人民，一切权力都应该以人民利益为出发点。法治文化的构建，当务之急是要实现人民群众的权利公平，不应有任何的偏向。同时，法治文化建设要追求机会公平，使社会成员通过自身努力获得真正有效的发展空间，使自身能力得到最大限度的发挥，从而在实现机会平等的社会中拥有公平的发展机会。而且，社会主义法治文化建设要实现规则公平。规则公平的要义在于，能够根据公平正义的原则，制定出公平的规则，并以权利公平与机会公平同步地推进，使全社会都能自觉地、主动地遵守规则。还应该强调的是，诚实守信是社会主义法治文化的价值支撑。“人无信则不立，国无信则必衰。”诚信为本，这是中华民族的传统美德。在全面推进依法治国、倡导法治文化建设的今天，更应注重发挥社会成员诚实守信的重要价值支撑作用，为法治社会建设保驾护航。《中共中央关于全面推进依法治国若干重大问题的决定》提出，“加强社会诚信建设，健全公民和组织守法信用记录，完善守法诚信褒奖机制和违法失信行为惩戒机制，使尊法守法成为全体人民共同追求和自觉行动”③。社会治理法治化，必须建立在全社会成员诚实守信的基础上，只有社会成员在社会交往中的言行真实可靠，言出必行，良好的社会秩序才能获得实现的前提和基础。

第二节　法治文化的基本要素

法治文化的基本要素包括诸多方面，大致可分为三个层面，分别是精神层面的法治文化、制度层面的法治文化和物质层面的法治文化，其中每个层

① 习近平：《高举中国特色社会主义伟大旗帜　为全面建设社会主义现代化国家而团结奋斗——在中国共产党第二十次全国代表大会上的报告》，《人民日报》2022年10月26日，第1版。

② 习近平：《高举中国特色社会主义伟大旗帜　为全面建设社会主义现代化国家而团结奋斗——在中国共产党第二十次全国代表大会上的报告》，《人民日报》2022年10月26日，第1版。

③ 《中共中央关于全面推进依法治国若干重大问题的决定》，《人民日报》2014年10月29日，第1版。

面又包含着多个要素。

一、精神层面的法治文化

精神层面的法治文化至少包括法治精神、法治理念、法治价值、法治观念、法治思维和法治信仰。

(一)法治精神

法治精神是法治文化的内层结构,处于法治文化整体结构中的深层位置,可谓是精神层面法治文化的精髓,对整个法治文化的性质和走向具有根本性影响。郝耀武、孙长春认为,“法治精神是人们对法治理想及其价值目标的主观把握,是对法治的认识、情感和意志等各种心理要素的有机综合”①。张文显认为,“‘法治精神’是一个融法治的善治精神、民主精神、人权精神、公正精神、理性精神、和谐精神等为一体的科学命题”②。曾获、龚雄亭认为法治精神的核心要素应分为法律主治精神、人民主治精神以及平等主治精神。③ 高振强将法治精神分为两个部分:最基本的法治精神与追求良法善治的法治精神,前者包含了法律至上、人民意志至上之原则,后者包含了民主自由、尊重保护人权、公平正义、监督制约公权力等价值实践。④ 江必新将法治精神的价值内核概括为规则治理与良法善治、自由人权与平等和谐、官民共治与全民守法、积极履责与制约公权、惩恶扬善与以人为本、公平正义与效率效益这六对相辅相成又相互制约的范畴。⑤ 法治精神既包括法治所追求的最高价值取向,也包括法治实现其最高价值的基本方式,还包括人们对法治中国价值目标及其实现方式的主观把握。因此,在所有的法治实践中,都需要法治精神。当法治成为人的精神组成部分,人就会对法治产生认同、信任、信仰,并善于运用法治思维和法治方式。可见,精神就是“实质”,精神就是“要害”,把握住精神才能把握住事物的关键。法治精神就是

① 郝耀武、孙长春:《论现代法治精神》,《行政与法》2009 年第 9 期。
② 张文显:《贯彻十七大精神发展改革中国法学教育》,《中国大学教学》2008 年第 2 期。
③ 参见曾获、龚雄亭:《法治精神和法治意识的核心意蕴及当代价值》,《甘肃理论学刊》2017 年第 4 期。
④ 参见高振强:《论法治精神的逻辑内涵和外延》,《贵州社会科学》2009 年第 5 期。
⑤ 参见江必新:《法治精神的属性、内涵与弘扬》,《法学家》2013 年第 4 期。

发展的“实质”、法治的“要害”,把握法治精神才能掌握法治的“关键”。

习近平总书记在《弘扬法治精神,形成法治风尚》一文中全面、深刻阐述了社会主义法治精神,明确提出,“法治精神是法治的灵魂。人们没有法治精神、社会没有法治风尚,法治只能是无本之木、无根之花、无源之水”,“使法必行之法就是法治精神。从客观上说,法治也并不体现在普通民众对法律条文有多么深透的了解,而在于努力把法治精神、法治意识、法治观念熔铸到人们的头脑之中,体现于人们的日常行为之中。这包括培养人们的理性精神、诚信守法的精神、尊重法律权威的精神、权利与义务对称的精神、依法维权和依法解决纠纷的习惯等等”①。社会主义法治精神是坚持以人民为中心的法治精神。党的二十大报告提出:“坚持以人民为中心的发展思想。维护人民根本利益,增进民生福祉,不断实现发展为了人民、发展依靠人民、发展成果由人民共享,让现代化建设成果更多更公平惠及全体人民。”②社会主义法治精神是治理公权、保护民权的精神,也就是崇尚法治、反对特权的精神,内含权利、平等、自由、公平、正义等价值理念,是我们建设法治国家、法治政府、法治社会不可或缺的力量。社会主义法治反映和代表着人民群众所追求的利益和要求,符合人民民主的社会主义根本原则,构成了中国社会主义法治文化的价值根基。无论在法治理论还是法治实践中,只有充分展现出中国法治的主体是全体人民,以法治保障全体人民的共同利益,才能使“法律至上”“法律面前人人平等”“权利与义务统一”等价值理念被人民所认可和接受,从而使社会主义法治精神成为人民内心的需求和共识。

是否具有法治精神,是衡量是否形成法治文化氛围的一个重要指标。精神的力量是巨大的,只有具备强大的关于法治的精神力量,才能够制定出良法、良制,为法治文化的建设打下坚实的基础。具有法治精神,执法人员和司法人员才会在执法过程中,严格依据法律法规治理国家和社会事务。具有法治精神,公民才会遵守法律、信仰法治并运用法治这一维护权益的方

① 习近平:《之江新语》,浙江人民出版社2007年版,第205页。

② 习近平:《高举中国特色社会主义伟大旗帜 为全面建设社会主义现代化国家而团结奋斗——在中国共产党第二十次全国代表大会上的报告》,《人民日报》2022年10月26日,第1版。

式,才能最终形成社会良好的法治文化氛围。由此可见,法治精神渗透在法治价值和法治实践的各个环节,是贯穿整个法治过程的精神因素。

（二）法治理念

“理念”一词来自古希腊的 ider 和 eidos,在中国除被译为“理念”外,也被译为概念、观念、原型、模式、范型等。作为哲学范畴,在古希腊著名哲学家柏拉图那里成为一个最重要的概念,被视为事物的本原、原型、完美状态,体现事物的一般本质和真实存在。“18、19 世纪时,德国人康德和黑格尔将哲学与法律相联系时提出了‘法律理念’这一专门术语,从纯文化、纯精神的角度对法律作出最根本的和最全面的高度抽象与概括。”①后来,先后出现了“法律理念”“法制理念”“法治理念”等概念。一般说来,法律理念是指人们对法律现象、法律原则、法律体系、法律模式、法律信仰、法律实践、法律文化及价值取向的宏观性、整体性反思而构建的理性图形。而法制往往是指一个国家的法律制度之存在和运行的具体内容,是实在的法。因此,法治理念侧重于对一个国家的实在法和法律制度的理解和把握。法治是一种与人治相对应的治国方略,是所有社会成员应该遵循的原则——依法办事原则,是一种民主的政治制度模式,是一种理想的社会状态和社会秩序。因此,法治理念是指法治所内在要求的一系列观念、信念、理想和价值的集合体,是社会对法治的理性认识,是对一种良好法律秩序状态的精神追求。②

社会主义法治理念,是对社会主义法治性质、法治功能、法治价值取向、法治实现方式等基本问题的集中概括和系统理解。简单地说,社会主义法治理念至少应包括以下几个方面。

一是坚持党的领导理念。习近平总书记指出,“党的领导是推进全面依法治国的根本保证”③,“全面依法治国决不是要削弱党的领导,而是要加强和改善党的领导。要健全党领导全面依法治国的制度和工作机制,推进党的领导制度化、法治化,通过法治保障党的路线方针政策有效实施。要坚持依法治国和依规治党有机统一,确保党既依据宪法法律治国理政,又依据党

① 徐莉:《和谐社会中公民的法律理念》,厦门大学出版社 2009 年版,第 8 页。

② 参见徐莉:《和谐社会中公民的法律理念》,厦门大学出版社 2009 年版,第 8—10 页。

③《习近平谈治国理政》(第四卷),外文出版社 2022 年版,第 287 页。

内法规管党治党、从严治党”[①]。党的领导是依法治国的方向和力量的保障，依法治国是党的领导制度化、法治化的途径，是党依法执政的内在要求。

二是民主理念和“以人民为中心”理念。社会主义法治要坚持以人民为中心，坚持民主与法治相统一，坚持党的领导、人民民主和依法治国相结合。习近平法治思想将“以人民为中心”作为“十一个坚持”之一，充分体现了中国共产党的马克思主义法治观，同时也是对马克思主义法治观的发展。习近平总书记强调指出：“要始终坚持以人民为中心，坚持法治为了人民、依靠人民、造福人民、保护人民，把体现人民利益、反映人民愿望、维护人民权益、增进人民福祉落实到法治体系建设全过程。”[②]“以人民为中心”的法治理念进一步将人的“主体地位”深化为人的“中心地位”，并注入了“为了人民”“保护人民”“依靠人民”“造福人民”等丰富内涵。[③] “以人民为中心”强调了人民在社会主义法治中的主体地位，强调了人民民主是社会主义法治的政治基础。社会主义法律是人民共同制定的，中国制定法律的机关——人民代表大会，是代表全体人民行使国家权力的国家权力机关。而通过立法机关制定的宪法和法律则集中体现了公民的基本权利和根本利益。因此，推进社会民主、政治民主，保障民主权利落到实处，成为社会主义法治理念的基本内容之一。

三是法律权威理念。树立法律真正的权威是建立法治国家的基本前提，如果仅仅制定了法律，而没有人去尊重和遵守，那么法律就会成为一纸空文，失去权威性。法律一旦丧失权威，就可能造成“人人为所欲为”的局面，人们即便违法也不会受到法律的惩罚，法律变成摆设，这显然违背了法治社会的要求。需要注意的是，树立正确的法治理念与讲党性、讲共产主义道德并不矛盾，因为它们有着共同的目标，即维护社会主义国家中人民的根本利益。

四是执法司法公正理念。执法和司法公正是法律的价值目标和实施法

---

① 《习近平谈治国理政》（第四卷），外文出版社 2022 年版，第 288 页。

② 《习近平谈治国理政》（第四卷），外文出版社 2022 年版，第 301 页。

③ 参见张演锋：《习近平“以人民为中心”法治理念与法治国家的双重面向》，《华东政法大学学报》2021 年第 6 期。

律的基本要求，人们向往和尊重法律主要也是由于法律具有公正的价值和作用。但是，法律公正的内容往往是通过具体的执法和司法活动来体现的。在社会主义国家，能否做到执法、司法公正，关系到执政党的形象，关系到国家机关在人民群众心目中的地位，这是一个十分重要的问题。社会赋予执法机关和司法机关最神圣的职责，就是确保执法、司法公正。因此，执法和司法公正是对执法和司法行动最本质的要求，同时也是赢得人民群众的公信力支持和提高司法效率的唯一路径。

五是普遍守法理念。普遍的守法观念包括法律面前人人平等、有法必依、执法必严、违法必究等内容。要做到普遍守法，关键是要坚持法律面前人人平等的原则，在法律面前，不论职务多高、权力多大、资历多老，只要触犯了国法，都要受到相应的追究，不能有任何例外。

（三）法治价值

法治价值就是实施法治所追求的目的与目标，是实施法治的合理性、优越性与必然性所在，是法治文化的灵魂和精神基础。随着人类社会的发展进步，法治在全世界日趋取代人治、神治而成为一种被普遍认可的治理方式与文明形式，原因在于法治所追求的价值及其实现的方式具有合理性和优越性。

当代美国著名法学家博登海默认为，法律、法治有两个目的，一个是秩序，一个是正义。秩序是法律、法治的形式目的，正义是法律、法治的实质目的。二者是统一的，外在的秩序必须体现内在的正义。正义比秩序更根本，不体现正义的秩序决不是好秩序，也不是法律、法治追求的秩序。正义所关注的是法律规范、法律制度的实质目的和内容，是法律规范和法律制度“对人类的影响以及它们在增进人类幸福和文明建设方面的价值”，“从最为广泛的和最为一般的意义上讲，正义的关注点可以被认为是一个群体的秩序或一个社会的制度是否适合于实现其基本的目标”，而“满足个人的合理需要和主张，并与此同时促进生产进步和提高社会内聚性的程度——这是维续文明的社会生活所必需的——就是正义的目标”。[①] 在博登海默看来，法律、法治必须追求和体现正义价值，并在此基础上建立和维持社会秩序。法律追求在同时防止和限制无政府主义和专制主义之间寻求一种平衡的、良好的社会秩序。博登海默认为：“法律在本质上是对专断权力之行使的一种限制，因此它同无政府状态和专制政治都是敌对的。为了防止为数众多的意志相互抵触的无政府状态，法律限制了私人的权力。为了防止一个专制政府的暴政，法律控制了统治当局的权力。”[②]

中国著名法学家卓泽渊在其《法的价值论》一书中系统探讨了法律价值及其实现问题。他在该书“引言”中指出，“法的价值是人的价值追求的一种表现、一个方面。……法的价值追求的神圣性来自人类精神的神圣性，来自人类对于美好的向往和追求，来自人类的良知、理性与嘉行”[③]。法律作为社会治理的手段和方式，其价值与人类追求的美好价值是一致的，只是其实现价值的手段具有法律、法治的特点，是现代社会治理的重要方式、最佳方式。离开法律和法治价值，法治文化就失去了方向和灵魂。与博登海默不同，除秩序和正义之外，卓泽渊教授认为法律、法治价值包括：“从个体的意义上讲，人的生命是法的首要价值；从社会的意义上讲，社会的秩序则是法的首要价值。基于个人是社会的基础的考虑，理应把法的生命价值放在所有价值目标之首。将个人与社会结合，我们则可以考虑把人的全面自由发展作为所有法的价值的终极目标与准则。”[④]在该书中，作者从七个方面较为系统地探讨了法的价值，即法的生命价值、法的自由价值、法的平等价值、法的人权价值、法的秩序价值、法的公正价值、法的人的全面发展价值。

尽管古今中外的思想家、法学家对于法律、法治价值具体包括哪些方面有不同的看法，但是，任何法治文化都包含和体现着一定的价值追求和价值目标，这为大家所公认。法治价值是法治文化的精神因素，内含法治文化的

---

① ［美］博登海默：《法理学——法律哲学与法律方法》，邓正来译，中国政法大学出版社 2017 年版，第 266 页。

② ［美］博登海默：《法理学——法律哲学与法律方法》，邓正来译，中国政法大学出版社 2017 年版，第 251 页。

③ 卓泽渊：《法的价值论》，法律出版社 2018 年版，第 2 页。

④ 卓泽渊：《法的价值论》，法律出版社 2018 年版，第 4 页。

方向。

(四)法治观念

简单地说,法治观念是人们在理性的基础上对法治的相关认知,亦可称为法治意识。不同于法治精神,法治观念虽然在客观上能够体现法治的理性,但其展现方式却是主观形式。换句话说,法治观念会随着不同人的变化而变化,具有鲜明的主体性差异,不同人所具备的法治观念的层次和内容不尽相同。由于相关审视视角相异,尤其是作为一种价值追求的法治目标的设想不同,不同国度、不同民族、不同文化、不同时代、不同社会的人们对法治的理解和认识存在差异,便形成了不同的法治观念。从概念上看,法治观念可以解释为公民为适应法治运行体系应具备的意识,是以公民的法律认知、法律情感、法律意识为基础的一系列观念集合。对于法治主体来说,其法治观念的形成,并非被动条件下的无奈选择或随意的臆造与空想,而是其在跟相关客体积极互动的过程中能动地养成的。当前,理论界对法治观念的内涵还存在不同的看法。

在中国当前社会主义法治文化建设过程中,培养全体公民的社会主义法治观念十分重要。社会主义法治观念至少应该包含以下三个方面:其一,法律权威意识。事实上,法治与人治的根本区别并不在于有无法律,而在于法律在社会调整机制和规范系统中是否居于主导地位,诸如政策、习俗、道德、习惯等是否能够冲击和替代法律。在封建专制社会中,君主是绝对的权威,从某种程度上说,君主的意志就是法律。而在现代法治社会中,法律具有至上性,任何组织和个人都必须以宪法和法律为活动准则,不得有超越法律的特权,不得以言代法、以情曲法、以权压法。要使法律"不因领导人的改变而改变,不因领导人的看法和注意力的改变而改变"①。其二,正确的权利义务观。一切法律的基础是对于人的价值的尊重。法律在充分尊重和保障公民权利的同时,也明确了公民的责任和义务。在法治社会中,公民不仅要享受自己的权利和自由,还要尊重和维护他人的权利和自由,不仅要维护个人权益,也要捍卫公共利益。正如孟德斯鸠所说,"自由是做法律所许可的

① 《邓小平文选》(第二卷),人民出版社 1994 年版,第 146 页。

一切事情的权利”①。如果每个人的行为都不受法律约束,那么每个人都没有自由,任何人的权利和自由都可能被别人的违法行为所侵害。其三,自觉维护国家法律和国家利益。每个人都生活在国家之中,法律是国家意志的体现。国家既是法律的权威制定者,也是法律的实施者和维护者,是整个社会利益的代表者。在任何一个国家生活的人都要遵守所在国的法律,不能有损害国家利益的言行。作为公民,更要懂法、信法、守法、护法,这不仅是对自身权益的一种保护,还是对大多数人和整个社会利益的一种维护。在中国,国家利益、集体利益与个人利益是有机统一的,人权与主权并不矛盾。因此,既要维护个人权益,也要顾全国家大局;既要实现人权,也要捍卫主权。

(五)法治思维

思维,在《辞海》中有三种解释:一是考虑、思量;二是意识或精神;三是理性认识或理性认识的过程,是人们在社会实践的基础上进行的,是人脑对客观事物能动的、间接的和概括的反映。思维方式是思考问题的根本方法,包括线性思维方式与非线性思维方式两大类型。法治思维就是将法律作为判断是非和处理事务的准绳,要求崇尚法治、尊重法律,善于运用法律手段解决问题和推进工作。简言之,法治思维就是将法治的诸种要求运用于认识、分析、处理问题的思维方式,是一种以法律规范为基准的逻辑化的理性思考方式。党的十八届四中全会提出:“党员干部是全面推进依法治国的重要组织者、推动者、实践者,要自觉提高运用法治思维和法治方式深化改革、推动发展、化解矛盾、维护稳定能力,高级干部尤其要以身作则、以上率下。”②由此可见,法治思维在中国法治文化建设中具有重要的地位。

法治思维是思维的种类之一,与经济思维、政治思维、道德思维一样都是治国理政的思维模式。法治思维虽然在内涵上并不排斥其他思维模式,但相对于其他思维模式而言,居于主导地位。法治思维具有导向功能、规范功能,并兼具统领功能。法治思维的导向功能是指以权利义务、公平正义为

---

① [法]孟德斯鸠:《论法的精神》(下),张雁深译,商务印书馆1995年版,第154页。

② 《中共中央关于全面推进依法治国若干重大问题的决定》,《人民日报》2014年10月29日,第1版。

价值导向，从而对公权进行约束、对私权进行保护。在办事情时，着眼于追求“良法善治”、维护正确法治方向、依法决策的价值目标，以公平、公正、民主、和谐为价值方向。社会主义市场经济本质上是法治经济，体现为依法办事、有法可依、有法必依，展现了法治思维对经济思维、政治思维、道德思维的约束和规范。最后，规则思维是法治思维的要义之一，不管用什么思维，建立良好的规则并得到社会的认可是前提。在不同的思维之间，法治思维必须贯穿始终，实现各种思维的整合。概括起来，只有以法治思维为先导，才能把经济、政治、文化、道德等多方面的思维，真正落实到实际行动中去。离开了法治思维，任何思维都将失去依托。法治思维与人治思维不同，强调在理性指导下，以合法性判断为逻辑起点，以实践性为思维的最终目的。也就是说，法治思维的本质包含三个维度的属性：法治思维的属性、理性思维的属性、实践思维的属性。

第一个维度，即法治思维的逻辑起点是合法性判断。最早提出“合法性”概念的是德国哲学家韦伯，他把合法性理解为在特定的范围内对法治命令的服从动机。人们对于执政者法治命令的服从程度，要看人们对所统治的制度所下达命令的认可度。① 由此可见，法治思维的先决条件是规则思维或者法律思维。法治是规则之治，但“徒法不足以自行”，实现法治化的重要前提是具备良法。只有通过法治思维的灌输，才能更好地发挥法律效力，推进法治化，才能使良法成为人们普遍认同之法。建设社会主义法治国家要求全民守法，其中最关键并具有引领作用的是国家的公职人员和各级领导干部要带头守法，而执行公务的过程本身就是法治思维的外化过程。国家公职人员和各级领导干部一定要对现行法律法规充分认识和了解，养成遵规守纪、依法办事的法治思维。

第二个维度，即法治思维是一种理性分析能力，强调思维主体对事物内在本质和外在联系的客观规律、发展趋势等进行分析的理性思维。这种能力，是人所特有且在后天社会实践中培养出来的。理性是人的内在属性，同

① 参见[德]马克斯·韦伯：《经济与社会》（上卷），林荣远译，商务印书馆 1997 年版，第 238—283 页。

时也是人应当具有的属性。法治思维是顺应客观规律的合理性思维。关于合理性,黑格尔曾经下过定义:“合理性按其形式就是根据被思考的即普遍的规律和原则而规定自己的行动。”①即只有某一具体行动才有合理评价的必要,而普遍标准则是普遍原则,只有当具体行动与普遍原则一致才是合理的。特别对于那些关乎公共利益的行动,就更应当尊重规律,具有决策权的领导干部要探寻规律、尊重规律,遵循规律来指导自己的行动。然而在实际情况中,这一点经常被忽视。比如,目前一些领导干部只顾在城市建设中自己的政绩而不顾自然的规律与科学精神,这不仅浪费资源也影响政府的公信力。

法治思维的理性还表现在其是一种辩证性的思维。第一,我们应当明确合理性是历史的、具体的,这意味着对某些地区和某些时间是“合理的”不一定在其他地区和其他阶段具有“合理性”。所以对目前阶段的中国而言,衡量合理性的标准不能来自西方理论,而要根据中国现阶段的政治、经济、文化等具体界定。第二,理性思维表现为一种宽容性,一个成熟的社会并不排斥非理性思维的价值,如人的信念与信仰等思维。

第三个维度,即法治思维是实践性思维。法治作为治国理政的基本方式之一,最终必然落实到实际工作中,需要通过实践来检验法治思维的合理性。法治思维是以实践为终极目标的思维,也只有在实践中才能检验这一思维的正确性。马克思曾指出:“社会生活在本质上是实践的。凡是把理论导致神秘主义方面的神秘东西,都能在人的实践中以及对这个实践的理解中得到合理的解决。”②从根本上说,人类认识世界、改造世界的基本途径就是实践,人的全部知识和思想都是有着深厚的实践基础的。实践理性的这些规定性同样适用于法律领域。在立法中,法律体系不应当只是关注某些原则逻辑推理,更应该关注一个国家或者地区的人们的实践活动。在司法中,司法也不能先天地演绎,而是应该以法律和其他的实践性信息为依据进行价值选择。无论是立法还是司法,我们都必须意识到,尽管人类的目标是

---

① [德]黑格尔:《法哲学批判》,范扬等译,商务印书馆 1979 年版,第 254 页。

② 《马克思恩格斯全集》(第三卷),人民出版社 1960 年版,第 5 页。

多元的,但是构建一种和谐、自由的社会被认为是“具有普遍性和公共性的目标”,为达成这一目标,人类应为自己立法并且遵守,这应该是法治思维的意义。

(六)法治信仰

1974 年,美国学者伯尔曼出版讲演集《法律与宗教》。1991 年,它的中译本出版发行,在该书中,伯尔曼提出的“法律必须被信仰,否则它将形同虚设”的著名论断,在国内学界引起了广泛的关注,不少学者认为,在中国当前的社会主义现代化建设中,为了加快民主与法治的进程,应该大力提倡法律信仰,只有法律成为公民的普遍信仰,中国才能从根本上摆脱人治传统,走向现代化的法治国家。2014 年,党的十八届四中全会通过《中共中央关于全面推进依法治国若干重大问题的决定》,其首次以党的重要文件提出“法律的权威源自人民的内心拥护和真诚信仰”的论断,对于中国法治国家的建设具有重大意义和作用,确立“法治信仰”研究的必要性。①

卢梭曾经说过:“一切法律之中最重要的法律,这种法律既不是铭刻在大理石上,也不是铭刻在铜表上,而是铭刻在公民们的心里。”②对于“法治信仰”的内涵,不同的学者给出了不同的界定。有人从信仰和法治的角度将其界定为“是发自内心地、自觉自愿地认同良法、信赖良法,遵守和捍卫良法,维护良法的权威”③。有人认为,法治信仰就是“人们对法律极度相信和尊敬,依据法律管理国家,无论立法、行政、司法,行使公权力和私权利,都以法律作为行为榜样和指南”④。还有人认为法治信仰就是公民的一种情感体验,是指公民崇尚法治的心理体验和态度倾向,是公民在对法的依附积累过程中生成的对法治的依附感与神圣感。⑤ 另有一种观点认为,所谓的法治信仰,是指“法治精神渗透到国家和社会生活的各个方面,全社会的法治观念不断增强,全社会对法律从内心认同、信任、尊重,并通过法律途径解决矛

① 参见《中共中央关于全面推进依法治国若干重大问题的决定》,《人民日报》2014 年 10 月 29 日,第 1 版。

② [法]卢梭:《社会契约论》,何兆武译,商务印书馆 1980 年版,第 73—74 页。

③ 权麟春:《在文化认同的视域中培育法治信仰》,《学习论坛》2016 年第 2 期。

④ 黄谋琛:《法治必须被信仰》,《理论月刊》2017 年第 2 期。

⑤ 参见周军虎、何祥林:《法治信仰的培育探究》,《理论月刊》2017 年第 2 期。

盾,处理问题"①。

通过对"法治"和"信仰"两词的理解,以及学界不同学者对"法治信仰"的界定,法治信仰主要包含以下内容:首先,法治信仰是一种思想情感寄托;其次,法治信仰是一种社会意识形态;再次,法治信仰是人们基于现实经验的理性选择。因此,我们可以对法治信仰下一个简单的定义:法治信仰就是社会主体在对法治现象理性认识的基础之上,发自内心地信服与认同法治所蕴含的公平、正义、自由、平等的价值理念,以及依据良法来治理国家和社会事务这一治国理政方式,并在日常生活中自觉维护良法权威的一种信念和行为选择。

如果说,信仰是文化的精神根基,那么法治信仰就是法治文化的精神根基。法治信仰是促进法治化发展的内生动力,是人们法治认知、法治意志、法治情感、法治理念、法治思维和法治行为的集中展现,是法治主体意识的充分表达,涉及人与法的根本价值联系和法治的根本价值走向。法治文化是围绕着法治所形成的文化,于外表现为法律规范、法典法令、法律制度、法律设施,以及立法、执法、司法机构、程序及活动等;于内则体现在人们的法律认知、法律意志、法律情感、法治理念、法治思维和法律行为。无论内外,都以法律及其权威为核心。建立合理的、人道的、有利于人民的法律并敬重、遵守并维护此法律,是法治文化的重要内容和功能。对优良法律的追求、向往,即对法律最高价值目标和理想状态的追求、向往,内含法治信仰的基本要素;对优良法律的至上性的认同、敬仰、敬畏和信奉,也是法治信仰的重要内涵;严格遵守法律,积极维护法律的至上性和尊严,坚决与一切违法行为做斗争,这些都是法治信仰中不可或缺的意志因素。而这些法治信仰的基本要素构成了法治文化的灵魂和精神根基。

如果没有人民对良好法治社会的追求和向往,没有人民对法律的认同、信任、敬畏、捍卫和持之以恒的奉行,良好的法治文化就不可能形成,全面依法治国就不可能实现,真正的社会主义法治社会就不可能建成。正如《中共中央关于全面推进依法治国若干重大问题的决定》所指出的:"法律的权威

① 燕华:《全民树立法治信仰的考量》,《领导科学论坛》2015年第21期。

源自人民的内心拥护和真诚信仰。人民权益要靠法律保障，法律权威要靠人民维护。”[①]没有全体社会成员的法治信仰，法律就会失去其权威性，法治文化乃至法治社会的建设就会缺乏精神动力和精神根基。习近平总书记在中共中央政治局第三十七次集体学习时也强调，“法律要发挥作用，首先全社会要信仰法律”[②]。这一方面反映法律实施的规律，另一方面凸显树立法治信仰对于推进中国法治化进程的重要意义。

二、制度层面的法治文化

制度是指一定历史条件下要求人们共同遵守的办事规程或行动准则，以及政治、经济、文化等方面的体系，也指在一定历史条件下形成的法令、礼俗等规范或一定的规格。根据制度所涉及的领域，制度可分为经济制度、政治制度、法律制度、文化制度等。经济制度是关于经济发展和管理的规则和原则，包括市场调节、宏观调控、企业制度等；政治制度是关于国家治理的规则和原则，包括民主政治、行政管理、权力监督等；法律制度是关于法律制定和执行的规则和原则，包括宪法、刑法、民法等。制度层面的法治文化不仅包括法律制度，也包括法治制度；既包括各种法律规范体系，也包括法律规范体系得以贯彻实施各个环节的制度，如立法制度、执法制度、司法制度。法制（法律制度）和法治是法治精神、法治理念、法治价值在制度层面的凝结和表现。

（一）法律规范体系

一个社会的法律规范体系是由一系列法律规范组成的，而法律规范又通过法律条文表现出来。法律规范是指国家制定或认可，反映统治阶级意志，并由国家强制力保证实现的一种社会规范。法律规范又叫法律准则，是构成法律的主体要素，其含义是指经由法律条文展现出来的，规定社会成员的相关法律权利与义务，并且具有严密的内在逻辑结构的特殊行为规范。[③]

① 《中共中央关于全面推进依法治国若干重大问题的决定》，《人民日报》2014年10月29日，第1版。

② 习近平：《论坚持全面依法治国》，中央文献出版社2020年版，第167页。

③ 参见赵震江、付子堂：《现代法理学》，北京大学出版社1999年版，第37页。

法律条文是法律规范的表现形式,而不是法律规范本身,仅从法律规范的含义就可以看出,二者的关系是形式与内容的关系。换句话说,一个法律条文可以包含一个完整的法律规范,也可以包含多个法律规范。法律条文作为法律的具体要求,是法律的基本表现形式。人们平常所接触的法律都是由一个个具体的法律条文构成,即法律适用首先涉及的就是法律条文的运用。所谓法律条文,是指法律活动中所牵涉的法律条目、条例、规定等具体说明性的文字内容。法律条文涵盖的范围较为广泛,凡是牵涉与法律相关的具体文字规定,都是法律条文的范围,如宪法、各种法律文本、行政法规、地方性法规及规章等。法律条文以其特殊的形式承载着法治文化元素,展示着法治文化精神,影响着法治文化发展。

作为法律基本表现形式的法律条文,是通过对“法言法语”进行一定的组织和编排得以具体表现的。法律的规范性要求法律条文的内容表达具有规范性,而绝不能随意规定。这就相应要求法律条文内容的组织或者编排,必须具有高度逻辑性。在长期的立法实践中,法律条文的编排逐步形成了特定的模式,即通过层次性的组织和编排来将法律条文的具体内容进行归总和细化。弄清楚法律条文的编排模式将有助于更好地适用法律。一般而言,法律条文的层次分为四级,即条、款、项、目。“条”是构成一部法律最重要、最常见的基本要件,一部法律往往是由若干个法条组成的。从形式上看,通常以“第*条”的形式出现。“款”是包含在“条”以内,隶属于条文的一种法的结构要件,通常是指在一个条文之下表达不同层次内容的部分。“项”是款之下、隶属于款的一种法的结构要件,“目”则是包括在项之中、隶属于项的法的结构要件。前者通常在“款”的内容比较复杂,具有两个以上层次的时候出现,后者则是在“项”的内容比较复杂,具有两个以上层次的时候出现。比较而言,“项”在中国法律体系中出现得较多,并通常以在同“款”中以序数形式分段加以表现,而“目”则极少出现。

(二)立法制度

立法制度是一个国家有关创制法律的各项制度的总称,是国家制度的重要组成部分。国家采取何种立法制度,受一系列客观因素所决定和影响,包括国家的国体与政体、国家的结构形式、民族的状况和历史传统等。任何国家的立法制度都是为了满足国家经济、政治、文化和科技发展的需要而设立和发展的,与国家的历史传统和现实国情紧密联系。比如,一国形成的历史或是民族构成和状况,往往决定其是采取单一制还是采取联邦制的国家结构形式。在划分中央和地方立法权限方面,一个国家的地域大小、人口多寡也是其立法体系的重要考量因素。又如,许多国家实施授权立法的重要原因是复杂的经济问题和飞速发展的科学技术。因此,不仅要通过国家形式对立法体制的类型进行研究,还要综合考量各种因素对立法体制的影响。同时,一个国家如何构建自己的立法制度,也是该国立法者对立法体系相关问题思考的结果。在符合客观实际的情况下,一个国家的执政阶级要根据本国的实际情况,将自身的主观认识匹配于客观实际,使二者统一起来,从而形成自己国家的立法制度。因为立法制度是国家体系的重要一环,所以各国立法制度通常由宪法加以规定。从法律角度来说,某国的立法制度直接取决于该国的国家形式。国家本质从实质上决定了立法权属于哪个阶级;国家形式则从形式上决定立法权属于国家机构体系中的哪些机关。

《中华人民共和国立法法》(以下简称《立法法》)第十条规定,行使国家立法权,应当依照宪法的规定,由全国人大和全国人大常委会行使。国家立法权是当代中国立法制度中立法权配置的核心内容,体现其价值诉求和法律体系的构建机制。国家立法权专属事项包含:国家主权事项;各级人大、人民政府、人民法院和人民检察院的产生;对公民政治权利的剥夺、限制人身自由的强制措施和处罚;民事基本制度;基本经济制度以及财政、税收、海关、金融和外贸的基本制度;诉讼和仲裁制度等。此外,除全国人大享有国家最高立法权外,地方人大及其常委会可以根据宪法和法律制定地方性法规。当然,地方性法规制定的前提是不能与国家宪法和法律相抵触。《中华人民共和国宪法》(以下简称《宪法》)、《立法法》和有关法律的规定表明,中国的立法制度既是统一的,又是分层次的,这样有利于处理中央与地方的关系、权力机关与行政机关的关系,提升国家的管理效率。

(三)执法制度

对法律而言,贵在建立,重在实施。法律的权威是在其实施的过程中建立起来的,法律的生命力同样也是在实施中得到彰显的。加强宪法和法律实施是一项复杂的系统工程,其中执行制度是重要内容之一。执法制度作为法律的直接执行制度,在日常生活中与普通民众的接触最为频繁,是推进法治文化建设的关键环节。可以说,法律的执行效果会对整个国家法律的权威塑造产生直接的影响。从概念上看,执法制度就是国家相关执法部门依法执行宪法和法律的制度规范。具体来讲,其既包括中央一级政府的相关执法制度,也包括地方政府的相关执法制度,其中有行政立法制度、行政决策制度以及执行法律和实施国家管理的行政执行制度。在内容上,涵盖了公安执法制度、工商执法制度、税收执法制度、交通执法制度、民政执法制度、环境执法制度、教育执法制度、食品和医药执法制度、城市管理执法制度等诸多方面。在方式上,执法制度的运行方式主要包括行政征用、行政检查、行政命令、行政征收、行政规划、行政许可、行政奖励、行政处罚等。

中国的执法制度对法治中国、法治社会和法治政府的整体推进意义重大,是不可或缺的关键一环。一方面具有保证作用,即保证国家行政机关行政管理职能的最终实现,保障宪法、法律法规和国家行政管理任务的完成,使法律规定的公民的各种民主权利和利益得到充分的落实,同时也确保法律规定的公民义务得到切实的遵守和履行。另一方面具有强化作用,即执法制度是加强法治建设的重要举措,也是法治文化建设必不可少的重要内容。在国家立法、执法、司法、守法、监管等进程当中,执法制度都发挥着至关重要的作用,关系到国家法律的实施,也关系到行政法规的健全完善。

中国的执法制度遵循的原则有以下几个:第一,合法性原则。在执法活动中,执法机关必须严格按照法律规定办事,所采取的制度措施都要有法可依,严格按照法定权限办事。作为执法制度依据的“法”是广义的,既指法律法规、规章,也包括行政机关制定的规范性文件。第二,合理性原则。执法制度的制定要符合客观、适度的标准,要合乎情理。执法机关依法享有较大的自由裁量权,在行使行政权力、实施具体执法行为时,拥有部分自由处分的职权。这不仅是完成国家行政管理任务所必须具备的条件,同时也意味着执法行为可能因裁量权的不当行使而存在不合理之处。因此,自由裁量权的行使需要在执法活动中受到严格规范。第三,及时性原则。国家执法效率在行政执法中的具体体现,就是执法机关在坚持合法性原则的前提下,也要坚持执法的及时性原则。及时性原则,要求执法机关在处理公务、执行法律、积极服务社会等方面做到快速、及时。第四,受监督原则。执法既是执法机关的工作职责,也是其行使职权的过程。古今中外大量事实表明,对于权力主体,如果仅仅赋予权力,而不对其进行制约,对权力行使进行监督,那么就不可避免地会发生违法用权、侵权越权、滥用职权的现象。执法机关既然享有行政权力,就必须接受对其权力的监督和制约。

(四)司法制度

司法制度是国家司法机关和法律授权的机构所采用的,处理诉讼案件或非诉讼案件的专门制度。马克思主义认为,司法制度是人类社会发展到一定历史阶段的重要社会制度。不同社会、不同国家的司法制度,在性质、内容和形式上都有区别;即使在同一社会、同一国家的司法制度,在不同历史时期,其内容也千差万别。作为上层建筑的司法体系,其差异性、变异性是由经济基础决定的,有什么样的经济基础,就有什么样的司法制度与之相适应。同时,司法制度又反作用于经济基础,当它适应经济基础时,就促进和加速经济发展进程;当它违背经济基础时,就阻碍或破坏经济发展。

作为影响人类追求正义的制度文明,司法制度的健全与否至关重要,它关乎国家解决社会冲突和矛盾的有效性,关系到国家和社会的稳定。司法制度是人类理性、经验与良知在制度层面上的一种体现。完善的司法制度会把社会关系调整得更加有序和谐;反之,不完善或"恶"的司法制度将导致社会的无序,使公正与文明受到冲击甚至荡然无存。

对中国而言,司法体系的基本任务是:依法处理各类诉讼案件和非诉事件,惩戒犯罪行为,调整社会关系,保障国家利益以及公民、法人和其他组织的合法权益,维护社会秩序。此外,当代中国的司法制度结构是人民法院行使审判权,人民检察院行使检察权,公安机关和国家安全机关行使侦查权,以及司法行政机关管理司法行政事宜。其中,公证机关、监狱、律师组织和人民调解组织受司法行政机关领导和指导。各种仲裁机关分别由有关机关领导或指导,实行分头管理。在具体分类上,中国的司法制度包括侦查制度、检察制度、审判制度、执行制度、仲裁制度、公证制度、律师制度、调解制度、司法鉴定制度等。

三、物质层面的法治文化

“任何一个文化体系，都存在和表现于人和社会行为的若干基本层面，大体上包括：事实上（自觉或不自觉）的基本精神或理念层面；社会化的组织（制度、体制、管理机制）层面；具体化、系统化的行为准则、规范层面；积淀为传统和风俗的实践方式、行为习惯层面等。”①文化与文明密不可分，既有区别又有联系。凡是文明皆为文化，文化中先进的、积极的部分积淀为文明。正如人类的文明体系可分为精神、制度和物质三个层面，亦如当今中国社会主义文明（物质文明、精神文明、政治文明、社会文明、生态文明）一体化建设，文化也有精神、制度、物质各层面，法治文化亦然。法治文化不仅有精神、制度层面，也有物质层面。精神的东西需要外化为制度，贯彻于法治实践活动，才能实现其理念和价值。在法治实践中，法治精神、法治理念、法律规范、法律制度等如何付诸实践，由谁去践行，离不开国家机构、国家机关、国家工作人员，特别是从事公检法司的工作人员，离不开国家物质层面的上层建筑，如警察、法官、法庭、监狱等。这里仅举警察、法庭、监狱这三个方面，简要说明物质层面的法治文化。

（一）警察

从中国古代典籍的含义上看，事先戒备谓之“警”，见微知著谓之“察”。即事先戒备，称为“警”，事后查明原委，称为“察”。因此，有后人将“警察”解释为“警之于先，察之于后”。中国正式以“警察”来命名治安机关，是近代才出现的。如 1905 年 9 月，清政府成立“巡警部”；1912 年 1 月，中华民国临时政府在其内务部内专设“警务局”；北洋政府正式设立“警察厅（署）”；国民政府设立“警察厅（局）”。新中国成立后，1950 年，中国警察统一被命名为“中国人民警察”。从此，新中国的公安机关，也被称为“人民警察机关”，其工作人员统称为人民警察。②

从内涵上看，“警察”是上层建筑的一部分，是国家制定的用于维护国家

① 李德顺：《法治文化论——创造理性文明的生活方式》，黑龙江教育出版社 2019 年版，第 322 页。

② 参见张兆瑞：《警察哲学》，中国人民公安大学出版社 2008 年版，第 78—79 页。

安全和社会治安秩序、组建具有武装性质的国家治安管理和刑事司法力量的一种专门法律制度。同时,“警察”是一种专门组织,是国家根据统治阶级的意志,为维持整体安全和社会稳定而依法设置的一种具有武装性质的专门职能机关。根据马克思主义的基本观点,警察的本质属性表现在两个方面:第一,警察是国家暴力机关之一,是实现阶级统治的重要工具。国家本质上是统治阶级实现阶级统治的机器,为了实现阶级统治,国家权力必须具有高度的强制性,国家权力的行使必须以暴力强制为基础。如列宁所说:“国家是一个阶级压迫另一个阶级的机器,是迫使一切从属的阶级服从于一个阶级的机器。”①因此,任何国家都设有军队、警察、监狱等暴力强制性机关,以便实现统治阶级的阶级统治。第二,警察是具有武装性质的国家治安行政管理和刑事司法力量。国家安全和社会治安,是一个国家保证社会正常运行和实现阶级统治的基本条件,而警察则是国家依法设立的履行治安行政管理和刑事司法职能的专门机关和专门人员,负责专门行为。维护国家安全和社会治安,是警察的基本职能、职责和任务。从这个意义上说,警察机关、警察人员和警察行为是国家的行政机关、行政人员和行政行为。但是他们又不同于一般的行政机关、行政人员和行政行为,除了有侦查、拘捕、审讯、关押、惩罚等特定权力,还有依法使用武器、警械的权力。因此,警察是具有武装性质的国家治安行政管理和刑事司法力量。

(二)监狱

监狱作为国家机器的重要组成部分,是监禁罪犯的专门场所。监狱自从诞生那天起,就作为国家实体的附属物和统治阶级专政的主要工具而存在,它是国家专政的工具之一。要想维护某种社会秩序、维护某个阶级的利益,光有立法无司法不行,有司法无执法也不行,这是一个完整的链条,监狱作为国家行刑实体的附属物,是国家机器不可或缺的一部分。

监狱的概念有广义和狭义之分。从广义上说,监狱是以国家强制力为后盾,关押罪犯或强制其劳动的场所,包括判处自由刑罪犯执行刑罚的场所、判处死刑犯后拘禁待决的场所,以及犯罪嫌疑人和刑事被告人的羁押场

① 《列宁选集》(第四卷),人民出版社 1972 年版,第 33 页。

所等。从狭义上说,监狱是国家基于刑事处罚的目的设置的,关押和改造被判处自由刑罪犯的机构和场所,即自由刑的执行场所。根据《中华人民共和国监狱法》(以下简称《监狱法》)第二条的规定,中国监狱是国家的刑罚执行机关,是判处死刑缓期二年执行、无期徒刑和有期徒刑罪犯刑罚的场所。监狱制度是关于监狱的性质、工作原则、监狱管理体制,以及监狱执行刑罚时所采取的手段和方法等方面的总称。监狱制度包括监狱的刑罚执行制度、教育改造制度、狱政管理制度、领导管理制度等。在上述各项基本制度中又包括若干具体制度,如刑罚执行制度又包括收监制度,对罪犯申诉、控告、检举的处理制度,监外执行制度,减刑、假释制度等。需要指出的是,这里介绍的监狱制度,是就中国监狱制度的总体而言的,不是单指监狱的某项具体制度。

关于监狱的性质,按照马克思主义的国家学说,监狱同军队、警察、法庭共同构成了国家暴力机器,是阶级专政的工具,作为阶级社会特有的产物,具有鲜明的阶级性。有什么样的社会制度,就有什么性质的监狱,就有什么样的监狱形态和监狱制度。一切剥削阶级的国家,都把监狱作为镇压劳动人民、惩罚反抗者的工具。监狱成为剥削阶级对广大劳动人民实行专政的工具。《监狱法》第二条明确规定监狱是国家的刑罚执行机关。这一规定表明,中国监狱既不是从事生产、教育的企事业单位,也不是一般性质的国家行政机关,而是执行刑罚的主体。审判机关对犯罪分子作出刑罚判决后,监狱就是具体执行刑罚的机关。监狱执行刑罚是人民民主专政的具体化。

(三)法庭

法庭是国家机器的组成部分,是法院的事务类组织单元。我们知道,法治文化可以分为立法文化、执法文化、司法文化、守法文化等。其中,司法文化的主要渊源就是法院文化,而法庭则是法院文化在物质领域的集中表现。从概念上看,首先,法庭是法官依据三大诉讼法(《中华人民共和国刑事诉讼法》《中华人民共和国民事诉讼法》《中华人民共和国行政诉讼法》)确定的程序进行审判活动的专门场所。在法庭上,法官适用刑事法律对罪犯进行刑罚,以达到“惩罚犯罪,保护人民”的刑法目的;法官适用各类民事、行政实体法来裁断纠纷、化解矛盾,实现定分止争,促进社会和谐安宁。另外,法庭是法官、检察官、律师和当事人共同进行诉讼活动的法律场所,同时法庭还是被告人接受审判,当事人参加诉讼活动,人民群众旁听庭审,参与司法、监督司法、促进司法民主和司法公正的公共场所。从这一点上来看,法庭是法治文化宣传的重要阵地,是法治教育学习的重要课堂。

在类别上,法庭可分为部门法庭、临时法庭、基层法庭以及特别法庭。在外观上,法庭的布局设计相当讲究,有大、中、小三种规模,现场分为两大区,分别为审判区和旁听区。审判台居于高处,椅子靠背很高,并且一般刻有天平的标志,以此体现出“严肃”“庄重”“威严”的氛围。可见,法庭在外在布局上就承载了一个国家的法治文化,体现了司法文明的进步。关于法庭组成人员的构成,中国规定,在庭审中,除原告、被告、代理人和证人外,中国法院在开庭审判案件时必须有一定的审判人员出席,分别是审判长(主要负责组织审判活动、主持庭审活动等)、审判员(主要负责各类案件的审判工作)、人民陪审员(参加案件调查、审判、调解、评议等)、书记员(负责办理案件的记录工作及审判的辅助性事项)和法警(主要负责庭审现场的秩序和安全问题)。可见,法庭的特殊布局和人员构成等,可以提升司法审判过程的仪式感,增强法律的权威性和尊严,使人们在严肃的审判过程中受到法治文化的教育和洗礼。

第三节　法治文化的功能

无论从社会的政治、经济、文化层面看,还是从人们的生产方式、交往方式、生活方式、行为方式、思维方式看;无论从处理人与人、人与社会的关系看,还是从处理人与自然的关系看,由法治精神、法治理念、法治思维、法治意识、法治方式、法律规范体系、法治制度、法治作为等构成的法治文化,都是现代社会所必需的基本要素之一。在一定意义上说,没有法治文化,就没有现代社会。或者说,没有法治文化的社会就不是现代化的社会。同样,没有法治文化的政府也不是现代化的政府,没有法治文化的国家也不是现代化的国家,没有法治文化的公民也不是现代化的公民。因此,中国式现代化建设离不开中国式法治文化,离不开体现和践行社会主义法治文化的政党、政府、国家工作人员和全体社会公民。法治文化不仅为国家治理注入良法的基本价值、基本精神、基本理念，而且是提升国家治理体系和治理能力的文化依托和重要基础。没有法治文化的支撑，很难推进全面依法治国，很难解决中国式现代化过程中的诸多问题。习近平总书记明确指出，全面推进依法治国“是解决我们在发展中面临的一系列重大问题，解放和增强社会活力、促进社会公平正义、维护社会和谐稳定、确保国家长治久安的根本要求”①。法治文化的作用和功能是多方面的，至少包括以下方面：

一、法治文化与法治政府建设

从法治的内涵可知，法治意味着人们应当服从法律并遵从法律的统治，而人们服从法律并受法律的统治，是以人的自由和权利受法律保护为目的的。这里涉及个人权利与公共权力的关系问题，这是一个自从有了国家后一直存在的矛盾和重要问题。一个民主法治的社会，首先要求政府公共权力的行使必须严格在法律范围内进行，也就是说，政府必须依法行政。所谓依法行政，就是政府依法行使行政权力，或者说，行政机关在法律授权的基础上，依照相关法律规定，行使行政权力，并依法对公共事务进行管理。当前，中国正在推进全面依法治国的进程中，一个重要的要求就是建设法治政府。法治政府要求行政机关及其行政人员的一切行政行为都必须有法律依据，在行使职能过程中不得与法律相抵触，一旦违反法律规定，需承担相应的法律责任。建设法治政府的目标要求是政府部门必须按规则办事，以规则的运行方式代替以权力为中心的行政运行方式，坚决克服权力运行过程中的随意性、无序性、暗箱操作甚至违法行政等行为。

法治政府的思想与实践，既是一种理论学说，也是一种国家制度，从深层次来讲，更是一种治理文化。法治政府的建设与法治文化紧密联系。一方面，法治文化可以为法治政府建设提供内在动力。任何一个行政系统的结构、运转程序和决策过程，都直接、间接地受到法治文化的影响，法治文化成为推进法治政府建设的内在动力。另一方面，法治文化的制度性要求为

---

① 《习近平关于全面依法治国论述摘编》，中央文献出版社2015年版，第3—4页。

法治政府的建设提供制度保障。毋庸置疑，制度是保障法治政府建设的关键，只有政府具备健全的法律机制，产生高效、科学的运行模式，才能实现一切按规范行事，从而避免权力的滥用。目前，中国行政法律制度体系已经比较完善，相关基本法律已经建立，比如《行政诉讼法》《公务员法》《行政许可法》《行政处罚法》等，这套制度体系为政府依法行政、有法可依奠定了基础。

二、法治文化与法治国家建设

法治国家是科学的治理理论及其社会实践的结晶和生动表现。从古到今，关于国家治理有各种各样的主张，比如在中国先秦诸子百家中，既有儒家的"礼治""德治""人治"，也有道家的"无为而治"等治国理政思想，同时在西方，有柏拉图的"哲学王治国"、亚里士多德的"法治"、近代以来英国的"法的统治"、美国的"宪法主治"、德国的"国家依法统治"以及空想社会主义者的种种治国幻境等。然而，以法律在治国理政中的地位作为衡量标准，国家实质上只有两种，那就是人治国家和法治国家。法治国家的实践是伴随着法治国家的思想萌生与成熟而进行的。所谓法治国家，就是指法律在国家管理和社会生活中具有至高无上权威的国家。在现代意义的法治国家中，无论是国家管理还是社会生活的管理，都主要依靠正义之法来进行，通过法律来约束国家权力和保障公民权利，实现国家和社会生活秩序的民主化、法治化。①

简言之，法治国家的基本特征为：第一，主权在民。法治国家的首要特征就是主权在民，也就是由人民掌握国家的最高权力。只有实行主权在民，国家的立法权掌握在人民手中，才能使国家制定的法律具有民主基础，这样才能得到广大人民的支持和拥护。第二，法律的权威性。一方面，法律权威高于个人，特别是领导个人的权威。另一方面，法律权威高于政策以及其他社会规范的权威。第三，权力制约。在法治国家里，国家公权力是人民赋予的，人民才是国家的主人，公权力的行使者只是获得人民授权从事国家公共事务的管理者。对这些管理者而言，如果不对其公权力加以制约，行使权力

① 参见熊进光、易有禄：《法学通论》，复旦大学出版社 2012 年版，第 112 页。

的人就有可能滥用权力,侵害人民的利益。第四,法制完备。法制完备是法治国家的形成基础,表现为法律制度的类别齐全、内容完善、系统规范。

法治文化作为一种精神力量,在中国全面推进依法治国的进程中,不仅对法治中国的建设与完善产生深刻影响,还是法治中国建设的重要标志。法治表现为有形和无形两个层面,在有形上展现为具体的法律条文和制度,在无形上展现为法治的价值和文化。从根本上说,法治的要求能否真正落实,法治的成果能否真正利于社会发展,主要看其是否具有良好的法治文化作为内在支撑。如果缺少法治文化,民众信法、守法的习惯就无从养成。只有每名公民都具备符合现代法治要求的价值理念,才能培育良好的法治土壤,从而为法律的运行提供良好的环境氛围和社会基础。此外,良好的法治文化意味着法治精神得以普遍化的实践和实现,这是法治中国建设的重要标志。法治只有形成文化,内化于心、外化于行,才可能实现真正意义上的法治。

三、法治文化与法治社会建设

法治社会是相对于人治社会而言的,是建立在法治文化之上、宪法和法律规范体系之下的,国家权力和社会关系按照明确的法治秩序运行的和谐、有序、稳定的社会状态。法治社会应当奉行和体现以下原则:宪法和法律至上原则、社会民主共治原则、尊重保障人权原则、法律面前人人平等原则、监督制约公权力原则、公平正义秩序原则、团结诚信和谐原则等。

在中国当前新的法治思维下,法治国家、法治政府、法治社会是三位一体的治理体系。与法治国家、法治政府相比,法治社会建设偏向于将要点聚集于文化层面的法治化,这也是社会主义法治体系建设的重要一环。首先,法治社会建设可以为法治国家和法治政府提供基础性的土壤和环境。假如仅有纸面上的法律体系,而没有实际存在的法治社会,那就不是真正实现了法治;同样,仅有政府部门尊法守法,其他社会组织和个人不能依法行事,那也不是真正实现了法治。其次,在中国社会转型过程中,法治社会建设是发展的基本诉求。要在真正意义上实现法治社会,不仅需要对中国传统的人情社会进行重构,改变重人情不重规则的社会心理状态,同时还要将法治与德治更好地相互融合，将社会主义核心价值观的理念渗透进法治建设全过程，实现天理、国法、人情的再统一，社会主义法治文明与西方法治文明、传统法治文明的再统一。最后，随着中国进入全面深化改革和中国式现代化建设新阶段，建设法治社会成为国家对社会治理提出的新要求。伴随社会的转型和快速发展，必然带来日趋复杂的社会公共关系、日益多元的社会诉求、愈发焦虑的社会心理等，而这些问题的出现恰恰说明法治对于社会稳定具有不可替代的关键作用，通过法治理性的一面战胜诉诸感性的各种极端思想，比如民族极端主义、政治恐怖主义、宗教原教旨主义等。也正是因为如此，彰显公平正义、弘扬法治精神、建设法治社会，成为中国转型期实现社会系统弥合、推动文明再造的核心共识。

浓厚的法治文化氛围对于推进法治社会建设具有积极的促进作用。简单地说，法治社会就是依照法律管理社会，保证社会有序运行，从而实现公平、正义、民主、秩序的社会状态。而在一个法治建设起步较晚、经济发展较快的国度，推进法治社会建设，就应当坚持将全民普法和守法作为前提性工作来抓，构建浓厚的法治氛围，使全体民众都能自觉成为社会主义法治的践行者和拥护者，唯有如此，法治社会的实现才有基础和可能。法治文化是倡导全民积极遵守和践行法律的内在推手，并作为一种价值观念、生活方式、交往方式、思维方式、行为方式贯穿法治社会建设的始终。在法治文化的熏陶下，全体人民能够争当守法典范，善于用法解决难题，这无疑对于法治社会的建设具有根本性支持。

四、法治文化与依法执政、全面从严治党

政党是阶级社会的产物，代表一定阶级的利益，是旨在执掌或参与国家政权以实现其政纲的政治组织。国家是阶级矛盾不可调和的产物，政党一旦执掌国家政权就成为执政党。执政党以什么样的方式治理国家，采取什么样的国体和政体，一方面受制于执政党的性质，另一方面取决于国家的性质。资产阶级政党执掌的资本主义国家与无产阶级政党领导的社会主义国家，国体和政体是不一样的，治理国家的理念、方式也是不一样的。中国共产党是无产阶级的先锋队，代表着最广大劳动人民的根本利益，以人民为中

心,以人民幸福为奋斗目标,由此决定了民主法治的治国理政方式,以及全面依法治国和从严治党具有内在统一性。在社会主义法治国家里,执政党要依法执政、从严治党,这是社会主义法治文化建设的重要内容。

(一)法治文化与依法执政

依法执政是马克思主义政党在新的历史条件下执政的基本方式,具体是指在坚持依法治国的前提下,通过法定程序,使党的主张上升为国家意志,不断推进国家经济、政治、文化和社会生活的法治化和规范化,从制度和法律上保证党的政策路线的贯彻执行。执政党只有依法执政,才能实现执政的科学化、制度化、规范化,实现最优的执政效果。同时,坚持依法执政才能保证权力的行使是为了实现广大人民的意志和利益,真正做到权为民所用。对于执政者来说,坚持依法执政,必须根治“以言代法”“以权压法”“权大于法”等封建观念,认认真真学法、积极主动用法、真真正正信法。唯有如此,执政党才能维护好党和政府的形象和信誉、降低执政成本、提高执政效率,从而提升执政能力和水平。

在中国语境下,党的领导是中国特色社会主义最本质的特征,是实现国家各项事业稳步发展的根本保证。在全面推进依法治国的进程中,将党的领导贯穿始终,已成为中国社会主义法治建设的宝贵经验之一。因此,从根本上来讲,党的领导和社会主义法治是一致的,法治建设必须坚持党的领导,党的领导离不开法治建设,不存在类似于“党大还是法大”的伪命题。社会主义法治文化的培育与依法执政也是相互促进的关系。经过科学、民主的程序所制定的法律,反映了中国社会主义发展的客观规律和广大人民的根本利益,对于中国社会的发展具有重要的引领作用。而党在法律的指导下,通过依法执政,使各项方针政策得到实施,从而使党领导下的法治文化的培育成为可能。

(二)法治文化与全面从严治党

治国必先治党,治党必须以“严”字当头。党的二十大再次强调,全面从严治党,始终在路上。历史经验表明,作为一个马克思主义政党,我们党必须旗帜鲜明讲政治,严格管理党内政治生活,坚决维护党中央权威,保证全党令行禁止,这既关乎党和国家的前途命运,也关乎全国各族人民的根本利益。

要真正从严治党，还要明确党内法规体系与法治文化的关系。从广义上看，党内法规体系和法治文化体系都属于中国特色社会主义法治体系，二者的宗旨、精神、目的、方向是一致的。在推进从严治党和依法治国的过程中，二者相互渗透、相互补充、相互支撑、相互促进，共同构成社会主义法治的内容。在党内法规体系对共产党员的各种要求中，体现国家宪法和各种法律是最基本的要求，党的组织纪律、法规制度内含着法治文化的基本价值取向。中国共产党代表全中国人民的意志和愿望，并领导人民将这些意志和愿望体现于各种法治文化中，带领人民建设社会主义法治国家。党内各种规章制度的制定、修改、废止都要依法进行，而不能凭借某个人的意志。全体党员要模范遵守国家的法律法规，实现依法治国、依法执政，促进国家治理体系和治理能力现代化。在中国当前的形势下，法治文化建设必须与坚持制度治党、从严治党紧密融合，实现一体化建设，不断完善党内相关法规制度，推进形成体系完备、科学有效、运转良好的党内法规制度体系。这对建设法治文化，进而实现全面依法治国具有重要的指导性意义。

古今中外的历史表明，不受制约的权力必然导致腐败，权力的肆意妄为必然伤害人民群众的利益。就连近代资产阶级思想家霍布斯、孟德斯鸠、洛克、卢梭等人都看到了这些，着重强调对权力的制约。我们是社会主义国家，更应该强调主权在民和人民的利益高于一切。要想有效地增进和保护全体人民的利益，形成公平正义的法治文化氛围，就必须使国家权力在法律的约束下行使，把权力关进法律的笼子里。在新的历史形势下，从严治党的必要措施就是加强对权力运行的制约和监督，确保党的各级组织和领导干部始终在宪法法律范围内活动，形成有权必有责、用权必担责、滥权必追责的文化导向和制度安排。破解长期以来在人们心中存在的人治还是法治、权大还是法大的困惑，有效预防有法不依、执法不严、违法不究、知法犯法现象的发生。

五、法治文化与科学立法、严格执法、公正司法、全民守法

法治文化渗透于法治的各个因素，贯穿于法治的全过程。在立法、执

法、司法、守法的各个环节体现社会主义法治文化,全面推进法治国家、法治政府、法治社会三位一体建设。“建设社会主义法治文化,应当把文化软实力的一般特征与法治文化的专业特征结合起来,把文化建设的一般要求与法治文化建设的特殊要求结合起来,真正体现社会主义法治的文化性和文化软实力的内在特征。”①

(一)法治文化与科学立法

法治的前提是良法的建立。这不仅要建立一套比较健全的法律体系,更要保证法律体系的质量,因为立法的质量直接关系到法治的质量。中国特色社会主义法治体系建设以建立良法为前提和基础,这就要求依法立法、科学立法和民主立法。2000 年通过的《立法法》第六条规定:“立法应当从实际出发,科学合理地规定公民、法人和其他组织的权利与义务、国家机关的权力与责任。”从法律和制度层面确立科学立法原则。2006 年,第十届全国人民代表大会第四次会议通过的《国民经济和社会发展第十一个五年规划纲要》提出“贯彻依法治国基本方略,推进科学立法、民主立法,形成中国特色社会主义法律体系”,首次使用“科学立法”概念。2014 年,党的十八届四中全会审议通过的《中共中央关于全面推进依法治国若干重大问题的决定》提出“深入推进科学立法”的要求。在新的时代背景下,2019 年,党的十九届四中全会审议通过的《中共中央关于坚持和完善中国特色社会主义制度推进国家治理体系和治理能力现代化若干重大问题的决定》再次重申“坚持科学立法”“全面推进科学立法”的基本原则。2022 年,党的二十大继续强调“全面推进科学立法”的法治要求。

科学立法是指在遵循自然、社会、思维等客观发展规律,并从中国具体国情出发的前提下,运用符合客观规律的合理立法程序,以实事求是的态度制定法律,使法律反映并适应经济社会发展的一项基本立法理念。科学立法是建设法治文化的前提,没有科学合理的法律体系,法治文化就失去依托,如同无源之水、无本之木。只有进行科学立法,从而建立完善的法律体系,才能使法治文化的建设成为可能。科学立法有利于正确处理各种利益

① 李林、冯军主编:《依法治国与法治文化建设》,社会科学文献出版社 2013 年版,第 175 页。

关系，合理反映现实的利益关系和分配问题，促进经济、政治、文化和社会的协调发展，从而为法治文化的形成创造有利的社会氛围；科学立法有利于充分发扬民主，保障民主权利，发挥各方面参与立法过程的积极性，增强民众参与法治的主人翁意识和责任意识，而这恰恰是培育民众法治观念、进而建立整个社会法治文化的核心；科学立法有利于为达成共识提供程序支持、技术支持，为提高立法质量、打造良法提供保障，为健康法治文化的形成提供引导和基础。

（二）法治文化与严格执法

对法律来说，贵在立，重在行。法律的权威是在其执行的过程中树立起来的，法律的生命力同样也是在其执行的过程中得到彰显的，全面推进依法治国的重点是保证法律严格实施。在日常生活中，作为将法律从文本状态转变为现实状态的桥梁，执法者与社会大众的互动频次较高，因此，执法者的素质高低，将直接影响整个社会法律的实施效果好坏以及法律权威是否成功树立，因此提高执法者的素质成为推动全面依法治国的重要环节。作为执法者的国家机关及其工作人员，必须切实履行好自己的执法职责，严格执法。这一方面要求执法者必须依法办事、秉公执法，严格依照法律程序和规定办案，真正做到以事实为依据、以法律为准绳、依法依规、认真履责；另一方面要求执法人员对已经发生的违法违规行为，必须尽职尽责、敢于纠正、依法处罚，不能搞“关系执法”、不能搞“人情执法”。对已经发生的违法违规行为，执法人员必须做到有违必究，纠违必罚，处罚有据。

在法律实施过程中，其所显现的精神力量和价值理念，可以在很大程度上影响法治文化的形成。倘若在执法过程中出现随意执法、暴力执法，就会形成“破窗效应”，严重破坏社会公平正义的环境基础。因此，必须坚持严格执法，把社会主义核心价值观贯穿于法律实施的每一个环节，努力使人民群众在每一次执法行为中都感受到公平正义，从而更好地营造扬善惩恶的社会风气，塑造良好的法治文化氛围。此外，不仅仅法律严格执行和公正执行的实现要看执法人员的执法业务水平如何，更重要的是要与社会法治文化有内在的衔接。当社会形成良好的法治文化氛围，执法者才能更好地完善自身素质，才会在执法过程中秉公执法、恪尽职守、尽职尽责，才会在是非美丑中正确辨别,才能形成铁面无私、执法如山的品格和意志,才能在执法过程中真正做到执法为民,才会有捍卫法律权威、维护法律尊严、伸张正义的担当。执法者严格执法、为民执法的行为,是自身法治素养和道德品质的彰显,靠的是一种强烈的正义感、责任感和气节。

(三)法治文化与公正司法

依法公正裁判,化解矛盾纠纷,既是践行法治文化的过程,也是维护社会公平正义的过程。在司法实施过程中,只有当老百姓的诉讼权利得到合法保障、救济渠道畅通,诉讼程序与结果公平公正,使每一位公民在每一件司法案件中都能感受到公平正义,司法权威与司法公信力才能真正确立,法治相对于人治的优越性才能够得以彰显。而司法不公给社会公正带来的破坏性是致命的,它将损害司法公信力,侵蚀民众对于法律的信仰。在法治社会,司法是定分止争的最后一道防线,司法机关的裁判是终极裁断,是解决矛盾纠纷的最有效方式。“如果人民群众通过司法程序不能保障自己的合法权利,司法就没有公信力,人民群众也不会相信司法。”①

法治文化建设还有助于实现公正司法。公正是法治的生命线,是司法崇尚的核心价值观念,也是现代法治文化的精髓所在。法治文化从精神层面倡导和要求公平正义的价值原则,注重司法公信力的不断提升。法治文化从价值目标的角度要求、引导所有司法部门和人员都要始终沿着公平正义这个轨道来开展工作,努力形成理性的司法文化,着力解决影响司法公正和制约司法能力的观念问题,为司法部门提供公正司法的社会氛围和文化基础。同时,法治文化能够在精神层面影响司法人员的价值观念和行为标准,引导司法人员自觉规范自身行为,用公平正义的思想作为一切工作的抓手,并将其贯穿于所有司法工作的始终。此外,法治文化提倡的理性与克制、避免法律工具主义的思维方式,可以使司法人员在办案时保持独立,依法办案,不受其他不良因素的影响。

(四)法治文化与全民守法

对于法治文化建设来说,全民守法具有重要的法治价值。即便再好的

① 张文显:《法治中国建设的前沿问题》,《中共中央党校学报》2014 年第 5 期。

法律条文、法律制度,离开了广大民众的自觉守法,都难以得到有效的实施。从根本上讲,守法不应是迫于外界压力而作出的无奈选择,更多的应该是一种自觉自愿的主动行为。但对于目前大多数社会成员而言,还仅仅停留在基于外部强制力而遵守法律的阶段,缺乏一种从内心深处尊重法律、需要法律的积极性,从而主动地将对法律规范的遵从付诸行动之中。法治文化要求人们从价值观念和心理状态出发,内化和积淀法治精神、法治观念、法治思维、法治理念和法治信仰等,激起人们遵纪守法的责任意识,唤醒人们对违法行为的羞耻之心。简单地说,法律是可以用威慑力逼人就范的,但这种遵守往往带有临时性和表面化的特征,只有观念上的认同感、责任感、羞耻感和敬畏感,才是全民守法最深刻、最持久的力量。

法治文化建设是一项多主体、多层次、多角度的复杂工程,包含多个问题的不同方面,因此不仅需要党和政府、法律相关部门等各方面的引领,更需要每位民众树立法治观念,提升法治意识。全面推进全民守法工作,使守法成为民众的精神需求和真诚信仰,对建设法治文化具有重要意义。党的十九大指出:“人民有信仰,国家有力量,民族有希望。”①因此,为了促使全体国民长期、自觉、自愿地遵守法律,培育民众的法治信仰至关重要。简单地说,法治信仰是人们发自内心地认可法律、相信法律、尊重法律、践行法律和维护法律的心理状态。如果法治成为一种信仰,人们就会执着地、自愿地遵守法律,就会把依法办事当成自己的一种生活方式和行为习惯。当前,“信访不信法”等现象日趋常态化,与此同时,“大闹大解决、小闹小解决、不闹不解决”也成为上访者的基本信条,这一现象从侧面说明法治信仰的缺失以及法律权威的弱化。要建设全民守法的法治环境,使健康良好的法治文化在社会上蔚然成风,就需要努力培育民众的法治信仰,让所有公民认可、信任、遵守、敬畏、维护法律,自觉树立法律意识、法治观念、法治精神和法治价值观。

虽然法治有国家强制力保障其执行,但由于信仰涉及人的思想、观念、

① 习近平:《决胜全面建成小康社会 夺取新时代中国特色社会主义伟大胜利——在中国共产党第十九次全国代表大会上的报告》,《人民日报》2017 年 10 月 28 日,第 1 版。

意识等,是人的主观因素在更高层次上的展现,所以无论法律强制措施多么严厉、惩罚多么严酷,都很难强制性地去转变人们的固有观念。可见,法治信仰不是依靠外在强制力所能完成的,它只能引导人们通过文化价值、道德精神等内在价值的渗透,逐渐建立起来。正如英国学者米尔恩指出:"道德在逻辑上先于法律,没有法律可以有道德,但没有道德就不会有法律。这是因为,法律可以创设特定的义务,却无法创设服从法律的一般义务。"①因此,培育民众的法治信仰,文化和道德因素是不可忽视的重要因素。要建立起民众的法治信仰,必须从文化和道德角度出发,凝聚民众的法治价值共识。

① [英]米尔恩:《人的权力与人的多样性——人权哲学》,夏勇译,中国大百科全书出版社1995年版,第35页。

第二章　法治文化与道德的内在联系

中国共产党领导中国人民历经长期探索和实践,开辟出了一条中国特色社会主义法治道路。习近平总书记指出:"这条道路的一个鲜明特点,就是坚持依法治国和以德治国相结合。"①依法治国的"法"是法律,以德治国的"德"是道德。法律和道德都是国家治理的重要方式。从"相结合"可知,法律和道德在国家治理中具有各自的地位和功能,且两者具有相辅相成、功能互补的关系属性。国家治理需要法律和道德共同发挥作用。法律的有效实施有赖于道德支撑,道德的践行也离不开法律保障。深刻把握法治与德治的内在联系,发挥道德对法治的滋养作用,对增强人民群众的社会主义法治建设认同感具有重要意义。

第一节　道德的内涵、特点及功能

深入剖析法治文化与道德的内在联系,精准把握法治与德治的辩证关系,首先需要对法治、法治文化的内涵、基本要素,以及道德的内涵、基本要素和主要功能进行学理探究。前一章探究了法治、法治文化的内涵及基本要素,本章将探究道德的内涵、特点、基本要素和主要功能,并在此基础上,分析法治文化与道德的内在联系,阐明道德对法治文化建设的支撑作用。

一、道德的内涵

在中国早期的传统文化中,"道"和"德"是分开使用的。"道"在中国传

① 习近平:《论坚持全面依法治国》,中央文献出版社2020年版,第166页。

统文化中具有重要地位,孔子说:“朝闻道,夕死可矣。”(《论语·里仁》)老子说:“道生一,一生二,二生三,三生万物。”(《道德经》第四十二章)“人法地,地法天,天法道,道法自然。”(《道德经》第二十五章)“道”至少包括三个层次的含义:一是指宇宙万事万物的本原;二是指宇宙万事万物发展的内在规律;三是指人们处理各种社会关系的道理或伦理准则。“德”字在商朝甲骨文中就出现了,先秦时期,诸子百家对“德”的理解和使用不尽相同,儒家侧重于伦理学层面的理解和使用,道家则侧重于事物的秉性、德性、性质方面的理解和使用。到东汉时期,刘熙对“德”的解释是:“德者,得也,得事宜也。”许慎在《说文解字》中说:“德,外得于人,内得于己也。”就儒家伦理学而言,“道”侧重于外在的社会伦理,“德”侧重于个人的品行,“道德”则是社会伦理要求和个体内在德性的统一。道德是社会伦理及其内在化,“伦”是指社会关系,“理”是指处理社会关系的道理,“伦理”就是处理各种社会关系的道理,这些道理就构成了“道德”的“道”,得到“道”就形成了“德”,即个人的内在德性、品性或道德品质。所以,道德既是一定社会历史条件下体现社会善恶观念和基本价值观的行为规范体系,也是人们在处理各种社会关系时所应该遵守的行为准则和个人应该具有的内在品质或德性。

当代中国伦理学界关于“道德”的界定不尽相同,如罗国杰教授分别从三个层次分析了道德的本质规定性:从道德的一般本质上来说,道德是一种被社会存在决定的社会意识;从道德的特殊本质上来说,道德是一种特殊的规范调解方式;从道德的更深层次的本质来说,道德是一种实践精神,这种实践精神主要表现为,道德对社会关系的调节、对个人品质的发展等方面。[①]此外,也有学者从人的社会规定性角度来界定“道德”。如唐凯麟教授认为:“道德是人的一种特殊的社会规定性,是社会的一种特殊的人的价值观念……它始终根植在人和社会不可分割的联系之中,是一种特殊的社会价值形态。”[②]还有一些学者认为,道德是人与人、人与社会之间形成的一种标准、原则和规范。如魏英敏教授认为,“道德,是人们在社会生活中形成的关

① 参见罗国杰主编:《伦理学》,人民出版社1989年版,第55—57页。

② 唐凯麟编著:《伦理学》,高等教育出版社2001年版,第38页。

于善与恶、公正与偏私、诚实与虚伪等观念、情感和行为习惯，并依靠社会舆论和良心指导的人格完善与调节人与人、人与自然关系的规范体系。”①。

国外的部分学者认为，道德与人是息息相关的。20世纪80年代，苏联著名伦理学家季塔连科认为，“道德可以说是人的行为的一个受社会历史生活制约的属性，是那些使活生生的具体的个人相互联系在一起的价值意义”②。美国著名伦理学家J. P. 蒂洛认为：“道德基本上是讨论人的问题的，讨论人同其他存在物（包括人和非人）的关系如何。道德讨论人如何对待其他存在物，以促进共同的福利，发展和创造性，努力争取善良战胜丑恶，正确战胜错误。”③

古今中外，关于道德的定义多种多样，目前，以下几点是国内学界的共识：

其一，道德是一种社会意识，是一种以善恶为评价尺度的、调节各种社会关系的价值方向和行为规范。道德不是神、上天、上帝、造物主的意志，不是“理念”“逻各斯”“绝对精神”“天理”等客观精神的产物，也不是来自人先天或先验的主观精神、善良意志、自我意识，而是来自现实的社会生产、社会生活和社会实践，是对社会存在的反映。道德作为一种社会意识，自然也不能脱离社会存在而存在，并且还深受其所处时代经济基础的制约。经济关系的变化必然引起道德关系和善恶标准的变化。

其二，道德是一种对处理各种社会关系的方式的价值观，是一种为人处世、安身立命的人生态度和标准。一个人的道德价值观与他的人生观、幸福观、社会历史观密切相关，是在人的主观世界里进行过加工整理而形成的为人处世的标准，因此，人不可能选择一种与自己的人生观、幸福观、社会历史观相反的道德标准。政治规范由一定的政治组织强制执行，法律规范由国家暴力作为强制贯彻的后盾，宗教规范以来自超自然的神秘力量为依靠，而道德规范主要借助传统习惯、社会舆论、内心信念来推行。道德规范发挥作用离不开人们对它的认同、内化和信念，道德天然地具有信仰的色彩。

---

① 魏英敏主编：《新伦理学教程》（第三版），北京大学出版社2012年版，第80页。

② ［苏］季塔连科：《马克思主义伦理学》，中国人民大学出版社1984年版，第6页。

③ ［美］J. P. 蒂洛：《伦理学》，北京大学出版社1985年版，第9页。

其三,道德是人类以实践精神把握世界的特殊方式。马克思认为,人类通过科学理论、艺术、宗教和实践精神四种方式来把握世界。道德是人类通过实践精神把握世界的一种途径。和科学、艺术、宗教三种方式不同,道德是通过价值判断的方式把握世界的,即道德主要通过善与恶、正当与不正当、应该与不应该等价值判断范畴,对世界现象作出判断,进而规范人们的实践活动和生产行为,从特定的价值出发以达到人类认识世界和改造世界的目的。对于个人来说,通过对人生道路的设计和行为准则的设定,道德可以直接指导人们的社会生活,因而具有突出的实践性。

其四,道德是人的一种高级精神需要。马克思恩格斯认为,历史是"现实的人"自身的创造过程,"现实的人"是历史的前提。"现实的人"不是费尔巴哈所说的脱离社会关系的自然的人、抽象的人,而是指处在一定社会关系、从事着满足自己需要的生产活动的人。"现实的人"不仅作为个体的人存在,同时也作为社会的人存在。这也意味着,人的需要一方面表现为个体性需要,另一方面也表现为社会性需要。个体性需要是作为个体的人维持自己生存和发展的需要,社会性需要是作为社会的人维持社会共同体存在和发展的需要。马克思恩格斯认为,人总是从自身需要出发来改造自然、构造社会、创造历史。人性、需要、利益,是三个无论在外延上还是在内涵上都非常接近的观念。就人性和需要来说,二者密切相关,人性的内容及其层次和需要的内容及其层次在根本上是一致的。在一定意义上可以说,人的需要即他们的本性。① 按照马克思恩格斯在《德意志意识形态》中的论述,人的需要首先是生存的需要,也就是能够生活的需要,即"需要衣、食、住以及其他东西"②。但是,人的需要绝不仅仅只是生存的需要,生存的需要只是初级层次的生活需要。苏联著名伦理学家季塔连科认为,"在初级的生活需要(吃、喝、穿、住等)之上,耸立着比较复杂的精神需要的整座摩天大厦"③。人的道德需要是人的多层次需要中的一种高级精神需要。道德需要往往表现为人对尊严、荣誉、道德人格、自我实现的需要,具有社会性、利他性、自觉

① 参见《马克思恩格斯全集》(第三卷),人民出版社 1960 年版,第 514 页。
② 《马克思恩格斯选集》(第一卷),人民出版社 1972 年版,第 32 页。
③ [苏]季塔连科:《马克思主义伦理学》,中国人民大学出版社 1984 年版,第 171 页。

性、超越性和理想性。比如,那些有强烈自尊需要和荣辱感的人,就比那些没有自尊需要、没有荣辱感的人重视道德价值在人生中的地位。荣誉是人们履行社会义务后得到的社会承认和肯定,是个人的自我意识、人格尊严的表现。这些需要只有在社会关系中通过社会和别人的认可和赞许才能满足,它们和人的归属感有关,与人的价值特别是社会价值密切相关,因而具有社会性;要得到社会和别人的认可和赞许,就要做对社会、对他人有利的事,至少不能违背社会利益和他人利益,这就决定了这种高级的精神需要及其满足具有利他的性质;这种具有利他性的行为必须成为自己自觉自愿的选择,不是来自外在的强迫,也不是违背自己意愿而勉为其难的行事,这表明道德作为人的高级精神需要对道德者来说具有价值性和自觉性;这种高级精神还需要具有超越眼前功利而重视自我未来理想的性质,即超越性和理想性。"人在充分展示其人格魅力和道德潜能的同时,展示了自己的人性,使其成为一种道德人生或美德人生的化身。这就是我们为什么说'人应当道德地生存和生活'是'人为什么要有道德'之根本问题的道德本体论意味的理由所在,也是我们确信积极的人性理解乃是人类道德之内在根源的根据所在。"①

二、道德的特点

我们可以从多种角度考察道德的特点,如从道德关系的角度、道德义务与道德权利的角度、道德规范的角度、道德意识的角度、道德行为的角度、良心的角度、道德评价的角度、道德功能的角度等。这里,我们仅就以下几个方面加以阐释。

其一,道德的产生具有自发性和多元性。道德是人们在长期生产生活中直接地、自发地形成的产物。在生产生活体验中,人们逐渐对一些事物达成共识性的价值判断,如"利"与"害"、"好"与"坏"等。并且在实际行动中,人们根据这种价值判断把这些共识作为一种行为方式加以肯定,如将那些于人"有利的""好的"的共识作为"善的""应当"的方式加以肯定,而将那些

① 万俊人:《人为什么要有道德?(下)》,《现代哲学》2003 年第 2 期。

于人“有害的”“坏的”的共识以“恶的”“不应当”的方式加以否定和排斥。这些共识性的价值判断逐渐形成人类早期的道德。① 但是,这种共识性的价值判断是基于同一利益要求之上的。随着人类社会历史发展进入阶级社会,由于人们在社会经济结构和生产关系等方面的地位不同,在生产、分配、交换和掌握物质财富的多寡不同,逐渐形成不同的利益共同体,主要表现为不同的阶级及阶级关系的形成。在阶级关系中,人们共识性价值判断也逐渐发生分化,并进而导致道德的分化。此外,处于同一阶级内的人们掌握的物质财富也有多寡之分,这就导致,即使是在同一阶级的共识性价值判断中,也存在部分个体对共识性价值判断在细节理解上的偏差,这进而导致社会道德和个体道德分野的出现。从道德产生的方式来说,道德规范的形成至少有四个渠道:一是统治阶级利用其国家政权制定或认可并以各种措施加以推行的行为规范;二是社会圣贤、各利益集团的知识分子所概括出的信条、准则等;三是个体从自己特定的社会地位和生产生活经验中自发形成的行为准则;四是各种宗教所提倡和宣扬的各种道德戒律和行为规范。

其二,道德的广泛渗透性。从国内学界对道德的共识性认知来看,道德渗透于每个人的内心深处及其外在的社会关系之中,几乎无处不在,以至于很难为道德界定出一个单独存在的领域。苏联著名伦理学家季塔连科指出,道德“并不像科学、政治等那样,局限于某个明确规定和人类活动范围……道德具有渗透一切的能力,它在各个领域:生产、日常生活、家庭,以及空间时间,调节着人们之间的各种关系”②。可见,无论是人们的职业生活、家庭生活领域,还是人们的社会公共生活乃至宗教活动等领域,无不渗透着道德。根据道德渗透领域的不同,可以将其划分为社会道德和个体道德。就社会道德而言,道德既可以通过一定的道德规范体系表现出来,也可以通过某些政治规范、法律条文、风俗习惯等方式表现出来。就个体道德而言,道德既存在于人的认知方式、情感体验、意志决定中,也存在于人的存在方式和生活方式的选择中。可见,道德无处不在,不论是在何种领域和地

① 参见张培强、魏长领、余兴龙:《伦理学概论》,河南大学出版社 2001 年版,第 24—25 页。

② [苏]季塔连科:《马克思主义伦理学》,中国人民大学出版社 1984 年版,第 98 页。

方,道德都能够影响人的意识和行为。

其三,道德制裁形式的多重性。由于道德规范既渗透于社会的经济领域、政治领域、法律领域、宗教领域、文化领域,也渗透于个人的职业领域、公共生活领域、婚姻家庭领域,从而使道德发挥作用的途径和方式也具有多重性。这种多重性特点主要表现在道德制裁途径和方式这两个方面。所谓道德制裁,是指道德借以影响和改变行为者利益得失(包括物质利益和精神利益)而迫使行为者以德行事的能力。按照制裁方式的不同,道德制裁可分为直接制裁和间接制裁、内部制裁和外部制裁、单一制裁和综合制裁等。按照制裁对象的不同,道德制裁又可分为精神制裁和物质制裁、自我制裁和群体制裁等。从行为者的外部世界看,一个行为者如果做了违背个体道德要求的事情,就会遭到舆论的非议和谴责,甚至法律的制裁。从行为者的内心世界看,一个行为者如果认识到自己做了违背道德要求的事情,就会遭到自己良心的批评和谴责,轻则产生自疚、惭愧等心理情绪,重则动摇人生价值和目标。个体道德对行为者的内心制裁,往往会比来自社会道德的强制制裁更为严厉和深刻。如果一个行为者因违背道德而接受了社会道德的直接制裁,但未触其心中的道德律,其遭受的惩罚多来自肉体而不触及灵魂。如果说,该行为者有可能逃避来自社会道德的直接制裁,他内心的道德律可能根本就不会被触发,甚至可能会促使其再次做出违背社会道德要求的事情。而一个真正意识到触犯了自己内心道德律的行为者,则难逃良心的谴责,甚至会主动接受来自社会道德的惩罚。①

其四,道德价值定向的理想性

从道德的形成和发展来看,只有肯定那些对于实现人们最佳目标最为有效的行为方式的道德,才能够得以存在并被人们普遍接受。从具体的行为方式看,道德发挥作用的空间在于现实与理想之间的距离,道德通过"应然"的尺度来衡量和要求"实然",并通过对行为者提出要求,来使整个行为方式达到整体最佳效果。这种理想中"应然"对现实中不符合"应然"尺度的

① 参见魏长领、刘学民、刘晓靖:《道德信仰与社会和谐》,武汉大学出版社 2013 年版,第 28—29 页。

人和事的指责,促使“实然”向“应然”理想状态的转化,体现了道德对现实的强烈批判性,也可以说道德价值定向具备的不是现实性而是理想性。作为一种实践理性,道德以人的幸福和社会公正为核心价值目标,追求真理与价值的统一(即追求真善美的统一),以及人性的完美和人的美好生活,包括实现美好生活所必需的良好的社会制度、生活秩序和个人良好的品质、德性。同时,道德谴责与人性、与美好生活背道而驰的社会制度(包括经济制度、分配制度、政治制度、法律制度、文化制度),贬斥破坏良好人际关系和生活秩序的个人主义、利己主义及其行为选择。道德往往体现着人类社会发展和个体完善的终极追求和理想目标,是综合性的社会价值评价体系和尺度。道德是社会生活的晴雨表,也是社会变革的价值引导和号角。

三、道德的作用和功能

关于道德的作用,中外伦理思想史上有两种错误观点:一种是“道德决定论”,认为人们的道德水平可以决定社会的更替和历史的进程,特别是某些历史杰出人物的道德水平。例如,孟子就把道德说成是“国之所以废兴存亡”之根本,19 世纪的空想社会主义者把关于建立理想社会的善良愿望建构在道德说教的基础之上。另一种是“道德无用论”,认为人的本性是恶的,道德对人是没有作用的。中国古代法家著名代表韩非子,西方唯意志主义哲学家叔本华、尼采等人,都是其代表人物。

马克思主义既反对“道德决定论”,又反对“道德无用论”,而是认为,道德是适应一定经济基础而产生的上层建筑和社会意识形态,它为一定的经济基础服务。一定的道德一经出现,必然对社会物质生活条件和人自身的精神生活发生巨大的能动作用。比如,一定的道德可以反作用于论证产生自己经济基础的合理性,进而促进相应经济基础的形成和巩固。此外,道德对维护人们社会生活和日常交往的正常进行同样有重要作用。人们在社会生活中难免存在这样或那样的差别、矛盾乃至冲突,只有这些问题解决得好,社会才能稳定,人际关系才能协调,正常的生活秩序才有保障。道德作为一种价值观念、情感和准则,有利于人们之间思想情感的沟通和交流。道德是社会关系的润滑剂,是建构温馨和谐人际关系的重要保障之一。道德既是陶冶人们情操、提高精神境界的重要途径，也是维护人的自尊和尊严的有效途径。人是有精神追求的，渴望自尊和尊严，而道德则通过正当与不正当、高尚与卑鄙等价值标准，引导人们选择能为社会和他人所接受和赞许的行为方式。①

无论对于社会还是个人，道德都具有多方面的功能，主要表现在：

其一，道德的认识功能。道德作为以实践精神把握世界的方式，其所把握的世界是属人的世界，把握的方式是通过"正当""应该""义务""责任""善恶"等价值判断的方式。从其把握的对象看，一方面是人所处于现实的各种社会关系，特别是利益关系；另一方面是应该如何处理这些社会关系和利益关系。道德是人认识社会及其自身的独特手段，道德的认识功能表现为，道德能够通过道德意识、道德判断、道德标准、道德理想等方式，反映个人与他人、集体、社会的利益关系。道德意识和道德判断，是道德发挥认识功能的主要方式。通过上述认识方式，人们可以认清自己同现实社会的价值关系，明确自己在现实社会中的价值目标和价值体系。此外，道德还可以帮助人们了解自己对家庭、社会和他人的义务和责任，了解人生的价值意义，确立理想的道德人格，明确自己的生存权利和应当的生存方式，指导人们完善和发展自己。②

其二，道德的调节功能。任何人都置身于社会关系之中，人的本质在其现实性上是一切社会关系的总和。人在社会关系中存在和发展，就必然与社会、他人、自然发生关系，形成人与人、人与社会、人与自然、人与自身的关系。这些社会关系受制于社会的生产关系、经济关系、政治关系，特别是社会经济结构和经济关系。经济关系首先通过利益关系表现出来。在生产力不够发达、社会产品不够满足每个人需求的时候，人与人、人与社会、人与自然的各种社会关系必然出现矛盾和冲突，在阶级社会中还会出现阶级之间、社会成员之间根本利益的对立，每个人都会从自己和自己所属的阶级利益出发，去处理这些社会关系。马克思指出："人们奋斗所争取的一切，都与他

① 参见张培强、魏长领、余兴龙：《伦理学概论》，河南大学出版社 2001 年版，第 33—36 页。
② 参见张培强、魏长领、余兴龙：《伦理学概论》，河南大学出版社 2001 年版，第 36 页。

们的利益有关。"①恩格斯也指出:"每一个社会的经济关系首先是作为利益表现出来。"②道德产生与存在的必要性主要在于调节人们之间的各种利益关系。凡涉及现实利益关系的活动,都属于道德调节的范畴。

其三,道德的教育功能。社会道德规范体系只有被每一个社会成员把握,并落实在自己的思维方式、生活方式和行为选择中,才能发挥其应有的作用。个人对社会道德规范体系的把握,一方面通过个人的道德认识和道德修养,另一方面则需要通过社会、家庭、学校等对个人进行道德教育。在个人的成长过程中,道德教育非常重要。无论是家庭教育、学校教育,还是社会教育,最基本的职责是把孩子培养成具有正义感、责任感、道义感的人,培养成具有同情心、怜悯心、责任心和良心的人,培养成维护社会整体利益、关心别人利益、见利思义、见义勇为的人。教育功能是道德客观呈现的实际作用。道德教育功能往往通过社会教育、家庭教育、学校教育和自我教育来实现。它既要诉诸人的理性,又要诉诸人的情感,使人们把自己的意识和行为引入符合社会道德价值体系的要求中来,以达到稳定社会秩序、和谐人际关系、提升人的精神境界的目的。

其四,道德的评价功能。依据一定的道德规范准则,人们可以对他人或自己的行为作出是非、善恶的价值判断,即道德的评价功能。道德评价的对象至少有三类:他人的行为和品质,自己的行为和品质,社会的制度、体制、政策、决策及实施。道德评价的主体至少有:社会、国家、阶级、政党、组织、团体,他人,自己。道德评价方式和途径至少包括:社会舆论、传统习惯、内心信念、良心、国家或组织的正式表彰或惩罚、社会非正式组织的表扬或谴责。道德评价的标准是评价者所信奉的道德行为规范和善恶价值尺度。对个人道德评价的依据是个人行为选择的动机和结果(效果),对社会进行道德评价的依据是社会的制度、体制、政策、决策及实施的效果,以及是否正义、是否合理。通过道德评价,对符合道德要求的人和事进行认可、赞同、表扬和提倡,对违背道德要求的人和事进行否定、谴责、排斥、制裁,从而弘扬

① 《马克思恩格斯全集》(第一卷),人民出版社1956年版,第82页。
② 《马克思恩格斯选集》(第二卷),人民出版社1972年版,第537页。

社会正气，培育良好的社会风尚，创造良好的道德环境，维护良好的生活秩序，提升人们的道德境界，促进社会和谐和人们幸福生活的实现。道德评价是道德发挥社会作用的重要途径，道德评价的沉默和缺失是道德麻木和道德冷漠的表现。

其五，道德的约束功能和激励功能。俗话说，"没有规矩不成方圆"，规范就是规矩，道德作为人们"应该做什么""不应该做什么"的行为规范，对人们的行为选择具有约束力。而且，道德的约束功能还表现在对社会制度的设计、国家政策的制定等方面的价值规定。道德的主体不仅是个人，也包括国家、政党、组织、企业、学校、医疗机构等，道德对这些整体、集体也具有约束力。道德作为行为准则，总要从善恶的角度告诉人们哪些应该做、哪些不应该做。对于应该做的，道德加以激励；对于不应该做的，道德则加以约束。因而，约束功能和激励功能之间是既对立又统一的，二者结合是人类社会各种道德得以贯彻的重要手段。道德的激励功能一方面表现为善的感召力，另一方面表现在人们对道德价值的认可、赞许、鼓励。当一个人做了符合道德的事，社会和他人就会认可和赞许他，而他实现了自己的社会价值，自己也会产生自豪感、荣誉感、满足感，从而实现了自己的人生价值或自我价值。道德是人实现自己社会价值和人生价值相统一的重要路径，是道德激励功能的重要表现。

四、道德信仰及其特性

"信仰是人的最基本、最深刻的精神活动，体现着人对价值理想的建构或最高价值的承诺，融系着人对精神家园和终极关怀的寻觅，因而它在根本上影响人的精神生活和社会活动，凝聚或整合着人的世界观、价值观、人生观。"①从信仰的层面探讨道德与法律的关系，分析道德对法治文化建设的支撑作用，具有重要的学理价值和现实意义。

道德信仰是信仰的一种基本形式，体现着一种道德体系的最高价值理想或最高的人格境界，整合着各种道德规范和道德行为选择。最为重要的

① 魏长领：《道德信仰与自我超越》，河南人民出版社 2004 年版，第 1 页。

是，它为这种道德体系提供一种依据或支撑（不论是来自超验的或是来自经验的），回答了“人为什么要有这种道德？”这一至关重要的问题。可以说，每一种道德信仰都代表着一种道德价值观，或者说，每一个系统的道德价值观都有一种道德信仰作为根据或支撑。

（一）道德信仰的含义

关于道德信仰的含义，国内学者有几种典型的观点：

李德顺认为，道德信仰是“对某种道德目标及其理论的信服和崇拜”①。樊和平认为，“道德信仰不只是对某种道德精神、道德价值的信仰，而且是对一定的伦理原理、道德法则、道德生活逻辑的信仰，这些原理和法则，并不只是局限于伦理与道德之内，而是伦理展开和道德运作过程中建立的伦理与社会、道德与生活的因果链环”②。任建东认为，“道德信仰作为一种伦理精神，它的目标是对善的终极追求。而善作为特定时代中最高的道德理想，它又超越着具体的善，是对人生的完美关爱”③。黄明理认为，“道德信仰是人们基于对道德于个体和社会存在发展的价值的认识，以及在道德理想与道德现实的张力作用下产生的对道德（包括道德规范、道德理想和道德人格）的笃信与崇敬，并以此设定人生目标、付诸道德行动的特殊情感”④。

综合以上观点，可以对道德信仰作如下界定：道德信仰由两个部分或两个方面构成，一是对一定道德价值理想及其规范的信仰，二是对这种道德价值理想及其规范得以成立的根据，或者所能达到理想结果的笃信。

（二）道德信仰的特性

道德信仰的特性，突出表现在：

其一，道德信仰具有主体自觉性。无论外在的道德宣传和道德教育如何影响人们道德信仰的形成，个体道德信仰的形成归根结底是主体自觉的结果。强制的或因诱惑而发生的行为可以合乎政治的、法律的规范，也可以合乎道德的规范，但不具有真正的道德价值。具有道德价值的行为必须是

① 李德顺：《价值学大词典》，中国人民大学出版社 1995 年版，第 90 页。
② 樊和平：《善恶因果律与伦理合理性》，《上海社会科学院学术季刊》1999 年第 3 期。
③ 任建东：《道德信仰论》，宗教出版社 2004 年版，第 47 页。
④ 黄明理：《社会主义道德信仰研究》，人民出版社 2006 年版，第 73 页。

出于自觉的道德心而做的。枷锁、地狱的威胁和天堂、金钱的诱惑，可以促成一个守法者，却难以产生一个崇高的道德者。[①] 道德及其信仰在本质上是自律，是一种自我规定、自我约束、自我超越和人格升华。

其二，道德信仰具有终极关怀性。道德信仰更突出地体现在人们信服这种道德价值体系及其价值理想目标的依据或理由，是对道德的形而上学基础的追问。任何道德价值体系的存在要得到人们的认同和信奉，就必须和人们的有意义世界联系起来，或者说，按照这一道德价值体系生活，会让人们活得更有意义和价值。"如果生活没有意义，那么我们就会发现没有什么事情是值得做的，我们将陷入绝望当中，人或者投身于外部事务的洪流中，在对外物的追逐中暂时忘却自己，或者彻底迷失自己。正因为如此，生活需要有意义。"[②]道德信仰作为人对道德的最高价值理想及其根据的笃信和奉行，与人的人生价值观和人生道路具有紧密的内在联系，从而决定着人生的价值方向，决定着人一生中一系列的行为方式、思维习惯和生活方式，对人的素质的提升具有重要的作用和功能。

其三，道德信仰具有价值整合性。道德信仰给人的道德价值系统提供一个有序的系统，整合人的道德价值观念。人们的道德信仰的对象越高越坚定，人们的人生境界和道德境界的提升就越快。道德境界指人们在道德上的觉悟程度和实际达到的水平，人生境界是指人们在人生问题上的觉悟程度和实际达到的水平。"人生境界和道德境界的提升，对于国民素质的提升具有重要意义。这不仅因为人生境界和道德境界决定人们的道德素质，并且道德素质的提高，有利于国民其他素质的提高。"[③]道德素质使人拥有一颗美好的心灵，具有辨别真善美与假丑恶的能力，具有宽容的胸怀和感恩的心，"心底无私天地宽"，人才能够从超功利的视角对待人和事，具有人格美，传递正能量。

其四，道德信仰具有人生定向性。信仰及其所带来的终极价值关怀是人生之必需，甚至可以说，有没有一个终极性的目标关照，是人生有没有意

① 参见魏长领：《道德信仰与国民素质》，中国社会科学出版社 2019 年版，第 85 页。
② 王锋：《现代性视阈中的道德信仰难题》，《江西社会科学》2011 年第 6 期。
③ 魏长领：《道德信仰与国民素质》，中国社会科学出版社 2019 年版，第 87 页。

义、是否感到充实的关键，是人生和动物的重要区别。“对生活的目标和生命的意义的求索指向人生的最高价值，而人生的最高价值离不开人的信仰包括道德信仰。只有有了确定的人生信仰和道德信仰，人才有前进的方向，才能获得人生的尊严。”[①]丧失了最高价值或者丧失了对最高价值的价值感，就必然会导致价值虚无主义。可以说，价值虚无主义就是最高价值丧失价值。最高价值就是人生意义的最终依据，就是历来形而上学所设置的赋予生存以终极的根据、目的、意义的本体。道德信仰通过确定做人的目标，通过确定人的生活方式，给人生指明了方向。[②] 道德信仰的定向作用突出表现为实现理想目标坚定不移、勇往直前的志向、毅力、斗志和勇气。

其五，道德信仰具有意志坚定性。在现实生活中，由于各种外在的诱惑和干扰，以及内心精神世界的混乱，人的心理经常存在矛盾冲突，迫切需要方向和定力，需要稳定的价值观念和道德信念，需要道德信仰。“有道德信仰的人，会有着自觉的一套严密的道德价值体系，有着不会被外界轻易动摇的道德标准，有着坚定的道德信念和顽强的道德意志，因此就具有坚不可摧的定力。”[③]《大学》中说：“大学之道，在明明德，在亲民，在止于至善。知止而后有定，定而后能静，静而后能安，安而后能虑，虑而后能得。物有本末，事有终始。知所先后，则近道矣。”这段话强调了理想目标对内心安定的重要性，以及内心安定对事业成功的重要性。至善是最高目标，知道并把握住这个理想目标，人就有了方向，就有了定力。有了方向和定力，就不再彷徨和浮躁，就能安静下来进行精心的思考，然后才能达到目标。干什么事情都需要理想目标，知道轻重缓急，才符合“道”的要求。《道德经》讲“重为轻根，静为躁君”，“轻则失根，躁则失君”（《道德经》第 26 章），“致虚极，守静笃。万物并作，吾以观其复。夫物芸芸，各复归其根。归根曰静，静曰复命”（《道德经》第 16 章）。把握住了道，才能内心安定平静，才能把握住万事万物的规律，才能克制住浮躁。佛教讲“戒定慧三学”，戒就是修戒，完善道德品行；定就是修定，追求内心平静；慧就是修慧，培育人生智慧。“戒定慧三

① 魏长领、刘学民、刘晓靖：《道德信仰与社会和谐》，武汉大学出版社 2013 年版，第 54 页。

② 参见魏长领：《道德信仰与国民素质》，中国社会科学出版社 2019 年版，第 89 页。

③ 姚金艳：《大学生道德信仰教育研究》，学位论文，湖南师范大学，2010 年。

学”是循序渐进的关系。先要完善自己的品德,然后才能让自己的心平静;内心平静了,人生智慧就提升了。可见,中国传统文化中的儒、道、佛都强调“道”“定”“静”的重要性。现代社会是一个生活节奏快、竞争压力大、人际关系杂、社会心态浮躁的社会,需要内心的安定。而内心的安定来自内心的信仰和信念,道德信仰则具有这方面的功能。

第二节　法律与道德的关系

法律和道德是维护人类社会秩序的基本形式,是实施社会控制的两个基本手段,是实施社会治理的基本要素,是处理各种社会关系、利益关系的基本路径,无论从人类社会发展历史看,还是从法律与道德的理论形态看,二者都具有渊源已久的密切关系。对二者之间关系的分析,既是法理学的重要内容之一,也是伦理学研究的基本任务之一。

一、法律与道德之关系的不同视角

可以从不同的视角讨论法律与道德的关系。比如,哈佛大学法学院院长、美国现代著名法学家罗斯科·庞德在《法律与道德》一书中,就从三个不同的视角讨论了法律与道德的关系,即历史的视角、分析的视角、哲学的视角。

从历史的视角看,庞德从人类历史发展的不同阶段讨论法律与道德的关系:其一,在法律产生的早期,法律和宗教、道德不分彼此地混杂在一种简单的社会控制中,法律经常被用来指称宗教习惯或仪式、传统社会习惯、传统道德理念和具体的成文法规;其二,在“严格法阶段”,法律规范体系主要来自国家或组织化政治团体的制定或认可,法律体系的基础是古代法典和由国家颁布的明确、清晰、详尽的条款而组成的习惯法,不再与道德规范、宗教规范合为一体;其三,在法律发展的第三阶段,纯粹道德理念、道德价值观、道德规范大量融入法律,道德义务成了法律义务,作为道德个体的个人成为法律的个体,道德原则被认为就是法律规制。从以上三个发展阶段来看,法律和道德之间主要呈现出一种趋同关系,正是这种“使法律和道德趋同的努力……造就了近代法”。“19 世纪的法律权利和法律义务,实质上是成熟期法律对前两个世纪哲理法学中的自然权利和道德义务的继承,并赋予了后者更多的确定性内容。”①

从分析的视角看,法律和道德只会在司法立法、法律规范的解释、法律适用和司法自由裁量四种场合发生联系。其一,在司法立法场合中,不但立法需要目标,司法过程中的规范创制、规范发现、规范塑造以及规范适用,也同样需要目标。“通过要求提供与结果所实现的正义相一致的、确定的判决依据,它们被用于捍卫一般安全中的社会利益”②,受到社会道德的约束。其二,在法律解释场合中,如果从文本的字面含义中难以得到令人满意的解释,那就应该从法律解释指向的“价值”中寻求令人满意的解释。庞德指出,“在实践中,‘令人满意的’往往意指在道德上是令人满意的”③。其三,在法律适用场合中,法律和道德的联系是密切的。从司法实践的实际过程来看,“法律适用中的伦理因素从来都未曾被排除出去过”④。道德因素在法律适用场合中一直起着重要作用。其四,在司法自由裁量场合中,许多司法自由裁量行为的方向实际上取决于法官即裁量者个人的道德价值取向,如庞德所说,“使自由裁量变得可以容忍的正确方法,或许就是承认此时我们已进入了伦理学领域”⑤。

从哲学的视角看,不同时期的法哲学家对法律与道德关系的理解是不一样的。其一,最早的法律哲学产生于法律与伦理习惯、大众行为的传统习惯、宗教律令融为一体的时期。“在道德或伦理习俗与法律不断得到全面融合的发展阶段,这种法律哲学成为法律科学的主要研究方法。”⑥这一时期,法学被认为是伦理学的一个分支,一条法律规制要想获得有效性而被普遍认可,就必须和道德准则相符合。其二,19 世纪初以来,情形发生转变。以康德、黑格尔为代表的德国古典哲学试图分开对比法律和道德,认为法律规

① [美]罗斯科·庞德:《法律与道德》,陈林林译,商务印书馆 2015 年版,第 28 页。
② [美]罗斯科·庞德:《法律与道德》,陈林林译,商务印书馆 2015 年版,第 41 页。
③ [美]罗斯科·庞德:《法律与道德》,陈林林译,商务印书馆 2015 年版,第 43 页。
④ [美]罗斯科·庞德:《法律与道德》,陈林林译,商务印书馆 2015 年版,第 46 页。
⑤ [美]罗斯科·庞德:《法律与道德》,陈林林译,商务印书馆 2015 年版,第 48 页。
⑥ [美]罗斯科·庞德:《法律与道德》,陈林林译,商务印书馆 2015 年版,第 68 页。

范与道德准则并不相关。康德认为,法律与外部行为相关,法律只涉及外部强制的可能性;而道德是内在的,是人为自己立法,是人的内在控制。道德主要关心人的行为的动机,一个行为的道德价值与该行为的结果无关。黑格尔认为,法律是关于人的自由的可能性的,而道德是关于什么是应当的,法律与道德分别作为可能的(即外部实现的可能性)义务和内在的义务。可见,这一时期,法律哲学家更关注的是法律与道德的区别。其三,19 世纪后半叶特别是 19 世纪末,法哲学对法律与道德的关系的观点又产生新变化,即从注重法律与道德的区别转向强调二者的一致性,乃至认为法律从属于道德。19 世纪后半期,在人的社会依赖性理论的影响下,人们不再试图分开法律与道德,“一个努力使法律从属于道德的新阶段呈现在我们面前”①。

总之,庞德认为,法律和道德既有联系,又有区别,两者既不能彻底分开,也不能完全等同。在现实生活中,道德和法律是人们最经常、最直接面对的两种行为规范,二者是一个良好社会秩序形成和个人社会生活顺利展开的重要文化基础。

二、道德与法律的区别

要想处理好法律与道德的关系,就要既看到二者的区别,又看到二者的联系。法律与道德的区别主要表现在以下四个方面:

第一,法律与道德产生的时间和历史条件不同。从人类社会发展的历史看,道德的产生早于法律的产生。自从有了社会关系,自从人们认识到应该如何调节这些社会关系,在社会生活和实践中,就产生了道德。而法律则是人类社会发展到阶级社会的特殊产物,有了国家才有法律。在阶级社会中,只有掌握国家政权的统治阶级才能制定或认可法律并强行实施,被统治阶级是不可能制定和靠国家强制力量推行法律的,因此,在一定社会和特定国家中,法律具有一元性的特点。道德是人们在生产和生活的实践中逐渐形成、约定俗成的东西,不同的人有不同的道德观念和道德信仰,因而道德具有自发性和多元性的特点,它在原始社会就已经存在,到未来共产主义社

① [美]罗斯科·庞德:《法律与道德》,陈林林译,商务印书馆 2015 年版,第 80 页。

会,没有阶级,国家也将消亡,以国家为来源和动力的法律也将退出历史舞台,但道德还在,而且将越来越重要,甚至成为调节社会关系最基本的权威。在阶级社会中,不同阶级成员皆从自己所属的社会关系、经济关系、利益关系中形成自己的道德观念,所以不同阶级往往有不同的道德价值观念和道德标准,道德观念呈现出多元化的特点。

第二,法律与道德的表现形式不同。法律规范往往是由国家制定或认可的,通过一定的法定程序并以法律条文作为表现形式的具体规定权利、义务及法律后果的行为准则。法律规范一旦被国家颁布和实施,就具有强制性。而道德规范是人们在长期的社会中自发形成的或约定俗成的,并不需要统治阶级来颁布。道德观念和道德标准不仅体现于社会的道德要求和行为准则,而且存在于人的良心中。

第三,法律与道德调整的范围和要求程度不同。法律比道德调节的对象和范围小,一方面,很多道德谴责的动机和行为并不构成犯法,比如一些违反村规民约、公序良俗的行为,只要情节不严重,一般不会违法,只受道德的谴责,法律并不予以干涉。另一方面,很多道德提倡和赞美的行为并不构成法律的要求,比如乐于助人、乐善好施、见义勇为等行为。道德调整的范围一般要比法律调整的范围更加广泛,几乎涉及人们在社会生产生活中的一切活动,触及人们价值生活及其评价的所有领域。同时,更应该看到,法律与道德对人们的行为要求程度有所不同。道德对人们的行为要求的标准一般都比法律要求标准高。德国古典哲学家康德认为,道德上的善良高于法律上的正当。善良意志是道德价值的唯一来源,道德要求人们的道德行为一定要出于遵从绝对的善良动机。表面上或结果上具有合法性的行为却不一定具有善良动机,或者说具有一定的道德性。

第四,法律与道德的约束力和制裁方式不同。法律的约束力和制裁方式具有强制性。一旦违法犯罪,就要接受执法和司法机关的强制约束和制裁,包括拘留、监视居住、取保候审、有期徒刑、无期徒刑乃至判处死刑,还有没收财产、罚款、剥夺政治权利,等等。随着法律内容和条文越来越具体化、专业化、复杂化,法律制裁的方式也越来越细化和精准化。法律的强制性和制裁体现在立法、执法、司法的方方面面。道德的约束力具有一定的弹性,既可以通过外在的传统习惯、社会舆论来维持，也可以通过人们的内心信念来维持，特别是通过人们内在的道德自觉和道德信仰来实现。道德制裁往往通过社会舆论影响人的声誉、名誉、荣誉，影响人的尊严、人格、威望，影响人的人际交往、经济交往和政治前途，特别是在当前的信息时代、自媒体时代、网络时代，社会舆论的传播速度之快、传播范围之广、传播影响之大，是前所未有的。再加上中国人自古就非常讲"面子""脸面"，面子是中国人的"纲领"，中国人很在意别人对自己的评价，往往活在别人眼中，一旦受到社会舆论的道德谴责，就感到很"丢人""没脸见人"，就会羞愧难当。同时，道德制裁往往和个人的内在良心相结合，越是有良心的人，就越顾及自己的人格尊严，道德的自我约束力就越强，一旦因违背社会道德而受到社会舆论的谴责，就越自责、羞愧、不安，不能心安理得，甚至寝食难安，自我折磨，乃至自杀。"唾沫淹死人"，谁能够在"万夫所指"下安然快乐地生活？自古以来，以言杀人的现象屡见不鲜。

三、道德与法律的联系

既要看到法律与道德的区别，也应该看到法律与道德的联系。古今中外，良好的社会治理都重视坚持依法治国和以德治国相结合。第一，法律与道德在起源和发展上相互联系。在人类文明的早期，法律与道德的区别并不像近现代这么明显，它们都起源于社会生产和社会生活的需要，来自风俗习惯。马克思指出，"文明期开始以后，希腊人、罗马人、希伯来人最初的法律，主要是把由于前辈经验而体现在风俗习惯里的东西履行一道法律手续"[①]。这里讲的"法律"，就是最早出现的行为规范，是风俗习惯、道德规则、习惯法的混合体。同时也表明，有些法律是由某些道德习惯转化而来。中国古代礼乐文明中的"礼"，既是道德，也是法律，还是宗教礼仪，是法律与道德合为一体的共同文化社会秩序。近现代以来，法律与道德的区分才明朗起来，法律越来越细化、专门化、专业化，法律学科与道德学科（伦理学）才成为两大学科。

---

① 马克思：《摩尔根〈古代社会〉一书摘要》，人民出版社 1965 年版，第 60 页。

第二，道德与法律相互渗透、相互转化。康德把道德的基本原则叫作"道德律令"，把道德的"绝对命令"称为"道德法"。黑格尔将把"伦理"看作道德和法律的统一。纵观人类社会发展的历史，特别是阶级社会以来的历史，就会发现，法律中蕴含着道德的要求，道德中有法律追求的秩序。法律和道德在调节社会关系、贯彻社会核心价值观、维护社会秩序方面，有着共同的追求，二者相互渗透、相互转化。在中国封建社会中，法律和道德都共同调节封建宗法等级制度下的各种社会关系，贯彻"三纲五常"的核心价值观，共同维护社会的政治秩序、生产秩序、交往秩序和生活秩序。汉代的董仲舒就以《春秋》断刑狱，后来的统治者更是直接把"三纲五常"写入法律条文，利用法律的强制力加以推行。《唐律》是中国封建社会中一部最严密、最系统的封建法典，其主要内容就是把"三纲五常"的封建道德规范法律化，把"不敬""不孝""不睦""不义"列入"十恶"，并予以"十恶"者法律的惩处。在中国社会主义社会中，社会主义法律和社会主义道德也是相互渗透的。"五爱"（爱祖国、爱人民、爱劳动、爱科学、爱社会主义）既是道德的行为规范，也是宪法规定的行为规范。可以说，任何法律都有一定的道德属性。习近平总书记指出："以法治承载道德理念，道德才有可靠制度支撑。"①

第三，法治与德治相辅相成。道德和法律历来是维护社会秩序两种软硬相济的手段。从历史上看，不论提倡法治的朝代或是提倡德治的朝代，没有任何一个统治阶级可以仅凭其中一种治理方式维持其统治。在中国古代，主张以德治国的思想家（如孔子、孟子），并没有完全否定法律的作用；主张依法治国的思想家（如荀子、管子、商鞅），也没有完全否定道德特别是统治者道德的作用。法安天下，德润人心。国家治理需要法律和道德协同发力。法治和德治不可分离、不可偏废，二者是辩证统一的关系。法治包括良法和善治。良法是法治的前提，善治是法治的目的。良法是指那些符合公平正义要求的、能够反映社会发展规律的、能够反映最广大人民群众意愿与利益的法律。良法是符合道德要求的法律，是体现社会核心价值观的法律，是促进社会公平正义、维护良好生活秩序的法律。只有良法才能够最大限

① 习近平：《论坚持全面依法治国》，中央文献出版社 2020 年版，第 166 页。

度地得到人民的认同。善治就是要依据良法对社会进行治理，法治的本质在于对良法的遵循和对良法的贯彻。同时，应该指出的是，无论是良法的制定，还是良法的贯彻执行，都离不开有良知、有道德的人。我们不笼统地反对人治，只反对没有道德良知、不遵守良法的人治，反对凌驾于法律之上、以个人意志为转移的个人崇拜、"一言堂"、专制主义。对于纯粹的不道德行为，一般只能通过唤起不道德者的良心、羞耻感、正义感等方式来调整个人的道德行为。而一旦个体或群体丧失人伦、良知，仅仅依靠道德教化是难以发挥作用的。因此，一方面强化法律对道德的保障作用，另一方面强化道德对法治文化的支撑作用，才能实现法律和道德相辅相成、法治和德治相得益彰。

第四，法律与道德有着共同的价值诉求。19 世纪英国功利主义代表人物边沁在其著作《道德与立法原理导论》中，论证了法律和道德有着共同的价值追求和价值原则，那就是功利主义原则。功利主义原则既是道德原则，也是法律原则。"法律利用的是惩罚和人们避免痛苦的心理，道德利用的是赞赏和人们追求快乐的心理，两者产生的共同结果都是功利。"①我们所赞同的不是边沁把法律和道德的价值基础都归结为功利主义，而是赞同关于法律和道德有着共同价值诉求的观点。在人类历史的长河中，在不同思想家那里，或者在不同社会制度中，法律和道德的共同价值诉求不尽相同，可能是功利主义，也可能是公平正义；可能是自由主义、个人权利，还可能是个人幸福；可能是每个人的自由全面发展，很可能是包括上述价值的多种价值的综合。如果法律和道德在根本价值追求上不一致甚至相反，如果法律规范和道德规范经常抵触，人们在行为选择中不仅常常陷入不知所措的困境，而且会使法律和道德失去应有的权威和作用。因此，在一个正常社会里，任何法律都有一定的道德属性。在中国社会主义社会里，法律和道德的共同追求主要体现在：法律是对实现自由、平等、民主等道德价值的制度设计，且以符合社会进步要求的道德规范作为评价标准；法律既保障权力得以有效行使又保障权力不被滥用，展现出政治伦理的品质；法律是对公民基本权利的

---

① 罗国杰、宋希仁：《西方伦理思想史》（下卷），中国人民大学出版社 1988 年版，第 372 页。

保障,内在地包含着促进人的自由全面发展的价值取向。

第三节 权利义务视域下法律与道德的关系

古今中外的思想家从不同的角度探讨了法律与道德的关系,我们在第三、四章里将有比较详细的叙述。在这里,我们主要在权利与义务及其关系的视域下,通过分析权利与义务、法律权利与道德权利、法律义务与道德义务及其关系,进一步分析法律与道德的关系。

一、权利与义务

法律和道德都是规约人们行为、选择的作为规范,“规”是规矩、规定、尺规,“范”是典范、模范、范式,“规范”就是标准、尺度、准则。从法律层面看,法律规范是判断人的行为是否符合法律的标准,可以据此将人的行为区分为合法行为和不合法行为或违法行为。符合法律规范的行为是“正当”的行为,不符合法律规范的行为是“不正当”的行为或“失当”的行为。“正当”的行为也称为“应当”的行为;“不正当”的行为也称为“不应当”的行为或“失当”的行为。简言之,法律规范是判断人的行为是“正当”还是“不正当”、“应当”还是“不应当”的标准。从道德层面看,道德规范是判断人们的行为符合道德还是违背道德的标准,如果把符合道德规范要求的行为称为“善”,不符合道德规范要求的行为称为“恶”。那么,道德规范就是判断人们行为的善恶标准。“善”的行为也就是“应当”的行为,“恶”的行为也就是“不应当”的行为或“失当”的行为。简言之,道德规范是判断人的行为是“善”的还是“恶”的、是“应当”的还是“不应当”的标准。(当然,有两点需要说明:其一,道德规范不仅评价人的行为,而且评价人的品质;或者说,道德规范不仅评价“事”,而且评价“人”。其二,道德规范不仅把人区分为“善人”或“恶人”,而且还包括一个更大的群体,即既不是善人也不是恶人,比如,那些既不舍己为人也不损人利己、既不助人也不害人的人。后文有详述。)一言以蔽之,法律和道德都是判断人的行为是“正当”“应当”、还是“不应当”“失当”的标准。符合法律规范和道德规范的行为就是“正当”“应当”的行为,违背法律规范和道德规范的行为就是“不应当”“失当”的行为。

法律规范和道德规范是判断一个行为是“正当”“应当”、还是“不应当”“失当”的标准，这显然是从外在形式上说的，是直接标准。接下来的问题是，法律规范和道德规范是怎么成为判断一个行为是“正当”“应当”、还是“不应当”“失当”的标准的？这就涉及法律和道德判断“正当”“应当”、还是“不应当”“失当”的内在尺度，这是判断一个行为是“正当”“应当”、还是“不应当”“失当”的间接标准、更深一层的标准，是从内在的价值层面的探究。法律和道德判断“正当”“应当”、还是“不应当”“失当”的内在尺度，就是应该如何处理人与人、人与社会的各种社会关系的价值尺度。这个价值尺度既以权利和义务为内容，又以权利和义务为尺度。也就是说，只有从权利和义务的关系的视阈，才能更好地说明法律和道德是如何作为判断人的行为是“正当”“应当”、还是“不应当”“失当”的标准的，也能更好地说明法律权利与法律义务、道德权利与道德义务的关系，从而说明法律与道德的内在关系。

从法律方面看，首先需要探讨的问题是，先有法律后有权利，还是先有权利后有法律？如果说，先有法律后有权利，那么，在人类社会的早期，在以国家的存在为条件的法律没有产生之前，有没有人的权利问题？如果说，先有权利后有法律，那么，在没有法律赋予和保障的条件下，权利从哪里来并如何得到保障？从根本上讲，法律是以权利和义务为机制来调整人的行为和社会关系的。但是，权利和义务显然不只是一个法律问题。不仅法律有权利和义务问题，道德、政治乃至宗教都有权利和义务问题。事实上，在法律产生之前，就存在人的权利和义务问题，比如，道德权利和道德义务。并且，权利和义务的认定或授予也不仅仅是法律，还有从自然法，从“天赋人权”，从人的理性、自由、伦理等方面，界定权利的内涵和来源。比如，康德、黑格尔等人用“自由”解说权利。如黑格尔认为，“意志既是权利的实质又是权利的目标，而权利体系则是已成现实的自由王国”①。可见，在法律产生之前，就有权利和义务问题，法律就是对某些权利和义务的确认和保障，从而

① 转引自夏勇：《权利哲学的基本问题》，《法学研究》2004 年第 3 期。

形成了法律权利和法律义务，使其具有强制性。

从法律评价看，一个人的行为是“正当”“应当”、还是“不应当”“失当”，可以从行为者所拥有的权利和义务的角度来理解。一个人做的是法律权利允许的事，履行了自己承担的法律义务，他的行为就是“正当”“应当”的合法行为；一个人做的是法律权利不允许的事，拒不履行自己承担的法律义务，他的行为就是“不应当”“失当”的不合法行为。运用合法权利和履行相应义务是人们守法的核心层次体现，权利和义务是统一的，行使一定的权利就代表着要承担相应的义务。

在人们的道德生活中，什么应该做，什么可以做，什么不能做，是善是恶，正当与否，其标准也是建立在人们之间的权利和义务基础上的。从道德层面可以把人们的行为区分为三类：正当的行为、失当的行为和崇高的行为。人做了自己权利允许的事，履行自己的义务，此行为便属于正当行为。比如，一个人通过自己的辛勤劳动而致富，则这种行为属于正当的行为；一个人靠诈骗获得财富的行为，就是失当的行为；一个人为了他人和社会的利益而主动放弃自己的利益的行为，就是崇高的行为。对于这三类行为，尽管法律也倡导人们去做崇高的行为，但其主要功能在于促使人们在正当的范围内行事，并惩罚失当的行为。而道德除以强烈的情感谴责和制止失当的行为、默许正当的行为之外，更重要的功能还在于倡导和促使人们做崇高的事。一个具有较高道德素养的人，会自觉主动地履行自己的义务，不仅做一个遵纪守法的人，而且做一个有爱心、懂奉献的道德崇高者。

在权利与义务的关系上，一般说来，权利与义务是相互对应的、对等的，既没有义务的权利，也不存在没有权利的义务。正如马克思所说，“没有无义务的权利，也没有无权利的义务”①。但是，具体到法律与道德的两个方面，权利与义务的关系还是有区别的。如果说，法律更重视权利（如康德把法的形而上学原理界定为权利的学说），那么，道德更加重视义务（如康德就把具有道德价值的行为界定为义务的行为）。法律义务与法律权利相对应，但道德义务与道德权利却不是这样简单的相对应。这方面的区别，将在下

① 《马克思恩格斯选集》（第二卷），人民出版社 1972 年版，第 137 页。

文进行较为详细的探讨。

二、法律权利与道德权利

法律权利是指法律所允许的权利主体为了满足自己的利益而享有的某种权能。一切法律权利都由国家制定或认可并以国家强制力作为后盾加以保护。法律权利的特点是:第一,它依据宪法并经由一定的法律程序而产生并得到国家认可和保障;不同法律明确公民的不同法律权利,如各种实体法、诉讼法都有较为具体的法律权利规定,宪法作为根本大法,对公民的基本权利和监督义务都有明确规定。第二,它是保证权利人利益的法律手段、方式和途径。第三,法律权利与法律义务相对应,离开法律义务就无法理解法律权利,法律权利需要法律义务人履行法律义务来保证,否则权利人的法律权利不可能得到行使。第四,法律权利确定权利人从事法律所允许的行为的范围。关于法律权利的存在,学术界一致认同,并进行了较为详细的探讨,此不详述。

但是,关于道德权利的存在,学术界一直持有较大争议。中国传统伦理思想过于强调道德义务而很少提及道德权利。在中国,直至20世纪80年代中期,道德权利问题才开始受到学术界关注。① 最早提出道德权利并对其加以界定的是程立显,他认为,道德权利是指“一定的道德体系所赋予人们的、并通过道德手段……加以保障的实行某些道德行为的权利”②。后来,学界对道德权利的界说越来越多,如张开城认为,道德权利就是作为道德主体的人应享有的道德自由、利益和对待③。余涌则认为,“道德权利是道德权利者基于一定的道德原则、道德理想而享有的能使其利益得到维护的地位、自由和要求”④。

这里,我们将道德权利界定为:道德权利就是道德主体在道德生活中所享有的权利。具体来说,可分为以下五个方面:

---

① 参见杨义芹:《道德权利问题研究三十年》,《河北学刊》2010年第5期。
② 参见程立显:《试论道德权利》,《哲学研究》1984年第8期。
③ 参见张开城:《试论道德权利》,《山东师范大学学报(社会科学版)》1995年第5期。
④ 余涌:《道德权利研究》,中央编译出版社2001年版,第30页。

其一,道德权利是道德主体选择和认同某种道德价值标准的权利。道德价值标准不是唯一的,一个社会往往存在多种道德价值标准。马克思主义认为,不同时代、不同社会有不同的道德价值标准,同时代、同社会中的不同阶级也存在不同的道德价值标准。恩格斯明确指出,他所处的时代,存在三种不同的道德价值体系,即封建的道德、资产阶级的道德、无产阶级的道德。"人们自觉地或不自觉地,归根到底总是从他们阶级地位所依据的实际关系中——从他们进行生产和交换的经济关系中,吸取自己的道德观念。"[①]针对道德价值标准的阶级性,不同阶级的人们有选择和认同某种道德价值标准的权利,而这种选择和认同某种道德价值标准的权利就是人们的道德权利。

其二,道德权利是道德主体进行道德行为选择的权利。自由是选择的前提,是个体道德价值得以实现的前提,同时,自由又需要通过选择而实现,个体道德价值需要通过个体的道德选择得以实现。个体的道德选择不仅表现在对不同道德价值标准的选择,而且表现在对道德行为的选择。个体拥有道德行为选择的权利,也是道德权利的一个重要内涵。

其三,道德权利是道德主体要求公正评价自己品质和行为的权利。当他人和社会对一个人的行为或品质的善恶性质定性不准确的时候,特别是把该行为或品质的善行当作恶行,并对其道德品质进行侮辱、曲解,使其人格尊严和正当利益受到侵害时,人们有权利要求他人和社会予以更正、予以公正评价。[②] 值得注意的是,有必要把评价个人行为和评价社会道德自身、评价个人与评价社会区别开来。评价个人行为主要看其动机是否出于道德义务感,评价道德自身主要看其达到的整体效果;评价个人主要看其意志是否善良,评价社会主要看其规范系统及其保障机制是否有利于人们的最大幸福。如果说,为义务而行动是个人的道德责任,那么,保障公正的善恶赏罚则是社会的职责;如果说,个人仅以一己私利而行动不是道德的行为,那么,善恶赏罚不明或失当,则是社会的过错。[③]

---

① 《马克思恩格斯选集》(第三卷),人民出版社 1972 年版,第 434 页。

② 参见魏长领:《道德权利基本内涵探析》,《郑州大学学报》2013 年第 1 期。

③ 参见魏长领:《道德权利的特点探析》,《中州学刊》2013 年第 1 期。

其四,道德权利是当道德主体见义勇为给自己带来损害后要求受益者和社会予以适当补偿的权利。见义勇为之所以具有崇高的道德价值,是因为这种行为通常是不以行为者自身的利益、报偿或权利为条件或动机的。但是,这并不意味着见义勇为者不拥有让社会和受益者对其行为给予正确评价和褒奖的权利。如李建华、周蓉所说:“一般说来,道德义务的履行不以获得某种个人的利益、报偿或权利为条件或动机。”以及“要解决这个问题须首先弄清以下几个基本问题:其一,道德义务的非权利性动机并不意味着道德权利不存在。其二,作为道德舆论,不能只是鼓励人们履行道德义务的非权利性动机,还应当号召人们维护由于这种义务行为而产生的道德权利要求。”①如果否认这种道德权利,势必导致“英雄流血又流泪”的道德悲剧,对个人的道德热情和社会的伦理公正都是重大的伤害。

其五,道德权利是道德主体追求德福统一的权利。追求德福统一不仅是人们的愿望,也是人们的一种权利。人们有权利对那些致使德福背离的各种行为进行批判和谴责,也有权利要求社会、政府、执政党致力于促进道德与幸福的统一,让好人有好报,坏人受惩罚,从而维护道德公正。宗教把德福统一寄托于神灵和来世,康德把德福统一维系于“三大公设”(即神的存在、灵魂不死和意志自由),而我们有权利要求德福统一在现实生活中实现。总而言之,道德义务和道德权利是紧密相关的,强调道德义务的无偿性和非权利动机性,并不意味着履行道德义务的人没有道德权利可言,无偿并不意味着失去追求幸福的权利。正如罗国杰所言,“在一个公正合理的社会中,道德义务的无偿性和非权利动机性,恰恰应该用道德主体的幸福和欢乐来作为最起码的酬报。因为这意味着有德的人才有福,无德的人将无福”②。

与法律权利相比较,道德权利具有以下特点:

第一,道德权利具有多元性和自发性的特点。法律权利的产生是以国家政权的存在为前提的,是国家确立或认可的产物。一个国家不会允许许多个相互矛盾的法律体系存在,法律权利因此也是一元的。而道德是人们

① 李建华、周蓉:《道德权利与公民道德建设》,《伦理学研究》2002 年第 1 期。

② 罗国杰主编:《伦理学》,人民出版社 1989 年版,第 199 页。

在长期的社会生活实践和生活经验中自发地形成的，是人们对增进和维护他人利益和公共利益的必要性认识。在阶级社会中，基于不同的利益关系，人们也会形成不同的道德权利观念，道德权利也因此是多元的。从权利确定性的角度来说，法律权利是由国家立法机关经一定立法程序，并以法律条文的形式加以确认的产物，因而具有某种“权威性”或“程序性”，并不是自发产生的。相反，道德权利并不会由某种机构或经某种程序，并以某种条文的形式加以确认，因为道德权利是人们的一种共识，这也意味着道德权利“不可能像改变或确立某种法律规范那样借助某种‘权威’或‘程序’”①。

第二，道德权利与道德义务之间关系的复杂性和不对应性。道德领域中义务与权利的联系，并不是类似于法律领域中义务与权利一一对应的关系，而是往往表现为间接的非对应或非完全对应的隐性联系。如上论述“道德权利是道德主体追求德福统一的权利”时所说，道德义务具有无偿性和非权利动机性，这也意味着，履行道德义务并不一定会获得社会或他人对道德主体回馈一定的奖赏。因而，“从动机看，道德主体履行道德义务确乎不以获得某种权利（尤其是政治法律权利）为前提条件，权利确乎不是履行道德义务的诱因”②。由于道德义务的层次和性质不同，人们之间的道德权利与道德义务的关系也不相同，道德权利和道德义务之间不存在直接对应的关系。一个人履行高层次的道德要求（如见义勇为、舍己为人、慈善行为）或者说道德义务，并不意味着行为的相对人和受益者享有要求对方这样做的权利。比如，一个人在孝敬自己的父母的同时还孝敬别人的父母，这是一种善举，但这并不构成别人的父母对行为者的权利，当他无法孝敬别人父母时，别人的父母没有要求行为者继续经济援助的权利，更不享有指责或控告对方的权利。

第三，道德权利的主体自择性。道德权利的主体选择性，一方面表现在不同主体对不同道德规范体系的认同，以及对具体道德行为的选择方面；另一方面更为突出地表现在：当道德主体特别是见义勇为者的道德行为给自

① 余涌：《道德权利研究》，中央编译出版社 2001 年版，第 60 页。

② 罗国杰主编：《伦理学》，人民出版社 1989 年版，第 197 页。

己带来损害后,拥有要求受益者和社会予以适当补偿道德权利的时候,道德权利的主体是否行使这些道德权利,往往根据自己的自择。或者说,当道德权利主体特别是见义勇为者是不是行使自己的这种权利,即是否要求受益者和社会予以适当补偿,可以由自己来抉择。他既可以行使自己的权利,也可以放弃自己的权利。

特别需要说明的是,我们不仅要看到法律权利和道德权利的区别及其各自的特点,更应该看到二者之间的一致性和内在联系。法律权利和道德权利有着共同的价值诉求和目标,都是人类社会秩序和幸福生活之必需,也是提高人的素质、道德境界、人生境界的两个相互联系的基本路径。从人类发展的历史进程看,道德比法律更为长久、更为根本。

三、法律义务与道德义务

法律义务是指法律关系主体依法承担的某种必须履行的责任。法律权利和法律义务,是法律关系的重要构成要素。在法律关系中,权利和义务相互依存。权利和义务作为法律的基本要素,二者紧密联系、不可分割。在法律关系中,法律关系主体既是权利主体又是义务主体,权利人在一定条件下要承担义务,义务人在一定条件下要享受权利。道德义务是指人们能够自觉认识到的,在一定社会关系中对社会、对他人的一种道德责任。道德义务可分为对社会的道德义务和对他人的道德义务,是两方面的统一。我们在理解法律义务与道德义务时,既要看到二者的区别,也要重视二者的联系。

(一)法律义务与道德义务的区别

第一,法律义务是由立法机关规定的义务,而道德义务不是。康德认为,"法律义务是指那些由外在立法机关可能规定的义务;伦理义务是上述立法机关所不可能规定的义务"①。在康德看来,出于立法的方式,法律义务只能是外在的义务,因为它并不要求内在的观念,而伦理义务或者说道德义务,它在不排除外在东西的同时,也使得内在的动机和行为被包含在义务的

① [德]康德:《法的形而上学原理——权利的科学》,沈叔平译,商务印书馆 1991 年版,第 10 页。

观念中。

第二,不同的道德义务与法律义务的关系不一样。不少学者把道德、道德规范、道德义务分为两类:一类关系到人类社会最基本秩序和最基本条件的道德规范,是维持社会稳定和发展最基本的道德要求,这是人们必须履行的道德义务,可以称为“完全的道德义务”、带有强制性的道德义务;另一类是使人与人之间关系更美好、社会关系更和谐的道德要求,这些道德要求使人充满爱心和善意,使人性充满德性的光辉。这是更高层次的要求,并不构成人们必须履行的道德义务,可以称为“不完全的道德义务”,是不具有强制性的道德义务。奥斯丁在《法理学大纲》中把前一种道德义务称为“完全义务”,把后一种道德义务称为“不完全义务”。拉斐尔在《道德哲学》中,把前一种道德义务称为“完全责任的义务”,把后一种道德义务称为“责任外的义务”。康德把前一种道德义务称为“无条件的义务”,把后一种义务称为“有条件的义务”。博登海默把前一种道德义务称为“完全强制性义务”,把后一种道德义务称为“不完善强制性义务”。第一类道德规范是道德的基本要求,是维持社会生活必要条件所必需的要求,因而具有强制性。这一类的道德义务往往也被称为法律义务的要求,或者说,在第一类道德义务上,法律义务和道德义务往往是一致的。而第二类道德规范则是更高层次的道德要求,并不是维持社会生活必要条件所必需的要求,人们有选择做与不做的权利,因而不具备强制性,这种道德义务往往与法律义务是不同的。

第三,法律义务与道德义务得以履行的保障力量和方式不同。法律义务是由统治阶级的国家所自觉制定且以国家强力为后盾。法律义务一般具有法定性、强制性、从属性和必为性特征。法律义务从属法律权利,是由法律明确规定的社会义务,义务主体必须履行法律义务,不履行义务将会受到国家司法机关的强制性制裁。相反,道德义务是由义务人自愿履行且不以国家强制力作为履行保障手段的义务,只能通过义务人的自觉意识以及教育、舆论等作为自己的外部手段。因为道德义务履行保障力量和方式的软约束性质,决定了道德义务的履行不能只靠他律,必须将其内化为个体的自觉意识和自愿要求。

(二)法律义务与道德义务的内在联系

第一,法律义务的根源是道德义务。以康德为例,他是西方伦理思想史上著名的义务论者,认为道德是关于义务的科学、法律是关于权利的科学。道德是为义务而义务,法律要保障人的基本权利。这对人们认识和理解法律权利与法律义务、道德权利与道德义务的关系,特别是法律权利与道德权利、法律义务与道德义务的关系,进而是法律与道德的关系,造成了强大而深远的影响。比如,一些学者认为,康德的基本主张是,道德只讲权利不讲义务,道德就是为义务而义务,法律只讲权利不讲义务,法律就是关于权利的科学等。其实,在康德宏大的哲学体系中,康德既讲法律权利也讲法律义务,既讲道德义务也讲道德权利。在法律义务与道德义务的关系上,康德认为,法律义务的根源是道德义务,法律义务是对基本道德义务的明确化和强制化。康德认为,在人们的基本义务方面,即"无条件的义务"方面,法律和道德是一致的。"伦理仍然有一些与法理学共同具有的义务,只是不采纳共同负责的方式而已。"①如果说"有条件的义务"只是道德义务而非法律义务,那么,"无条件的义务"既是道德义务,也是法律义务。

第二,法律义务和道德义务的外在性与内在性的统一。还以康德为例,他强调法律义务的外部性和道德的内在性,以行为的结果作为法律评判的依据,以行为的动机作为道德评判的依据。这是有一定道理的,但是不全面,无论道德评价还是法律评价,都应该既看动机又看结果,只不过是法律评价更重结果、道德评价更重动机。在法律义务和道德义务的保障力量方面,法律义务既需要外在保障力量,也需要内在保障力量,一个有道德良知的人比一个没有道德良知的人更容易履行法律义务;道德义务的履行既需要内在的道德信念和良心,也需要外在良好的社会制度提供良好而公正的社会环境,在一个赏罚分明、德福统一的公正社会里,人们更容易履行道德义务。在现实生活中,人们不难发现,那些自觉履行道德义务的人往往更容易履行法律义务;那些自觉履行法律义务的人往往不容易履行道德义务。

① [德]康德:《法的形而上学原理——权利的科学》,沈叔平译,商务印书馆1991年版,第26页。

在一定社会历史条件下，对大多数人来说，无论是履行法律义务还是履行道德义务，都需要外在的督促、监督、保障，也需要对法律和道德的内在价值认同、理性自觉，需要人们的道德良知和法律信念。

第四节　道德对法治文化建设的支撑作用

道德是法治文化的源头活水，没有道德滋养的法治文化就会缺乏生机。习近平总书记曾在不同场合多次强调，要“以道德滋养法治精神、强化道德对法治文化的支撑作用”①。要“把道德导向贯穿法治建设全过程，立法、执法、司法、守法各环节都要体现社会主义道德要求”②。在法治建设过程中，必须将道德融入法治文化中去，用道德激发法治文化内在活力。

一、道德对科学立法的支撑

在法治社会建设的过程中，立法是执法、司法和守法的必要条件。法治的前提是有法可依，良好的法治社会必须首先有良好的法律规范体系，良治离不开良法。什么是良法？或者说，判别良法和恶法的标准是什么？怎样才能制定出良好的法律？这既是一个重要的法理学问题，也是一个重要的法治实践问题。判别良法和恶法的标准具有历史性、道德性和层次性。

所谓历史性就是指不同时代、不同阶级、不同国家、不同社会判别良法和恶法的标准不一样。比如，中国古代封建社会以维护宗法等级制度为目的、以“三纲五常”为核心价值观的判别良法和恶法的标准，与中国当前以人民为中心、以社会主义核心价值观为引导的判别良法和恶法的标准，肯定是不一样的。我们现在还能以“君为臣纲、父为子纲、夫为妻纲”“君叫臣死臣不能不死，父叫子亡子不能不亡”的要求来判别法律之良恶吗？还能以“长子继承制”“三从四德”来判别《财产继承法》《婚姻法》之良恶吗？再比如，

① 《中共中央关于全面推进依法治国若干重大问题的决定》，《人民日报》2014 年 10 月 29 日，第 1 版。

② 中共中央办公厅、国务院办公厅印发：《新时代公民道德建设实施纲要》，《中华人民共和国国务院公报》，2019 年第 31 号。

在西方中世纪,《圣经》、神意、“摩西十诫”、基督教“三主德”等基督教教义是判别法律良恶的标准,到了文艺复兴时期,特别是资本主义提倡人文主义以自由、平等、博爱为核心的价值观之后,基督教教义作为判别法律良恶的标准就失去了权威性、合法性与合理性。

所谓道德性是指判别法律之良恶,即看其是否符合当时当地社会道德的基本原则和核心道德价值观念。在中国早期的礼乐文明社会里,是否符合“礼”及其所蕴含的价值观就是判别法之良莠的标准,后来在秦汉所开启的中国封建社会里,“三纲五常”的伦理道德就成为判别法律之良恶的标准。古希腊,在柏拉图的“理想国”的主张里,智慧、勇敢、节制、公正“四主德”就是判别法律之良恶的标准,而在中世纪,基督教教义及其道德规范就成为判别法律之良恶的标准。在某种意义上说,法律就是把一定社会中最基本的道德价值及其规范加以强化和强制化,把基本的道德义务、道德责任和道德要求变成法律义务、法律责任和法律要求,并以国家强制力为后盾加以贯彻。富勒主张把道德区分为“愿望的道德”和“义务的道德”。富勒指出,“义务的道德则是从最低点出发,它确立了使有序社会成为可能或者使有序社会得以达致其特定目标的那些基本规则”。“义务的道德”是维护生活秩序的最基本的要求,是法律的“表亲”。“法律便是义务的道德最近的表亲。”①不管富勒把道德区分为“愿望的道德”和“义务的道德”是否准确,富勒认为法律是最基本道德的观点是有道理的。

上述两段关于判别良法和恶法的标准的历史性和道德性似乎有矛盾:一方面表述基本的道德或核心的道德价值观是判别良法和恶法的标准,另一方面这些作为判别良法和恶法的标准的道德及其核心价值观又可能是有问题的、不合理的,如“三纲五常”“三从四德”或基督教教义所代表的唯心主义价值标准。理解或拒绝这一矛盾,就要诉诸判别良法和恶法的标准的第三个特点,即层次性。所谓判别良法和恶法的标准的层次性,是指判别良法和恶法的标准有直接标准和终极标准之分。直接标准是指一定社会历史条件下判别良法和恶法的标准,如宗教的标准、道德的标准、政治的标准,即看

① ［美］富勒:《法律的道德性》,郑戈译,商务印书馆 2016 年版,第 8、19 页。

该法律是否符合宗教的基本价值观，或者道德的基本价值观，或者政治的基本价值观。比如，中国古代封建社会“三纲五常”的基本道德价值观，西方中世纪基督教教义的基本价值观，都曾经是判别良法和恶法的标准。但这些良法和恶法的宗教的、道德的、政治的标准本身是不是具有合理性，还要看这些宗教的、道德的、政治的标准所追求的最终目的或最高目标是不是与人类追求的最高目标相一致。这就涉及判别良法和恶法的终极标准，即人类社会发展的最终目的或最高目标。在马克思主义看来，就是人的自由、全面、协调发展，就是共产主义社会的实现。从人类社会发展的最终目的或最高目标看，判别法律、政治和道德的标准是一致的。而在人类发展的历史进程中，法律、政治和道德的发展及其标准，是不断接近人类社会发展的最终目的或最高目标的。在中国当前社会主义社会里，法律、政治和道德的发展及其标准应该是以人民为中心的、促进社会全面发展的、体现社会和谐价值观的标准。这也是中国当前立法应该遵循的价值标准。

立法过程中同样需要道德的审视。所立之法为良法还是恶法，需要道德对其作出价值判断。立法的目的不只是惩治犯罪行为，同时也要反映出人们对美好生活需要的追求。以追求每个人卓越生活为目的的法律，才是法治社会所追求的目标所在。因此，立法的价值一方面应体现在基于威慑和惩治犯罪行为中，另一方面应体现在对人们的规范性价值引导中。在中国当前的立法过程中，要明确立法为民，立法要体现“以人为本”的法治精神，将人民的利益放在首位。同时，应该强调的是，在实践中，应当及时把广泛认同、较为成熟、操作性强的道德要求上升为法律规范，依法加强对群众反映强烈失德行为的整治。[①] 习近平总书记曾经指出，我们制定出的法律不仅要符合人类社会共同的基本价值，也要包含中华优秀传统文化中的道德因素，这样才能使中国法律获得坚实的民意基础，从而真正构建具有中国特色的社会主义法治体系。

① 参见《坚持依法治国和以德治国相结合　推进国家治理体系和治理能力现代化》，《人民日报》2016 年 12 月 11 日，第 1 版。

二、道德对严格执法的支撑

法律的生命力在执行中得以体现。再好的法律条文如果落实不到具体的执法和司法实践中,就失去了意义。此外,法律规范体现为一般性的要求,不可能具体到每一个法律个案处理过程的每一个细节。在执法实践中,需要一定的机构和人员来对法律规范进行解释,并通过执法人员落实到具体的执法活动中。而对法律法规的解释和实施最终要落实到每一个人,作为执法主体的人是活生生的个体,在执法过程中,必然受其世界观、价值观、人生观的影响,受执法人员道德修养和道德素质的影响。

知法犯法、有法不依、执法不严、违法不究,是中国当前法治文化建设中亟待解决的问题。这些问题之所以屡见不鲜,固然有外在的执法体制、监督机制方面的原因,在于没有把权力关在制度的笼子里,但也不能忽视执法者个人方面的原因。正如康德所说,每个人既是理性的存在者,也是感性的存在者。作为感性的存在者,每个人都有感性欲望和追求感性快乐的冲动,往往会从自身的利益出发去理解和处理各种社会关系,这就难免带有个体主观性和偏见。如果没有理性的指导和道德的约束,就可能违背社会公正原则和法律规范。道德作为人之为人的自律,通过内在的良心和道德信念,督促和监督人出于对公理、公道、公正、公平的尊重和奉行,将人的行为纳入道德和法律的轨道。执法者的道德素质和道德水平对于公正执法、文明执法、严格执法具有重要的内在约束力。因此,解决知法犯法、有法不依、执法不严、违法不究这些问题,一方面需要执法体制、监督机制方面的完善,另一方面需要执法人员法律素质的提升和道德素质的培养,筑牢反对知法犯法、贪赃枉法的道德防线。

习近平总书记在谈到严格执法、公正司法时,十分强调执法、司法人员职业道德、职业良知的重要性,他指出:“职业良知来源于职业道德。要把强化公正廉洁的职业道德作为必修课。”[①]在选拔任用执法人员的过程中,应对执法人员的道德素质进行多方面考察,并定期开展执法、执政人员的道德素

① 《十八大以来重要文献选编》(上),中共中央文献出版社2014年版,第718页。

质培训。

三、道德对公正司法的支撑

在确立法治方向和法律规范体系的前提下，严格执法和司法公正就成为重要的法治环节。在司法公正的诉求和实现中，司法人员公平正义的基本道德价值观念具有非常重要的作用。正如庞德在《法律与道德》一书中所指出的，法律规范“并不是机械地适用于一系列抽象的事实，而是根据每一个案件的具体情势进行适用的。这种适用凭着对公正和平等的洞察力进行，它有着很大的自由度，包含了对待决行为之详情的道德判断”①。也就是说，现已制定的法律不能也不可能适用于所有案件的具体情势，在客观上留有一些自由裁量的空间，自由裁量权的行使贯穿法律的整个适用过程。自由裁量权是一把双刃剑。司法人员在运用自由裁量权的时候，可能受到来自各方面的干扰和诱惑，做出不利于社会正义的裁决。可见，恰当、正确地行使司法自由裁量权，不仅需要司法人员有较高的法律素质和司法经验，而且需要司法人员有较高的道德素质，特别是公平正义的价值观念。司法人员应站在公正、公道、公益、公平的立场上行使司法自由裁量权，充满人道主义情怀，体现人文道德关怀；而不能从自己的私利和偏见出发行使司法自由裁量权。在司法实践中，要提高司法人员的道德水平和人文情怀，尽力避免把司法自由裁量权变成以权谋私、枉法裁判、打击报复、谋取个人私利的工具和手段。

当代著名法学家富勒在《法律的道德性》一书中分析了法律的道德性，法律不仅具有内在道德性，而且具有外在的道德性。在该书第二章“道德使法律成为可能”中集中分析了构成法律的八个内在道德要素。其中，法律的第八个内在道德要素是：官方行动要与法律之间保持一致性。可见，富勒已经看到了严格执法和公正司法的多种内在道德要求，这里所说的第八条只是其中之一。这些内在道德要求是保障法律得以正确地贯彻落实的重要条件。法律的第八条内在道德要求政府的执法和司法等活动要依法行事、忠

① ［美］罗斯科·庞德：《法律与道德》，陈林林译，商务印书馆2015年版，第46—47页。

诚于法律。政府及其各部门要带头遵法守法,与法律保持一致,才能保证社会的公平正义。而在现实生活中,法律经常不被重视和遵守,执法人员知法犯法,司法人员贪赃枉法,官方行动与法律之间不能保持一致。为什么会出现这些现象呢?富勒认为,除对法律的不能正确理解和解释的原因之外,更为普遍而重要的原因是:腐败、偏见、漠不关心、愚蠢,以及对个人权力有渴求。如果我们做出进一步的追问:官方人员为什么会腐败、偏见、漠不关心、愚蠢,以及个人对权力有渴求呢?这就回到人性和德性的问题上,回到道德对法律的支撑问题上。如果没有德性对人性的净化和提升,人性仅停留在“食色,性也”的低级欲求和需要,即使有法可依,执法人员和司法人员也会有法不依,甚至以私利损公法。这样一来,严格执法和司法公正是不可能得到保障的。可见,司法公正需要道德的支撑。

四、道德对全民守法的支撑

如果说,法律主要是对人的行为的合法性进行评价,那么,道德就不仅对人的行为进行善恶评价,而且对人的品性、品质、人格、德性进行善恶评价。也就是说,道德不仅督促人要做“好事”,而且督促人要做“好人”,做一个“好人”比做一件“好事”更根本、更难能可贵。一个人做一件好事并不难,难的是一辈子做好事。善良的品性、品质、人格、德性是做“好人”、“一辈子做好事”的内在精神保障。这个内在道德精神就是恰当处理人与人、人与社会的关系,把别人利益、社会利益放在第一位;要兼顾他人和社会的利益,把他人和社会的利益与自己的利益放到同等的位置;底线是不要损人利己、损公肥私、见利忘义。用康德的话来说就是,人人都是目的,不要仅仅把别人当作手段。假如人人都能秉持道德精神,自觉地做一个具有善良的品性、品质、人格、德性的人,不做损人利己、损公肥私的事情,那么,以强制力来防范人的损人利己、损公肥私的违法犯罪行为的法律,不就无为而治了吗?可见,道德是人们自觉遵守法律的内在精神动力和价值基础。或者说,道德是全民守法的价值基础。人们可能出于对法律惩罚的畏惧而守法,但法律的惩罚一旦不必然、不到位、不恰当,人们就会有逃避法律惩罚的侥幸心理,甚至违法犯罪还会出现。法律的惩罚存在可乘之机,而人的内在道德良心是逃不过去的。因此,促进全民守法,不可忽视道德的支撑:“一是通过道德法律化,培育民众对于法治文化的情感基础;其次是通过提升法律适用者的道德素养,提升民众对于法治文化的认同;第三则是通过道德的宣传提升民众的守法意识来推动法治文化建设。”①道德的自觉还可以促进人们对法治精神的理解,有利于人们树立与道德信仰相一致的法律信仰和法治信仰。从终极目标来看,道德精神和法治精神、道德信仰和法治信仰有着共同的价值追求,就是追求公平正义、自由平等、和谐发展、人人幸福。就中国当前来说,即遵循社会主义核心价值观。法律的强制性和道德的约束性都是为了使人们过上规范性生活,基于这种考虑,守法对于每个人来说不仅仅是对规章制度的遵守,更重要的是对内在精神的理解。法律的作用不仅仅是惩治罪恶的“负强化”作用,更重要的是诱导每个人对其个人行为进行自我规范的“正强化”作用。人人都对法律心存敬畏,信仰法律能为我们伸张正义、保护个人权益不受侵犯,从而自觉遵守法律。人民能够在正确道德观的引领下自觉地遵法、守法、护法。

五、领导干部道德对依法治国的重要作用

领导干部是“关键少数”,在治国理政中有着极其重要的作用。领导干部的道德素质对依法治国的支撑和推动作用不容忽视。自古以来,官德建设都至为关键,为历代思想家所高度重视。中国古代儒家思想在这方面表现得更为突出。有道德感的领导干部才能秉公办事、主持公道,有良知的领导干部才能为民做主、公正司法。法律是国家制定或认可并由国家机关执行的行为规范,它与政治、国家、权力、强制力有着天然的联系。法律的制定和运行与执政党、国家权力机关、司法机关紧密相联,一个社会的法治水平首先表现在执政党的依法执政、依法行政、依法治国等方面。法治社会建设、法治国家建设与法治政府建设是三位一体的。党的领导、依法治国以及人民当家作主,都围绕公共权力展开,涉及公共权力从哪里来、为谁所用、如何行使的问题。国家权力的来源及其行使不仅是政治的核心问题,也是法

① 钱颖萍:《论道德对法治文化的支撑作用》,《探索》2015 年第 1 期。

治的核心问题，用制度和法律约束权力，是反腐倡廉的重要手段，也是法治建设的重要内容。领导干部作为国家权力的行使者，能否正确使用权力，能否立党为公、执政为民，在很大程度上决定着全面依法治国的方向、道路、进度，对推进全面依法治国起着至关重要的作用。

坚持依法治国和以德治国相结合，是全面推进依法治国的基本原则。领导干部作为全面推进依法治国的重要组织者、推动者。一要树立崇高的道德标准，自觉遵守道德规范，以身作则以道德引领他人；二要注重加强自身和广大群众的道德教育，提高道德素养和道德观念，培养正确的道德行为习惯；三要积极弘扬社会正气，引导社会风气向好的方向发展；四要树立公平正义意识，坚决抵制任何形式的不正之风，维护社会公平正义；五要积极推动廉政建设，做到廉洁自律，树立良好的工作作风；六要加强自我约束和监督，确保自己的言行合乎道德规范。

第三章　中国古代法治文化与道德的关系之历史考察

现实问题的研究离不开历史的考察和反思，任何新的建设都需要对建设的基础进行考察和把握，文化建设问题的研究尤然。中国特色社会主义法治文化建设的道德支撑问题的研究，离不开对中国传统文化中法与德、法治与德治、法治文化与道德文化之关系的考察和反思。或者说，考察中国传统文化中法治与道德之关系，是研究中国特色社会主义法治文化建设的道德支撑问题之所需。

杨鸿烈所著《中国法律思想史》一书中，把中国法律思想发展史分为四个阶段，第一个阶段是西周及其之前，这是中国法律思想的萌芽阶段；第二阶段是春秋战国时期，这是儒墨法道诸子百家争鸣，王霸、德法对立的时代；第三阶段是儒家独霸时代，始于汉武帝的“罢黜百家、独尊儒术”，一直到19世纪末、20世纪初开始的清代光绪末年；第四阶段是欧美法系侵入时代，从清朝光绪二十八年（1902年）到中华民国，这是“刑律与礼教冲突”时期。[①] 吴经熊在《法律哲学研究》中把中国法律思想发展过程分为三个时期，第一时期是公元前5世纪之前，即春秋战国之前，主要是夏商西周时期，这一时期是礼治时期，是法律和道德混合时期；第二时期是公元前4世纪到公元前3世纪末，这是法治思想全盛时期，是对于礼治思想的一个大反动；第三时期是公元前2世纪以后，这是礼法思想调和、法律和道德重合时期。[②] 瞿同祖在《中国法律与中国社会》“第六章　儒家思想与法家思想”和附录“中国法

① 参见杨鸿烈：《中国法律思想史》，商务印书馆2017年版，第6—12页。

② 参见吴经熊：《法律哲学研究》，中国方正出版社2008年版，第62—73页。

律之儒家化”中认为，从中国法律思想史的角度看，夏商周时期是礼法文化时期，战国到秦汉是法家文化占兴盛和主导时期，魏晋南北朝及其以后是中国法律思想和中国法治的儒家化时期，实际上，在汉朝特别是汉武帝时期，中国法律的儒家化就已经开始了。[①] 马小红在《礼与法：法的历史连接》一书中把中国古代的传统法分为四个阶段，第一阶段是传说阶段，从黄帝时期到夏朝，这是中国传统法的起源时期；第二阶段是商朝到西周时期，这是中国传统法的奠基时期，是礼治时代；第三阶段是春秋战国到秦朝时期，这是法家法治时代，也是中国传统法的奠基时期；第四阶段是汉朝到清朝的鸦片战争时期，这是隆礼重法时代。[②] 如果把传说阶段除外，剩下的三个阶段基本上和前面几位专家的划分差不多。

综合法学界关于中国法律和法治发展历程的分类，结合中国传统文化发展阶段其他角度的分析，我们认为，从整体看，在中国传统文化发展历程中，德与法的关系经历了四个阶段：第一阶段是夏、商、西周时期，特别是西周时期，这一时期，德和法统一于“礼”，西周文化就是“礼乐文化”；第二阶段是春秋战国到秦汉，特别是战国时期，这一时期，随着“礼崩乐坏”，特别是“三家分晋”“田氏代齐”等践踏礼乐制度的现象被周天子默认以后，天下大乱，诸侯争霸，狼烟四起，文化领域应运了百家争鸣的局面，儒、道、法、墨各抒己见，各个国家争相变法图强，德法之争、王霸之争不仅出现在思想领域，也被应用于治国理民、争霸天下的政治军事实践中，可以把这一时期看作德法分离时期。第三阶段是孕育于汉朝，魏晋南北朝及其以后时期，通过“引礼入法”、“阳儒阴法”、法律道德化、道德法律化以及儒生涉政后以儒释法等途径，形成了长达一千多年的德法统一的主流文化；第四阶段是从明末清初启蒙思想家到新文化运动，这是中国传统文化中德法关系的反思与批判时期。

① 参见瞿同祖：《中国法律与中国社会》，中华书局 1981 年版，第 348—400 页。

② 参见马小红：《礼与法：法的历史连接》，北京大学出版社 2004 年版，第 93—94 页。

第一节 夏商周时期礼乐文化中的德法关系

夏商时代,人们迷信巫术、鬼神、天命,认为天命、天意是不可改变、不可违背的,与人的主观意志和道德无关。夏商时代虽然出现了“德”字,但该字并不具备道德规范层面的意思。到了周代,人们开始重视人事、民、德,重视人的行为和品德在个人和社会发展中的地位和作用。周人把“德”“民”的观念引入天命论,认为天命可以随着人们的道德兴衰而改变,提出“天命靡常”“皇天无亲,唯德是辅”以及“敬德保民”的人道主义、人文理性思想。周公制礼作乐奠定了中华民族“礼乐文化”的根基,形成了中国传统文化的特点。“礼是中国文化的基本特征和根本标志。”①

一、周礼是完整的社会规范体系

“礼”最早来源于祭祀,上古宗教仪式是“礼”的最初的、核心的部分。但是,“礼”在之后的演变过程中,“并非直接继承了祭祀仪式意义上的礼,更重要的是原始社会中祭祀乃是团体的活动,而团体的祭祀活动具有一定的团体秩序,包含着种种行为的规定。礼一方面继承了这种社群团体内部秩序规定的传统,一方面发展为各种具体的行为规范和各种人际关系的行为仪节”②。

西周初期的制礼作乐在中国传统文化的形成、发展过程中具有十分重要的地位。李泽厚指出:“到周初,这个中国上古‘由巫而史’的进程,出现了质的转折点。这就是周公旦的‘制礼作乐’。它最终完成了‘巫史传统’的理性化过程,从而奠定了中国文化大传统的根本。‘德’与‘礼’是这一理性化完成形态的标志。”③郑开在《德礼之间——前诸子时期的思想史》一书中提出,“礼”渗透于政治社会制度和风俗习惯各个层面,囊括了所有成文和不成

① 邹昌林:《中国礼文化》,社会科学文献出版社 2000 年版,第 12 页。
② 陈来:《古代宗教与伦理——儒家思想的根源》,生活·读书·新知三联书店 2009 年版,第 244 页。
③ 李泽厚:《历史本体论·乙卯五说》,生活·读书·新知三联书店 2003 年版,第 172 页。

文的规章制度以及约定俗成的东西。狭义的“礼”仅指“仪”，是指当时封建贵族阶级在生活中的一切行动所应遵守的礼节或仪式，它往往与其他各项制度并列。广义的“礼”则涉及一切具有符号性或文化性的范畴，特别是春秋晚期以来，“礼”的范畴外延得到扩展，甚至使得典章制度都几乎涵盖在内，以至于把如何建立“礼”的一些指导思想的内容都囊括了。总之，礼就是西周以来古代社会的秩序体系和符号系统，其中既包含了法理的内容，亦包括了礼俗以及伦理的内容。①

“礼”渗透于西周以后中国古代社会生活的方方面面，贯穿于社会的经济、政治、文化、宗教、艺术等各个领域，极大地影响着人们的生产方式、生活方式、交往方式和思维方式，是理解和把握中国古代社会和中国传统文化的密码和关键。“西周的礼乐文化创造的正是一种‘有条理的生活方式’，由此衍生的行为规范对人的世俗生活的控制既深入又面面俱到。周礼作为完整的社会规范体系，正是在整体上对生活方式的系统化和理性化。”②邹昌林认为，“礼”在其他文化中，一般都没有越出“礼俗”的范围。但中国却恰恰不同，礼俗的内容只是“礼”的一部分，并且“礼”的发展与社会的发展同步，加入了政治制度、伦理道德、法律、宗教、哲学思想的很多内容，可以说“礼”成为具有包容性、多重性的概念。这就是从“礼俗”发展到“礼制”，继而又以“礼制”发展到“礼义”，礼俗、礼仪、礼制、礼规、礼义等，一直是中国人民行为规范的基本方面。③ 儒家学派创始人孔子毕其一生所复的“礼”就是包含人文精神和道德理性的周礼。

二、礼与法

截至 2024 年的研究所知，在甲骨文中没有发现“法”这个字，“法”字最早出现在金文中，写作“灋”，这是“法”字的古体。在西周早期的《大盂鼎铭》和西周晚期的《克鼎铭》中都出现了“灋”字，到战国时期的简印文字中

① 参见郑开：《德礼之间——前诸子时期的思想史》，生活 · 读书 · 新知三联书店 2009 年版，第 87 页。

② 陈来：《古代宗教与伦理——儒家思想的根源》，生活 · 读书 · 新知三联书店 2009 年版，第 11 页。

③ 参见邹昌林：《中国礼文化》，社会科学文献出版社 2000 年版，第 13 页。

也出现了“法”字。《说文解字》中说:“灋,刑也。”将法等同于刑。直到春秋之前,可以说,人们只知道“刑”而不知道“法”,在一定意义上可以说,“刑”就是中国夏商西周时代的“法”。《左传·昭公六年》有“夏有乱政,而作禹刑”“商有乱政,而作汤刑”的记载,对“不孝”“不从誓言”等进行定罪和惩罚,都是基于宗法等级制度和天命、天罚观念而实行的不成文习惯法。西周时期,在“以德配天”的天道观指导下,确立了“明德慎罚”的法律思想和“礼乐刑政”制度,形成了礼、德、法、刑合为一体的礼治文化。在这种礼治文化中,礼与刑都属于当时的习惯法,具有相互渗透、相互补充、相辅相成的关系,一方面,凡是违反礼的行为都是违法行为,另一方面,“礼同时还是刑的立法依据,无论罪名与刑名的确定,刑事责任的追究与否,定罪量刑的轻重裁定,都是以礼的原则精神及具体规定为判定标准的”①。“夏、商、西周的法律思想主要是奴隶主贵族的神权法思想和以宗法为核心的礼治思想。”②

夏商时代的法律思想主要集中于神权法,中国古代神权法思想的特征主要体现在对人格天的信仰及建立在此基础上的“天罚”观念,认为王权来自神权,王法是神命的体现,最高的刑罚权来自天的意志。“受此观念影响,夏、商时期特别是殷商时期的司法活动,都是由宗教人员进行占卜,以此方式获得神的旨意。”③到了西周时期,随着宗法等级制度的完备和周公的制礼作乐,以宗法思想为核心的“礼治”思想,逐渐受到人们的重视,开始与神权法思想并行,其最大特点,就是以“礼”代“法”,或者说以“礼”容“法”、礼法统一。纵观夏商西周的法律思想,神权法逐渐被礼法所冲淡,由祭祀活动产生神权与宗法观念,后来发展成为宗法制和礼治、礼制、礼法。值得注意的是,夏商西周时期的“法”基本上就是“刑”,而“刑”是从战争征伐导出的,战争产生军法、刑法、刑罚,主要功能是“定分止争”、惩暴除恶和惩罚敌人,是一种统治工具。

就西周时期“礼”的思想来看,无论是礼治、礼制,还是礼法、刑罚,都带有他律、强制的性质。陈来认为,从律法或社会规范体系来看,西周的礼乐

① 马志冰:《中国法制史》,中国政法大学出版社 2017 年版,第 11 页。
② 侯欣一主编:《中国法律思想史》,中国政法大学出版社 2016 年版,第 8 页。
③ 侯欣一主编:《中国法律思想史》,中国政法大学出版社 2016 年版,第 8 页。

文化具有明显的“他律”特征。然而，西周的他律礼仪文化与普韦布洛人以原始宗教为基础的他律仪式不同，西周的礼乐文化不是“神的他律”，而是立足于人的组织结构（宗族或家庭）的“礼的他律”，这种立足于人的他律又不是以所谓“法律”的形式表现和存在的，而是以礼仪或礼俗的形态体现和存在的。[①]

三、礼与德

郭沫若认为，甲骨文以及西周以前的金文里都没有“德”字，“德”字最早出现在周初成王时期的《班簋》，“敬德”思想为西周人创立。郭沫若指出：德有“得之于内者”和“有得之于外者”，前者乃道德、品德之酝酿，后者在于“崇祀鬼神，帅型祖德……有德者得其寿，得其禄，得延其福泽于子孙。德以齐家，德以治国，德以平天下。德大者配天，所谓大德者必在位也”。应该说，周朝的“宗教、政治、道德之三者实三位一体”。[②]“德”有两个方面的含义，一方面是内在的品德、德性、个人品质，另一方面是外在的道德行为，特别是宗教和政治领域中的道德活动。到了后来道家的思想家那里，“德”更多是指事物的特性、性质。从伦理层面说，道德准则是指以善恶为标准调节人与人、人与社会、人与自然等关系的行为规范，使其得以奉行和贯彻的力量主要是风俗习惯、社会舆论和个人的内心信念。西周时期建立的礼与伦理上的德具有相互渗透、相互作用的关系。

关于礼与德的关系，郑开教授进行过专门研究，他在《德礼之间——前诸子时期的思想史》一书中明确指出：“德、礼之间的关系就是表里关系。也就是说，‘德’表达了建构于礼的精神气质（ethos）；‘礼’则是呈现为社会意象和制度设施。”[③]又强调：“礼的结构与意义不能不诉诸德，因为‘德’正是

① 参见陈来：《古代宗教与伦理——儒家思想的根源》，生活·读书·新知三联书店 2009 年版，第 289 页。

② 参见郭沫若：《金文丛考·周彝中之传统思想考》，《郭沫若全集》（考古编第五卷），科学出版社 2002 年版，第 75—80 页。

③ 郑开：《德礼之间——前诸子时期的思想史》，生活·读书·新知三联书店 2009 年版，第 74 页。

‘礼’所以确立的人文动机”,“‘周礼’基本特征可以概括为‘德礼体系’”。[①]该书从政治、宗教、社会和文化四个方面分析了周礼的实质内容和基本特征。从政治层面看,通过“制礼作乐”,西周时期奠定了以注重德教、礼治为核心内容和主要特征的“周政”。“周人把基于血缘(亲族)的政治模式加以扩展,转变为兼具地缘形式的政治模式,创造了系统的‘天下为家’的国家/社会制度;据此,周人更将国家与社会高度整合,而周礼也体现于政治典章和社会生活的方方面面,使社会生活亦纳入宗法社会结构而秩序井然。西周的宗法结构既贯彻于政治结构,同时也体现于社会结构:它是一个反复嵌套的结构。”[②]“德礼体系”从政治结构和社会结构的层面分析,就是建立在封建宗法结构和宗法关系的基础上。宗法结构的特点是以血缘纽带为基础,从而形成政治社会原则,因此可以说它是社会生活中的“自然秩序”。周礼创设的背后隐匿着的人文动机正是把宗法关系通过政治法律上的强制而制度化、形式化,以确立高度“同构”的政治制度、社会制度。可以说,“周礼就是宗法关系的形式化表达,表现了建构于其中的宗法政治结构和社会结构。宗法制度诉诸繁缛的礼仪,面面俱到地规定了君臣、上下、长幼、尊卑、亲疏、男女的差别和次序,规定了人在社会生活共同体中的行动规范,这是某种广义的‘伦理’:既包括君信臣忠、父慈子孝,也包括妇女所应遵守的‘三从四德’”[③]。

在西周的“德礼体系”中,礼和德的统一性更突出地表现在政治生活领域,也可以说,强调礼和德更出于对政治统治和政治秩序的直接需要。关于这方面,陈来曾经指出,考察德的意义时可以发现,早期文献中肯定的德及具体德目,大都体现于政治领域,或者说,早期的“德”大都与政治道德有关。

可以认为,在早期的君主制度体制之下,政治道德主要涵盖领导者自身的道德意识和行为规范。换句话说,政治道德指的是君主本人在具体的政

① 郑开:《德礼之间——前诸子时期的思想史》,生活·读书·新知三联书店 2009 年版,第 75 页。

② 郑开:《德礼之间——前诸子时期的思想史》,生活·读书·新知三联书店 2009 年版,第 77—78 页。

③ 郑开:《德礼之间——前诸子时期的思想史》,生活·读书·新知三联书店 2009 年版,第 79 页。

治实践中展现的一种私人道德。周朝的人们其实已经意识到这个问题，因而他们非常重视君主自身的个人道德和性格对政治持久性和稳定性的影响。从中国古代的政治史中也可以发现，传统意义上中国政治的变迁以及政治问题的解决，不是“以暴制暴”，而是“以德代暴”。而且，政治道德的维护从西周开始备受重视。周人已认识到政治道德与王朝持久之间的关联性，防止政治道德衰退也成为西周政治文化的具体要求和律法。在古史时代，这种对政治道德的重视发展为以“德”或“仁”代表传统的政治美德。总之，西周以来，政治体制的运行以及政权的稳定与政治道德的高低之间呈现正相关。而在西周早期，道德法或者说这种道德秩序还被认为是天或天命的一部分，君主本质上乃依循天或天命践行德性政治。到了春秋时代，天命的神圣性与必然性开始衰减，天命加入民意的内容，统治者更加注重自身的个人道德努力。可以说，中国文化早期价值理性的建立，首先是通过三代政治对政治道德的强调而开始实现的。①

四、礼是包含德法统一的混合体

在礼治时代，贯彻和实施礼治的方法和途径主要有两个：一个是教化，一个是刑罚。最早的时候，教化和刑罚有着明确的适用对象，教化主要适用于本部落、本氏族的内部成员，而刑罚则主要适用于异族和敌人。后来二者相互补充，共同维护礼治社会，从靠教化推行礼义道德，发展到刑罚维护礼治制度和秩序。或者说，教化主要是推行礼义，刑罚主要是维护礼制，二者共兴，方能达到礼治。可见，德与法（刑）是建立和维护礼治社会秩序、调整各种社会关系和人们行为规范的两个不可或缺的方面。

礼具有广泛渗透的特点。在礼治社会中，礼不仅产生和存在于社会的政治领域、经济领域、文化领域、宗教领域、祭祀领域、军事领域、教育领域等，而且存在于个人的家族家庭社会、社会公共生活、职业活动等方面，贯穿于人的出生、成年、婚姻、死亡等人生的每一个阶段。从内容上说，礼包含了

① 参见陈来：《古代宗教与伦理——儒家思想的根源》，生活·读书·新知三联书店 2009 年版，第 323—324 页。

风俗习惯、禁忌、宗教、道德、法律等。在礼治社会及其发展过程中，礼的全部内容都与政治制度、经济秩序、伦理道德、法律、宗教融为一体，可以概括为：第一阶段是从“礼俗”到“礼制”；第二阶段是从“礼制”到“礼义”。总的来说，这些关于礼的观念深刻融入中国社会的发展历程，成为约定俗成的行为规定。

礼是义和仪、礼义与礼制的统一。在礼治社会，礼从社会的风俗习惯和祭祀活动中产生，慢慢渗透了人的理性自觉和价值反省，不断有所损益。在此过程中，礼不仅体现于仪式、形式、体制、制度，更重要的是礼体现了具有实践目的和价值理性的义、理、道。这一点在后来儒家创始人孔子那里有重要的论述。

礼具有内外统一的特点。一般来说，法律具有外在强制性，从其产生、发挥作用的方式看，都以外在强制力量做后盾；而道德则注重内在的自觉和主动性。从个体行为看，是否犯法以及刑罚的裁量，主要看其行为所产生的后果，而道德则侧重于行为的动机。礼既具备法律的外在性，也越来越注重道德的内在性，是外在性与内在性的统一。

礼具有软硬兼施的特点。在礼治社会中，违背礼，不仅受到舆论的谴责、情感的排斥、关系的疏远，而且会受到家族的、宗教的、部落的、社会的强制性制裁。而且，在西周时期，周礼具有规定国家根本制度基本大法的性质，属于调整社会关系（包括政治关系、经济关系、生产关系、交往关系、道德关系、法律关系）的一种“礼法”规范和德礼体系。

孟德斯鸠在《论法的精神》一书中曾经指出，“他们（指中国的立法者）把宗教、法律、风俗、礼仪都混在一起。所有这些东西都是道德。所有这些东西都是品德。这四者的箴规，就是所谓礼教。中国统治者就是因为严格遵守这种礼教而获得了成功”，“中国人的生活完全以礼为指南”①。

可以看出，周代的礼是包含宗教、政治、道德和法律的混合体。陈来在《古代宗教与伦理——儒家思想的根源》一书中指出，这样的一种“礼”的体系在整体上已经不能说是宗教礼仪体系，但它仍保留着传统礼仪所具有的

---

① [法]孟德斯鸠：《论法的精神》（上），张雁深译，商务印书馆1995年版，第313、316页。

神圣性;它不是道德规范体系,但有道德规范的功能;它不是政治制度体系,但包含着政治制度的框架安排,这样一个内容整合、功能混融的系统。不是西方的“宗教”“道德”“政治”“法律”任何一个分离性概念所能把握或对应的,它本身不是那种西方分化式文化结构的体现或产物。从西周后期的理解来看,“礼”的最重要的特征不是宗教性,而是“圣”“俗”结合、“神圣性”与“人文性”结合的体系,是包容某种宗教性、带有某种神圣性的人文文化体系。① 从周代的文化模式中可以发现,存在一种整合性的文化机制规范社会,使整个社会的文化体系呈现功能融通的特点。这样一种独特的文明组织方式从文化上看也是不区分宗教与道德,不严格区分礼俗与法律,而以一种包容性很大的礼,以期达到一种弥散性的文化目标。② 这种“包容性很大的礼”,也说明礼是政教、德法合一的系统。当然这不意味着周代没有政治制度、刑法规定、土地赋税等,而是说中国古人把这些东西统统纳入一个叫作“礼”的名称之下。③

第二节　春秋战国至秦汉时期的德法分离

从公元前770年到公元前221年,是东周时期,也是春秋战国时期。这一时期,出现了“礼崩乐坏”的局面,为拯救这个混乱的局面,代表各个利益群体的思想家提出自己的思想观点,有的思想观点针锋相对,形成了“百家争鸣”的思想繁荣局面。

一、“礼崩乐坏”与“百家争鸣”

进入东周以后,随着铁制工具和牛耕技术的普遍使用,生产力得以迅猛发展,导致“井田”之外的“私田”大量开垦,以致出现“私门富于公室”的现

① 参见陈来:《古代宗教与伦理——儒家思想的根源》,生活·读书·新知三联书店2009年版,第293页。

② 参见陈来:《古代宗教与伦理——儒家思想的根源》,生活·读书·新知三联书店2009年版,第314页。

③ 参见陈来:《古代宗教与伦理——儒家思想的根源》,生活·读书·新知三联书店2009年版,第315页。

象,而且“私田”被合法化,这就导致社会生产关系的变化,社会的政治结构、经济结构和社会结构发生重大的变化,“周室衰微”,诸侯争霸,僭越礼制、弑君杀父等现象时有发生,世卿世禄制度被打破,出现“礼崩乐坏”的局面。在思想文化领域,宗法等级观念开始动摇,“学在官府”也被冲破,出现了一大批知识分子,代表不同的利益团体,著书立说,奔走游说,对治国理政、人生价值、社会秩序等提出不同的看法,出现“百家争鸣”的历史现象。

“诸子百家”是对当时出现的在政治、思想、学术等方面各不相同学派的概称。在“诸子百家”之中,不仅有影响力的学派,还有处于隐微之势的学派。司马谈在《论六家要旨》中已经记载了有儒、法、墨、名、阴阳和道德六家;班固又另作添加,《汉书·艺文志》中录有阴阳、儒、道、法、名、墨、纵横、杂、农、小说十家。但对后世影响比较大的有四家:儒家、道家、法家、墨家。在关于社会理想、社会秩序及其达至路径、治国理政,以及当代礼乐文化的态度等方面,针锋相对的是儒、法两家。儒家、法家围绕着礼治、法治、德治、人治、教化、刑法等问题,出现“克己复礼”与变法图强的不同主张,出现“礼法之争”“德法之争”“王霸之争”,包含着礼治与德治、法治与德治、人治与法治的争论,还有教化与刑法的纷争,从而导致德法分离。在以后的社会实践中,出现“焚书坑儒”和“独尊儒术”的极端现象。当然,这些争论及其影响离不开当时社会政治、经济的大背景,正如对秦朝建立、汉初黄老、汉武帝“罢黜百家,独尊儒术”的理解离不开对儒、法、道思想及其争论的探讨一样。

若追本溯源儒家思想何时产生,一定是在春秋时期那个诸侯争霸、礼崩乐坏的混乱时期,这促使了具有政治理想的儒家学者的出现。从春秋末期创立到秦统一为止,先秦儒家经历了300年左右的历史。先秦儒家的代表人物主要是孔子、孟子、荀子,三人皆重道德礼义而又各有侧重,在对待礼法、德刑的态度上也不尽相同。整体看来,孔子扬礼而抑刑,孟子主张仁义和仁政但并不完全否定法和刑的作用,荀子则主张礼法并用、“隆礼重法”。荀子以性恶论为理论基础,强调法律、刑律在矫治人性、维持社会秩序方面的重要作用。同时,荀子调和礼法,释礼为法,不仅成为儒家著名的代表人物,也成为法家思想的重要来源,他的学生韩非、李斯等都是法家的著名代表人物,而且将法家的依法治国思想贯彻到社会实践中。

当然,尽管儒家也有法律思想,但政治伦理思想才是儒家思想的核心。儒家划分法、刑是为协调社会伦理关系和提升个人道德素质服务的,德主刑辅、为政以德是儒家治国理民的重要理念。在一定意义上可以说,儒家法律思想就是伦理法律思想,即政治、伦理、法律是三位一体的。

儒家还认为尽管法律在目前的情况下不得不保留,但还不能独立,更要用礼来指导,以作为道德和行为的原则。孔子说:"礼乐不兴,则刑罚不中。"(《论语·子路》)荀子亦言:"礼者、法之大分,类之纲纪也。"(《荀子·劝学》)皆指出法理本身必须以礼义的精神为指导,符合礼义的内容。

先秦儒家以宗法伦理道德为基础,其法律思想也基于这种伦理道德之上。在先秦儒家看来,宗法伦理道德的核心——仁义与孝悌,首先在某种意义是判断良法与恶法的准则,同时又是立法、执法、守法的本质规定和法律的价值导向。在儒家法律思想中,宗法家族伦理作为法的渊源被提出,同时指向法的最高价值;伦理凌驾于法律之上,伦理价值可以取代法律价值,伦理评价统率法律评价,立法、司法悉以伦理为转移,由伦理决定其取舍。在现实的政治生活和社会生活中,以伦理代替法律,伦理与法律之间没有明确的界限,宗法伦理道德被直接赋予法的性质,具有法的效力,从而形成法律伦理化和伦理法律化的双向强化运动。可见,儒家伦理法既是理想法,又是实在法,具有价值和实用的双重性。①

孔子对周礼的继承不仅停留在外在仪式上,且进一步追寻和阐发礼的价值内涵即礼义,礼仪和礼义并重,社会礼制的外在规制和主体的内在自觉相统一,以"仁"释"礼",一方面强调"仁"的重要性,另一方面认为"克己复礼为仁",礼治社会的建立和巩固获得社会层面和个体层面的双重支撑,从而实现礼治社会的长治久安。儒家强调的道德标准和行为规范很多来自周礼,儒家认可的法律就是来自西周时期的礼法。需要说明的是,儒家所强调的礼与周礼还是有区别的。"周礼是一套包罗万象,涉及政治、军事、经济、祭祀等方方面面的外在仪式,而儒家所强调的礼则是根本的国家制度,其内容要比周礼少得多;周礼在适用上强调'礼不下庶人',而儒家则主张将礼实

① 参见侯欣一主编:《中国法律思想史》,中国政法大学出版社 2016 年版,第 58—59 页。

施的范围扩大到民间；儒家变周礼的‘亲亲’原则为‘尊贤使能’，否定了传统的‘世卿世禄’制度；儒家为礼赋予了道德的基础，这个道德基础便是仁。孔子以仁释礼，孟子则直接把以礼治国的王道政治称之为仁政。荀子虽王霸并称，但仍以王道为上。先秦儒家以仁改造礼，将礼之本提升到了一个新的高度”①。

法家可以划分为早期法家和后期法家。前期法家主要指的是战国初期、中期的法家，李悝、吴起、商鞅、慎到、申不害是那个时期的法家代表人物；后期法家指的是战国后期的法家，韩非子和李斯在当时具有较大的影响力。前期法家批判此前的传统礼治思想，提出了变法图强的重要性及其路径，尽管他们还没有完全摆脱传统礼治思想的影响，但已经提出了“依法治国”的构想；后期法家则是出现于秦朝在法家思想指导下吞并六国、实现全国统一的历史背景下，摆脱了传统礼治思想的影响，与儒家针锋相对，重要的是突出了一套系统的统治天下的“法治”理论。

二、“德法之辩”与“王霸之争”

首先，需要说明的是，儒家和法家在最终目的上是一致的，都是为了更好地治国理民，维护国民生活秩序，只是二者在维护什么样的生活秩序、怎么样维护生活秩序等方面存在分歧和争论。儒家所倡导的生活秩序是建立在贵贱、尊卑、长幼、亲疏相区别基础上的等级秩序，维护这种等级秩序的方法和路径是“礼”“德”；而法家所追求的生活秩序是否定秩序差别的、人人平等的社会秩序，达到社会秩序的方法和路径是“法”“刑”。具体来说，儒家与法家的区别主要表现在以下几个方面。

（一）礼治与法治之争

儒家和法家的区别首先表现在礼治与法治的对立。“所谓儒法之争主体上是礼治、法治之争，更具体言之，即差别性行为规范及同一性行为规范之争。至于德治、人治与刑治之争则是较次要的。采用何种作为规范是主

① 侯欣一主编：《中国法律思想史》，中国政法大学出版社2016年版，第37页。

体,用德化或刑罚的力量来推行某种行为规范,则是次要的问题。”①

孔子终其一生孜孜以求的政治信念是恢复西周的礼治秩序,而礼治秩序是建立在宗法等级制度之上的“爱有差等”、有“分”重“别”的社会秩序,是贵贱、尊卑、长幼、亲疏相区别的生活秩序,该生活秩序的理想目标是君、臣、父、子、兄、弟、夫、妇等各安其分、各居其位、各守其礼。孔子认为,在“礼崩乐坏”的春秋战国,为政的首要任务是正名。名是指周礼规定的人们的等级名分,即身份地位。正名,就是要使人们的各种行为符合礼对每个地位各不相同的人的要求。在孟子那里也有所体现,“父子有亲,君臣有义,夫妇有别,长幼有序,朋友有信”(《孟子·滕文公上》)。荀子明确指出“乐合同,礼别异”(《荀子·乐论》),“故人道莫不有辨,辨莫大于分,分莫大于礼”(《荀子·非相》)。“礼者养也,君子既得其养,又好其别。曷谓别?曰:贵贱有等,长幼有差,贫富轻重皆有称者也。”(《荀子·礼论》)“礼也者,贵者敬焉,老者孝焉,长者弟焉,幼者慈焉,贱者惠焉。”(《荀子·大略》)礼就是达到和维护“分”“别”的宗法等级秩序的手段和方法。《礼记》说:“礼者所以定亲疏,决嫌疑,别同异,明是非也。”(《礼记·曲礼上》)“非礼无以节事天地之神也,非礼无以别男女父子兄弟之亲,昏姻疏数之交也。”(《礼记·哀公问》)

法家承认贵贱、尊卑、长幼、亲疏等区别的客观存在,但认为治国理民不能建立在这些宗法等级制度的基础上,而应该“不别亲疏,不殊贵贱,一断于法”。他们主要反对的则是宗法等级制度,认为国家应该允许土地私有和自由买卖,同时施行选贤举能、按功行赏的官僚晋升制度;但是他们并不反对贵族世袭特权,所以他们的“礼治”和“法治”思想皆有维护等级制度的矛盾,是相对的“礼治”和“法治”。可以说,法家的法治思想就是针对儒家的“礼治”所维护的宗法等级制而提出来的。法家主张,一切以法律为标准,有功必赏,有过必罚,法律面前人人平等,不能因人而异。慎子说:“爱不得犯法。”(《慎子·内篇》)管子以君臣上下贵贱皆从法为大治,“不为亲戚故贵易其法”(《管子·任法》)。商鞅认为:“所谓壹刑者,刑无等级,自卿相将军

① 瞿同祖:《中国法律与中国社会》,中华书局1981年版,第329页。

以至大夫庶人,有不从王令、犯国禁、乱上制者,罪死不赦。”又说:“有功于前,有败于后,不为损刑。有善于前,有过于后,不为亏法。忠臣孝子有过。必以其数断。守法守职之吏有不行王法者,罪死不赦,刑及三族。”(《商君书·赏刑》)韩非子说:“法不阿贵,绳不绕曲。法之所加,智者弗能辞,勇者弗敢争。刑过不避大臣,赏善不遗匹夫。”(《韩非子·有度》)法律面前不论私情、不讲私爱,这和儒家礼治思想主张的“刑不上大夫”思想大相径庭。

(二)德治与法治之争

德治与法治的对立是儒家和法家在统治方法和路径选择方面的对立。以孔子为代表的儒家为周礼注入了丰富的道德内涵,如以仁释礼等,不仅注重“礼”的外在仪式,也非常注重“礼”的内在精神,特别是道德精神。儒家的德治思想主要包括以下三个方面。

其一,政者正也。孔子认为,为政者应该是仁德之人,具有良好的道德品质,做到敬德保民。孔子说:“政者,正也。子帅以正,孰敢不正?”(《论语·颜渊》)“其身正,不令而行;其身不正,虽令不从。”(《论语·子路》)“上好礼则民莫敢不敬,上好义则民莫敢不服,上好信则民莫敢不用情。”(《论语·子路》)上行下效,实行德治的关键是统治者的德性修养水平。孔子非常强调统治者要“修己以敬……修己以安人……修己以安百姓”(《论语·宪问》)。孟子提倡法先王,为政的理想是遵从先王之道,先王就是圣人,圣人是道德高尚之人。“圣人,人伦之至也。”(《孟子·离娄上》)孟子认为:“三代之得天下也以仁,其失天下也以不仁。国之所以废兴存亡者亦然。天子不仁,不保四海;诸侯不仁,不保社稷;大夫不仁,不保宗庙;士庶人不仁,不保四体。”(《孟子·离娄上》)“圣人有忧之,使契司徒,教以人伦:父子有亲,君臣有义,夫妇有别,长幼有序,朋友有信。”(《孟子·滕文公上》)“君仁,莫不仁;君义,莫不义;君正,莫不正,一正君而国定矣。”(《孟子·离娄上》)《大学》《中庸》都强调修身,正心诚意,修身才能齐家治国平天下。《大学》中说:“自天子以至于庶人,壹是皆以修身为本。其本乱而末治者否矣。”“所谓平天下在治其国者,上老老而民兴孝,上长长而民兴弟,上恤孤而民不倍。”

其二,为政以德。儒家非常强调道德在政治领域的重要性,君主只有有了仁人之心,才能以民为本,敬德保民。孔子说:“为政以德,譬如北辰,居其所而众星共之。”(《论语·为政》)孟子从人性善出发,强调推行仁政。“以不忍人之心,斯有不忍人之政矣。以不忍人之心,行不忍人之政,治天下可运之掌上。”(《孟子·公孙丑上》)

其三,先德后刑。自古以来,德和刑、宽与猛都是治国理民的两种手段,只是不同时代的不同统治者有所偏重而已。儒家强调德治,主张先德后刑、先教后杀、“以德服人”,主张以道德教化为主要手段,是一种软性手段,而轻视相对具有强制性的刑罚。孔子主张先富而后教,先惠而后使,先教而慎杀。孔子比较德礼与政刑的功用,其结论是:“道之以政,齐之以刑,民免而无耻;道之以德,齐之以礼,有耻且格。”(《论语·为政》)换句话讲,法治本身虽有使人免受刑罚的作用,却也有使人们丢失良知和廉耻的危险。只有用道德礼义教化民众,才能使老百姓按照礼的规范做人做事,知道违背道德和法律是可耻的,而自觉去避免违背道德,避免违法犯罪。

与儒家强调的道德和教化相反,法家强调刑罚和法律的强制作用,且在韩非子等人那里走向极端,只重视刑罚而否定道德的重要性,认为人性皆恶,道德教化不起作用。韩非子说:“严家无悍虏,而慈母有败子,吾以此知威势之可以禁暴,而德厚之不足以止乱也。”(《韩非子·显学》)法家主张“不务德而务法”“以力服人”,强调以国家暴力为后盾的法律的强制作用,把法律的强制手段说成最有效的甚至是唯一有效的统治方法。

(三)人治与法治之争

德治和法治之争还表现为人治与法治的对立。在治国理民的过程中,“人”和“法”哪个起决定作用?从治国的角度看,儒家把“人”当作具有关键作用的因素,而将“法”置于其下,即所谓“其人存,则其政举;其人亡,则其政息”。法家则认为,提倡“人治”的儒家学说可能导致统治者的随心所欲,而强调在治理国家的过程中“法”比“人”更加关键。法家认为,只要有了根据新兴地主阶级意志所立的“法”,并坚决贯彻执行,就能轻而易举地治理好国家。

先秦儒家认为,在治理国家方面,起决定性作用的是统治者个人,而不是法律制度。因而被人们称为“人治”论者。儒家推崇贤人政治,认为统治者的表率作用重于其发布的法令。孔子说:“其身正,不令而行;其身不正,虽令不从。”(《论语·子路》)荀子认为,决定国家治乱兴亡的是作为统治者的人,而不是法令。总结历史不难发现:“故有良法而乱者,有之矣;有君子而乱者,自古及今,未尝闻也。”(《荀子·王道》)因而,“有乱君,无乱国;有治人,无治法”(《荀子·君道》)。荀子强调,隆礼重法,无论是礼还是法,离开人则不能独立,什么作用都发挥不了。“法不能独立,类不能自行,得其人则存,失其人则亡。”(《荀子·君道》)“无君子则法虽具,失先后之施,不能应事之变,足以乱矣。”(《荀子·大略》)

法家早期代表人物慎到反对儒家倡导的把君臣关系建立在礼义忠信的道德基础之上,他认为这是不可能的,因为君臣关系是一种权力和利害关系。针对儒家和墨家的“尚贤”,慎到主张“尚法不尚贤”。法家的集大成者韩非子主张依法治国,反对儒家所谓的贤人政治,提出“上法而不上贤”(《韩非子·忠孝》)。针对儒家以圣贤为师的人治思想,韩非子有着“以法为教”“以吏为师”的观点,“故明主之国,无书简之文,以法为教;无先王之语,以吏为师;无私剑之捍,以斩首为勇。是以境内之民,其言谈者必轨于法,动作者归之于功,为勇者尽之于军”(《韩非子·五蠹》)。

(四)王道与霸道之争

春秋战国时期,诸侯争霸,在国与国的争斗中,谁能称霸,谁能一统天下,靠什么呢?靠财富、军事实力,还是靠仁义道德?这是儒法之争的历史背景。

孔子的仁学思想被后来的孟子所继承,并发展成为系统的“仁政”思想。孟子从人性善出发,认为人天生就有“仁”“义”“礼”“智”四个善端,以不忍人之心行不忍人之政,以德治国,以义服人,远归近悦,天下可运于掌上,这就是“仁政”。孟子推行其“仁政”主张,企图以“王道”统一全国,所谓王道,即以“仁义”定天下,使人心悦诚服,而霸道则是指依仗武力,以力服人。从理论上看,最早提出王道、霸道并将二者对立起来的是思想家孟子。孟子把依仗实力而假借仁义之名实现统治的,叫作“霸道”,把依靠道德施行仁政进行统治的叫作“王道”。“霸道”是“以力服人”,“王道”是“以德服人”。“以力服人”只能做到在强制情况下的服从,不能服人心;“以德服人”才能使人心悦诚服。

然而，在现实中，依靠道德能称霸天下吗？法家认为根本不可能，一方面是因为人性本恶，趋利避害，在人与人、国与国利益冲突的情况下，统治者不可能放弃自己的利益而以别人、别国为重，不可能放弃利益而遵守道德的约束；另一方面，在群雄相争、诸侯争霸的战争年代，靠的是军事实力和国家经济实力，空谈仁义道德是没有用的。因此，法家特别注重实力，认为解决社会矛盾最有效的办法就是靠实力。在激烈的军事、政治斗争中，实力是决定性的因素。实力强大则服人，实力弱小则服于人。只有力量雄厚才能称霸天下。商鞅在秦国的变法，奖励农战，严刑峻法，使有能，禄有功，使秦国迅速从弱小变强大，就是现实中的例证，使法家的社会影响和历史地位得到空前提升。耕战政策和依法治国是《商君书》的两个主要内容，也是法家霸道思想从理论走向现实的重要举措。韩非子继承了《商君书》中重农的思想，把农称为“本”，把工商称为“末”。

（五）教化与刑罚之争

儒家主张“礼治”，而推行“礼治”的最好办法和路径是道德教化。道德教化首先要统治者以身作则，其次才是对老百姓进行合理道德教化。儒家把“不教而诛”列为统治者的暴虐行为。先秦儒家对法治的排斥并不意味着完全否定法律或刑罚，以孔子、孟子为代表的先秦儒家认为，法律只是实现礼治的一种手段，其目的是“无讼”。“无讼”是中国古人的共同理想，先秦诸子为实现这一理想采取的路径不尽相同，儒法两家在此呈现截然不同的主张，儒家主张“以德去刑”，法家主张“以刑去刑”。

孟子主张人性善，教化的目的就是保护、唤醒、培育人内在的“善端”，抵御外在的不良诱惑，做仁义之人。荀子认为人性恶，去恶从善全靠后天的教化。荀子主张隆礼重法，一方面，认为道德准则高于一切，主张即使是君主也应严格服从德行。只有以德服人，广施教化与恩惠，才能富国强兵，成为霸主，即“权利不能倾也，群众不能移也，天下不能荡也。生乎由是，死乎由是，夫是之谓德操”（《荀子·劝学》）。另一方面，又反对“教而不诛”，主张“明礼义以化之”“重刑罚以禁之”，他以刑罚作为德教的保障，两者相辅相成，即所谓“明德慎罚”（《荀子·成相》）。先秦儒家的这一观点，汉以后被发展为德主刑辅。在预防犯罪方面，荀子将孔孟单一的富而教之学说发展成为综合治理型理论。他说:“古者圣人以人之性恶,以为偏险而不正,悖乱而不治,故为之立君上之执以临之,明礼义以化之,起法正以治之,重刑罚以禁之,使天下皆出于治、合于善也,是圣王之治而礼义之化也。”(《荀子·性恶》)

法家主张法治,怎么样才能实现法治呢?一方面靠良法的制定和推广,另一方面靠严刑峻法,使人不敢违法。值得注意的是,在对待道德教化和严刑峻法的关系上,前期法家和后期法家不尽相同。“前期法家并不一般地完全排除道德教育的作用;而后期法家则认为人们‘好利恶害’的本性无法改变,因此完全否定道德教育的作用,把法律的作用夸大到无以复加的地步,使法家的法治理论发展到极端。”[①]韩非子之所以反对道德教化的作用,与其主张的人性恶紧密相关。他认为,人与人之间(包括君臣之间、父子之间、夫妻之间、朋友之间)都是利益计算关系,除了严刑峻法的威胁,任何教化都不可能防止人对别人和社会的侵害。

三、“焚书坑儒”与“独尊儒术”

以上论述的儒法之争和德法关系侧重的是思想学术领域,接下来则侧重于从战国到秦汉时期的历史事实中讨论儒法之争和德法分离。从战国到秦汉,儒法之争被运用到社会实践之中,礼治、德治、法治落实到具体的治国理政、变法图强和长治久安的实践活动和价值追求之中,随着各种思想和主张实施效果的不同,儒法两家的历史命运也在发生重大变化。

秦国采纳法家的主张,变法图强,吞并六国,一统天下,使法家所主张的治国方略和法治思想落实到现实社会制度和社会生活之中,证明了法家对争霸天下切实有效。但是,秦的统一并没有带来社会安定。以秦始皇、李斯为代表的秦统治者,继承商鞅,尤其是经韩非子发展的先秦法家的法律思想,建立了以法家法律思想为指导的极端君主专制制度,强调“事皆决于法”“以法为教、以吏为师”“重刑轻罪”,把先秦法家的法律思想推向极致。秦始皇推崇韩非子轻罪重罚的思想,主张对轻微的犯罪处以重刑,并在秦律中将

① 侯欣一主编:《中国法律思想史》,中国政法大学出版社2016年版,第71页。

“以刑去刑”的思想具体化。不仅刑罚种类繁多，而且在同一种刑罚内又按方式与程度分为不同的等级，规定各种刑罚既可单独使用，也可以合并使用，使得本已相当复杂的刑罚更加繁杂、更加野蛮。秦始皇不仅在立法上推行严刑峻法，而且在司法实践中也将严刑酷法推向极致，其突出表现是在处理案件时加重刑罚。政治上采用暴力镇压，严刑峻法，使法的合理性界限遭到破坏；思想文化上崇尚法家学说，灭绝儒学，强令人民“习法令辟禁”，甚至发展到“焚书”“坑儒”的地步，将愚民政策推向极致；经济上横征暴敛，滥发徭役，大兴土木，使社会经济遭到极大破坏。残暴的统治使社会矛盾激化，人民无法生活下去。仅仅存在 14 年，不可一世的大秦帝国就在风起云涌的农民起义中灭亡了。[①] 秦的速亡暴露了法家极端“法治”思想的弊端，引发了后人对法家思想的反思和反对。

继秦而起的西汉王朝，虽基本上继承秦的制度，重建中央专制集权的封建国家，即“汉承秦制”，但秦朝的速亡使汉朝的思想家反思法家的弊端，在寻找长治久安的过程中发现，法家在群雄争霸的历史背景下有利于夺取天下，但对于治理天下、安抚民心却弊端重重；儒家礼治德治思想在群雄争霸年代也许显得迂腐无用，但在和平年代，对治理天下、安顿人心、长治久安，却大有用处。正所谓“马上可以打天下，马上不能治天下”。所以，从高祖刘邦、文帝刘恒、景帝刘启等西汉皇帝，到陆贾等思想家都从总结秦亡的教训出发，严厉地批判了法家法峻刑残的法律思想，进而提出将“无为而治”、与民休息的黄老之学作为治国的指导思想。后来，随着西汉王朝政治的稳定、经济的发展，黄老法律思想虽有利于汉初的“休养生息”，却不利于统治者的积极进取。到汉武帝时，就接纳董仲舒“罢黜百家，独尊儒术”的建议，确立儒家的独尊地位，礼治、德治跃上历史舞台的中心，开启了“引礼入法”“阳儒阴法”与德法统一的历史进程。

总之，从秦始皇的“焚书坑儒”到汉武帝的“罢黜百家，独尊儒术”，展示了以法家依法治国为指导和以儒家礼德治国思想所引起的历史巨变。在这两个极端的儒家与法家、德治与法治的历史事件以后，礼治、德治和法治各

① 参见侯欣一主编：《中国法律思想史》，中国政法大学出版社 2016 年版，第 119 页。

自的优劣得以被人们所认识。汉朝以后，中国传统文化通过“引礼入法”“阳儒阴法”等路径，儒家与法家、道德与法律、礼治德治与法治又逐步走向统一。

第三节　汉朝至明朝时期的德法融合

尽管从战国到秦朝，法家与儒家分庭抗礼，甚至法家占了上风，促成了“大秦帝国”的崛起，但是，从两千多年的封建社会文化的发展过程看，儒家文化仍是中国传统文化的主流。汉武帝以后，儒家独尊，尽管后来道家、道教、佛教以及来自外来少数民族文化开始兴起、传播，与儒家文化挑战、碰撞、交流、融合，而儒家的主流地位依然保持。在道德文化和法治文化之间的关系方面，也是如此。

一、“引礼入法”“阳儒阴法”及其历史发展阶段

有一种观点在学术界被广泛认同，即从汉朝开始，“引礼入法”“阳儒阴法”与德法统一就开始了。汉朝初期，基于秦朝极端“法治”导致民不聊生的严重后果，统治者选择效法黄老思想，黄老思想中礼与法、德与刑已经相融互补，无为而治，有利于民众休养生息。汉武帝以后，儒家思想独尊，并开始向法典、法律、法制、法治渗透，出现“经义绝狱”等中国特色的法治文化。到魏晋南北朝时期，“引礼入法”广泛推行，中国法律加快了儒家化的进程，道德和法律进一步融合，彰显了道德对法治文化的支撑作用。隋唐以后，“阳儒阴法”与德法统一的中国传统法治文化进一步发展，直至明清时期。

需要对此补充说明的是，即使在儒法之争最激烈的时期，儒家代表人物也没有完全否定和排斥法律和刑罚存在的必要性。这一点不像法家代表人物韩非子那样，完全否定道德在治国理民中的作用和功能。而先秦儒家更注重礼义道德的重要性，强调教化在国家长治久安、陶冶民性中的根本性。先秦儒家并不否定人会损人利己、损公肥私、违法犯罪，故而也不反对法律的强制作用，只是认为仅靠法律和刑罚不能从根本上解决问题，要从根本上

解决问题就必须诉诸礼义道德,诉诸人性善端的保护和发扬,以及对人性恶的教化和改变。一切政治法律制度、活动最终都要由人来落实,人的道德修养是至关重要的。即使对人违法犯罪,也要从主观上加以区分,从伦理道德上加以审视和判断。先秦儒家大都以仁义作为区分罪与非罪的标准,视统治者的不仁不义为最严重的犯罪。德刑关系是中国古代法律思想史上的基本命题之一。先秦儒家的基本观点:重德轻刑。[①] 孟子继承了孔子的这种德刑并用、以刑辅德的观点,进一步强调仁义原则应成为制定法令和政策的依据,反对单纯使用刑罚等暴力手段,他说:"以德行仁者王……以德服人者,中心悦而诚服也。"(《孟子·公孙丑上》)但同时又告诫时君世主,必须趁国无内忧外患之时,抓紧法治建设。"国家闲暇,及是时,明其政刑。"(《孟子·公孙丑上》)在孟子看来,"徒善不足以为政,徒法不足以自行"(《孟子·离娄上》),教化与刑罚各有优劣,应该结合起来。

之所以把"引礼入法""阳儒阴法"与德法统一认定为秦汉以后的法治文化,一方面是因为战国到秦汉时期,儒家和法家确实围绕着礼治与法治、道德教化与严刑峻法、王道与霸道等方面展开激烈的争论,另一方面是因为在现实社会中,确实出现了秦朝的依法治国、"焚书坑儒"与汉初的黄老政治和汉武帝的"罢黜百家,独尊儒术"这两个极端,反映在思想界就是从秦朝法家的辉煌到汉武帝时期的儒家独尊。瞿同祖还对此作了更具体的分析,儒法之争及相互对抗是战国到秦朝,西汉以后,二者之间的争辩趋于寂寞而逐渐消失,原因有三:一是学术派别在战国时期的竞争由繁而简,由异而同,自汉朝以后学归一统,儒家独尊(尽管汉朝及其以后的儒家已非先秦之儒家);二是从制度方面来看,儒法之争已经失去意义,因为孔子时代各国多为制法,而秦汉以后,每一个朝代都有法律及其体系,治国理政需要法律无需争论;三是汉朝以后,法典制定多出于儒家读书人,而司法活动也多由应试做官的儒家读书人执行,儒家读书人在制定法典和司法活动中自然将儒家思想和法律实践相结合,推进儒法融合、德法统一。[②]

---

① 参见侯欣一主编:《中国法律思想史》,中国政法大学出版社 2016 年版,第 48 页。

② 参见瞿同祖:《中国法律与中国社会》,中华书局 1981 年版,第 304—307 页。

陈寅恪认为："古代礼律关系密切，而司马氏以东汉末年之儒学大族创建晋室，统制中国，其制定之刑律尤为儒家化，既为南朝历代所因袭，北魏改律，复采用之，辗转嬗蜕，经由（北）齐隋，以至于唐，实为华夏刑律不祧之正统。"[①]瞿同祖指出："儒家以礼入法的企图在汉代就已开始。虽因受条文的拘束，只能在解释法律及应用经义决狱方面努力，但儒家化运动成为风气，日益根深蒂固，胚胎酝酿至此时，时机早已成熟，所以曹魏一旦制律，儒家化的法律便应运而生。自魏而后历晋及北魏、北齐皆可说系此运动的延续。前一朝法律中儒家因素多为后一朝所吸收，而每一朝又加入若干新的儒家因素，所以内意识愈富而体系愈益精密。"[②]郑显文认为："与其说中国古代法律的儒家化的过程，不如说是中国古代礼制的法律化的进程，从汉唐至明清之际，传统礼制入法的迹象是越来越明显。"[③]郑显文进一步指出："中国古代的礼制入法是一种全方位的法律实践活动，古代许多刑事、民事、行政、军事、社会、诉讼等方面的法律规范都是在礼的指导下制定而成的。在我国古代各时期的法律形式律、令、科、比、故事、格、式、敕、会典、则例等法律形式中，都可见到以礼入法的痕迹，原来一些礼的规范经过立法程序后直接转化成为国家的法律条文，古代礼的思想精神也渗透到各项法律制度之中。"[④]他从"中国古代引礼入律的现象分析""中国古代礼制入令的现象分析""中国古代礼制对其他法律形式的影响"等方面，分析了汉朝以后中国古代礼制的法律化进程，并进一步分析了中国古代"引礼入法"的路径选择，提出不少值得借鉴的观点和资料。

（一）西汉时期

西汉初期，统治者改变秦"专任刑罚"的法家极端"法治"思想，提倡和践行黄老学派的思想主张，无为而治、"约法省禁"、"刑不厌轻"、"罚不患薄"、刑罚与教化并用，废除了连坐、收孥等一系列苛法，摒除了斩左右趾等肉刑，使人民得以休养生息。这些思想和举措已经体现了儒家礼德思想、法家法

① 陈寅恪：《隋唐制度渊源略论稿》，河北教育出版社2002年版，第102页。

② 瞿同祖：《中国法律之儒家化》，载《瞿同祖法学论著集》，中国政法大学出版社1998年版，第381页。

③ 郑显文：《中国古代的法典、制度和礼法社会》，中国法制出版社2020年版，第246页。

④ 郑显文：《中国古代的法典、制度和礼法社会》，中国法制出版社2020年版，第247页。

治思想和道家无为而治思想的融合统一，为以后的“引礼入法”“阳儒阴法”与德治法治统一奠定了基础、开了先河。

(二)汉武帝时期

汉武帝时期，董仲舒依据儒家经典特别是《公羊春秋》，同时兼收法、道、名、墨诸家有利于当时统治的想法，以“天人感应”“君权神授”的神学思想为基础，继续维护封建宗法等级观念，坚决维护“法自君出”的思想，提出礼律结合、法有差等，把“三纲五常”(后来成为统治中国两千多年的伦理纲常)作为政治、法律、道德的基本原则和行为规范。而且，主张德主刑辅、先教后刑、论心定罪，特别是开启“春秋决狱”的先河，以儒家经典解释法律，在司法过程中以儒家经典为指导思想。“‘春秋决狱’，发端于西汉武帝时期，后又经东汉、三国、两晋、南北朝到隋唐时随着儒家正统法律思想法典化趋于完成，‘春秋决狱’才完成其使命退出司法实践。”①

(三)魏晋南北朝时期

三国两晋南北朝时期，是中国社会的大分裂时期，地方政府割据混战，思想文化呈多元化局面，玄学兴盛，道家盛行，佛教传入并迅猛发展，儒家官学地位有所动摇。这一时期，一方面出现了儒家和玄学家之间“名教”与“自然”的争论，最后以郭象的“名教即自然”而结束，儒家思想与道家思想在一定意义上取得统一，倡导礼义道德的儒家的主导地位依然存在；另一方面是律学的发展和繁荣。“中国古代的律学，是指出于王权政治的需要，在统治者设定的框架内，用儒家经文注释国家制定法的法律条文，阐明法典的精神实质与立法原意，维护法律在社会生活中统一适用的法律注释学。律学作为经学的一个分支，兴起于汉代，在晋代达到鼎盛，《唐律疏议》是其代表性法律成果，以后继续发展，是我国古代传统法学的主流。”②晋代是律学的鼎盛时期，《晋律》是第一部儒家化的法典。魏晋时期的法律思想家主张以礼率律、礼法合一，较为充分地体现了道德与法律的内在联系。

(四)隋唐时期

隋唐时期，是中国封建社会正统法律思想的完成时期。经过魏晋南北

① 侯欣一主编：《中国法律思想史》，中国政法大学出版社 2016 年版，第 143 页。
② 侯欣一主编：《中国法律思想史》，中国政法大学出版社 2016 年版，第 158 页。

朝以及唐初君臣对正统法律思想的补充和完善,正统法律思想日趋成熟,礼法结合也已成定局。唐代统治者将正统法律思想贯彻于立法、司法实践之中,制定出“一准乎礼”的唐律,完成封建正统法律思想的法典化。中国古代礼刑并重的传统由来已久,自先秦伊始,至两汉、魏晋的蓬勃发展,直到隋唐时期得到进一步成熟与深化。唐太宗李世民主张以仁义治天下,一方面注重礼治德教,另一方面重视失礼入刑;采用既制礼又定刑、礼刑并用的政策。唐代统治者强调德礼为政教之本,刑罚为政教之用,认为为国之道,必须抚之以仁义,示之以威信。到了《唐律疏议》,儒家经义不仅作为确立一般法律原则的主要依据,也是强调刑罚的主要依据,“使得儒家的礼义道德牢固地处于统率律的支配地位,而刑罚处于体现和保护礼的从属地位,法律的儒家化已到达登峰造极的地步。总之,德主刑辅、礼法结合,这是唐律中所反映的最基本的法律思想”①。

(五)宋元明清时期

宋元明清时期,被认为是中国正统法律思想的僵化和衰败时期。这一时期,是宋明理学产生、发展的时期,正统法律思想的原则日益绝对化,正统法律思想的地位愈发牢固。但由于时代的发展和现实的需要,正统法律思想中的某些观点和主张也在不断修正,正如德主刑辅的德刑关系论就逐步被修正为德刑并重的新关系论。② 宋明理学分为三个流派,一是程朱理学,二是陆王心学,三是张载的气本论。宋明理学盛行于北宋到明清之际,是社会意识形态的核心。明清之际特别是鸦片战争以后,戊戌变法和新文化运动时期,宋明理学受到了启蒙思想家的质疑和批判。宋明理学中的程朱理学被当时的统治者奉为指导思想,他们认为“三纲五常”等伦理道德规范就是“天理”,“天理”是仁义礼智的总名,而法律不过是“天理”的体现,法律、刑罚的目的是维护“天理”,说到底,就是为了维护以“三纲五常”为核心的封建伦理道德。“德礼”和“政刑”都是“天理”的产物。在“德”与“礼”的关系上,朱熹认为“德”是道德品质和良心,“礼”是制度和礼仪,“德”是“礼”的依

① 侯欣一主编:《中国法律思想史》,中国政法大学出版社 2016 年版,第 175 页。
② 参见侯欣一主编:《中国法律思想史》,中国政法大学出版社 2016 年版,第 189—190 页。

据,“礼”是“德”的保障,伦理纲常和道德品质是最为根本的东西。“礼”“德”“法”在理学家那里达到了内在的高度统一。程朱理学思想是中国封建社会后期的正统,无论在伦理道德方面还是在政治法律方面,都具有重要而深远的影响。“传统儒家思想中的君臣父子、三纲五常等封建伦理道德观念,经过程朱理学的说教,披上了神圣的外衣,弥补了正统法律思想形式上粗浅直观的缺陷,使之在理论上具有更缜密和思辨的特点,从而完成了正统法律思想的哲理化与系统化的过程,为中国传统社会后期法律思想的社会伦理化打下了坚实的理论基础。程朱理学深刻影响了宋明时期的正统法律思想及其立法、司法实践。”①理学家将封建伦理纲常推行到社会生活的方方面面、各个角落,并提出了“存天理灭人欲”的极端主张,使这一时期的道德与法律思想陷入僵化,成为道德和法律思想进一步发展的禁锢。

二、“引礼入法”与道德法律化、法律道德化

不同朝代,“引礼入法”的路径和方法不尽相同,但在“引礼入法”的过程中,促进了道德法律化与法律道德化的对立统一。在中国漫长的封建社会中,道德法律化和法律道德化是同一个进程,主要表现在以下三个方面:

其一,道德规范成为法律规范。“中华法系的显著特征是礼的精神和许多礼的规范被纳入国家的法律条文之中,并以国家的强制力保障实施。”②“儒家有系统之修改法律则自曹魏始。……曹魏而后每一新的朝代成立,必制订一套本朝的法律。法典的编制和修订落入儒臣之手,于是他们把握此时机,可以以大刀阔斧的方式为所欲为,有更多的机会尽量将儒家之精华——礼——糅杂在法律条文里,一直到法律全部为儒家思想所支配为止。”③郑显文指出:“曹魏时期,把周礼的‘八辟丽邦法’纳入律典,开启了‘八议入律’的先河。西晋时期,法律儒家化最重要的表现是‘峻礼教之防,准五服以制罪’,使《晋律》成为中国古代第一部儒家化的法典。此后,北魏、北齐、北周各代的法典也皆为当时的儒生主持制定,法律儒家化的过程进一

① 侯欣一主编:《中国法律思想史》,中国政法大学出版社2016年版,第196页。
② 郑显文:《中国古代的法典、制度和礼法社会》,中国法制出版社2020年版,第272页。
③ 瞿同祖:《中国法律与中国社会》,中华书局1981年版,第334—335页。

步深化。唐代是一个礼法合一的时代。现存最完整的古代法典《唐律疏议》完全是在儒家思想的指导下制定而成的。"①

其二,经义决狱。道德的法律化不仅表现在制定法律的过程中,也体现在执法司法的实践过程中,董仲舒的"春秋决狱""经义决狱"就是突出的表现。一个行为构不构成犯罪,犯了什么罪,如何定性,如何量刑,由执法司法的官员引用儒家经典中的语录及语义来进行。"律"既与礼相应,互为表里,所以断讼必以礼为根据,否则便茫无所从。以亲属间的诉讼来说,既以服制为断,于是立法、司法皆须先明服制,有时因服制不明便无从判决,经礼部议定后才能问罪。"除了法典的内容已为礼所掺入,已为儒家的伦理思想所支配外,审判决狱受儒家思想的影响,也是可注意的事实。儒者为官既有司法的责任,于是他常于法律条文之外,更取决于儒家的思想。中国法律原无律无正文不得为罪的规定,取自由裁定主义,伸缩性极大。这样,儒家思想在法律上一跃而为最高的原则,与法理无异。董仲舒著《公羊董仲舒治狱十六篇》,全以《春秋》大义圣人微旨断狱。"②

其三,以刑罚作为道德的后盾。道德主要是通过风俗习惯、社会舆论、内心信念发挥作用的,但在中国封建社会里,与礼混合的道德的贯彻力量往往以刑罚做后盾。在北魏律中,有"存留养亲"和"居三年之丧而冒哀求仕,五岁刑"的规定。比如,在北魏律典中的《法例律》篇,规定了优待贵族官员的官当制度,"五等列爵位及在官品令从第五,以阶当刑二岁;免官者,三载之后听仕,降先阶一等"。北齐律中,首创了"重罪十条",一曰反逆,二曰大逆,三曰叛,四曰降,五曰恶逆,六曰不道,七曰不敬,八曰不孝,九曰不义,十曰内乱。北周时期,制定《大律》二十五篇,其中不立十恶之目,而重恶逆不道、大不敬、不孝、不义、内乱之罪,"凡恶逆,肆之三日"。隋朝初年,制定了《开皇律》,其中有"居父母丧嫁娶"的规定;《开皇律》又置十恶之条,"一曰谋反,二曰谋大逆,三曰谋叛,四曰恶逆,五曰不道,六曰大不敬,七曰不孝,八曰不睦,九曰不义,十曰内乱。犯十恶及故杀人狱成者,虽会赦,犹除

① 郑显文:《中国古代的法典、制度和礼法社会》,中国法制出版社 2020 年版,第 282 页。

② 瞿同祖:《中国法律与中国社会》,中华书局 1981 年版,第 322—323 页。

名”①。可见，这些礼德要求不仅上升到法律，而且规定了违背这些礼德的刑罚，以刑罚作为道德的后盾。

法律道德化与道德法律化是同一个过程的两个结果，正如“以礼入法”的过程也是“以法入礼”的过程，共同体现中国传统法治文化中“阳儒阴法”的特点。“中国古代法律从来未与传统的礼制相剥离，礼中蕴含着法律，法律又以礼作为立法的指导原则。礼的规范和法的规范可以随时相互转化，许多礼的内容在一段时间内上升为国家的法律规范，某些法的规范在经过一段时间实施后又转化为礼的内容，两者相互转化的现象十分明显。”②从法律道德化视角看，中国传统文化中的法律道德化有两个方面，一方面是法律的指导思想、价值诉求和法律理论主要依据儒家的德礼思想；另一方面是在执法司法的法律实践活动中，以儒家经典为指导，判词决狱主要依据儒家经典。“在过去，礼统摄整个社会生活，而构成社会上实际的行为规范。由于以礼制法极为成功，自汉迄清，历代法典均以礼教为依归。立法行法，要维持并促进礼教。违礼就是犯法，而须受刑罚。法的规则与礼的教条二者关系，二千年间可以说天衣无缝。”③

第四节　明末清初至新文化运动时期对传统德法关系的反思

对前文所述中国传统文化的礼德与法刑的关系，从明末清初的启蒙思想家黄宗羲、顾炎武、王夫之那里就开始反思并加以批判了。到鸦片战争以后，在早期改革派和洋务派、太平天国领导人和资产阶级改良派、资产阶级革命派和急进民主派那里，得到了进一步的反思、批判和转型。这些思想家和政治家针对中国两千多年的宗法等级和封建专制制度，以及以礼为核心的政治、法律、道德等封建意识形态，进行了反思和批判。鸦片战争以后，一

① 郑显文：《中国古代的法典、制度和礼法社会》，中国法制出版社 2020 年版，第 253 页。

② 郑显文：《中国古代的法典、制度和礼法社会》，中国法制出版社 2020 年版，第 288 页。

③ 马汉宝：《法律、道德与中国社会的变迁》，载《法律思想与社会变迁》，清华大学出版社 2008 年版，第 12 页。

些思想家跳出了法家礼教的藩篱,吸收了西方资产阶级的思想观念,促使中国传统文化发生重大变化,其中包括政治、法律、道德思想及其相互关系方面的重大变化。这里,我们主要对明末清初的启蒙思想家、资产阶级改良派、资产阶级革命派和急进民主派的德法思想进行分析。

一、明末清初的启蒙思想家

明末清初,资本主义生产关系的产生和发展,在社会经济、政治和思想文化领域发生了重大的变化,新兴资产阶级和地主阶级内部的反动派联合,一种向封建专制制度发起攻击的具有民主启蒙意义的反对封建专制的激进思潮应运而生,这就是中国最早的启蒙思潮,其中的重要代表人物是黄宗羲、顾炎武和王夫之,被称为中国早期启蒙思想家。

黄宗羲等人痛斥君主专制的弊端,批判"君权神授",直指封建社会所维护的君主专制的命根,主张限制君权、实行分权。主张以"天下之法"取代"一家之法"(黄宗羲把文化君主专制的法律称为"一家之法"),明确将"以天下为主,君为客"作为立法的最高指导思想。王夫之认为法制的目的是为公,要以"大公"之法取代"大私"之法。法律既然是公意的体现,就应该维护公共利益,就应该对侵害公共利益的贪官污吏严加惩罚。而且,王夫之反对儒家所谓的"天不变道亦不变",提出法律应该"趋时更新"的思想。这些主张是中国历史上最早的、未受外来思想影响时提出来的启蒙思想。黄宗羲、顾炎武与王夫之被后人并称为"清初三大师"。"他们既吸收了传统的民本性精华,也抛弃了传统的专制性糟粕,但很少受西方的影响,具有鲜明的民族特色,因此是一种中国式的启蒙思想。在法律思想上,他们提出了具有民主、平等观念的法治观点,他们的法律思想是我国最早的显现近代资产阶级民主主义光芒的启蒙思想,彻底动摇了正统法律思想的根基,具有划时代的意义。"[①]当然,由于历史和阶级的限制,他们都带有时代的局限性,仍然没有完全跳出儒家礼德思想的藩篱,因而不可能提出具有现代意义的法治文化理念。

① 侯欣一主编:《中国法律思想史》,中国政法大学出版社 2016 年版,第 226 页。

二、资产阶级改良派

资产阶级改良派的代表人物有康有为、梁启超、谭嗣同、严复等人。与明末清初的启蒙思想家具有鲜明的民族特色不同，资产阶级改良派深受西方政治、法律、道德思想的影响，甚至有全盘西化的倾向。他们认为，中国积贫积弱的根源就是封建君主专制制度，要从根本上解决问题，就必须废除君主专制制度，确立"君主立宪"政体，首要是制定君主立宪制度的宪法，设议院、开国会，实行立法、行政、司法三权分立。他们反对中国封建社会的礼治思想和礼治方式，主张采用西方的政治法律制度形式。梁启超就反对中国封建社会"君权神授"、法源于"天理"的思想，而认为最好的法律起源于人们的"良知"和"生与契约"。在人治与法治的关系上，他既反对中国传统法律制度中的人治观，也反对实现单纯的法治，而主张人治法治并重，因为在他看来，无论是立法还是执法、司法，都必须通过人来执行，只有德才兼备的人才能制定出良好的法律，也只有有良知的人才能保障法律的公正执行和实施。因此，在梁启超看来，要制定好执行好法律，使法治得到真正的实现，充分发挥法治的效能，就必须借助道德的力量。

三、资产阶级革命派

资产阶级革命派的代表人物是孙中山、章太炎等人。他们站在资产阶级立场上，反对中国封建宗法等级制度，批判以"三纲五常"为核心的传统礼治思想，反对君主政体，主张建立资产阶级民主共和政体，主张分权学说和司法独立。他们一方面吸收西方资本主义的政治法律思想，另一方面，也看到了西方资本主义政治法律思想对西方资本主义社会带来的各种弊端，故而通过吸收传统文化中政治法律的有益内容对西方资产阶级思想进行改造，形成中国资产阶级革命的理论体系。

四、急进民主派

在 1915 年"新文化运动"到 1921 年中国共产党诞生之间，出现了急进民主派思潮。急进民主派针对当时出现的尊孔复古逆流，对君主专制和封建礼教展开猛烈抨击，追求真正的民主共和国。其主要代表人物是陈独秀和李大钊等人。他们反对旧道德，提倡新道德，特别猛烈抨击儒家“三纲五常”，认为这不仅是旧道德的核心，也是封建社会政治、法律的核心。急进民主派反对封建宗法等级制度，主张法律面前人人平等，其中包括每个人的人格平等。陈独秀明确提出主权在民，国家和法律的目的在于增进和保护人民的幸福，“国家者，保障人民之权利，谋益人民之幸福者也”；“国家者，乃人民集合之团体，辑内御外，以拥护全体人民之福利”。[①] “急进民主主义者把纲常名教与君主专制紧密地联系起来，把尊孔复古与帝制复辟联系起来，明确地将批判纲常名教、大家族制度作为批判专制的思想革命和建设民主共和国的思想准备来认识，抓住了问题的要害。”[②]陈独秀和李大钊在五四运动以后特别是中国共产党诞生后，接受了马克思主义，为马克思主义在中国的传播作出了重要的贡献。

第五节　中国传统文化中德法关系的利与弊

纵观上文所述，中国传统文化中的德法关系经历了三个阶段：西周之前的德礼法混合阶段；春秋战国到秦汉的儒家与法家、德治与法治的分向发展阶段；汉武帝之后特别是魏晋南北朝之后的法律儒家化（道德化）阶段。从汉武帝一直到清朝末期，尽管经历了“清初三大师”（黄宗羲、顾炎武、王夫之）的批判，儒家礼教（礼、德、法一体化）的政治、伦理、法律思想仍长期居于主导地位，是中国传统文化的主流。在这样的传统法治文化中，法律获得了道德的有力支撑，法治从道德中获得了无尽的力量，法律、法治的合理化和运行离不开道德的论证和维护；同时，道德的基本要求、道德规范、伦理纲常也以法律的形式表现出来，并以法律的强制力量加以推行。维护封建宗法等级制度的“三纲五常”是政治、道德和法律的共同价值核心。道德和法律共同建基于封建宗法等级制度，共同维护中国传统社会的秩序。把这种文

① 陈独秀：《陈独秀文章选集》（上），生活·读书·新知三联书店 1984 年版，第 87 页。
② 侯欣一主编：《中国法律思想史》，中国政法大学出版社 2016 年版，第 334 页。

化模式放在历史发展的长河中加以考察，就会发现其积极的方面和消极的方面，有着自身的利与弊。

一、中国传统文化中德法关系之利

以儒家为主体的中国传统文化（包括德法关系）是对夏商时期巫觋文化、祭祀文化的超越，是在西周创立的礼乐文明基础上发展起来的，具有价值理性和人文关怀的特点，尽管经历董仲舒等人的神秘化以及道教、佛教的撞击，仍然保持对现实生活的高度关切，具有一定的合理性和积极方面。

（一）“礼法并用”“德主刑辅”维护社会长治久安

以儒家为代表的中国传统文化，既看到了法律的强制作用，也强调道德的教化功能，认为社会秩序的维护既离不开法律，也离不开道德，“无德唯刑”或“无刑唯德”都达不到治国理民的目的，强调只有“礼法并用”“德主刑辅”才能长治久安。既看到外在强制力量在治国理民中的作用，也要重视道德在教育民众、维护生活秩序中的作用，这是儒家思想的突出特点之一，也是儒家思想的优点之一。在中国历史的发展过程中，儒家“礼法并用”“德主刑辅”的主张对维护中国社会的长治久安起到了重要的作用。尽管从内容上看，儒家所强调的礼、德、法具有封建宗法等级的性质，具有历史局限性，但是，这种德法并举、以德治国和依法治国相结合的主张，还是具有一定的历史合理性的，对中国当前法治中国建设具有一定的借鉴意义。

（二）“敬德保民”“明德慎罚”体现中国传统德法文化的人文性质

“传统中国的法律在摆脱它与原始性的宗教、巫术、习惯相混合的状态后，走上了一条兼具理性和人文色彩的伦理之道。”[①]西周的统治者提出，周之所以能取代殷商，是因为殷商的统治者残虐百姓、道德沦丧，失去上天的辅佑，而西周的统治者只有“敬德保民”，才能够得到上天的保佑。“皇天无亲，唯德是辅”，上天只保佑有德性者，而有德性的统治者必须爱民保民。这一方面避免了中国传统文化宗教化的历史走向，另一方面体现了对“仁政”的推崇和“保民”的人文情怀。“明德慎罚”思想具有以人为本、教育为要的

① 张中秋：《中西法律文化比较研究》，南京大学出版社 1999 年版，第 146 页。

性质,法律惩罚不是目的,也不是根本,目的是使人自觉遵守社会道德和法律的要求,自觉维护生活秩序,根本的方法是通过道德教育和道德修养,使人具有道德良知和法律自觉,从而遵德守法。

(三)“子帅以正”“为政以德”的政治道德观强调从政者的道德素养是政治和法律的基础

儒家非常重视从政者的道德水平和人格魅力,主张“内圣外王”“修己安人”,从政者的正心诚意、修身养德是齐家、治国、平天下的内在保障。自周公制礼作乐开始就强调“以德配天”,认为从政者的道德水平特别是君王的道德水平往往关系到国家的安危荣衰。春秋战国时期,儒家强调为政以德,孔子认为“政者,正也。子帅以正,孰敢不正”。“其身正,不令而行;其身不正,虽令不从。”孟子认为“仁者无敌”“以不忍人之心行不忍人之政”。政治和法律紧密相连、密不可分,道德不仅是良好政治之必需,也是良好法律顺利贯彻执行之必需。从社会层面看,道德是包括法律秩序在内的社会秩序的保障;从个人层面看,个人德性是合理立法、严格执法、公正司法、自觉守法的内在保障。无论在哪个社会、哪个统治阶级,都会同时利用本阶级的道德来支持和解释其法律规范,以及利用本阶级的法律来捍卫和推动其道德规范。道德为法律的实施提供支持,而法律则是道德贯彻的坚实后盾和有效保障。道德和法律一直从柔性和硬刚性两个方面来维护社会的秩序。儒家强调“礼者,禁于将然之前;而法者,禁于已然之后”,也就是说,道德可以预防尚未发生的违法行为,而法律则用于制裁和禁止已经发生的违法行为。道德是法律的精神支柱,法律是道德的权力支柱。二者的共同目标是将人们的行为引导至符合社会所推崇的规范和秩序中。

二、中国传统文化中德法关系之弊

总体来看,以儒家为主体的中国传统文化是一种农耕文化,是以维护以血缘关系为基础的宗法等级制度为目的的,必然带有其历史局限性和消极方面。

（一）维护宗法等级制度的礼治（礼、德、法混合）文化阻碍"法律面前人人平等"

儒家的伦理思想和法律思想都是为了维护以血缘性、等级性为特征的宗法等级制度，从而实现"君君臣臣，父父子子"的社会秩序，这是一种"爱有差等"、有"分"重"别"的社会秩序，是一种贵贱、尊卑、长幼、亲疏相区别的生活秩序。不仅承认在封建社会中人与人的不平等，而且竭力维护这种不平等，礼（包括德与法）皆以此种生活秩序为己任。正如荀子所说："故人道莫不有辨，辨莫大于分，分莫大于礼。"（《荀子·非相》）"礼也者，贵者敬焉，老者孝焉，长者弟焉，幼者慈焉，贱者惠焉。"（《荀子·大略》）《礼记》说得也很明白："礼者所以定亲疏，决嫌疑，别同异，明是非也。"（《礼记·曲礼上》）"传统中国法律的伦理化即礼教化、血缘化，由于血缘关系的天然属性，加之儒家阴阳学说的修饰加工，从而使根植于血缘关系的传统伦理促使人们确信人之间的不平等是正常的、合理的，是天经地义的。"①这和现代化的法治精神是格格不入的，因为现代法治精神主张在法律上不分性别、身份、种族、民族、家族、家庭、职业、财产、教育、血缘、出身、地位、信仰等差别，人人平等地享受法律所赋予的权利、履行法律义务，即"法律面前人人平等"。

（二）君权神授、"天不变道亦不变"的君主专制、"三纲五常"阻碍法治的民主化

先秦儒家的思想到了汉代董仲舒时期被神秘化、理论化、系统化。董仲舒为儒家所称道的封建等级制度和君主专制找到形而上学根据，那就是"人副天数""君权神授""天人感应"的"天""神"。董仲舒也为儒家的伦理道德和法律思想找到了形而上学基础，那就是有意志的"天"和阴阳学说，伦理道德和法律规范都来自"天"，把"三纲五常"说成"天道"，而且"天不变道亦不变"。之所以"君为臣纲、父为子纲、夫为妻纲"，是因为君、父、夫为阳，臣、子、妻为阴，而宇宙之间万事万物之"道"就是阳统帅阴，阴服从阳。以董仲舒为代表的传统法治文化和现代法治文化也是格格不入的，因为现代法律文化不仅强调"法律面前人人平等"，而且强调民主。没有民主精神的法律

① 张中秋：《中西法律文化比较研究》，南京大学出版社1999年版，第149页。

不是现代意义上的法律,民主和法制是法治社会不可或缺的两个方面。君主专制和民主是对立的,要确立建立在自由、民主、平等基础上的法治就必须消灭君主专制。

(三)法典的刑事性和刑法的刑罚性阻碍现代法治精神的生成和培育

在中国传统文化中,礼、德、法有一个从混合到分立再到融合的过程,道德与法律关系也出现了两个维度,一是道德、法律都存于礼,二是道德与法律表现为德与刑。礼、德、法的双重关系,导致两种截然相反的结果:一是从广义的法来看,表现为法律内容的泛化和实施的弱化,礼、德的要求就是法的要求,礼、德的规范就是法的规范;二是从狭义的法来看,表现为法典的刑事性和刑法的刑罚性,与礼教、德化方式相区别,狭义的法就是刑,就是刑罚,道德和法律的关系就是德与刑的关系。在中国古代社会和传统文化中,德与刑的关系更为突出。在中国古代文献中,常常见到的"刑、法、律"三个字的含义是相通的,可以互为解释和补充。如《尔雅·释诂》:"刑,法也。""律,法也。"《说文》:"法,刑也。"《唐律疏议·名例》也说:"法,亦律也。"依照时间序列来看,法的形态在上古三代早期为"刑",春秋战国时期则化而为"法",秦汉大一统后又改称为"律",此三者均以"刑"为核心。可以看出,在中国古人的观念里,刑、法、律三者的关系密不可分,作为中国成文法典的楷模,《唐律疏议》可以视为一部标准的刑法典。宋元明清历代王朝的法典皆有《唐律疏议》的影子,《宋刑统》《大元通制》《大明律》《大清律例》,其属性皆与唐律相仿。尤其要注意的是,"中国传统思维里的刑法与我们今天所理解的刑法是有所不同的。现代法学认为,刑法是有关犯罪和处罚的法律规范的总和,它的功能主要在教育(预防犯罪),然后才是惩罚(制裁犯罪);而中国传统思维里的刑法重在惩罚(报复),轻在教育(警诫)"①。

从中国古代狭义的法律看,法即刑,刑即罚,德法关系即德刑关系,这一方面把道德与法律的关系狭义化,另一方面把法治及其路径也片面化了。法律、法治片面化阻碍了现代法治精神的生成和培育。而且,近代以前,中国历史上没有一部宪法性质的法典,没有真正的法治精神。中国古代的法

① 张中秋:《中西法律文化比较研究》,南京大学出版社1999年版,第85页。

律没有被理解为民意的体现,也没有体现法治精神。中国古代的法律是统治者意志的体现,是君主专制的产物,这和现代的法治精神是格格不入的。现代化的道德与中国古代狭义化的法律之间也是不相容的。从这个意义上说,现代道德所支撑的只能是现代化的法律。在中国当前法治中国建设的过程中,道德所支撑的只能是新时代中国特色社会主义法治文化,同样,支撑新时代法治文化建设的道德必须是现代化的道德,必须是中国特色社会主义的道德价值体系。

(四)道德法律化和法律道德化(道德化的法律)阻碍法律、法治的独立发展

在现实生活中,道德和法律是人们最经常、最直接面对的两种行为规范,二者既有区别又有联系。道德与法律的区别主要表现在:第一,道德与法律产生的时间和历史条件不同。道德是人们在生产和生活的实践中逐渐形成、约定俗成的东西,不同的人有不同的道德观念和信仰,因而道德具有自发性和多元性的特点,它在原始社会就已经存在,在阶级社会中,一个社会中往往有多种道德观念类型的存在。而法律是阶级社会的特殊现象,是一定历史阶段的特定产物,它主要反映统治阶级的利益和意志,法律具有一元性的特点。第二,道德与法律的表现形式不同。道德规范是由个人内在的认知、情感和意识自发形成的,不需要统治阶级干预;而法律规范通常由国家制定或认可,以具体的成文形式表达,必须通过法定程序进行制定、颁布、修改、补充和废止。第三,道德与法律调整的对象和作用的范围不同。道德调整的对象和作用的范围比法律要广泛得多,法律所调整的只是人们某些特定的行为。法律所适用的范围,道德同样适用;而道德适用的范围广阔,其中有相当一部分不属于法律的适用范围。第四,道德和法律对人们行为的要求程度不同。道德要求的标准高于法律,符合道德的行为往往不会违反法律,但遵守法律的行为未必符合道德。法律可以被视为最低限度的道德要求,而道德则是一种无形的法律。第五,道德和法律的实现方式和约束力不同。道德的约束力具有一定的弹性,它通常依靠社会舆论的监督、生活习惯的规制以及人们自身的内在信念来维持,这一切都离不开人内心的道德自觉。法律的约束力是强制性的,以国家强制性为后盾。

只看到法律与道德之间的联系,同只看到法律与道德的区别一样,都会阻碍法律文化的发展。中国的法律从春秋战国时期才获得较为独立的发展,但到了汉武帝时期就开始被法律儒家化、法律道德化所代替,缺乏法律、法治独立发展的空间和时间,阻碍了中国法治思想和法治社会的形成。"伦理化的传统法律对它自身所产生的一个不利后果是,法律的自我独立发展受到了致命的限制,使之最终成为伦理道德体系的附庸。"①儒家化、道德化的传统法律使法律成了封建礼教的保护者,成了封建伦理道德体系的附庸。中国传统法律没有形成自己的法律规范体系,也没有形成自己的价值、功能和品格,而变成思想封建伦理道德的工具。这不仅阻碍了法律自身的发展,也反过来扭曲了道德发挥作用的路径、方式和效果。不少道德选择并非出于对道德价值和道德规范的认同和尊重,而是出于对法律处罚的畏惧而伪装出来的,历朝历代都出现不少"伪君子",而且也催生了大量的"两面人格"。吴经熊指出,在中国古代,"因为道德与法律被认为是阴阳之两面,故凡不道德的均认为是犯罪,从此点来看,我国的法律似乎是很道德的,但其实过分地吸收道德,反而会成为一不道德的法律,因为法律是具有强制性的,而道德是自由的,是无强制性的。故加外力或其他强制力,去强制实施一切道德上的义务,结果等于把道德变质了"②。

我们所说的法治文化建设中的道德支撑,强调的是道德和法律在价值追求上(比如公平、正义、自由、权利)的一致性,让法律符合道义,避免恶法的出现;执法和司法人员富有较高的道德修养和道德境界,能够文明执法、公正司法,避免知法犯法、贪赃枉法;公民出于道德良知不去损人利己、损公肥私,自觉遵守作为道德底线的法律要求。在提倡法律规范要体现道德合理性的同时,也提倡将道德的基本要求、基本规范上升为法律规范加以更有效地贯彻。但所有这些都不能和中国传统文化中的道德法律化和法律道德化简单地画等号,这不仅是因为现代法律和道德与中国古代法律与道德所追求的价值目标不同,也因为中国传统文化中德法关系存在很多不合理的地方。

---

① 张中秋:《中西法律文化比较研究》,南京大学出版社 1999 年版,第 152 页。

② 潘维和等:《中西法律思想论集》,汉林出版社 1984 年版,第 21 页。

第四章　西方法治文化与道德的关系之历史考察

根据西方社会历史的发展进程，对西方法治文化与道德之关系的历史考察可以分为四个阶段：古希腊罗马时期、中世纪、近代（文艺复兴时期至19世纪）、现当代（19世纪末至今）。

第一节　古希腊罗马时期法律思想与伦理思想

古希腊是西方文化的源头，类似于中国的春秋战国时期。“古希腊”有文字记载的历史大致分为三个阶段：第一阶段是公元前12世纪至公元前8世纪初，被称为“荷马时代”或“英雄时代”；第二阶段是公元前8世纪至公元前4世纪，这是希腊文化的鼎盛时期；第三阶段是公元前4世纪至公元前2世纪，史称“希腊化时代”，这一阶段古希腊各城邦被马其顿所灭并统一为亚历山大帝国，很快又被罗马占领，成为罗马帝国一部分。

古希腊的法治文化和道德思想主要产生于第二阶段，其主要代表人物是苏格拉底、柏拉图、亚里士多德。“希腊化时代”的主要代表是伊壁鸠鲁学派和斯多葛学派，还有后来的西塞罗。我们在此主要分析柏拉图和亚里士多德的法治思想和伦理思想及其关系，斯多葛学派和西塞罗的自然法思想。

一、柏拉图的法律思想和伦理思想

英国现代著名思想家怀特海曾经说过：“欧洲哲学传统最可信赖的一般

特征是,它是由柏拉图的一系列注脚所构成的。"①可见柏拉图在西方哲学界和思想界的深远影响。从政治、法律和道德及其关系的视域看,柏拉图的思想可以分为三个阶段:第一个阶段是柏拉图中年时期,在《理想国》(又译为《国家篇》或《共和国》)中论述的"贤人政治";第二阶段是柏拉图在《政治家篇》所论述"贤人政治"与法治相结合的思想转折时期;第三阶段是柏拉图晚年在《法律篇》(又译为《法篇》)中"法治范式"的构想。

(一)"贤人政治"与古希腊"四主德"

在《理想国》中,柏拉图从理念论出发,设计在人间能够体现最高理念——至善的理想国。在理想国中,存在着三类人,一是统治者或哲学家(柏拉图认为哲学家最配当国王);二是军人(保卫国家的武士);三是具有生产能力的劳动者。统治者或哲学家必须具有智慧美德,军人或武士必须具有勇敢美德;劳动者和统治者都应该或必须具有节制的美德。这三个阶层的人各安其位、各尽其职、各秉其德、各得其所,社会就会秩序良好,就能实现"公正"或"正义"。在柏拉图那里,"正义"具有两个方面的含义,一方面,正义是作为个人品质的正义,这个意义上的正义既与智慧、勇敢、节制并列为"四主德",又高于智慧、勇敢、节制,正义是最高的品德,是在具备前三个品德的基础上才具有的品德;另一方面,正义是作为国家的正义或统治者的正义,体现为执政者执政为公,以及合理分配各种人的职位,使其各尽其职、各谋其政。正义不仅是最高的品德,也是国家和法律的最高原则。维护法律就是维护正义,反之亦然。正义是道德和法律共同的最高价值追求和原则。古希腊"四主德"既是理想国内在的道德要求,也是理想国得以实现的道德保障。

在《理想国》中,柏拉图探讨国家及其统治者如何保障社会公平正义的实现以及公民过上道德高尚而又幸福的生活。柏拉图不仅从构成社会的三个阶层各安其位、各尽其职、各秉其德进行思考,而且还从正义实现与"贤人政治"的关系进行论述。柏拉图从人的秉性和品德论述"贤人政治"的必要性和哲学家当国王的道德依据,从而说明哲学家当国王对实现理想国最有

① [英]怀特海:《过程与实在》,杨富斌译,中国城市出版社2003年版,第70页。

利。柏拉图认为,人的灵魂是由理智、激情和欲望组成的。理智的特性是追求知识和真理,即爱智慧;激情的特性是追求胜利和荣誉;欲望的特性是追求物质利益和肉体享受。哲学就是爱智慧,哲学家最具有智慧。因为治理国家要处理非常复杂的关系和多变的局势,只有具有智慧的哲学家才能认清形势和及时处理复杂多变的问题,所以哲学家当国王是最合适的。一个最理想的国家就是通过知识治理的国家,知识(智慧)是一个国家和一个人的最高美德,又为哲学家所专有,而哲学家的本质特征是具有自身从而拥有智慧,是把政治权力和聪明才智统一起来的,哲学家是德才兼备的人。因此,一个正义的国家只能由哲学家来统治。

那么,哲学家应该怎样治国理民呢?柏拉图认为最根本的是抓教育,特别是道德教育,因为人的良好行为在于有优良的品德,而好的品德只有通过教育才能培养出来。理想的国家应该是一个能够陶冶人的道德情操、培育人的道德品质、开发人的知识智慧的教育机构,国家的统治者——哲学家能够制订良好的教育方案、审定教育内容、控制教育手段,培养出有知识、有智慧、守道德的公民。与此相比,法律只是一些抽象的条文性的外在规定,刻板而冷漠,难以适应复杂和不断变化的客观实际,用它来治国就像二流的医生凭医书治病一样,难以做到具体问题具体分析。然而,法律的手段主要是惩罚,这对于培养良好公民来说,显然只是辅助性手段,而且不是最有效的手段,最有效的路径和手段只能是良好的教育。如果能使公民从小就受到良好的教育,培养良好的品德,他们就会自觉地按照正义原则安排自己的行为,从而无需法律也会使社会生活有一个好的秩序。

(二)《政治家篇》的人治与法治

在现实生活中,柏拉图逐步发现,“贤人政治”、政治家统治的“理想国”很难实现,一方面因为人性中的激情和欲望难以保障统治者在道德品质方面的纯洁性,另一方面因为政治权力容易被不正当使用。人治不能公正而有效地运用政治权力,人治政治中绝对权力极易产生绝对的腐败。这种问题的解决使法律、法治变得必要,使权力运行较为公正而有效率的法治成为国家治理的次优模式。具有强制性的法律可以防范人的德性堕落和滥用公共权力。柏拉图在《政治家篇》中指出:“最后,人们绝望了,因为找不到任何人愿意并能够实施合乎道德和理智的统治,极为公正地对待每个人。人们确实感到,这样一位拥有权力的人一定会运用他的权力来伤害他的私敌,把他们都铲除掉。”①柏拉图的“贤人政治”主张是建立在其伦理理念基础上的,政治权力的运行和制约是靠权力占有者的内心道德约束、评价机制为内在保障的。这样的权力运行和制约模式在现实中由于缺乏外在强制力(包括法律)的保障,而容易走向以个人主观意志为转移的权力专制主义,权力的任意性造成对社会公平正义的伤害。因此,为了防止“贤人政治”向专制主义的滑行,就必须看到人性的不完善性,看到权力拥有者的道德自我约束力的有限性,从而承认并重视法律制约和实施法治的必要性和重要性。

当然,在《政治家篇》中,柏拉图尽管承认法治的必要性,但他仍认为法治并不是最好的统治模式,法治只不过是政治家统治的补充,是一种迫不得已的政治范式。因为,在柏拉图看来,法律条文具有一般性的特点,法律条文所涉及的对象具有普遍性的特点,这与千变万化的现实生活是不相适应的,因而会引发法律条文的制定、修订与变化,法律条文的适用领域及边界,执法者和司法者在法律运用的原则性与灵活性的关系等一系列的法律现实问题和理论问题。柏拉图指出:“法律从来不能签署一条对所有人具有约束力的命令,这条命令能使每个人处于最佳状态,也不能精确地规定社会每一个成员在任何时刻都知道什么是好的,怎样做是正确的。人与人之间有差异,人的行为有差异,人的经历各有不同,由此造成的不稳定使得无论何种技艺,何种统治,想要在所有时候良好地处理所有问题都是不可能的。”②因此,柏拉图认为法治范式只是现实生活中较为优越的统治方式。

可见,在《政治家篇》中,柏拉图从先前主张的纯粹“人治”思想中增加了“法治”在统治中的政治作用。

(三)《法律篇》中的“法治范式”

晚年的柏拉图有过三次去叙拉古的痛苦经历,认识到《理想国篇》和《政治家篇》中所主张的“贤人政治”“政治家政治”的虚无缥缈和不现实性,并

① [古希腊]柏拉图:《柏拉图全集》(第三卷),王晓朝译,人民出版社 2003 年版,第 157 页。

② [古希腊]柏拉图:《柏拉图全集》(第三卷),王晓朝译,人民出版社 2003 年版,第 146 页。

将其写在《法律篇》中。在《法律篇》中,柏拉图完成治国理政范式的转变,提出一种君主制与民主制相结合的新型“混合政治”,这是一种奉行法律至上的政治范式。“混合政治”不同于“贤人政治”“政治家统治”,是一种在法治和伦理相结合的基础上产生的一种德法统一的法治模式。柏拉图认为,一方面,“混合政治”是一种法律统治,另一方面,“混合政治”强调统治者的道德素质和法治精神相统一。只有这样,在国家治理中才能体现自由、公正、智慧等精神。在《法律篇》中,柏拉图“构造了一种法治伦理视野下的‘法治范式’,在这样的范式构思中,柏拉图企图将伦理精神渗透到法律中,以一种善的法律统治模式实现和谐城邦的现实的根本目的”①。

特别值得注意的是,柏拉图最推崇的是“贤人政治”“政治家政治”,或者说,是人治、德治,法治只是次优方案。柏拉图主张,只有拥有智慧的哲学家才配当国王,但是在现实生活中,一方面,掌握国家权力的统治者并不是哲学家,而且由于历史条件限制,在短时间内国家的实际统治者也成不了哲学家。另一方面,真正拥有智慧的哲学家又难以成为统治者。只有在这种特殊的历史境遇中,才可以说,法治比人治好。这是其一。其二,在“法治范式”中,柏拉图特别强调,法律精神只不过是道德精神的体现,法治的根本目的是实现道德的目的,或者说,法律和道德是同一个目的,那就是帮助人们选择与社会目标一致的最佳生活方式。个人和国家通过法律实现道德理想,公民从事正义的活动,应该出于对道德义务的尊重,而不仅仅是出于对惩罚的畏惧。法律的作用是惩恶扬善,是引导公民和国家实现正义的一种手段。法律作为道德价值和道德精神的体现,至少表现为以下几个方面:

其一,法律是“拉人向善的金绳子”。柏拉图认为,实行法治是人性的必然要求。因为在每一个人的品性当中,都有善恶两部分,其中恶的部分必须靠外在的权威进行约束。现实生活中的人始终存在着善和恶的相互矛盾,这种矛盾将人们拉向善恶、是非中两个相反的方向。“这些复杂的拉力,如同绳子拉着我们走,而其中领头的绳子是用金子做的,既柔软又文雅,它就

① 杨楹、卢坤:《政治:一个伦理话题》,社会科学文献出版社 2008 年版,第 43 页。

是国家的法律。"①

其二,节制是法治范式生成的内在伦理机制。"节制"被柏拉图称为"四主德"(智慧、勇敢、公正、节制)之一,是人的理智、智慧对人的激情与欲望的控制和引导,是促使人们摆脱物质欲望的束缚而遵从社会秩序的根本道德准则。"节制"不仅是一种道德准则,而且应该作为一种法治精神和法律规范,贯彻于法治的各个方面。首先,立法者所有的活动都应该以节制为精神指导而展开,应该将节制所体现的伦理精神和法治精神贯彻和渗透于各种法律条文和法律制度中。其次,在各种执法和司法过程中也应该贯彻节制的法治精神,执法者和司法者都应该合理调整自己的欲求,使之具有正常理智和道德的智慧,从而自觉遵从国家的各项法律规则,进而实现社会正义,促使社会生活的秩序化。最后,"节制,作为一种个体守法意识的伦理要求或伦理品性,是一个法治社会中公民的最高美德"②。

其三,公正伦理精神是重要的法治原则。柏拉图认为,公正是最高的伦理精神,也是最基本的道德要求。法治必须体现公正伦理精神,应该将公正伦理精神融入具体的法律规范和法治过程中。只有在公正伦理的指引下,全体社会成员遵法守法,以公共利益和公共秩序为重,才可能实现以善为基础的法律治理,建立法治社会。在柏拉图所提倡的建立在公正伦理原则基础上的法治社会中,国家权力产生和行使遵从公平正义的道德原则和法治精神,才能从根本上保障社会成员的幸福生活的实现。

其四,智慧是法治范式中执政者的道德基础。在柏拉图看来,智慧是知识和美德的融汇,智慧不仅是一种道德精神,同时也是一种法治精神。在法治范式中,智慧的执政者制定出符合正义美德的法律,运用智慧良好地执法和司法,并在全社会培育守法精神,从而促使城邦走向真正的法治,走向真正的幸福。柏拉图说:"每个人肯定都能看到,如果一个组织良好的国家在立法中取得了伟大成就,但却把极为优秀的法律交给那些不合格的官员去执行,那么这些法律再好也不会起什么好的作用,不仅使这个国家成为人们

① 张彩凤主编:《西方法律思想史》,中国政法大学出版社2007年版,第27页。

② 杨楹、卢坤:《政治:一个伦理话题》,社会科学文献出版社2008年版,第44页。

的笑柄，而且这样的社会肯定会发现它的法律是最大的伤害和不幸的源泉。”①

二、亚里士多德的法律思想和伦理思想

亚里士多德被马克思、恩格斯称为古代最伟大的思想家和最博学的人物，他是西方法治思想的创始人，对法律及其分类、法律与正义、法治及其实施、法治与人治等法治的理论与实践问题，作了系统而深入的论述，是古希腊法治思想的集大成者，其社会影响和学术影响极其广泛而深远。

（一）法律与正义

亚里士多德认为，正义和法律在本质上是一致的：正义是法律的基础，法律是正义的体现和实现正义的手段，法律的好坏完全以是否符合正义为标准。正义是最高的道德理念和伦理精神，正义是实现社会长治久安、人们安居乐业的精神诉求和价值保障。为什么要制定法律？什么才是好的法律？人们为什么要服从法律？这都需要正义加以说明。制定法律就是为了维护社会正义，良好的法律就是正义的体现，人们服从法律就是服从和维护正义。总之，法治的根本目的就是要促进社会正义的实现，树立正义观念既是道德教育的重要任务，也是法治的基本任务。良好的社会要运用正义理念和正义精神教育人民，促进社会发展和社会和谐。正义观念是善德观念和法治观念的有机统一。立法的任务就是要制定出合乎正义的法律规范体系，执法、司法的各项活动都要体现正义的要求，要将正义原则的精神贯彻于法律条文以及捍卫法治的活动之中，使法律和法治成为一种制度化的正义。法律主要解决非正义问题。正义理论是亚里士多德较为重要的贡献之一，被认为是构成西方公法与私法理论的法哲学基础。② 亚里士多德认为，法律的功能在于给人自由和优良的生活。他说：“公民们都应遵守一邦所定的生活规则，让各人的行为有所约束，法律不应该被看做（和自由相对的）奴役，法律毋宁是拯救。”③这是因为真正的自由不是放任状态或无政府状态，

① ［古希腊］柏拉图：《柏拉图全集》（第三卷），王晓朝译，人民出版社2003年版，第507页。
② 参见张彩凤主编：《西方法律思想史》，中国政法大学出版社2007年版，第31页。
③ ［古希腊］亚里士多德：《政治学》，吴寿彭译，商务印书馆1981年版，第281—282页。

这种状态其结果会使大家都丧失自由，自由的获得必须以社会的有秩序为前提，法律之所以能如此，是因为“它是规章，执政者凭它来掌握他们的权力，并借以监察和处理一切违法失律的人们”①。法律都有强制性，而这种强制性正是道德的补充。对于道德素质不高、自我约束能力差的人，法律的强制力是必要的。法律的强制性约束，让人们养成良好的行为习惯，妥善处理人与人、人与社会的利益关系，逐渐养成合格的、具有德性的公民。亚里士多德认为，所有的人如果都能遵循正义原则来安排自己的活动，符合人的本性的最高组织的城邦或国家如果也遵循正义原则来治理，人们就能追求到最高的善，就能过一种幸福的生活。但人的理性对人来说只是一种潜在的东西，而现实生活中的人，往往受感性欲望和自我利益的支配，受自私自利的激情的引导，导致违法背德行为的出现，这就需要国家把正义原则具化为法律规范和法律制度，教育和指导他们（特别是理性薄弱的年轻人）的行为，并对违反道德和法治的人实施必要的强制制裁。可以说，法律源于最高道德的正义，是为了规制人们的行为，使人的活动更符合其品德或更具有道德性，从而过一种幸福生活的制度安排。②

亚里士多德认为，人是政治或城邦的动物，并有着与之相适应的品德，这就是正义。正义是一种道德价值标准，也是道德追求的最高境界，它能包容所有道德。正义的主要含义是平等或公平，其价值指向是公共幸福。亚里士多德说：“政治学上的善就是‘正义’，正义以公共利益为依归。按照一般的认识，正义是某些事物的‘平等’（均等）观念。在这方面，这种世俗之见恰好和我们在伦理学上做哲学研究时所得的结论相同。简而言之，正义包含两个因素——事物和应该接受事物的人；大家认为相等的人就该配给到相等的事物。”③人类所追求的最高的“善”就是与其政治或城邦动物相一致的生活，即幸福，而且不是一个人的幸福，是城邦中所有人的幸福。正义就是协调城邦中各种社会关系和人际关系，实现城邦全体成员幸福的基本原则和行为规范，也是城邦中每一个合格成员应具有的品德。

---

① ［古希腊］亚里士多德：《政治学》，吴寿彭译，商务印书馆1981年版，第181页。

② 参见严存生：《政府法律思想史》，中国法制出版社2012年版，第35页。

③ ［古希腊］亚里士多德：《政治学》，吴寿彭译，商务印书馆1981年版，第152页。

在亚里士多德的思想体系里，正义是道德的价值基础、基本原则和最高境界，同时，正义也是法律和法治的价值基础、根本目的和最终尺度，由此，道德与法律的关系，或者法治与德治的关系就一目了然了。

（二）法治及其实施

亚里士多德自始至终力主法治，法治之所以优于人治，或者法治之所以是必要的，原因有三：一是人既是理性动物也是兽性动物，人在本性上有恶的一面，容易贪婪、偏私和腐败，只有靠法治才能将其束缚和阻止；二是个人的知识和智慧是有限的，只有众人的知识和智慧才能防止错误，而法律是众人智慧的结晶，当然优于"一人之治"；三是法律是正义和理性的表现形式，法律可以促进社会正义和公民幸福。在人类历史上亚里士多德最早全面探讨法治的概念和理论基础，并提出"法治应当优于一人之治"的主张。①

亚里士多德主张法的至上性，认为社会只有一个权威即法律，并设计实现法治的三个环节。其一，要有良法。所制定的法律要合乎政体性质、符合国情，反映中产阶级的利益，要有利于教育，将法的稳定性与灵活性相结合，及时修改和补充。其二，对严格执法和公正司法的要求。凡是有明确法律规定的，应当依法办事、依法行政；关键是执政者要"凭借国家法律行事"。其三，对守法的要求。"邦国虽有良法，要是人民不能全部遵循，仍然不能实现法治。""法律所以能见成效，全靠民众的服从。"亚里士多德说："我们应该注意到邦国虽有良法，要是人民不能全部遵循，仍然不能实行法治。法治应该包含两重意义：已成立的法律获得普遍的服从，而大家所服从的法律又应该本身是制定得良好的法律。"②实施法治的这三个环节，实际上就是我们现在所强调的"科学立法""严格执法""公正司法""全民守法"四个方面。实施法治的三个环节也可以理解为两个要素：一是法的要素，即要有良法；二是人的要素，包括立法、执法、司法在内的全体公民要有敬重和奉行法律的守法精神。可以说，良法的制定与公民的普遍守法是构成法治最基本的两个要素，其中，"良法"的制定是法治的前提，"普遍服从"是实现法治所必需

① 参见张彩凤主编：《西方法律思想史》，中国政法大学出版社 2007 年版，第 33—34 页。
② ［古希腊］亚里士多德：《政治学》，吴寿彭译，商务印书馆 1981 年版，第 169—202 页。

的现实状态。亚里士多德的“良法之治”和“普遍遵行”的法治思维模式对后世法治思想的发展产生了重大而持久的影响。

（三）法治与人治

亚里士多德一方面强调“法治优于一人之治”，另一方面又从法治的实施层面主张法治与人治是统一的。法治不仅要有“良法”，也要有遵德守法的“良民”。无论是立法，还是执法、司法、守法，都是靠人来完成的。法治说到底还是人治，只是这里的人是有道德、有智慧、懂法用法之人，而不是专制、贪腐、偏私、道德败坏、法治素质低下之人。亚里士多德认为，法治社会的人必须是平等的、自由的人，是品德良好的人，是尊法守法的人。法治社会不仅要依法而治，而且还要重视通过教育培育公民的道德品质。

亚里士多德认为，法治也有局限性和缺陷，不能否定个人在法治中的作用。个人要在法律范围内活动，同时也可以弥补法律的灵活性不足。法律不及社会变化快，也不能包罗万象，治理好国家还需要运用理智进行判断，发挥统治者个人的智慧。法治未必适合一切社会，只有中产阶级执政的共和政体才适合，法治不是普适的，受制于诸多条件。法治不排除个人智慧，但对人的智慧的利用有一定的限度。这说明他认识到了法律的能与不能，既强调法的灵活性、社会适应性，又强调法的道德性。[①] 亚里士多德强调法治社会中人们道德素质的重要性，法治社会离不开道德的支撑。

三、斯多葛学派和西塞罗的自然法思想

希腊化时期斯多葛学派和罗马时期西塞罗的法律思想的核心都是自然法思想。自然法观念在古希腊自然哲学家那里就被提出，在智者派那里有了初步的明确表述，到了斯多葛学派就形成较为系统的自然法思想体系。

（一）斯多葛学派的自然法思想

斯多葛学派认为，人是宇宙这一绝对统一整体中不可分割的一部分，其本性与自然界和宇宙是一致的，其理性也是普遍理性的一部分。人的行为必定受制于宇宙秩序的创造者、主宰者，即不可抗拒的、普遍的自然规律和

① 参见张彩凤主编：《西方法律思想史》，中国政法大学出版社 2007 年版，第 35 页。

自然理性。这个普遍的自然规律或普遍的自然理性就是自然法。自然法是遍及整个宇宙的统治原则,其本质是理性。故,自然法就是理性法、正义法。斯多葛学派认为,人们一定要按照自然法则生活,法律是受世界性的、自由普遍的自然规律支配的自然法则,实在法应当以此为根据。其强调自然法是实在法的来源、基础和标准,是普遍存在的和至高无上的法则。自然法之所以成为古代世界中的一种普遍信念,成为人类政治法律制度进步的思想力量,成为成就罗马法、基督教学说及近代古典自然法学说的理论经典,成为成就西方自然法传统的一种观念模式,斯多葛学派的自然法思想功不可没。①

从斯多葛学派的产生和发展历程看,可以分为早、中、晚期,代表人物众多,有阶层民众、有思想家,也有皇帝,不同时期的代表人物的观点不尽相同,但有一个共同的特点,就是关注人、关注人的命运、关注人的道德生活准则。至善和有德行的生活是人生追求,而至善和道德的生活就是服从理性、服从自然、服从神意的生活,而充分服从理性、自然、神意就是服从普遍的自然法。自然法引导人们追求至善、平等且富有德行的美好生活。按照自然生活,或者按照自然法生活,人们才能符合理性、符合内在的精神,才能获得自由和幸福,这是一种道德与幸福相统一、平等和自由相一致的伦理生活。人由于脱离城邦国家这一外部强力,其生活只要服从自己的本性,受自然规律的支配,选择与理性相一致的生活,就是一种人人平等的、有德行的生活。而且,人与上帝一样具有相同的理性,因此,作为理性的人和只服从自己的人必然是自由的。这种自由因其是自我的选择且是对必然命运的服从,所以,是一种内在的精神自由,是一种道德自由。因而,在这种精神自由的基础上,按照自然生活便是一种至善的、本质的、自由平等的生活。②

(二)西塞罗的自然法思想

西塞罗被认为是“罗马第一个斯多葛主义者”,他将斯多葛学派的自然法引入罗马现实的政治法律生活,将罗马法普遍化和道德伦理化,从而促成

① 参见张彩凤主编:《西方法律思想史》,中国政法大学出版社 2007 年版,第 44 页。
② 参见张彩凤主编:《西方法律思想史》,中国政法大学出版社 2007 年版,第 45 页。

罗马法由早期的地方性法律体系向后来的世界性法律体系的转变。

西塞罗认为,法律是自然界所固有的最高理性,是区分正义与不正义的标准,是扬善惩恶的手段。正义是法律的目的,也是道德的价值诉求。西塞罗认为“真正的法律是与本性(nature)相合的正确的理性;它是普遍适用的、不变的和永恒的;它以其指令提出义务,并以其禁令来避免做坏事”①。自然法是与人的本性(自然)相一致的理性,或者说,就是人所特有的理性所告诉人们的行善避恶或区分正义与否的准则,由于所有的人有共同的本质,因而有共同的法律,这种法律永恒不变,适用于一切时代、民族和地区,其根源在于赋予人理性的上帝。由此看来,“西塞罗所说的自然法具备如下三个特征:第一,自然法源于自然、神意和人的本性。它是最高的正确理性和神意的体现,是最高、最根本的法。第二,自然法是普遍适用的。即自然法为人和神共有,一切都是由自然创造,所以万物都遵循自然,人类被赋予了正确的理性,即被赋予了正确的法律,自然法便是适用于全人类的最高的、正义的法律。第三,自然法是永恒有效、永久不变的。自然法与神同时产生,它的产生早于任何国家和民族的产生,不为人的意志而转移,永不能被撤销或废除”②。西塞罗的自然法思想都有有神论的神秘主义色彩。

在实在法与自然法的关系上,西塞罗认为实在法源于自然法或受自然法的指导,自然法也是评价实在法的标准。西塞罗强调“恶法非法”,将法律建立于道德基础之上。实在法、人为法必须符合自然法、理性、自然和人性,才是良法,才符合正义。国家是法律的共同体,是出于共同利益需要而订立的协约或契约。国家是一个正义、平等的正义联合体,是为了正义和善而成立的,是道德和法律的结合。

第二节　欧洲中世纪法律思想与伦理思想

从公元 476 年西罗马帝国灭亡到 16 世纪的宗教改革和文艺复兴,史称

① [古罗马]西塞罗:《国家篇　法律篇》,沈书平、苏力译,商务印书馆 1999 年版,第 101 页。

② 严存生:《西方法律思想史》,中国法制出版社 2012 年版,第 54 页。

欧洲“中世纪”。“中世纪”大约分为三个时期：公元 5 世纪到 10 世纪为早期，是封建制度形成时期，这一时期占主导地位的意识形态是基督教的神父哲学，其代表人物是奥古斯丁；公元 11 世纪到 13 世纪为中期，是封建制度巩固和发展时期，这一时期占主导地位的意识形态是基督教的经院哲学，其代表人物是托马斯·阿奎那；公元 14 世纪到公元 16 世纪为晚期，这是封建制度衰弱和资本主义萌芽时期，这一时期出现宗教改革运动和文艺复兴思潮。

恩格斯曾经指出，“中世纪的历史只知道一种形式的意识形态，即宗教和神学”。[①] “中世纪把意识形态的其他一切形式——哲学、政治、法学都合并到神学中，使它们成为神学中的科目。”[②]“其结果正如一切原始发展阶段中的情形一样，僧侣们获得了知识教育的垄断地位，因而教育本身也渗透了神学的性质。政治和法律都掌握在僧侣手中，也和其他科学一样，成了神学的分支，一切按照神学通行的原则来处理。教会教条同时就是政治信条，圣经词句在各法庭中都有法律的效力。甚至在法学家已经形成一个阶层的时候，法学还久久处于神学控制之下。神学在整个知识活动的领域中的这种无上权威，是教会在当时封建制度里万流归宗地位的必然结果。”[③]在欧洲中世纪影响法律思想发展的主要是基督教神学。尽管中世纪占主导地位的仍然是自然法思想，但它已经是基督教神学化的自然法，自然法最终归之于上帝的意志，其自然法思想是神学思想的一部分。上帝的意志不仅是法律的根基，也是道德的根基，法律和道德统一于上帝的意志。

这里主要介绍一下奥古斯丁和托马斯·阿奎那的法律思想及其与伦理思想的关系。

一、奥古斯丁的法律思想与伦理思想

奥古斯丁是罗马帝国基督教的思想家、教父哲学最权威的代表，是基督教神学体系的创立者。奥古斯丁神学法学理论将早期基督教教义和古代自然法理论结合起来，开创了中世纪宗教法哲学理论体系。

① 《马克思恩格斯文集》（第四卷），人民出版社 2009 年版，第 289 页。
② 《马克思恩格斯选集》（第四卷），人民出版社 1995 年版，第 255 页。
③ 《马克思恩格斯全集》（第七卷），人民出版社 1959 年版，第 400 页。

奥古斯丁认为,既然上帝是万事万物的创造者,法律和道德也不例外,法律和道德都追求正义和秩序。他把世界区分为“上帝之城”和“世俗之城”,相应地把法律区分为“永恒法”和“世俗法”。

“永恒法”就是“自然法”,是上帝创造的真正的法或真正的正义,“永恒法”是永恒不变的、普遍统一的。“永恒法”也叫作“神法”,与自然法是统一的,自然法就是被人的理性所领悟到的永恒法。这种来自上帝意志的“永恒法”或“自然法”不仅是法律规范的根源,也是道德规范的来源和根据,二者都追求正义和秩序。这种“自然法”或“永恒法”,具体化为法律规范和道德规范,至少包括以下基本要求:爱上帝、爱邻人、爱自己,不许杀人、不许偷盗、不许撒谎、不许奸淫等。这些要求既是法律要求,也是道德要求,体现了道德和法律在价值诉求方面的内在统一。

人堕入尘世间后,为了寻求和平和秩序而制定的法律,就是“世俗法”,“世俗法”也叫作“人法”,“世俗法”或“人法”是世俗国家的统治者制定的,它只有符合“永恒法”才是正义的、有效的,“世俗法”只是“永恒法”的派生物。“世俗法”或“人法”仅仅关注人的外部行为,解决不了人的行为的内在动机和灵慧问题,难以保证人在道德上和灵魂上的善和升华。要真正解决人的行为和精神问题,实现真正意义上的正义和秩序,必须诉诸“永恒法”。上帝是法律、道德、正义、秩序的最终保障。

奥古斯丁一方面看到法律和道德的内在联系,另一方面又把二者统一归结于上帝的意志,成为其神学思想的组成部分。

二、托马斯·阿奎那的法律思想与伦理思想

托马斯·阿奎那是经院哲学的集大成者,将亚里士多德的法学思想、伦理思想与基督教教义相结合,创立了较为完整的基督教神学法律理论和伦理思想,第一次系统地探讨了神学法学理论,论述了法律的起源、法律的本质、法律的目的、法律与道德的关系等。

托马斯·阿奎那认为,法律是由社会管理者所颁布的、以公共福利为目的的理性命令,是评价人的行为正当与否的行为准则,是指导人们行为的规范,具有强制性,其本质是人的理性的“命令”。当然,这种“命令”必须体现

上帝的意志。法律是自然法、人的理性和上帝的意志的统一，其主要和首要的目的是实现和维护公共利益。托马斯·阿奎那说："一切法律都是从立法者的理性和意志中产生的：神法和自然法从上帝的合理意志中产生，人法则从受理性支配的人的意志中产生。"①"全部法律都以人们的公共福利为目标，并且仅仅由于这个缘故，它才获得法律的权力和效力。"②

托马斯·阿奎那根据法律的不同来源、不同级别和地位，把法律分为永恒法、自然法、神法和人法四种类型。他特别强调永恒法的地位，认为永恒法来自上帝，是上帝的理性和意志的具体体现。因此，永恒法是最高的法，是一切法的根源，具有普遍适用性。自然法和人法都必须服从永恒法。自然法是指导人类行为的法律，是上帝的理性在人类理性中的体现，是人凭借自己的理性对永恒法的反映和参与，适用于所有人，是一切人行为正当与否的衡量标准和尺度。既是人的法律准则，也是人的道德准则。神法是永恒法通过《圣经》对自然法和人法的补充，为了禁止和惩罚人的罪恶，也为了引导人的道德生活。人法是国家制定的法，是自然法的特殊运用，是按照自然法对人类社会秩序的具体安排。人法必须和自然法、与理性保持一致，否则就不具有合法性。法律的制定一定是为了使人类过上富有德性、和平而美好的生活。托马斯·阿奎那非常强调公共福利、公共利益、和平美好的生活是法律的目的，强调道德与幸福的统一。可见，"阿奎那所强调的国家和法律的目的是宗教伦理性的"③。

特别值得指出的是，托马斯·阿奎那既看到法律与道德的联系，也看到法律与道德的区别。一方面，他认为法律禁止严重的不道德行为，促使人们向善，增强人的德性；另一方面，他认为法律不能向人们提出过高的要求，对于那些不违背公共利益的个人爱好、私欲、恶习，法律是不予以制裁的。法律只是把人的行为保持在不损害公共利益的范围内，至于提倡舍己为人、大公无私，那是道德的要求，而不是法律的要求。法律只是禁止严重的不道德行为，他说："人法是为了广大的群众制定的，而其中大多数人的德行离完美

① ［意］阿奎那：《阿奎那政治著作选》，马清槐译，商务印书馆 1963 年版，第 126 页。
② ［意］阿奎那：《阿奎那政治著作选》，马清槐译，商务印书馆 1963 年版，第 123 页。
③ 张彩凤主编：《西方法律思想史》，中国政法大学出版社 2007 年版，第 70 页。

的程度尚远。由于这个缘故,人法并不禁止有德之士所戒绝的每一种恶习,而只是禁止大多数人所能慎戒不犯的较为严重的恶行,特别是那些损害别人的不道德行为,因为,如果这些行为不加禁止,就会使人类社会不能继续存在。"①人的德行所涉及的事有公、私之差,法律只关心与公共福利相关事的德行。他说:"各种德行的目的可以被认为是为了与个人的私利有关,或与社会的一般福利有关。……并不是一切德行的每一种行动都是由法律安排的,而是只有那些以公共福利为目标的行动才是如此。"②同时,托马斯·阿奎那认为,一个具有较高道德水平的人,是不会触及法律禁忌及其制裁的,法律是用来约束和制裁坏人的。托马斯·阿奎那说:"有德性的和正直的人士不受法律的支配,只有坏人才受法律的约束。只是因为,凡与强制和暴力有关的事情都是违反意志的。但好人的意志同法律相一致,而在坏人身上则意志与法律背道而驰的。在这个意义上,好人不受法律支配,只有坏人才受它支配。"③这类似于中国古代"越礼入法"的观点,法律是基本的道德,触及道德底线而危害社会和他人,就会受到法律的制裁。应该说,托马斯·阿奎那的这些认识是深刻的。

第三节　17 至 19 世纪近代西方法律思想与伦理思想

17 至 19 世纪是西方资产阶级革命时期,是西方资本主义社会产生和发展时期。这一时期,为了论证和维护资本主义生产关系的合法性和合理性,寻求资产阶级政治法律和伦理道德新秩序,资产阶级思想家提出丰富的法律、法治、伦理、道德思想,形成各种思想流派。从法律和道德的双重视域看,主要有古典自然法学派、哲理法学派、功利主义法学派。

一、古典自然法学派

古典自然法学的发展可分为三个阶段:第一个阶段是从 17 世纪初到 17

① [意]阿奎那:《阿奎那政治著作选》,马清槐译,商务印书馆 1963 年版,第 119 页。
② [意]阿奎那:《阿奎那政治著作选》,马清槐译,商务印书馆 1963 年版,第 120 页。
③ [意]阿奎那:《阿奎那政治著作选》,马清槐译,商务印书馆 1963 年版,第 122 页。

世纪中叶,这是古典自然法学的创立阶段,以 1625 年格劳修斯的《战争与和平法》的出版为开端,到霍布斯的《利维坦》问世结束。这一阶段,古典自然法学的基本理论尚不完善,人民主权理论、法律公意说尚未产生,还没有完全否定神与自然法的关系。第二个阶段是从 17 世纪末到 18 世纪中叶,这是古典自然法学广泛传播和迅猛发展时期。这一时期的主要代表人物包括:荷兰思想家斯宾诺莎、德国思想家普芬道夫、英国思想家洛克、法国思想家孟德斯鸠和卢梭。特别是卢梭的名著《论法的精神》(1748)和《社会契约论》(1762)的公开出版,在很大程度上丰富和发展了原有自然法的基本理论,拓展自然法理论在政治领域、法律领域和道德领域中的运用。卢梭所提出或加以完善的天赋人权理论、分权制衡理论、社会契约论和人民主权学说等,不仅在思想理论方面产生极其深远而重大的影响,而且对西方资本主义社会的政治、法律、经济、文化诸领域产生不可忽视的影响。第三个阶段是从 18 世纪末开始到 19 世纪初叶,这一阶段是古典自然法学在西方社会得到广泛认可和实践应用的重要阶段,是自然法思想与社会政治理论、社会发展实践相互结合的时期。这个时期的主要代表人物包括美国的潘恩、杰斐逊和汉密尔顿。在这一时期,古典自然法学的理论不但被用于美国独立战争和法国大革命等实际斗争,而且被用于创立部门法学。①

(一)古典自然法学的基本理论

古典自然法学的基本理论包括以下几个方面。

其一,"三个自然"理论。"三个自然"是指自然状态、自然权利和自然法。自然状态是指国家和法律没有产生的人类原始生活状态。关于自然状态的状况,古典自然法思想家有三种观点:一是霍布斯的观点。霍布斯认为,人的本性是自私的,大家只顾自己的利益和自由,相互争斗和攻击,于是形成"人与人是狼的关系",缺乏公共权力和公共秩序。二是洛克的观点。洛克说:"人类原来自然地处在什么状态,那是一种完备无缺的自由状态,他们在自然法的范围内,按照他们认为合适的办法,决定他们的行动和处理他

① 参见严存生:《西方法律思想史》,中国法制出版社 2012 年版,第 116 页。

们的财产和人身,而无须得到任何人的许可或听命于任何人的意志。”①洛克认为,自然状态也存在一些缺陷,比如,在自然状态下,没有明确判定是非善恶的标准,人们之间发生纠纷时,缺乏裁定纠纷的明确的道德规范和法律规范。而且,在自然状态下,没有裁定和评判纠纷和争执的权威的、公正的裁判者,即使有了明确的、公正的裁决,也没有公共权力来执行这些裁决。三是卢梭的观点。卢梭认为,自然状态是人类的“黄金时代”。在自然状态下,每个人都是平等的、独立的、自由的。人类具有一种高尚的道德,即团结、友爱和同情。由于土地私有制的出现,自然状态开始瓦解。

自然权利,也叫天赋权利、天赋人权,是人与生俱来的基本权利,包括生命权、自由权、平等权、财产权、管理权以及追求幸福的权利。古典自然法学认为,这些权利源于人的本性,由自然法规定,政府及任何人只能保护而不得侵犯,更不能剥夺。不同的思想家对天赋人权的内容有不同的强调,比如,荷兰著名法学家、近代自然法创始人之一的格劳秀斯所特别强调的是人的私有财产权,而英国著名哲学家霍布斯则对人的生命和安全予以高度重视,英国另一位著名思想家洛克则对生命权、自由权和财产权高度重视并进行系统的说明,他的思想直接影响美国著名政治家杰弗逊,杰弗逊在洛克强调的生命权、自由权、财产权的基础上,又加上了每个人追求幸福的权利。法国著名启蒙思想家卢梭认为,自由、平等、追求幸福是每个人生而俱有的天赋权利。他在《社会契约论》中的第一句话就是“人是生而自由的,却无往不在枷锁之中”②。卢梭认为,在封建社会中,人们的天赋人权得不到保障和实现,不平等的政治制度和经济剥削充分暴露了封建等级制度的弊端,因此,为了保障人们的天赋人权和人人平等,就必须推翻封建制度而建立一种新的社会制度。新的社会制度(包括政治制度和法律制度)的建立必须以保障人的天赋权利为目的,以实现人的自由、平等、幸福为目的。上述思想家们特别是卢梭的天赋人权论思想不仅在理论上产生了极其深远的影响,而且对西方社会政治法律制度的发展产生了现实影响。在1776年的美国《独

① [英]洛克:《政府论》(下篇),叶启芳、瞿菊农译,商务印书馆1964年版,第5页。
② [法]卢梭:《社会契约论》,何兆武译,商务印书馆1980年版,第1页。

立宣言》、1789年的法国《关于人权和公民权宣言》（简称《人权宣言》）中，古典自然法的天赋人权思想得到实践应用。美国《独立宣言》指出："我们认为这些真理是不言而喻的：人人生而平等，他们都从他们的'造物主'被赋予了某些不可转让的权利，其中包括生命权、自由权和追求幸福的权利。"法国《人权宣言》强调指出，"在权利方面，人们生来是而且始终是自由平等的"；"任何政治结合的目的都在保存人的自然的和不可动摇的权利。这些权利就是自由、财产、安全和反抗压迫"；"自由就是指有权从事一切无害于他人的行为。因此，各人的自然权利的行使，只以保证社会上其他成员能享有同样权利为限制"；"法律是公共意志的表现"；"在法律面前，所有公民都是平等的"。

古典自然法学家反对中世纪思想家的神学自然法思想，认为自然法、自然权利不是神的意志的表现，而是根植于人的理性，人的理性是自然法的基础。古典自然法学家从自然状态和自然权利出发，论述了国家、法律的起源、价值追求及其社会功能，从而使自然法思想获得了新生，奠定了现代法学的基础。

其二，社会契约论思想。古典自然法学家用社会契约论说明国家和法律的起源，同时也说明道德的起源。他们认为，在文明社会或国家出现以前，人类曾生活在一种自然状态之中，在自然状态下，没有国家和法律，只有自然法。不管这种状态是如何的，都难以维护人类天赋的自由、和平等自然权利。追求自由、平等的人们要求摆脱不能保障天赋人权的自然状态，需要一种公共权力来维护人的权利，需要从自然状态向文明社会状态过渡。其做法便是通过社会契约建立国家，制定法律，进入政治社会状态。如霍布斯认为，人们在自然状态下的生命安全毫无保障，虽然人们的理性使他们认识到自然法，但因为没有权威性机构强制人们遵守它，所以自然法难以发挥作用。霍布斯在西方法律思想史上第一次提出自然法实质上是道德的观点，他说："自然法就是公道、正义、感恩以及根据它们所产生的其他道德。……这一切在单纯的自然状况下都不是正式的法律，而只是使人们倾向于和平与服从的品质。"①由于自然法只具有对人们的内在约束力，而缺乏对人们行

① ［英］霍布斯：《利维坦》，黎思复等译，商务印书馆1985年版，第207页。

为的外在约束力，所以它实际上是道德律而不是法律。正因为如此，在自然状态下，人们非常容易违背自然法而相互伤害，且对这些违背自然法的人和事缺乏强有力的惩治和制止。为了摆脱自然状态，他认为，唯一的办法就是签订一个社会契约，把每个人的自然权利交出来，以“建立这样一种能抵御外来侵略和制止相互侵害的共同权力，以便保障大家能通过自己的辛劳和土地的丰产为生并生活得很满意”①。没有强制力做后盾的自然法只具有道德上的约束力，而达不到止乱平暴、保障人们自然权利得以实现的目的。只有通过订立社会契约，建立国家，颁布法律，成立立法、执法和司法机构，有了这些强力后盾，才能制止和惩罚那些违背自然法的人，才能保障遵守法律和道德的落实。当然，在不同的思想中，社会契约的具体内容也不尽相同，人们让渡权利的多少不同，行使权力的主体不同，国家政体不同。但是，其共同点是，“他们普遍认为，进入政治社会中的人们，为了实现其天赋的自然权利，同意把自己的部分或全部权利转让给一个实体，这个实体代理行使已转让的权利并负责保护公民的其他权利。每个人与政治实体或社会之间订立的转让自然权利的协定和人们所得到的充分的受政治实体或政治社会保护的自然权利的承诺就是‘社会契约’，这里的政治实体便是国家，国家治理之下的人们之间关系的总和便是社会”②。

其三，主权理论。由于订立社会契约的方式不同，参与订立契约当事人的不同，转让的权利多少有别，以及权利接受者的人数不同，由此决定着自然权利放弃的程度、政体建立的方式和社会民主的程度，进而形成不同的主权理论。大致有：①君主制：主张君主制的代表人物是荷兰的格劳秀斯和英国的霍布斯。他们认为只有人们放弃自己的全部自然权利，把它交给一个人，即君主，才能建立一个君主制国家。在这个国家中，每个人的行为必须服从国家意志，遵守社会契约。而君主须依法履行契约，保护公民的自然权利。②君主立宪制：洛克主张放弃部分权利（法律权），交给一个人，即君主，人们在宪法之下保留生命权、自由权和财产权，并享有反抗权。君主在宪法

① [英]霍布斯：《利维坦》，黎思复等译，商务印书馆1985年版，第131页。
② 张彩凤主编：《西方法律思想史》，中国政法大学出版社2007年版，第92—93页。

之下依据自然法制定法律，实施法律，保护和发展公民的天赋人权。③人民主权制（又称民主制、共和制）：斯宾诺莎、卢梭和杰弗逊主张，人们将自己与生俱有的全部权利转让出去，转让的对象是集体即人民自己，人们转让多少接受多少，即主权在民。人民有反抗权（直接民主）。④共和政体：孟德斯鸠赞成共和制，潘恩赞成共和代议制。①

其四，分权原则。为了防止权力的滥用，保障人民的天赋权利，必须将国家权力分立，以权制权。洛克首创近代权力分立学说。洛克强调国家的对外权，因此，他提出的三权分立的“三权”是立法权、执法权和对外权，而没有包括司法权。将司法权和立法权、行政权并列为“三权”的是孟德斯鸠。孟德斯鸠从自由与权力的角度提出三权分立理论，并特别强调不同的权力应该由不同的国家机关掌握和行使。在此基础上进一步提出权力制衡理论，立法权、行政权、司法权之间既相互独立，又相互制约、相互制衡。

其五，法律公意说。这是古典自然法学家关于实在法本质的理论。这种理论认为，在具体条件下，法律应该由国家的立法机关来制定，国家立法机关在制定法律的时候，不能从个人利益、部门利益、团体利益出发，而应该从社会所有人员的共同利益出发，体现全体社会成员的公共意志和价值诉求。法律公意说理论的出现具有很大的理论意义和现实意义。一方面，法律公意说的提出预示着古典自然法学家对法律的研究重心转向了实在法。另一方面，这表明自然法学家已经注意到实在法的制定具有非个人随意性，受制于既定社会公共利益和公意。后来这一理论对马克思主义的法律观也有影响，马克思所强调的也是法律即公意，不过是统治阶级的公意。②

（二）古典自然法关于法律与道德关系的思想

需要特别指出的是，在古典自然法理论中，尽管法律和道德在产生过程、表现形式、约束方式和力量等方面具有一定的差异，但更为突出的是，二者具有紧密的内在联系，主要表现在以下几个方面：

其一，古典自然法思想家提出的自然法实质上就是道德的观点。格劳

① 参见张彩凤主编：《西方法律思想史》，中国政法大学出版社 2007 年版，第 93 页。

② 参见严存生：《西方法律思想史》，中国法制出版社 2012 年版，第 119 页。

秀斯认为,自然法是人类理性或本性的体现,是永远不变的正当理性法则,是人们必须遵守的道德准则,是国家和法的基础。格劳秀斯指出:“自然法是正当的理性准则,它指示任何与我们的理性和社会性相一致的行为就是道义上公正的行为;反之,就是道义上罪恶的行为。”①自然法体现了人类的理性,是人类理性的价值诉求和实践命令,是衡量人们行为善恶的根本标准。霍布斯将这一思想系统化,在西方法律思想史上第一次提出自然法实质上是道德的理论。霍布斯认为,自然法是人类理想的体现,是人类行为的最高道德准则,其总则就是“己所不欲,勿施于人”,对人的内在动机和外在行为都具有永恒不变的约束力。

其二,实在法和道德规范具有内涵上的交叉重叠性和实施方式方面的互补性,这都来自自然法和社会契约。一方面,无论实在法的规范还是道德规范,都必须体现自然法的基本要求,体现人的理性,与自然法保持一致;另一方面,为了贯彻自然法的精神和价值诉求,不仅需要道德教育、道德修养、道德评价、道德制裁,而且需要法律规范的颁布、实施、监督、审判和强力制裁,法律更带有国家强制性,法律和道德具有互补性。如斯宾诺莎就认为:“若是人生来只听清醒的理智的指挥,社会显然就用不着法律了,教导真正的道德信条就够了。无知人类的天性不是这样。每个人都谋求个人的利益,其之所以如此并不是凭清醒的理智。因为大多数人关于欲求和效用的观念是为肉体的本能和情绪所支配,只顾眼前,若无政府、武力、法律以约束压抑人的欲望与无节制的冲动,社会是站不住的。”②斯宾诺莎强调法律是人的理性的产物,也是节制人的欲望所必需的,服从法律是使人们过理性社会生活的必然要求,也是道德生活和道德秩序的保障。

其三,法律和道德都主张天赋人权。自然权利也叫天赋权利、天赋人权,是人与生俱来的基本权利,包括生命权、自由权、平等权、财产权、管理权以及追求幸福的权利。古典自然法思想家摆脱基督教的原罪说和人性观,认为人生而平等,赋有神圣不可侵犯的权利,人生来不是来赎罪的,不需要

---

① 西方法律思想史编写组编:《西方法律思想史资料选编》,北京大学出版社1983年版,第143页。

② [荷]斯宾诺莎:《神学政治论》,温锡增译,商务印书馆1963年版,第82页。

上帝的拯救,只需要法律和道德的调节。保护和实现人的天赋人权,既是法律的任务,也是道德的职责。法律和道德均来自人的理性及其选择,来自人们在理想指引下所制定的社会契约。

其四,法律和道德有着共同的价值追求,都是为了增进和维护公共利益,为了保护公民的基本权利和增进公民的幸福。法律和道德都面临着一个重要的人性难题:人既具有趋利避害、趋乐避苦的本性,都关心和追逐自己利益的最大化,追求自己的幸福,同时又具有生命权、自由权、平等权、财产权及追求幸福的天赋权利,那么,人又怎么能够尊重别人的天赋人权、关心别人的利益和幸福、增进和维护社会公共利益和公共秩序呢?这也是法律和道德要极力解决的重要问题。从近代开始,西方法律思想家和伦理思想家(他们往往具有双重身份),都在解决这一共同的问题:具有自私本性的人从利己出发怎么能够走向关心别人幸福和公共利益呢?人们怎么能够从利己走向利他呢?特别是当个人利益与社会利益、他人利益发生冲突(鱼与熊掌不可兼得)的时候,人们怎么能够为了他人利益、社会利益而牺牲自己的利益乃至生命呢?法律思想家和道德思想家分别通过外在强制约束、制裁和内在道德觉悟与良心来解决人类这一普遍的、永恒的难题,共同增进和维护公共利益,保护公民的基本权利和幸福。

二、哲理法学派

哲理法学派的代表人物往往是著名的哲学家,这些哲学家通常拥有自己的哲学体系和语境范畴,在哲学的世界观、历史观、人学观、本体论、认识论、价值论的探索过程中,考察法律、法治文化及其与道德之间的关系。哲理法学派有早期和晚期之分,早期是指18世纪末至19世纪初的德国古典哲学家的法律思想,其重要代表人物是康德和黑格尔;晚期是指19世纪末产生的新康德主义法律思想和新黑格尔主义法律思想。这里主要讨论康德和黑格尔的哲理法学思想,特别是康德和黑格尔关于法律与道德关系的思想。

(一)康德关于法律与道德关系的思想

康德是德国古典哲学的创始人,是哲学史上影响较大的哲学家。他相继出版著名的"三大批判":《纯粹理性批判》《实践理性批判》《判断力批判》,分别探讨了真、善、美问题,他还出版《未来形而上学导论》、《道德形而上学原理》、《纯粹理性限度内的宗教》、《道德形而上学》(包括《法权论形而上学》和《德性论形而上学》)、《实用人类学》等,他认为哲学应该探索以下问题:我们能够知道什么?我们应该做什么?我们能够期待什么?这三个问题合在一起就是:人是什么?

人是什么?康德认为,人既是感性世界的存在者,也是理性世界的存在者。作为感性世界的存在者,人受制于物质世界的自然规律,受制于对感性快乐、物质利益和幸福的追求和欲望;作为理性世界的存在者,人是理性的、自由的,人为自身立法,遵循道德规律即道德的绝对命令。人应该做什么?从人是感性世界存在者看,人应该服从自然规律,追求利益、快乐和幸福是理所当然的;而从人是理性世界存在者看,人应该尊重和服从理性和自由,尊重和服从道德的绝对命令。

道德的绝对命令是人的实践理性的最高要求。道德绝对命令也叫道德律,它既是人自由的产物(人的自我立法),也是人实现自由的路径。自由是康德哲学的最终追求和“拱顶石”,人的尊严和价值就在于超越自然规律的束缚和作为感性世界存在者的局限性,而尊崇道德律是为了实现人的自由。这里涉及道德的形而上学基础,也涉及法律的形而上学原理,道德重义务(康德是著名的义务论者);法律重权利,康德也把法的形而上学称为关于权利的科学。道德和法律是“道德形而上学”的两个有机组成部分。无论从个人的发展看,还是从社会的进步看,法律和道德都是密不可分的,二者既有区别又有联系。

其一,法律与道德的区别。

康德认为法与道德的区别表现在以下几个方面:

第一,康德区分合法性行为和道德性行为。一个人的行为只要外部与道德法则(即道德绝对命令)相一致,就是符合法律的行为,就具有合法性。而道德性行为,或者说,具有道德价值的行为,则要从尊重道德法则的动机出发,只有从尊重道德法则的动机出发的行为,才具有道德价值,而不管该行为的结果如何。康德是西方伦理学中动机论的重要代表人物之一。康德说:“就这些自由法则仅仅涉及外在的行为和这些行为的合法性而论,它们被称为法律的法则。可是,如果它们作为法则,还要求它们本身成为决定我们行为的原则,那么,它们也应称为伦理的法则。如果一种行为与法律的法则一致就是它的合法性;如果一种行为与伦理的法则一致就是它的道德性。前一种法则所说的自由,仅仅是外在实践的自由;后一种法则所说的自由,指的却是内在的自由。"①法律的管辖范围只涉及人的外部行为,而道德则深入人心内部,关注人的行为动机,从灵魂深处阻止人的恶念的发生。

第二,对道德法则的遵守完全依赖人的自觉,而对法律规范的遵守则离不开外在权威包括国家强制力量做后盾。具有道德价值的行为表现出于善良意志,善良意志就是对道德法则(即道德绝对命令)的尊重。善良意志既是道德价值的来源,也是道德行为的内在保障。康德指出:"在世界之中,一般地,甚至在世界外,除了善良意志,不可能设想一个无条件善的东西。"②"善良意志,并不因为它所促成的事物而善,并不因为它期望的事物而善,也不因为它善于达到预期的目标而善,而仅是由于意愿而善,它是自在的善。"③而人们对法律的遵守,有可能只是出于自身利益的考量,出于对法律惩罚的畏惧。

第三,无论是从个人的人格觉悟,还是从人类社会发展的过程看,道德境界都比法律境界高。从个人方面看,人们遵守法律,可能是出于对自身利益的考虑,法律的贯彻离不开外在的强制力量。或者说,遵守法律还不是人的理性自觉的结果,而道德的价值必须来自人的善良意志,来自人的理性自觉和自由。如果说,法律规范来自外在国家立法机关的立法,而道德规范则是人的自我立法。从社会发展阶段看,在法治阶段,人的行为仍受外在的强制,而到道德阶段,也叫伦理阶段,人人自己服从理性的呼唤,自觉遵守道德的绝对命令,绝不仅仅把人当作手段,而是把人当作目的,进入一个人人都是目的的"目的王国"。当然,需要强调的是,不经过法治阶段,人类社会不可能进入伦理阶段。在调节社会关系、提升人的精神境界方面,法律和道德

① [德]康德:《法的形而上学原理——权利的科学》,沈叔平译,商务印书馆 1991 年版,第 18 页。

② [德]康德:《道德形而上学原理》,苗力田译,上海人民出版社 2012 年版,第 6 页。

③ [德]康德:《道德形而上学原理》,苗力田译,上海人民出版社 2012 年版,第 7 页。

紧密联系、不可或缺。

其二,法律与道德的联系。

康德把理性区分为理论理性和实践理性,与此相对应,康德把自己的哲学区分为理论哲学和实践哲学,并明确指出:“实践哲学正是广义的道德哲学。”[①]道德哲学不仅包括道德的形而上学,也包括法的形而上学。道德形而上学侧重于对义务的探究,法的形而上学侧重于对权利的探讨。康德在《法的形而上学原理——权利的科学》“序言”中说:“根据计划,写完《实践理性批判》之后,另写一体系:《道德形而上学》。《道德行而上学》分为两部分:‘正义的形而上学原理’和‘善德的形而上学原理’。”[②]康德在《道德形而上学》一书主要分为两个部分,一部分是法的形而上学基础,也叫作“权利的科学”,另一部分是道德的形而上学基础。[③] 可见,康德认为从实践理性的层面看,法律和道德具有共同的根基和追求。

康德认为,法律本质上是道德律,是以外在强制限制个人滥用自由的一种特殊形态的道德律。法律规范和道德准则都来自人的纯粹实践理性,来自“绝对命令”。“绝对命令”与其说是对人的行为的道德要求,不如说是对道德立法(制定道德规范)的要求,是道德立法的原则,是各种道德规范及其正当性的来源,同样,“绝对命令”也是立法(制定法律规范)必须遵循的原则,是法律规范及其正当性的来源。只不过,在康德看来,“那种使得一种行为成为义务,而这种义务同时又是动机的立法便是伦理的立法;如果这种立法在其法规中没有包括动机的原则,因而容许另一种动机,但不是义务自身的观念,这种立法便是法律的立法。至于后一种立法(很明显,动机与义务的观念有区别),在作出有意识的活动的决定时,它们必定受到爱好或厌恶的主观方面(病理学)的影响,特别是对来自厌恶的影响,因此这一种立法必须是强制性的,也就是不单纯地是诱导的或劝导的模式。一种行为与法律一致或不一致而不考虑它的动机,就是该行为的合法性;如果一种行为的义

① [德]康德:《法的形而上学原理——权利的科学》,沈叔平译,商务印书馆 1991 年版,第 22 页。

② [德]康德:《法的形而上学原理——权利的科学》,沈叔平译,商务印书馆 1991 年版,第 2 页。”

③ 参见[德]康德:《道德形而上学》,张荣、李秋零译,中国人民大学出版社 2013 年版,第 3 页。

务观念产生于法规,而同时又构成该行为的动机,这种行为的特性就是该行为的道德性"①。

其三,人的三个自由阶段与人类社会的三种状态。

康德认为,从人类社会发展的历史进程看,人走向自由需要经历三个阶段:野性的自由、法律下的自由和道德上的自由。与此相对应,人类社会的进步也分为三个阶段,即人类社会的自然状态、法治状态和伦理状态。

第一阶段是野性的自由,相对应的社会形态是自然状态。在这种社会中,缺乏道德和法律的制约,每个人都从自己出发,只考虑自己的利益而无视他人的存在。在这种社会里生活,人们的自由是没有认识到必然性的自由。因为没有认识自然界、人类社会的客观规律,没有对社会政治规范、法律规范、道德规范的认识,人的自由是盲目的。一旦进入真正的社会生活,就会遇到客观规律和社会行为规范的多重制约,就会陷入自然界客观规律和人类社会各种社会矛盾、复杂的利益关系的羁绊和限制,就会感觉到自己是不自由的。

第二阶段是法律下的自由,相对应的社会形态是法治状态。有理性的人认识到,要想对个人的无限制的自由有所限制,就要签订一个社会契约,建立一种社会权力机构,从无政府、无法律的状态进入有权威、有秩序的状态。而这个状态的理想境界就是以法律为最高权威的公民社会,即法治状态。在这一状态下,法律作为外在的强制性权威,制约着人们的行为选择,人们不能随心所欲。一旦违背法律,就会受到制裁。只有在法律许可的范围内,人才是自由的。或者说,只要不违背法律,人就是自由的。人有追求自己利益的自由,但不能由此伤害别人的利益和社会公共利益。这时,人们的行为符合道德要求完全出于外在的强制,法律所强制要求的道德与人的不道德的本性还发生着剧烈的冲突。

第三阶段是道德上的自由,相对应的社会状态是伦理状态。人的真正自由只有到了这个阶段才能真正实现。道德是建立在人的意志自由基础上

① [德]康德:《法的形而上学原理——权利的科学》,沈叔平译,商务印书馆 1991 年版,第 23—24 页。

的,道德是人的理性为自己立法。作为感性的人,人受制于外部世界的客观规律;作为理性的人,人是自由的,服从自由意志的自我立法。只有拥有意志自由的人,自觉自愿按照道德的绝对命令而行动,人的行为才具有道德价值。在伦理世界里,人人都是目的,道德与幸福相统一,人们之间构成了一个道德共同体,也可以称为伦理共同体。

(二)黑格尔关于法律与道德关系的思想

黑格尔作为哲理法学派又一位著名代表人物,也是德国古典哲学的著名代表人物之一,他构建了一个以“绝对精神”为核心的客观唯心主义哲学体系。他认为,整个宇宙就是“绝对精神”自身发展的辩证过程,是“绝对精神”作为主体建立客体并克服客体回复自身的过程。在自然界和人类社会出现之前,“绝对精神”就已经存在。“绝对精神”永恒地独立于时间、空间之外而存在。由于“绝对精神”内部包含着差别的存在,本身具有内在矛盾,因而处于发展、运动状态。“绝对精神”在其自身发展变化过程中,要经历逻辑阶段、自然阶段、精神阶段三个基本阶段。其中,精神阶段又需要经过三个基本阶段,即主观精神、客观精神、绝对精神。主观精神阶段是研究作为个体的人的个人意识的发展和变化规律的;客观精神则是研究社会意识变化和发展的规律;而最后阶段也是最高阶段,即绝对精神阶段,在这个阶段,绝对精神又回到了自身。人类的历史就是自由实现的历史,是理念发展的历史,也是绝对精神把作为自己本质的自由通过作为自己对象的人类来实现的历史。黑格尔指出:“自由和普遍性就是一个民族整个伦理生活和其余生活的原则。”①

黑格尔把他的伦理学叫作“法哲学”,他最著名的伦理学著作就是1821年出版的《法哲学原理》。如果说,在康德那里,法律是道德律,即道德“绝对命令”的一种特殊形式,那么,在黑格尔这里,道德则是“法”的一个法治阶段,是伦理的一个组成部分,抽象法或形式法和道德或内心的法合在一起构成“伦理”。简而言之,康德认为道德包含法律,黑格尔则认为“法”包含道德。二人以不同乃至相反的方式,说明同一个意思:道德和法律在本质上是

① [德]黑格尔:《哲学史讲演录》(第一卷),贺麟、王太庆译,商务印书馆1959年版,第98页。

一致的,都是人实现自由之必需。

"法"就是黑格尔伦理学的总纲、总题目。黑格尔"法哲学"思想体系的重要内容就是探讨"自由"概念在其发展变化过程中所经历的各个重要环节,实际上,也就是意志发展的各个重要环节。在黑格尔的法哲学体系中,自由理念的发展和法的发展是相互统一的过程。在自由理念发展的每一个阶段上,都有与其相对应的独特的法,道德、伦理、国家利益等都是对独特的法的体现或表现。黑格尔认为,"法"是绝对精神发展的第三阶段(即精神阶段)的第二小阶段——客观精神。作为客观精神的"法"又分为抽象法、道德和伦理三个环节。这三个环节是"法"的发展演变过程,在不同形式和阶段上体现着人的自由。"抽象法是客观外在的法,是抽象人格的定在,是意志的普遍性。道德的法是主观内心的法,是内心信念的规定,自我的特殊规定,是意志的特殊性。伦理则是客观法与主观法的统一。它调整主观和客观、内在和外在、普遍和特殊之间的关系,并在伦理的关系中实现具体人格的定在。这三个阶段不是孤立的、并列的,而是有机联系的、由低级向高级不断丰富和充实的过程。"①

抽象法,即狭义的法律,它和道德都属于广义的法,都是自由理念的体现,都是自由的定在。二者的区别在于:狭义的法律是外在的规定,是针对人们的外部行为的规范,是从外部对不合理行为的限制。因此,抽象法给人的直观感受就是对自己自由的限制,而实际上这是因为对每个人的行为加以法的限制,才不至于使人们陷入权利的对立和利益争夺的两败俱伤。从这个意义上说,法保障人的自由,只是以限制的形式给人自由。而道德则是人们内心的法,是主观意志的法。在抽象法或形式法阶段,人还没有感觉到是自由的,也没有认识到法能给人自由,也就是说,尚未达到对法的意识。而道德法阶段使人达到这一认识,但仅仅是各个人内心的认识,仍处于道德领域,所以这种法被称为道德法或主观意志的法。在道德阶段,自由意志作为主体的内在规定,是靠主体的内在自觉来实现自己。因此,道德就是自由

① 罗国杰、宋希仁:《西方伦理思想史》(下卷),中国人民大学出版社 1988 年版,第 468—469 页。

意志在人的主观内心中的体现。由于抽象的法或狭义的法具有外在性、客观性,而道德作为法又具有内在性、主观性,都存在自身的片面性,因此,需要更高层次的法,需要把抽象法和道德法统一起来的法,这就是"伦理",是法发展的第三阶段。"法"发展的第三阶段也是最高阶段,即伦理阶段。黑格尔认为,抽象法或形式法是客观法,道德法是主观法,主客观的统一则产生一种更高级的法伦理。"伦理是在它概念中的意志和单个人的意志即主观意志的统一。"①在伦理阶段,自由理念实现主观与客观、内在与外在的统一,只有在伦理关系中才能完全实现自己。因此,在黑格尔看来,伦理是主观法和客观法的有机统一,是客观精神的真实体现。

黑格尔认为,人是社会存在物,每个人都是社会联系的链条中的一个环节,没有人能够孤立生存。现实社会中的人,必然要面对和处理人与人、人与社会的各种利益关系。在处理这些利益关系和社会矛盾时,既不能从每个人的主观意志出发,也不能只从脱离人们利益的所谓普遍利益出发,而应该把个人利益和社会利益相统一的伦理原则作为出发点。伦理的真谛就是"普遍性和单一性相互渗透的统一",伦理的价值诉求就是个人利益与社会利益的统一。坚持法与福利的结合,坚持个人福利与普遍福利、他人福利的结合,这就是黑格尔提出的最基本的道德原则,也是黑格尔法哲学的价值诉求和基本原则。②

三、功利主义法学派

近代资产阶级功利主义法律思想和伦理思想,主要是在英国形成和发展起来的。早在17世纪,英国经验主义哲学的创始人弗兰西斯·培根就提出"全体福利说",把社会全体成员的共同福利或幸福作为判断是非善恶的标准,作为道德的标准和法律的尺度,并认为国家根本目的在于增进全体社会成员的福利或全体幸福,由此阐发功利主义伦理思想和政治法律思想。到了18世纪以后,以洛克、孟德威尔、哈奇森、休谟和斯密为代表的思想家,

① [德]黑格尔:《法哲学原理》,范扬等译,商务印书馆1979年版,第43页。

② 参见罗国杰、宋希仁:《西方伦理思想史》(下卷),中国人民大学出版社1988年版,第484页。

进一步吸收、发展和运用功利主义伦理思想和政治法律思想。到了 18 世纪末和 19 世纪初,“功利主义”思想体系正式形成并由密尔正式命名。功利主义作为一个系统的、有严格论证的政治法律和伦理学说,在西方近现代思想领域和社会实践领域产生广泛而深远的影响。这个时期,伴随着英国自由资本主义的迅猛发展,政治自由主义运动和思潮与功利主义学说合流,在边沁的《政府论》《道德与立法原理导论》及后来密尔的《功利主义》《自由论》中得到阐述和系统的总结。

(一)边沁关于法律与道德之关系的思想

边沁关于法律与道德之关系的思想主要表现在以下三个方面:

其一,趋乐避苦是法律和道德的共同人性基础。边沁在《道德与立法原理导论》一书中开宗明义:“自然把人类置于两位主人——快乐和痛苦——的主宰之下。只有它们才指示我们应当干什么,决定我们将要干什么。是非标准,因果联系,俱由其定夺。”①他说:“功利原理是指这样的原理:它按照看来势必增大或减少利益有关者之幸福的倾向,即促进或妨碍此种幸福的倾向,来赞成或非难任何一种行动。”②不过后来边沁对这一原理的叫法稍有改变,改为“最大幸福原则”(the greatest happiness principle)。他说:“功利一词不像幸福和福乐那么清晰地表示快乐和痛苦概念,它也不引导我们考虑受影响的利益的数目;这一数目作为环境对形成这里所谈论的标准起最大的作用;而此是非标准,则是每一情况下人的行为是否合适可依此得到适当检验的唯一尺度。”③正因为如此,边沁在后来的著述中更多地使用“最大幸福”或“最大福乐原理”,以此取代以前经常使用的“功利原理”概念。或者,用“最大幸福”或“最大福乐原理”对“功利原理”进行补充说明。

其二,功利主义原则既是道德原则,也是立法原则。按照边沁的定义,“功利主义原则指的就是:当我们对任何一种行为予以赞成或不赞成的时候,我们是看该行为是增多还是减少当事者的幸福”④。这里的“当事者”既

① [英]边沁:《道德与立法原理导论》,时殷弘译,商务印书馆 2000 年版,第 57 页。
② [英]边沁:《道德与立法原理导论》,时殷弘译,商务印书馆 2000 年版,第 58 页。
③ [英]边沁:《道德与立法原理导论》,时殷弘译,商务印书馆 2000 年版,第 57 页。
④ [英]边沁:《道德与立法原理导论》,时殷弘译,商务印书馆 2000 年版,第 57 页。

可以指个人,也可以指大多数人。如果是指个人,“当事者的幸福”就是个人的幸福;如果“当事人”是指社会大多数人,那么,“当事人的幸福”就是指社会大多数人的幸福。因此,边沁的功利主义原则包含两个方面的内容:一方面,追求个人快乐和幸福是每个人自身行为的目的;另一方面,追求最大多数人的最大幸福是个人行为选择的道德要求。这样一来,如何解决个人行为选择中自己的最大幸福与最大多数人的最大幸福之间的关系,就成了功利主义原则得以实现的关键,从个人快乐主义到社会功利主义的跨越,就成了功利主义原则在现实生活中的惊险跨越。边沁关于这一点曾明确地指出:“功利原则承认人类受苦乐的统治,并且以这种统治为其体系的基础,这种体系的目标在于假借‘理性’和‘法律’之手以建立福利的体系。”①由此可见,边沁功利主义原则的实现不仅需要道德的途径,而且需要“理性”和“法律”的手段和方式。追求最大多数人的最大幸福不仅是道德的根据,也是理性的职责,是法律强制的重要任务。立法、执法、司法的重要职责就是协调私人利益和社会公益之间的关系,或者,协调个人幸福与最大多数人的最大幸福之间的关系。边沁认为,立法的根本目的也就在于“增进最大多数人的最大幸福”。立法时必须以国民全体的快乐为基准。法律的目的就是要“保存生命、达到富裕、促进平等、维护安全”。“安全”和“平等”是四项目标中最重要的,它特别需要法律的保障。

其三,法律制裁和道德制裁相辅相成。边沁在《道德与立法原理导论》一书中,专门研究对人们的错误行为的制裁及其方式。边沁提出四种制裁方式或制裁方法,其一是天然的制裁,或者叫作自然制裁,也就是所谓的灾难惩罚;其二是政治的制裁,是由官方或国家所施加的法律制裁;其三是社会的制裁,也就是道德的制裁或公众舆论的制裁;其四是宗教的制裁,来自宗教组织的制裁。其中,法律和道德的关系是十分密切的,作为统治阶级提倡的道德,同法律一样,不过是统治阶级意志的表现。法律依靠暴力机关的强制作用,对于维护资产阶级的统治是必不可少的。但是单单依靠法律还是不够的。有些法律达不到的地方,道德可以发挥作用。法律惩罚只是外

① [英]边沁:《道德与立法原理导论》,时殷弘译,商务印书馆2000年版,第58页。

部的制裁,其作用是有限的,所以还必须加强道德制裁的作用。道德制裁的一个重要方式是舆论的影响。人们对品行不端者的蔑视和拒绝他们所要求的帮助,都是大众舆论力量的制裁。道德制裁同法律制裁一样,它之所以能起作用,是因为其与人们的利益相联系,因为其能阻碍人们得到自己渴望得到的快乐和幸福。边沁看到这种外在约束力对人的行为的重要作用,所以他很重视这种外在社会舆论力量的道德制裁。但是,边沁过于强调社会舆论制裁在道德制裁中的地位和作用,而忽视人们的内心信念特别是良心的重要制裁的地位和作用。通过人的道德信念、道德信仰和良心对自己的行为选择进行监督、评判和制裁的道德发挥作用的最可靠、最有利的方式和途径。外在的社会舆论如果与个人内在道德信念、道德信仰和良心对自己行为性质判定不一致,那么,想通过社会舆论改变个人的行为选择和价值判断,几乎是不可能的。而且,道德制裁的真正意义是促使人们内在的道德自觉,通过内疚、惭愧、羞耻感等内在谴责使人们悔过改错,成为有道德的人。如果把道德制裁仅仅局限于外在社会舆论的制裁,就不能促进人们的道德自觉,就失去真正道德的自觉性、自主性的意义,而仅仅把道德当作外在的他律。正因为这样,边沁在道德和法律二者之中更重视法律,认为社会的协调只能依靠法律的强制形成,虽然强制是坏事,但它是必不可少的坏事。[①]这显然具有一定的片面性。

(二)密尔关于法律与道德之关系的思想

密尔根据19世纪英国社会发展的新情况,对边沁的功利主义原则和功利主义理论进行修正和发展,开始正式使用“功利主义”这一概念。并出版《功利主义》一书,在该书中,密尔比边沁更系统、更完整地论述了功利主义原则和功利主义学说,这一思想成为西方古典近代功利主义理论发展的最高峰。密尔对功利主义的表述是:“承认功利为道德基础的信条,换言之,最大幸福主义,主张行为的是与它增进幸福的倾向为比例;行为的非与它产生不幸福的倾向为比例。幸福是指快乐与免除痛苦;不幸福是指痛苦和丧失

① 参见罗国杰、宋希仁:《西方伦理思想史》(下卷),中国人民大学出版社1988年版,第378—379页。

掉快乐。”[1]和边沁一样,密尔认为避苦求乐是人之本性。追求快乐或幸福是人们行为的动机,是支配人们行为选择的内在动力,也是评价人们行为善恶的依据和标准。是否有利于增进人们的快乐或幸福、避免人们的痛苦和不幸,是衡量是非功过的根本道德标准。然而,密尔对边沁的功利主义也做了修正和完善,主要表现在以下三个方面:

其一,密尔不仅认为快乐有量的区别,还强调快乐有质的区别。边沁只强调快乐在量上的差别,而忽视了快乐在质的差别。密尔则强调快乐在量上的区别,区分肉体感官上的快乐和精神上的快乐,认为精神快乐高于肉体快乐。心智越高、道德水平越高的人,越注重精神快乐的追求。密尔认为,快乐并不是利己主义的,真正快乐的人是那些为他人谋幸福,为人类谋进步的人。而且,密尔把个人的内心修养当作人幸福的条件之一,幸福是行为人的幸福、他人的幸福和社会幸福的有机统一。真正的幸福就在于把个人利益与社会利益加以平衡。密尔指出:“法律与社会组织应该使个个人的幸福或(从实际方面说)利益,尽量与全体利益调和。”[2]密尔认为,快乐之所以存在质的差别,是因为其所感受的人类存在着质的差别。对道德和法律的自觉遵守,既追求自己的利益,又增进社会的共同利益;既爱自己,又爱他人、爱社会,这需要人们具备较为完善的心智和理性。有道德的人不能仅仅关注自己的肉体感觉和物质享受,而应该有更高的追求,比如精神快乐、尊严、人格、友谊等。

其二,密尔比边沁更加强调对违背法律和道德者的内部制裁。边沁认为,人类避苦求乐要依靠四种制裁方法,即身体制裁、政治制裁、道德制裁和宗教制裁。密尔认为,这些都是外部制裁,而要真正保障功利的实现则要依靠内部制裁,内部制裁就是良心的制裁,良心就是一种感情,主要是社会感情。这种感情的产生或强弱是与人的社会责任和义务相联系的。良心不仅表现为正义感、同情心、怜悯心,而且表现为因做了违背道德的事情而产生的内疚感、自责感、悔恨感。这种良心上的监督和制裁对人们的行为选择具

① [英]约翰·穆勒:《功用主义》,唐钺译,商务印书馆1957年版,第7页。
② [英]约翰·穆勒:《功用主义》,唐钺译,商务印书馆1957年版,第18页。

有重要的作用。正因为这样,良心对人的行为就有一种强制力,使人感到痛苦,从而起到内部制裁的作用。

密尔既区分道德制裁和法律制裁的对象,也看到道德制裁和法律制裁的内在联系。密尔严格划分道德制裁的对象或范围。他认为,个人行为不给他人造成有害后果,就不属于道德制裁的对象。但是,对他人有害的行为就是道德制裁的对象。密尔强调,良心是最后的道德制裁力,为了调解社会利益关系,达到社会和谐,不仅要重视和实施法律制裁,而且要特别注意培养人们的道德感情,重视和发挥道德良心的作用。关于法律制裁,密尔认为,行为涉及社会和他人的方面,主要是违反社会的普遍规律或规则。不论是个人违反还是集体违反,都与个人不能自爱的性质不同。因为这种行为的后果不是落在自己身上,而是落在他人身上,并危害社会。对于这样的行为,社会就必须给予报复,必须用惩罚使他感到痛苦,并使这种惩罚有足够的严厉程度。这往往就涉及法律制裁。①

其三,密尔比边沁更加重视人的自由问题。密尔是西方自由主义的主要代表人物之一,在西方思想史上具有重要地位。密尔对法律和自由的基本观点是:个人的行为选择只要不危害他人利益和社会利益,他就有自我选择的自由,他人和社会无权进行干涉和阻止;只有当个人的行为选择侵害他人利益和社会利益的时候,他人、社会、国家才有权对其进行干涉、阻止和惩罚。因此,法律的价值不是限制个人自由,而是维护个人自由,只有当个人行动超出了自由的边界,法律才对其加以干涉。他把人的行为分为涉己行为和涉他行为。任何人的行为,只有涉及他人利益和社会利益的行为,才需要承担社会责任。如果行为不涉及他人利益和社会利益,个人就有追求自己利益的自由和权利。只有当个人行为可能对他人造成损害,社会对个人行为的干预甚至强迫才具有正当性和合法性。在这个意义上可以认为,如果说边沁的思想是自由的功利主义,密尔的思想则是功利的自由主义。

① 参见罗国杰、宋希仁:《西方伦理思想史》(下卷),中国人民大学出版社 1988 年版,第 398—399 页。

第四节　现代西方法律思想与伦理思想

我们把19世纪末20世纪初以来的西方法律思想称为现代西方法律思想。西方现代法律思想有很多流派,其中比较著名的、影响比较大的流派有:社会法学派、现代法学派、现代自然法学派、存在主义法学派、哈耶克的自由主义法律思想、博登海默的综合法学、经济分析法学等。这里,我们主要论及社会法学派、现代分析法学派、现代自然法学派三个主要流派的法律思想及其与道德思想的关系。

一、社会法学派

19世纪末20世纪初,社会学作为一门新兴学科产生,并得到迅猛发展传播。这一时期,在批判分析的基础上,产生了西方的社会分析派。社会法学派属于实证主义法学,也属于功利主义法学中的社会功能学派,其主要代表人物有德国的马克斯·韦伯、鲁道夫·冯·耶林,奥地利的尤根·埃里希,法国的莱昂·狄骥,美国的罗斯柯·庞德等。这里仅就美国的罗斯柯·庞德的社会法学思想,特别是其关于法律与道德的思想进行简要考察。

庞德在总结各法学派别有关论述的基础上,联系法律发展的历史,用动态观点阐述二者的关系。他认为法律是发展变化的,法律与道德的关系也经历不断变化的过程,不同阶段的法律与道德有着不同的关系。

在法律发展的早期,法律和宗教、道德都是作为社会节制手段并混为一体。在古希腊时期,法律这一概念包含的内容比较广泛,既包括社会的伦理风俗、习惯、戒律,也包括人们观念中的律例、法律的规则,甚至包括社会制裁的各个方面。

第二个时期,随着国家的产生,各种国家机关和政治组织的出现,法律也开始从其他社会规范中分化出来。法律的地位越来越高,甚至达到法律是自足的、道德被漠视的地步。这一时期法律的内容大都是程序性的,具有形式主义的特点,法律被认为是神圣不变的,严格要求履行义务,不允许有任何例外。此时的法律不考虑道德因素。

第三个时期，法律的发展主要由于同化及援引来自法律制度的资料或法律之外的资料所促成，司法者用衡平的方法解决所遇到的疑难问题，他们以内心的道德观念审视法律问题，因而不少道德的观念从外面注入法律，甚至成为比法律规定更权威的东西。这一时期的一个显著特点是，法律必须在任何方面与道德相吻合，即法律与道德相一致。

第四个时期，19 世纪下半叶在经历了长期的用衡平的方法不断吸收道德的观念之后，很多道德的或衡平的观念已变为固定的法律条文，即已被法律化，法律与道德又一次分离。不过这一次分离是相对的，是有分有合的。二者的联系表现在立法和司法两个方面：在立法中法律必须以道德为基础，因为立法的过程实际上是把立法者内心的道德观念外化为法律规则；在司法程序中，道德只有补充法律的功能。法律强调个人权利至上、个人的自由和平等。

第五个时期，法律的重点从个人利益开始转向社会利益，因而对个人的自由，如处分权、契约自由加以限制，在对责任的追究上不再坚持过错责任原则，法律越来越注意保护公共利益。在其后期，他还提出法律发展的第六个阶段，即“世界法”阶段，他主张建立“一个世界范围的法律秩序”，不仅为了维护世界和平，而且为了促进人类的普遍幸福。

二、现代分析法学派

“现代分析法学指 20 世纪为回应其他学派，特别是社会法学派的批判，在吸收西方的哲学新思潮，如新康德主义、语言哲学，特别是其中的诠释学成果的基础上新产生的各种分析实证主义法学思潮。它可以分欧洲大陆的和英国的两支，欧洲大陆的以凯尔森的纯粹法学为代表；英国的以哈特的现代分析法学，及其继承者拉兹法律体系理论和麦考密克的制度法学为代表。”[①]现代分析法学的共同点是：一方面，继承和坚持了奥斯丁以来分析法学的基本传统，即法的应然和实然、事实与价值分离的原则，只研究实在法，而且只对实在法的形式构成进行逻辑和语义的分析；另一方面，在对法律的

① 严存生：《西方法律思想史》，中国法制出版社 2012 年版，第 350 页。

本质、结构和概念的具体论述上又修改或抛弃了早期分析法学的许多观点，如在对法律的本质论述上批判了奥斯丁的法律命令说，相继提出了规范说、规则说、体系说和制度事实说等新理论。① 这里仅就哈特的现代分析法学理论，特别是其关于法律与道德的思想进行简要考察。

哈特继承和吸收早期分析法学的一些观点，特别是法律与道德相互分离的观点。哈特认为，法律与道德是两种不同的行为规范体系，他反对把是否符合社会道德规范作为判定法律规范是否具有效力的依据。哈特从三个方面说明法律和道德的区别：

其一，无论在人类历史发展的进程中，还是在人类社会的现实生活里，并不是所有实在法都具有道德性，都符合社会道德规范要求。但是，这些不具备道德性的法律仍然具有法律效力。比如恶法，明显违背道德价值取向，但在既定的社会条件下依然具有法律效力。“这些法律虽在道德上是不公正的，却是以正当形式制定的、意义明确的、符合制度效力的所有公认准则。”②

其二，在现实社会生活中，人们对法律规范的接受和遵守，并不仅仅因为这些法律规范与社会道德规范相符合，而是基于社会控制的需求、生活秩序的需要乃至于神意的安排等各种原因。他说：“不仅大量的人可能遭受他们并不认为有道德约束力的法律的强制，而且那些真正地自愿接受这一制度的人一定认为自己有道德义务这样做的这种说法，甚至也不是真实的。……事实上，他们之所以忠于这一制度，可以基于许多不同的考虑：对长远利益的估计，对他人的公平利益的尊重，不加考虑的、继承下来的或传统的态度，或是仅仅是希望像别人一样行事。”③

其三，在法律的制定过程中，虽然会把大量政治和道德的东西由制定者带入，但它们并不是法律中必不可少的内容，因为有的法律从道德上看是恶的，有的与道德没有什么关系，如技术性规则。“不容认真争辩的是，法律在任何时候和任何地方的发展，事实上既受特定社会集团的传统道德、理想的

① 参见严存生：《西方法律思想史》，中国法制出版社 2012 年版，第 350 页。
② ［英］哈特：《法律的概念》，张文显等译，中国大百科全书出版社 1996 年版，第 203 页。
③ ［英］哈特：《法律的概念》，张文显等译，中国大百科全书出版社 1996 年版，第 198 页。

深刻影响，也受到一些个别人所提出的开明道德批评的影响，这些个别人的道德水平超过流行的道德。"①

在《法律、自由和道德》一书中，哈特指出，道德有着复杂的结构，可以从不同的角度区分不同的类别。比如，哈特区分"实证道德"和"批评道德"，他认为，"实证道德"是指一个社会集团所接受和遵守的道德；"批判道德"是指站在社会理想的高度，对包括实证道德在内的现实社会制度进行审视和评判时，所运用的道德原则。哈特还区分基本道德与非基本道德。他认为，基本道德是指那些维系人类生存和发展的最基本的道德要求，是在任何社会条件下都必不可少的规矩、限制和禁令；非基本道德主要是指涉及个人生活方面的私德。基本道德是维护社会基本秩序、保障社会正常运行的道德，或者说，是社会生活所必需的最低限度的道德，如禁止杀人、信守承诺、禁止盗窃、禁止诈骗等，这些道德基本要求一旦被人们所忽视和违背，社会生活就会陷入混乱，乃至崩溃。而非基本道德的破坏并不会导致社会崩溃。如禁止通奸、同性恋、婚前同居等非基本道德，并不是一切社会都必需这些规范。基本道德因为其对生活秩序、社会正常运行的重要性，往往被上升到法律，基本道德规范成为强制性的法律规范，一旦有人违背，就会受到法律的制裁。

从以上内容可以看出，在法律与道德的关系上哈特坚持早期分析法学的基本观点，但是他也没有截然否认二者的关系，承认有一部分道德因素进入法律之中，既然如此，那就意味着有些法律与道德有直接关系，有些则无。基于此，他把实在法分为两部分，并提出广狭二义的法定义：所谓广义的法，就是作为规则意义的法，或不涉及其价值评价的所有的法，包括被自然法学家称之为恶法的法；狭义的法，就是与公认的道德相一致的法，或良法。他在这里采用了自然法的概念，说这部分就是最低限度内容的自然法。"这些以有关人类、他们的自然环境和目的的基本事实为基础的、普遍认可的行为准则，可以被认为是自然法的最低限度的内容。"②

① ［英］哈特：《法律的概念》，张文显等译，中国大百科全书出版社1996年版，第181页。
② ［英］哈特：《法律的概念》，张文显等译，中国大百科全书出版社1996年版，第188—189页。

三、现代自然法学派

现代自然法也称新自然法学，兴盛于20世纪中叶，即第二次世界大战以后。现代自然法学派的主要代表人物是美国的富勒、罗尔斯和德沃金。

这里仅就富勒的法律思想，特别是其关于法律与道德的思想进行简要考察。

富勒认为，人类社会要建立秩序，特别是良好的秩序离不开规则，而任何规则都与所在社会人们的道德有关，都包含着道德，法律规则就是义务的道德的派生物，是义务的道德的法律化。正因为如此，富勒认为，法律离不开道德且具有道德性，并认为不具有道德性的法律就不再具有法律的权威或效力。

1964年，富勒出版一本阐发法律与道德之关系的名著《法律的道德性》，较为系统地说明了法律与道德的关系，其中明确指出，法律离不开道德或法律具有道德性。法律离不开道德，主要表现在法律的内在道德与法律的外在道德这两个方面：

一方面，法律必须把正义这一最高的道德法律作为自己的最高实体目标，或者说，正义既是道德的最高价值追求，也是法律追求的最高价值目标。最高实体价值目标就是法律的外在道德，或者称之为实体自然法。法律的外在道德是从法律及法律制度的目的来说的，指法律的实质目的或理想目标。法律追求的最高目的或实体目标是正义，正义也是道德的最高要求。除正义之外，法律还有另外的目的，如平等、效率、自由、反种族歧视、分配平等，在社会的政治和经济制度的设计过程中，也要追求道德的目标、公平正义、和谐等。离开法律的外在道德，即法律的目标和理想，法律的制定和运行就失去方向，所制定的法律很可能是恶法，是违背人性和道德的法律。

另一方面，法律的内在道德性主要表现在法律的制定和实施中，无论法律的内容还是法律的现实形式，必须符合社会道德的价值要求。法律的内在道德性涉及法律的制定、颁布、执行和司法的程序问题，因此，法律的内在道德性也可以被称为程序自然法。法律的内在道德乃是一种程序版的自然法。"'程序'这个词是一些建构和管理规范人类行为的规则系统的方式，这些方式使得这种规则系统不仅有效，而且保持着作为规则所应具备的品质。”①外在道德追求的是实质正义，而内在道德所追求的则是程序正义或形式正义。在实施法治过程中必须高度重视一个问题，即没有程序的正义，很难保证法律具有实质性正义。法律的内在道德或法律的程序正义体现了一个社会的法治原则和法治方法。法律的道德性主要包括哪些方面呢？富勒把它归纳为八个方面：第一，法律的适用普遍性；第二，法律的公开性，任何法律必须向全体公民公布才能予以实施；第三，法律的非溯及力，任何法律颁布后，在实施的过程中，只能面向未来，而不能追索过去；第四，法律的明确性，法律所制定和认可的法律条文必须清晰可行，不能模棱两可；第五，法律的一致性，一个法律体系中的法律规范必须保持一致，不能互相矛盾；第六，法律的可行性，法律不能要求人们做现实生活中根本无法实现的事情；第七，法律的稳定性，法律一经颁布和实施，就应该保持稳定，而不能朝令夕改；第八，官方行为与法律的一致性，政府及其工作人员必须应该遵守法律，与法律保持高度的一致性。

富勒认为，法律的外在道德与内在道德是有联系和互相影响、互相作用的。任何一方被破坏都会引起另一方的破坏。比如：如果立法者所立之法在适用方面不具有普遍性，那么制定的法律很可能不符合社会正义，如果制定出来的法律不予公开，社会成员并不知道，就会犯“不教而诛”的错误，等等；反之，如果法律所体现或表达的目的不符合社会正义，或者各目的之间相互矛盾，执法和司法即使符合程序，不仅达不到社会发展、社会和谐、人的幸福的目的，甚至还会适得其反。富勒认为，法律的内在道德虽然只是程序性的东西，但它们也能决定法律的性质，他说：“法律的内在道德虽然多是程序性要求，但从总体上决定着法的性质或权威性、合法性，也就是说不具有这些属性的法律，就不是好法，甚至于不是法律。”②

富勒强调，法律是手段和目的的统一，不能仅仅把法律当作统治手段。富勒认为，实证主义法学家把法律仅仅视为工具是错误的，事实上，法律不

① ［美］富勒：《法律的道德性》，郑戈译，商务印书馆 2005 年版，第 114 页。
② ［美］富勒：《法律的道德性》，郑戈译，商务印书馆 2005 年版，第 123 页。

仅仅是工具或手段，而且应是手段和目的的综合体。法律制度及其运行过程不能仅仅被视为手段，因为它部分地决定人们的活动，并帮助形成人们的整个生活方式。

富勒还认为，法律的道德性还表现在，在实施法治的过程中，执法、司法等法律运用，不仅依赖于外在的强制力和法律制裁，而且还依赖于人们内心的道德自觉。富勒批判实证主义法学家过于强调法律的外在强制性，而忽视人们由于认识到法律的良好目的而产生的法律和法治的价值认同，忽视了个体的内在自觉性。实际上，在现实生活中，在任何国家的法律运行过程中，人们对法律、法治的认同和遵守，不仅仅是因为害怕受到法律惩罚，更重要的是因为认识到法律和法治所追求的正义目的；认识到法律和法治是维护生活秩序、促进社会发展、保障人们生活幸福的最佳手段和方式；认识到法律和法治是道德性和人性的具体体现，是良好生活不可或缺的。一言以蔽之，在富勒看来，人们之所以自觉自愿地服从法律，是因为法律具有道德性。

第五章　中国社会主义法治文化建设历程

一部中国社会主义的发展史，见证着社会主义法治文化的建设历程。中国社会主义法治文化的建设过程并非一蹴而就，其萌芽于新中国成立初期，历经数十年的坎坷与挫折，在改革开放之后恢复，并发展成为更具有中国特色的社会主义法治文化。党的十八大以来，以习近平同志为核心的党中央对全面推进依法治国进行"顶层设计"，进一步凸显了法治文化在新时代中国特色社会主义法治体系中的重要地位，法治文化建设实现了跨越式发展。

第一节　新中国成立到改革开放：社会主义法治文化的曲折发展

从 1949 年中华人民共和国成立，到 1978 年党的十一届三中全会召开，是社会主义革命和建设时期。这一时期，我们党在团结带领人民自力更生、发愤图强与创造社会主义革命和建设伟大成就的历史进程中，彻底废除国民党政府的旧法统，彻底废除列强强加给中国的不平等条约和帝国主义在中国的一切特权，积极运用新民主主义革命时期根据地法治建设的成功经验，领导制定了"五四宪法"和国家机构组织法、选举法、婚姻法、土地改革法、惩治反革命条例、惩治贪污条例等一系列重要法律法规，确立了新中国的根本政治制度、经济制度和立法、行政、司法体制制度，建立起社会主义法制框架体系，普遍建立起各级人民代表大会、人民政府、人民法院、人民检察院，迅速开展了法学教育培训，初步奠定了社会主义法治的基础，为进行社会主义革命、巩固社会主义政权、推进社会主义建设提供了坚实保障。[①] 具体而言,这一时期中国社会主义法治文化的建设和发展历经如下几个阶段。

一、中国社会主义法治文化的初创期(1949—1956年)

自1949年新中国成立,到1956年党的八大召开,这一时期可谓中国社会主义法治文化的初创期,是中国法治建设的开端。以毛泽东为代表的中国共产党第一代领导集体,带领全国人民走过法治建设最艰难的时期。在新中国成立之初,一方面要确立社会主义制度,实现从新民主主义向社会主义的跃迁;另一方面要与旧制度、旧法统彻底决裂,建立新的立法、司法、执法制度。在中国社会主义法治文化的初创时期,无论立法还是司法方面,均取得了相较于旧时代令人耳目一新的成就。

1949年10月1日,中华人民共和国中央人民政府在北京天安门宣告成立,此时中国的国家政权体制、立法和司法制度尚未确立,仍处于法治建设的过渡时期。在五年过渡期间,《中国人民政治协商会议共同纲领》和《中央人民政府组织法》实际上扮演了临时宪法的角色,这两部法律的内容和精神,以律法的形式将新民主主义革命的胜利果实完整留存下来,是实行人民民主专政的保障。该时期的立法体制尚未得到确立,立法权并未集中于全国人民代表大会,而是由中央人民政府委员会、各个行政区、省政府共同享有,参与制定法律条令的权力较为分散。毛泽东曾多次强调新中国法制的重要性:"一定要守法,不要破坏革命的法制。法律是上层建筑。我们的法律,是劳动人民自己制定的。它是维护革命秩序,保护劳动人民利益,保护社会主义经济基础,保护生产力的。"[②]在立法方面,基于社会生活的多重面向,中国共产党于国家成立伊始便制定了相应的法律法规,1950年4月颁布的《中华人民共和国婚姻法》,作为新中国成立后颁布的第一部相对完善的法律政策,体现了在婚姻观念、家庭制度等多方面与封建婚姻旧观念、旧制度的彻底分野。1950年6月颁布的《中华人民共和国土地改革法》,以法律

① 参见中央全面依法治国委员会办公室:《中国共产党百年法治大事记(1921年7月—2021年7月)》,人民出版社、法律出版社2022年版,第61页。

② 中共中央文献研究室编:《毛泽东文集》(第七卷),人民出版社1999年版,第197页。

的形式保障了农民的土地所有权，确保新中国土地改革各项制度的顺利落实，并对新中国成立以前已经取得的土地改革成果进行巩固。自 1950 年开始陆续颁布的《全国税收实施要则》《关于统一国家财政经济工作的决定》《劳动保险条例》《私营企业暂行条例》等，为恢复国民经济、维护劳动者个人权益提供切实有效的法律支撑。1951 年起陆续颁布的《惩治反革命条例》《惩治土匪暂行条例》《城市治安条例》《农村治安条例》等，坚决有力地镇压了反革命活动，维护社会和谐稳固的秩序。1952 年颁布的《惩治贪污条例》《关于处理贪污、浪费及奢侈官僚主义错误的若干规定》等，是新中国成立后首次颁布正式的反贪污条例，为当时反贪污、反浪费、反官僚主义的“三反”运动提供强有力的保障，而后续陆续出台的《惩戒违法失职公务员暂行条例》《中央关于处理小贪污分子的五项规定》《中央关于处理贪污浪费问题的若干规定》《中央节约检查委员会关于追缴贪污分子赃款赃物的规定》等法规，皆标志着针对反贪腐的斗争已步入法治道路。①

1954 年 9 月，第一届全国人民代表大会第一次会议全票通过《中华人民共和国宪法》，即“五四宪法”，中国从此拥有了第一部社会主义性质的宪法。“五四宪法”一方面标志着新中国成立之初法治文化建设过渡时期的终结，另一方面标志着新中国立法事业的集中化与规范化，中国在新中国成立初期便确定要走一条以宪法体制为核心的法治文化建设道路。近代历史上，中国曾多次出现《宪法》的踪迹，但不论是晚清时期的《钦定宪法大纲》，还是民国时期的《中华民国临时约法》《天坛宪法草案》，直至蒋介石的《中华民国宪法》（又称为伪宪法），都不是以人民权益为出发点制定实施的，人民群众从来没有真正参与这些法条的制定过程中。以毛泽东为核心的党的第一代中央领导集体以根本大法的形式确立《宪法》在治国安邦中的地位，毛泽东曾谈道：“一个团体要有一个章程，一个国家也要有一个章程，宪法就是一个总章程，是根本大法。用宪法这样一个根本大法的形式，把人民民主和社会主义原则固定下来，使全国人民有一条清楚的轨道，使全国人民感到有一

① 参见楚向红：《中国共产党依法治国方略的历史分析》，人民出版社 2020 年版，第 70—73 页。

条清楚的明确的和正确的道路可走，就可以提高全国人民的积极性。”[①]“五四宪法”可以说是中国历史上第一部人民民主参与制定的《宪法》，《宪法》所保护的最重要群体是广大的人民群众，确立了人民当家作主的绝对地位，集中彰显了社会主义的特点与原则。与此同时，第一届全国人大通过的《关于中华人民共和国现行法律、法令继续有效的决议》将过渡时期的种种立法纳入宪法体制之下，以此保障新中国成立以来各项法律法规的长久效力。从而实现了法治文化初创期的连续性和统一性。可以说，随着“五四宪法”的颁布，以及人民代表大会制度的确立，中国社会主义法治文化建设的情况有了明显变化，由过渡趋于成熟，切实为以后法治道路的理论探索与具体实践提供有力的保障。

在司法方面，1949 年 10 月，与新中国人民政权一同诞生的还有新中国的司法制度。中央人民政府最高人民法院、最高人民检察署、法制委员会同时成立，标志着新中国最原始的司法机构的诞生。基于此，才有后续各地人民法院与人民检察署的不断设立，并形成由上到下的完整司法组织结构。1950 年 7 月，第一届全国司法工作会议召开，司法制度的各项基本工作得到进一步落实与推进。1951 年 9 月，中央人民政府发布《中华人民共和国人民法院暂行组织条例》《中央人民政府最高人民检察署暂行组织条例》《各级地方人民检察署暂行组织通则》三部重要法律，具体规定各级人民法院、检察署的领导体制、组织体系和具体职权，地方各级人民法院与检察署除要受上级人民法院与检察署的领导与监督之外，还要受同级政府的领导。由此，新中国的司法制度建设已逐渐步入正轨，在新中国成立初期土地改革、“三反”、“五反”等运动期间，司法机关惩办了一大批犯罪分子和贪污腐败分子，有力遏制了旧资产阶级不法分子与国家机关中的贪腐干部沆瀣一气的乱象，成为巩固人民民主政权、实现各行各业社会主义改造的有力保障。

在司法制度建立初期，面对土地改革、镇压反革命、惩治贪污等严峻问题，司法工作中仍存在诸如建制不全面、组织不完善、执法人员政治立场不坚定等突出问题，司法机关的工作队伍尚需进行深入的改革和整顿。为此，

① 中共中央文献研究室编：《毛泽东文集》（第六卷），人民出版社 1999 年版，第 328 页。

自 1952 年 6 月至 1953 年 2 月，中共中央作出司法制度改革的重大决策，全国各地相继进行革新陈旧法治观念、整顿司法机关的司法改革运动。通过历时 9 个月的司法改革运动，全国广大司法干部接受了一次全面的思想教育，一批隐匿的反革命分子、贪腐分子被清除出司法队伍，一批固守旧法思想、作风失范的工作人员被调离司法岗位，中国的司法干部队伍得到新生，新中国成立初期的司法建设得以初步完成。

在社会主义法治文化的初创时期，道德对法治的支撑作用可谓贯穿始终。如前所述，此段时期尚处于革故鼎新的阶段，虽然在立法与司法方面作出了前所未有的突破，在法治文化建设方面取得一些成就，但整体上看相关制度体系并不健全，法律工作者专业能力不强，人民群众法律意识淡薄，许多法律法规在颁布初期仍呈现临时性、过渡性的特点。彼时的法治建设能在百废待兴中艰难起步，离不开优良道德传统——中国革命道德的支撑。中国革命道德萌芽于五四运动，历经新民主主义革命与社会主义革命的洗礼，在中国共产党和广大人民群众长久的实践探索中得以形成与完善。所谓革命道德，即“以实现社会主义和共产主义的崇高理想为最终目的，以全心全意为人民服务为宗旨和核心，以集体主义为基本原则，高举爱国主义与国际主义相结合的旗帜，形成了无私奉献、顽强拼搏、艰苦奋斗、勤俭节约等革命精神”①。革命道德虽然诞生在革命战争年代，但在社会主义建设阶段依然发挥着极其重要的作用，毛泽东曾强调：“我们要保持过去革命战争时期的那么一股劲，那么一股革命热情，那么一种拼命精神，把革命工作做到底。”②从现实的角度来看，在艰苦卓绝的革命斗争中塑造的革命道德，已经使为人民服务、集体主义等宗旨观念深入人心，这是我们长久以来建设社会主义法治文化的意识形态根基。新中国成立初期，中国共产党高度重视思想政治工作，通过大规模的整风运动、“三反”、“五反”运动，对党内存在的官僚主义、贪污受贿、铺张浪费等违法违纪现象进行整顿，极大地提升了党员干部的思想觉悟，并以此引导全社会培育正确的社会主义道德观念，遵守统

① 罗国杰编：《中国革命道德》，中国人民大学出版社 2013 年版，第 1 页。

② 中共中央文献研究室编：《毛泽东文集》（第七卷），人民出版社 1999 年版，第 285 页。

一的行为准则和道德规范,形成良好的社会秩序与风气。如对刘青山、张子善等党内职级较高干部的惩处,便反映了"法律面前人人平等"的基本原则,在社会层面起到强力的震慑作用。正是由于整体道德素养的提升,司法体系内的大多数党员干部才能秉持清正廉洁的道德操守,以身作则不徇私情,严格依法办事。从人民群众的视角来看,此时道德培育的路向十分贴近于思想政治教育,社会主义道德观念的塑造与正确的政治观不可分割,正如毛泽东所言:"政治工作是一切经济工作的生命线,在社会经济制度发生根本变革的时期,尤其是这样。"①不囿于经济工作,思想政治工作是党的各项工作的"生命线",思想政治教育对个人有良好的价值导向和规范作用,革命道德深入人心,人民群众在政治认同、道德认同的基础上对各项法律的价值和效力予以发自内心的认可,从而能够自觉地做到遵纪守法,社会秩序则会得到有效的改善。

二、中国社会主义法治文化的艰难探索(1956—1978年)

在法治文化的初创时期,中国基本确立社会主义法治的基本理念和制度,党员干部和人民群众心中萌发最初的法治精神和守法意识。然而从1957年至1978年可谓中国社会主义法治文化建设最为艰难曲折的一段时期,历经"反右"运动与"文化大革命"的浩劫,法治文化的发展出现明显的偏离,法律制度和公共秩序遭到严重的摧残。

1956年,中共八大会议所提出的社会主义法治建设指导方针依然是正确的,大会指出:"为进行社会主义建设,必须进一步扩大社会主义民主;必须加强党对国家机关的领导与监督,加强各级人民代表大会对各级国家机关的监督,加强人民群众对国家机关的监督;必须逐步系统地制定完备的法律,健全社会主义法制,使社会主义民主制度化、法律化。"②然而事与愿违,这一指导方针并未得到真正的落实。1957年以后,立法与司法工作虽然仍取得了些许成绩,但是相较于新中国成立初期法制建设工作的大幅进展,此

① 中共中央文献研究室编:《毛泽东文集》(第六卷),人民出版社1999年版,第449页。

② 李安增、李先明编著:《中华人民共和国史纲》,山东人民出版社2011年版,第81页。

时的立法工作进程明显放缓，司法工作的成效甚微，在“左”倾思想与法律虚无主义的笼罩下，《宪法》近乎等同于不宣而废，法治建设逐步走向一条下坡路。而在1966年至1976年的“文化大革命”时期，过往的法制建设成果近乎被彻底摧毁，以林彪和“四人帮”为首的反革命集团为了篡党夺权，以“砸烂公检法”的方式肆意诋毁、攻击司法机关，中国的法治文化建设道路、社会主义的建设道路皆遭受重大打击。

具体而言，这一时期法治文化建设的倒退有如下两个方面。

一方面，全国人民代表大会名存实亡。全国人民代表大会本应是中国的最高国家权力机关，但此时的党委实际上代替了人民代表大会的职权，人大工作整体上处于一种不稳定的状态。“五四宪法”中有明确规定，全国人民代表大会每届任期为四年，全国人民代表大会会议每年至少召开一次。然而实际上，1961年和1966年的全国人大会议并没有召开，并且在1966年的第三届全国人大常委会第三十三次会议提出推迟召开第三届全国人大第二次会议的决议。可是，直至1975年1月，间隔十余年，第三届全国人民代表大会及其常务委员会未曾举办过一次会议。可以说，十年“文革”期间的全国人民代表大会已不宣而废，在愈演愈烈的阶级斗争中，其职能的行使由最初的部分受限逐步演变为全然湮灭。人民代表大会制度的优越性就在于其深深地根植于人民土壤之中，民主集中制是其组织和活动的原则，而在“反右”运动与“文化大革命”的过程中，党中央对民主问题的认识则有失偏颇。这一时期“大鸣”“大放”“大辩论”“大字报”作为批判斗争的核心手段被广泛推行，法律制度保障下的民主被称为“小民主”，以“四大”形式开展的群众运动被认为是“大民主”，应当大力支持。实践证明，虽然坚持群众路线的初衷是好的，但这种走极端式的民主极大地割裂了民主与法治的关系，人民群众基本的生命财产安全得不到保障，最终对社会主义民主与法治造成巨大伤害，阻滞人民代表大会制度的发展。

另一方面，立法与司法建设日渐式微。这一时期的立法进程相较于新中国成立初期明显放缓，在1957年到1976年间，立法工作从最初的稍有进展逐步演化到全面停滞，“文化大革命”时期更是抛弃了宪法和各项法律条令，破坏了本就脆弱的法律制度和社会秩序，这对于彼时尚处于襁褓时期的社会主义法治而言，是一项巨大的缺失，极为有限的法律法规无法满足各行各业经济社会的发展需求。究其原因，50年代后期开始，由于“左”倾思想的影响，党中央在治国方略上发生“重人治、轻法治”的转向，其中的标志性事件便是1958年6月至8月召开的全国第四届司法工作会议，会后明确提出“要人治，不要法治”的执政观点，法治由此被置于社会主义建设发展的对立面。而在司法方面，自1957年起，就取消多达19个专门法院和13个派出法庭；1959年4月，《关于撤销司法部、监察部的决议》（以下简称《决议》）在全国人民代表大会第一次会议通过；1960年11月，中共中央开始对中央政法机关进行机构精简，《决议》通过由公安部党组统一领导公安部、最高人民检察院、最高人民法院合署办公的决策；“文革”时期，革命委员会成为各级政权的组织形式，自然也代替司法机关的职能。在具体的司法实践中，“大鸣”“大放”“大辩论”“大字报”等群众运动手段已逐步取代正规的司法程序，各地纷纷出现了混乱的打、砸、抢、抄等现象，群众专政与“砸烂公检法”并行不悖，司法机关和法律制度形同虚设，“有案办案、无案生产”“以私代公、以情代法”的乱象屡见不鲜，大批冤假错案在这一时期涌现出来。从根本上讲，由于政法合一制和法律虚无主义之风的盛行，“重政策、轻法律”的观念在国家内自上而下地蔓延，党的各项方针政策是制定国家法律的依据，在“大跃进”“人民公社化”“五反”“四清”乃至“文化大革命”等运动中，群众行动所依靠的是各类政策和教条，而非法律。政策性的文件虽不具备法律的严谨性和准确性，却凌驾于法律之上，成为群众运动的首要行动指南，立法和司法建设被搁置一旁。

可以说，从1957年至1978年是中国社会主义法治文化建设的艰难探索时期，我们付出沉重代价换取一堂弥足珍贵的反面法治课。20年间的动荡警示我们，国无法不治，民无法不立，没有法律维护公平正义的社会秩序，就没有人民群众赖以生存的和平安定的生活环境。其实，这一时期的领导人针对当时的法治问题也曾进行过部分反思：比如1960年5月，在面对日渐失控的群众运动时，中共中央发布的《关于在农村中开展“三反”运动的指示》就强调：“在运动中必须坚决防止任何违法乱纪的做法，反对逼供信；严格禁止干部压制群众，打击报复；不许打人骂人或采用其他的变相肉刑，来对待犯错误的人。”[①]这说明中共中央也意识到混乱的时局与法治的失序有直接关系，群众运动的开展需要在法律的约束下进行，以此维系社会秩序的稳定。1962 年 3 月，毛泽东针对法制被破坏的教训曾反省道：“不仅刑法要，民法也需要，现在是无法无天。没有法律不行，刑法、民法一定要搞，不仅要制定法律，还要编案例。”[②]自此，民法的起草工作与刑法草案的修改工作均得以恢复，然而由于“社教”“四清”运动的大规模开展，以及即将到来的“文化大革命”，筹备数年即将付梓的刑法、民法试拟稿均未能面世。此后在“文革”末期，1975 年 1 月召开的第四届全国人大第一次会议通过了修改后的《中华人民共和国宪法》，即“七五宪法”。“七五宪法”是特殊时代的产物，虽然“文革”色彩极重，且有着严重的“左倾”错误，但也保留了“五四宪法”中的某些社会主义基本原则，在法制空乏的时代里不失为一丝曙光。不得不承认，在“左”倾思想日趋严重、阶级斗争愈演愈烈的形势下，想要彻底改变法律虚无主义横行的局面，仅靠有限的立法和阶段性的反省是收效甚微的。“文革”结束以后，随着国家政治、经济、教育等多方面工作的复苏，国家的法治秩序也终于得以恢复和发展，1978 年 2 月召开的第五届全国人大第一次会议通过又一次修正的《中华人民共和国宪法》，即“七八宪法”。“七八宪法”继承了“五四宪法”中国家制度和社会制度的基本原则，恢复了人民检察院制度、公开审判制度、人民陪审制度和辩护制度，并对公民的基本权利和义务作了更为详细的补充。此后，以邓小平为代表的党的第二代领导集体确立了解放思想、实事求是的思想路线，打破“两个凡是”的思想束缚，倡导“实践是检验真理的唯一标准”，1978 年 12 月 13 日，邓小平同志在中共中央工作会议作了《解放思想，实事求是，团结一致向前看》的著名讲话，针对恢复和进一步发展社会主义法制面临的一些问题，他强调：“为了保障人民民主，必须加强法制。必须使民主制度化、法律化，使这种制度和法律不因领导人的改变而改变，不因领导人的看法和注意力的改变而改变……应该集中力量制定刑法、民法、诉讼法和其他各种必要的法律……经过一定的

① 中央档案馆、中共中央文献研究室编：《中共中央文件选集（1949 年 10 月—1966 年 5 月）》（第 34 册），人民出版社 2013 年版，第 191—192 页。

② 毛泽东：《在法制建设问题座谈会上的讲话》，《人民日报》1978 年 10 月 29 日，第 2 版。

民主程序讨论通过，并且加强检察机关和司法机关，做到有法可依，有法必依，执法必严，违法必究。”①此次中央工作会议为随即召开的党的十一届三中全会作了充分准备，这一讲话实际也成了党的十一届三中全会的主题报告，“有法可依，有法必依，执法必严，违法必究”的十六字方针成为改革开放以后社会主义法治文化建设的基本方针，为今后的法治文化建设指明方向。

回顾这段历史，20 年间法制的悲惨遭遇为今后的社会主义法治文化建设提供了深刻的反面教材。法律制度、政治生活和社会秩序陷入混乱的背后，折射出的也是道德建设的失序，社会主义道德的原则与规范在极左思想的影响下沦为空谈，失去本该有的道德价值引领作用。这段历史留给中国共产党和全国人民的教训是广泛而深刻的，人们由此认识到法制、秩序、道德的重要性，邓小平发表讲话：“我们根本否定‘文化大革命’，但应该说‘文化大革命’也有一‘功’，它提供了反面教训。没有‘文化大革命’的教训，就不可能制定十一届三中全会以来的思想、政治、组织路线和一系列政策。”②总结历史是为了开辟未来，对历史的反思使得人民群众更加向往和期盼恢复社会主义法制与道德，这是改革开放以后中国社会主义法治文化建设的不竭动力。自此，中国开始走上一条依法治国和以德治国相结合的道路，社会主义法制得到不断健全和发展。

第二节　党的十一届三中全会到党的十八大：社会主义法治文化的拨乱反正与发展

党的十一届三中全会的召开是当代中国历史的一个重要转折点，从此拉开了中国改革开放和社会主义现代化建设的序幕。“从 1978 年党的十一届三中全会到 2012 年党的十八大召开，为改革开放和社会主义现代化建设新时期。这一时期，我们党在团结带领人民解放思想、锐意进取，创造改革开放和社会主义现代化建设伟大成就的历史进程中，提出‘有法可依、有法

① 《邓小平文选》（第二卷），人民出版社 1994 年版，第 146—147 页。

② 《邓小平文选》（第三卷），人民出版社 1993 年版，第 272 页。

必依、执法必严、违法必究’的方针，强调‘为了保障人民民主，必须加强社会主义法制，使民主制度化、法律化’，明确依法治国是党领导人民治理国家的基本方略、依法执政是党治国理政的基本方式，把建设社会主义法治国家确定为社会主义现代化建设的重要目标，坚持党的领导、人民当家作主、依法治国有机统一，领导制定、修改现行宪法以及刑法、刑事诉讼法、民法通则、民事诉讼法、行政诉讼法、国家机关组织法、三资企业法等一系列重要法律法规，逐步形成以宪法为核心的中国特色社会主义法律体系，有力保障和促进改革开放和社会主义现代化建设。”①这一时期，中国的治国方略发生一定转变，逐步走向一条依法治国、建设社会主义法治国家的道路，法治文化建设总体进步一路向好，并在民主建设、完善立法司法执法各环节、提升群众法治意识等方面取得备受瞩目的伟大成就。

一、拨乱反正与社会主义法治文化的恢复（1978—1992年）

党的十一届三中全会以后，中国共产党人在思想路线、政治路线、组织路线上进行拨乱反正，努力纠正过去20年发生的错误，使党和国家的各项工作回归正轨。中国共产党冲破“两个凡是”的禁锢，重新确立马克思主义实事求是的思想路线，将党和国家的工作中心重新转移到经济建设上，做出实行改革开放的历史性决策，在组织上落实干部政策，平反一系列冤假错案。党的十一届三中全会也是社会主义法治文化建设重回正轨的历史转折点，以邓小平为代表的党的第二代领导集体，对动荡时期法制被摧毁的经验教训进行深刻反思，对民主和法治问题进行深入讨论，在人民群众对社会主义民主与法治的疾呼中，决定要在新时期经济建设发展的基础上，顺应时代潮流，走一条依法治国、建设社会主义法治国家的道路。党的十一届三中全会公报中着重强调：“为了保障人民民主，必须加强社会主义法制，使民主制度化、法律化，使这种制度和法律具有稳定性、连续性和极大的权威。做到有法可依，有法必依，执法必严，违法必究。从现在起，应当把立法工作摆到全

① 中央全面依法治国委员会办公室：《中国共产党百年法治大事记（1921年7月—2021年7月）》，人民出版社、法律出版社2022年版，第117页。

国人民代表大会及其常务委员会的重要议程上来。检察机关和司法机关要保持应有的独立性;要忠实于法律和制度,忠实于人民利益,忠实于事实真相;要保证人民在自己的法律面前人人平等,不允许任何人有超于法律之上的特权。”①要避免重蹈过往20年的覆辙,归根结底要从制度方面解决问题,邓小平在回答意大利记者奥琳埃娜时曾说:“我们这个国家有几千年封建社会的历史,缺乏社会主义的民主和社会主义的法制。现在我们要认真建立社会主义的民主制度和社会主义法制。只有这样,才能解决问题。”②

为了贯彻党的十一届三中全会的精神,加强立法工作成为社会主义法治文化建设的头等大事。1979年2月,第五届全国人大常委会第六次会议通过决定,成立全国人大常委会法制委员会,而后在1983年9月更名为全国人大常委会法制工作委员会,其职责涵盖拟定各类法律草案、研究并回应各级机关针对法律工作的问询和建议、开展法制宣传工作、编制法律文献等各项事宜。在专职的法制工作机构的领导下,1979年7月,第五届全国人大第二次会议制定并通过7部法律:《刑法》《刑事诉讼法》《全国人民代表大会和地方各级人民代表大会选举法》《地方各级人民代表大会和地方各级人民政府组织法》《人民法院组织法》《人民检察院组织法》《中外合资经营企业法》。短短一天时间,7部法律的颁布宣示着党和国家加强民主与法制建设的决心,邓小平相当重视此次立法成就:“我们好多年实际上没有法,没有可遵循的东西。这次全国人大开会制定了七部法律。有的实际上部分地修改了我们的宪法,比如取消革命委员会,恢复原来的行政体制。这是建立安定团结政治局面的必要保障……这次会议以后,要接着制定一系列的法律……我们的法律是太少了,成百个法律总要有的,这方面有很多工作要做,现在只是开端。民主要坚持下去,法制要坚持下去。这好像两只手,任何一只手削弱都不行。”③此后,中国进入大规模的立法时期,直到20世纪90年代初期,上百部涉及社会政治经济建设的主要法律陆续出台,为中国社会

① 中共中央文献研究室编:《三中全会以来重要文献选编》(上),人民出版社1982年版,第11页。

② 《邓小平文选》(第二卷),人民出版社1994年版,第348页。

③ 《邓小平文选》(第二卷),人民出版社1994年版,第189页。

主义法治文化的恢复和改革开放的落实提供了坚实的保障。

中国法治文化建设迈向新的历史时期，社会的发展和法制的恢复健全都对制定一部新的宪法提出客观要求。1980 年 9 月，第五届全国人大第三次会议通过中共中央提出的《关于修改宪法和成立宪法修改委员会的建议》，历时两年后，1982 年 12 月，第五届全国人大第五次会议正式通过最新修订的《中华人民共和国宪法》，即“八二宪法”。“八二宪法”在中国宪制史上具有里程碑式的意义，彻底去除了“七八宪法”与“七五宪法”中共同存在的一些“左”倾错误，总结了社会主义法治探索道路上的成功经验和反面教训，其规定的内容更加科学全面，且与改革开放的新形势相适应，可以说是新中国成立以来最为完善的一部宪法。“八二宪法”可谓中国法治重建的起点，本着宪法稳定性的原则，此后的宪法根据不同时期经济社会发展的实际情况还分别于 1988 年、1993 年、1999 年、2004 年、2018 年经历过 5 次修改，但整体上再未经历巨幅变迁。中国宪法的发展历程反映了国家指导思想的与时俱进，社会主义法治文化的建设根植于此，40 年来中国特色社会主义法治体系建设中的一切工作都离不开这个“定海神针”。

在司法方面，为了加强全国司法行政工作，1979 年 9 月，第五届全国人大常委会第十次会议决定重建司法部。同年 10 月，中共中央和国务院发出《关于迅速建立地方司法行政机构的通知》，地方各级司法行政机关也开始恢复重建。1980 年 8 月通过的《中华人民共和国律师暂行条例》是《律师法》的前身，它详细规定了新中国的律师制度，使律师的责任和权利得到了落实和保障，标志着律师工作的重启。随后，“八二宪法”在国家机构方面专设一小节对人民法院和人民检察院的性质、职权作了明确规定，自此，党的十一届三中全会以来重建的司法体系和制度得以正式确立并进入稳定运转状态。伴随着中国社会主义经济体制改革的进一步深入，社会主义法治文化建设繁荣发展，对司法体制机制的改革势在必行。当代中国的司法改革一直处于一个渐进过程之中，80 年代中期以后，司法改革在反思和探索中起步，改革力度日趋加大，改革范围不断拓展，为后一阶段的司法制度建设打下坚实的基础。

社会主义法治文化建设的重中之重是要在全体人民中树立法制观念，

邓小平指出："加强法制重要的是要进行教育，根本问题是教育人。法制教育要从娃娃开始，小学、中学都要进行这个教育，社会上也要进行这个教育。纠正不正之风中属于法律范围、社会范围的问题，应当靠加强法制和社会教育来解决。"①为了将法律交给广大人民掌握，使广大人民知法、守法，学会用法律来保障自身合法的权利，1985 年 11 月，第六届全国人大常委会第十三次会议通过《关于在公民中基本普及法律常识的决议》，规定从 1986 年起，争取用 5 年左右的时间，有计划、有步骤地在一切有接受教育能力的公民中，普遍进行一次普及法律常识的教育，并且逐步做到制度化、经常化。作为中国法治史上的第一个五年普法，它有着普及法律知识、增强全民法治意识、推动社会进步的重要作用。时至今日，中国已经连续完成了 7 个五年普法规划，法治理念已经不同程度地深入人心，为全面依法治国奠定基础性工作。

1986 年 9 月，邓小平在谈论政治体制改革问题时，曾提及"法治"与"人治"的关系："要通过改革，处理好法治和人治的关系，处理好党和政府的关系。"②过去，在邓小平论述法制思想的语境中，大多使用的是"法制"而非"法治"，区区一字之差，却反映出党和国家对法治的理解进一步深化了。"法制"往往侧重于静态的法律制度和规章条令建设，"法治"则凸显法律至上、依法办事的治国原则，从传统的"法制"到现代意义上的"法治"，标志着我们党在依法治国和建设社会主义法治国家的道路上又迈出坚实的一步。此后几十年里，在正式的文件纲领中，"法制"逐渐在多种语境下被"法治"取代，一个最显著的转变是第五个宪法修正案于 2018 年第十三届全国人大第一次会议上通过，同时宪法中的"健全社会主义法制"被改成"健全社会主义法治"，更加符合全面依法治国和建设中国特色社会主义法治体系的要求，从本质上来说象征着中国共产党依法治国理念的提升以及治国方式的飞跃。

1987 年 10 月，党的十三大胜利召开，这次会议在总结改革开放和社会主义现代化建设经验的基础上，首次系统地阐述了社会主义初级阶段理论。

① 《邓小平文选》(第三卷)，人民出版社 1993 年版，第 163 页。
② 《邓小平文选》(第三卷)，人民出版社 1993 年版，第 177 页。

党的十三大报告中再次强调了加强社会主义法制建设的重要性:“社会主义民主和社会主义法制不可分割……国家的政治生活、经济生活和社会生活的各个方面,民主和专政的各个环节,都应做到有法可依,有法必依,执法必严,违法必究。我们必须一手抓建设和改革,一手抓法制。法制建设必须贯穿于改革的全过程。”[①]此一表述源于邓小平在多个场合强调的:“搞四个现代化一定要有两手,只有一手是不行的。所谓两手,即一手抓建设,一手抓法制。”[②]“两手抓”的表述曾多次被邓小平使用,用以表达对领导工作全面统筹的要求。虽然针对不同问题所使用的语境不同,归根结底可以概括为“一手抓物质文明建设,一手抓精神文明建设”。对精神文明建设的要求始终贯穿于邓小平理论之中,1986 年党的十二届六中全会通过《中共中央关于社会主义精神文明建设指导方针的决议》,表明社会主义精神文明建设不仅包括思想道德建设和教育科学文化建设,民主与法制建设也是题中应有之义。法律是最低限度的道德要求,社会主义法制建设标示着社会主义道德建设的基本方向,社会主义法制要从外部规范逐步内化于心,离不开社会主义道德的保障和支撑。从这个角度来看,社会风气的提升关键在于树立和发扬社会主义的道德风尚,也在于加强社会主义民主、法制的教育,人们思想道德境界的提升要依赖全社会范围内道德意识的提升和道德行为习惯的养成,在对人民群众进行道德教育的同时,也应当重视民主和法制的教育。对民主和法制的教育将促进社会主义公民意识的养成,使人们明晰自身的基本权利和义务,养成遵纪守法的好习惯,从而能够更好地调节人与人之间的关系,规范人们的行动。在上述思想的基础上,1992 年 10 月,党的十四大报告中直接把“坚持两手抓,两手都要硬,把社会主义精神文明建设提高到新水平”作为未来改革和建设的主要任务之一,也就是说,中国特色的社会主义是物质文明和精神文明的高度结合。[③] 此后,在领导人讲话和中央文件中,重视精神文明建设、强调“两手抓”的思想仍频频被提及。

① 中共中央文献研究室编:《十三大以来重要文献选编》(上),人民出版社 1991 年版,第 46 页。

② 《邓小平文选》(第三卷),人民出版社 1993 年版,第 154 页。

③ 参见中共中央文献研究室编:《十四大以来重要文献选编》(上),人民出版社 1996 年版,第 30 页。

二、依法治国与社会主义法治文化的发展(1992—2012年)

邓小平是改革开放和中国特色社会主义建设的总设计师,其对社会主义民主与法治的多方面阐述,已经形成了一套科学系统的法治思想体系,得到了广大人民群众的拥护,为“依法治国”治国方略的提出奠定了理论基础。20世纪90年代初期,虽然并未正式提出“依法治国”方略,但随着党和国家对法治建设的不断推进,这一理念已经形成并逐渐深入人心。直到1997年,“依法治国”在党的十五大正式提出,才真正被确立为党领导人民治理国家的基本方略,社会主义法治文化的建设由此进入新的历史阶段。“依法治国”基本方略的形成和确立,是改革开放以来中国共产党对执政规律和方式探索出的必然结果,也是建设社会主义法治国家的必然要求。

这一时期立法工作的重点围绕经济立法展开。1992年10月,中国共产党第十四次全国代表大会顺利召开,这次会议的最大贡献就是确定中国要建立社会主义市场经济体制。而建立社会主义市场经济体制的一个显著要求,就是要建立适应市场经济的法律体系。1993年11月,党的十四届三中全会通过《中共中央关于建立社会主义市场经济体制若干问题的决定》,尤其强调:“社会主义市场经济体制的建立和完善,必须有完备的法制来规范和保障。要高度重视法制建设,做到改革开放与法制建设的统一,学会运用法律手段管理经济。”①围绕这一目标,党和国家加快经济立法,进一步完善民商法律,1993年起相继出台《公司法》《合伙企业法》《个人独资企业法》等法律,确认各类企业的市场主体地位;1993年出台的《反不正当竞争法》、1999年的《招标投标法》以及2007年的《反垄断法》,规范了市场的竞争行为,保障公平的市场秩序;1995年起陆续颁布的《保险法》《证券法》《银行业监督管理法》,则确立了严格的行业监督管理制度,以应对潜在的金融风险。除了突出的经济立法,1993年出台的《科学技术进步法》《农业法》《消费者权益保护法》,1994年出台的《劳动法》,1996年出台的《行政处罚法》,2000

① 中共中央文献研究室编:《十四大以来重要文献选编》(上),人民出版社1996年版,第543页。

年出台的《立法法》,2003年出台的《港口法》《放射性污染防治法》,2006年出台的《农产品质量安全法》《各级人民代表大会常务委员会监督法》,2007年出台的《企业所得法》《物权法》等,均是这20年间立法显著成就。党的十六大以后,党和国家根据新时期面临的新形势和出现的新问题,以修正案的形式对过往颁布的《刑法》《农业法》《义务教育法》等重要法律进行一系列补充和更新,由于法律体系的完善,修正法已经逐步超越立新法,成为新时期最主要的立法形式。可以说,20年间的种种立法举措从不同方面为依法治国方略的实施提供了根本依据,中国特色社会主义法律体系已经形成。

20世纪90年代以后,根据邓小平南方谈话与党的十四大会议精神,司法改革步伐进一步加快。党的十五大报告首次提出:"推进司法改革,从制度上保证司法机关依法独立公正地行使审判权和检察权,建立冤案、错案责任追究制度。加强执法和司法队伍建设。"①尔后党的十六大、十七大围绕着维护司法公正、提高司法效率等重点环节,进一步深化"司法体制改革"的要求。2002年,党的十六大报告指出:"社会主义司法制度必须保障在全社会实现公平和正义。按照公正司法和严格执法的要求,完善司法机关的机构设置、职权划分和管理制度,进一步健全权责明确、相互配合、相互制约、高效运行的司法体制。"②到了党的十七大时,更是在原有的"推进司法改革""推进司法体制改革"的基础上,进一步提出了"深化司法体制改革"的要求:"深化司法体制改革,优化司法职权配置,规范司法行为,建设公正高效权威的社会主义司法制度,保证审判机关、检察机关依法独立公正地行使审判权、检察权。"③为了贯彻落实有关司法体制改革的战略决策,中共中央还成立全国司法改革领导小组,具体负责领导和推动与司法改革相关的各项工作。20年间,中国在司法领域的改革是一个持续纵深的过程,在诉讼制度、审判制度、司法人员队伍建设等方面均取得了显著的成果,其改革方向和内

① 中共中央文献研究室编:《十五大以来重要文献选编》(上),人民出版社2000年版,第33页。

② 中共中央文献研究室编:《十六大以来重要文献选编》(上),中央文献出版社2005年版,第27页。

③ 中共中央文献研究室编:《十七大以来重要文献选编》(上),中央文献出版社2009年版,第24页。

容也经历了不断的调整和完善,中国的司法体系日趋成熟。

这一时期是中国依法行政蓬勃发展的时期,依法行政的各项原则和制度在中国逐步得到确立。1996 年 2 月,时任国家主席的江泽民在中共中央举办的法制讲座上首次指出:“干部依法决策、依法行政是依法治国的重要环节。”①各级政府依法行政是依法治国的重要内容,党的十五大报告明确指出:“一切行政机关都必须依法行政,切实保障公民权利,实行执法责任制和评议考核制。”②自 1989 年《行政诉讼法》出台以来,一系列法律法规的颁布和修订,明确行政机关权力的行使规范,如 1994 年的《国家赔偿法》、1996 年的《行政处罚法》、1997 年的《行政监察法》、1999 年的《行政复议法》、2003 年的《行政许可法》等。随着法律法规的颁布实施,依法行政的理念不断深入人心,依法行政的原则得到了广泛落实与响应。尔后,胡锦涛进一步说明依法行政作为依法治国新形势下中国共产党执政的基本方式:“依法执政是新的历史条件下马克思主义政党执政的基本方式。依法执政,就是坚持依法治国、建设社会主义法治国家,领导立法,带头守法,保证执法,不断推进国家经济、政治、文化、社会生活法制化、规范化,以法治的理念、法治的体制、法治的程序保证党领导人民有效治理国家。”③此乃中国共产党在执政方式上的创新之举,党的主张唯有通过法定程序才能成为国家意志,党的路线方针政策的贯彻实施从制度和法律上得到保障。依法行政工作在这 20 年中的发展,使得各级行政机构的权力与职责已经纳入法治的框架之中。

党的十四大之后的 20 年间,中国在法治文化建设方面取得的成就颇丰,“依法治国”方略的提出,标志着当代中国的社会主义法治文化建设进入一个新的历史时期。与此同时,作为“依法治国”方略的补充,“法治”与“德治”并举的要求也被提出。2000 年 6 月,时任国家主席的江泽民在中央思想政治工作会议上发表讲话,他针对市场经济新形势下的新问题,对建设社会主义道德体系提出新要求:“为了在发展社会主义市场经济的条件下更好地

---

① 《江泽民文选》(第一卷),人民出版社 2006 年版,第 512 页。

② 中共中央文献研究室编:《十五大以来重要文献选编》(上),人民出版社 2000 年版,第 33 页。

③ 《胡锦涛文选》(第二卷),人民出版社 2016 年版,第 463 页。

建设有中国特色社会主义,我们必须建立与之相适应的社会主义法律体系,同时也必须在全社会形成与之相适应的社会主义思想道德体系。法律和道德作为上层建筑的组成部分,都是维护社会秩序、规范人们思想和行为的重要手段,它们相互联系、相互补充。法治以其权威性和强制手段规范社会成员的行为,德治以其说服力和劝导力提高社会成员的思想认识和道德觉悟。道德规范和法律规范应该相互结合,统一发挥作用。"①"法治"与"德治"如车之两轮、鸟之两翼,呈现出一种相辅相成的辩证关系,在国家治理中既要强调法律和制度的作用,又离不开道德和价值观的引导,这是党的第三代中央领导集体提出的国家管理理论上的一个重大创举,此时"依法治国与以德治国相结合"观念的雏形已然形成。2001 年 9 月 20 日,中共中央发布《公民道德建设实施纲要》,提出要把法制建设与道德建设、依法治国与以德治国紧密结合起来,逐步形成与发展社会主义市场经济相适应的社会道德体系。到了 2002 年,党的十六大通过《中国共产党章程(修正案)》,新党章中明确规定:"中国共产党领导人民在建设物质文明、政治文明的同时,努力建设社会主义精神文明,实行依法治国与以德治国相结合。"②可以说,法律和道德共同形成社会规范的双层结构,法律可以在某种程度上反映社会的基本道德价值观,而道德也可以影响法律的制定和实施。直至今日,"依法治国与以德治国相结合"的治国理念始终作为中国社会主义法治文化的一大特征被不断地发展和完善。

第三节 新时代:中国社会主义法治文化建设的成就与展望

党的十八大以后,中国特色社会主义进入了新时代,中国的社会主义法治文化建设翻开了新的历史篇章。这一时期,我们党在团结带领人民自信自强、守正创新,统揽伟大斗争、伟大工程、伟大事业、伟大梦想,创造新时代中国特色社会主义伟大成就的历史进程中,从坚持和发展中国特色社会主

① 《江泽民文选》(第三卷),人民出版社 2006 年版,第 91 页。

② 中国共产党章程汇编编写组编:《中国共产党第十六次全国代表大会文件汇编》,人民出版社 2002 年版,第 62 页。

义全局和战略高度定位法治、布局法治、厉行法治，把全面依法治国纳入“四个全面”战略布局谋划推进，坚持中国特色社会主义法治道路，形成习近平法治思想，确立建设中国特色社会主义法治体系、建设社会主义法治国家的全面依法治国总目标，组建中央全面依法治国委员会，完善党领导立法、保证执法、支持司法、带头守法制度，坚持依法治国、依法执政、依法行政共同推进，坚持法治国家、法治政府、法治社会一体建设，全面深化法治领域改革，统筹推进法律规范体系、法治实施体系、法治监督体系、法治保障体系和党内法规体系建设，中国特色社会主义法治体系不断健全，法治中国建设迈出坚实步伐，法治固根本、稳预期、利长远的保障作用进一步发挥，党运用法治方式领导和治理国家的能力显著增强，全面依法治国总体格局基本形成，为推动党和国家事业取得历史性成就、发生历史性变革作出重要贡献。① 中国共产党对依法治国的认识达到前所未有的高度，十余年来，以习近平同志为核心的党中央基于对国家长治久安和社会稳定的前瞻思考，创造性地提出了关于全面推进依法治国的一系列新理念和新思想，进而形成习近平法治思想。习近平法治思想不仅是习近平新时代中国特色社会主义思想的重要组成部分，而且是全面推进依法治国和建设新时代中国社会主义法治文化的根本遵循和行动指南。

一、新时代中国社会主义法治文化的定位与布局

党的十八大报告提出法治建设方面的目标是“依法治国基本方略全面落实，法治政府基本建成，司法公信力不断提高，人权得到切实尊重和保障”②。基于新形势下对依法治国方略的新认识和新布局，在立法、司法体制改革、法治宣传教育等方面做出具体的部署：“法治是治国理政的基本方式。要推进科学立法、严格执法、公正司法、全民守法，坚持法律面前人人平等，保证有法必依、执法必严、违法必究。完善中国特色社会主义法律体系，加

① 参见中央全面依法治国委员会办公室：《中国共产党百年法治大事记（1921 年 7 月—2021 年 7 月）》，人民出版社、法律出版社 2022 年版，第 231 页。

② 中共中央文献研究室编：《十八大以来重要文献选编》（上），中央文献出版社 2014 年版，第 14 页。

强重点领域立法,拓展人民有序参与立法途径。推进依法行政,切实做到严格规范公正文明执法。进一步深化司法体制改革,坚持和完善中国特色社会主义司法制度,确保审判机关、检察机关依法独立公正行使审判权、检察权。深入开展法治宣传教育,弘扬社会主义法治精神,树立社会主义法治理念,增强全社会学法尊法守法用法意识。提高领导干部运用法治思维和法治方式深化改革、推动发展、化解矛盾、维护稳定能力。"①其中,"科学立法、严格执法、公正司法、全民守法"十六字仍然作为依法治国的"新十六字方针"沿用至今,相较于过去"有法可依、有法必依、执法必严、违法必究"的"旧十六字方针",新方针立足于新的发展方向和前进目标,将法治建设的重心从法律体系的建立转变为提高法律体系质量和增进法律实效,这是改革开放以来中国法治文化建设巨大成就的一个缩影。2013 年 11 月,党的十八届三中全会通过《中共中央关于全面深化改革若干重大问题的决定》,首次提出"推进法治中国建设"的命题。会议围绕维护宪法权威、深化行政执法体制改革、依法行使审判权检察权、健全司法权力运行机制、完善人权司法保障制度等主题,提出"推进法治中国建设"的新目标、新举措:"建设法治中国,必须坚持依法治国、依法执政、依法行政共同推进,坚持法治国家、法治政府、法治社会一体建设。深化司法体制改革,加快建设公正高效权威的社会主义司法制度,维护人民权益,让人民群众在每一个司法案件中都感受到公平正义。"②"建设法治中国"的提出,标志着中国共产党在新的历史起点上对依法治国方略的探索和创新,法治建设的新举措和新方向将为中国特色社会主义各项制度的发展提供一个良好的法治环境,为全面深化改革保驾护航。

2014 年 10 月召开的党的十八届四中全会是中国共产党执政历史上首次以法治为主题的中央全会,堪称中国法治文化建设进程中的一次里程碑式的会议。会议通过《中共中央关于全面推进依法治国若干重大问题的决

① 中共中央文献研究室编:《十八大以来重要文献选编》(上),中央文献出版社 2014 年版,第 21—22 页。

② 中共中央文献研究室编:《十八大以来重要文献选编》(上),中央文献出版社 2014 年版,第 529 页。

定》(以下简称《决定》),深刻回答了有关新时代坚持全面依法治国方略、推进法治中国建设的一系列重大战略问题,确立了党和国家在面对新时代法治问题的基本立场和解决方法,标志着党和国家在坚持中国特色社会主义法治道路这个根本问题上的自我革新、转型升级,中国特色社会主义法治文化站在了新的历史起点上。《决定》一经通过,便成为建设法治中国的纲领性行动指南,它从完善法律体系、推进依法行政、保证司法公正、增强民众法治观念、加强法治工作队伍建设、加强党的领导等 6 个方面为解决社会法治建设中的各项问题提供了一系列精准的制度化方案。《决定》着重强调建设中国特色社会主义法治体系、建设社会主义法治国家的重要性,这也是全面推进依法治国的总目标。另外,《决定》针对如何实现这一目标作了清晰的说明:"在中国共产党领导下,坚持中国特色社会主义制度,贯彻中国特色社会主义法治理论,形成完备的法律规范体系、高效的法治实施体系、严密的法治监督体系、有力的法治保障体系,形成完善的党内法规体系,坚持依法治国、依法执政、依法行政共同推进,坚持法治国家、法治政府、法治社会一体建设,实现科学立法、严格执法、公正司法、全民守法,促进国家治理体系和治理能力现代化。"①要坚持走好中国特色社会主义法治道路,实现上述目标,还应始终贯彻五大原则:坚持中国共产党的领导、坚持人民主体地位、坚持法律面前人人平等、坚持依法治国和以德治国相结合、坚持从中国实际出发。②

全面依法治国的新理念新思想在"四个全面"的战略布局中具有特殊地位,意义重大,习近平总书记明确指出:"没有全面依法治国,我们就治不好国、理不好政,我们的战略布局就会落空。要把全面依法治国放在'四个全面'的战略布局中来把握,深刻认识全面依法治国同其他三个'全面'的关系,努力做到'四个全面'相辅相成、相互促进、相得益彰。"③

① 中共中央文献研究室编:《十八大以来重要文献选编》(中),中央文献出版社 2016 年版,第 157 页。

② 参见中共中央文献研究室编:《十八大以来重要文献选编》(中),中央文献出版社 2016 年版,第 157—159 页。

③ 中共中央文献研究室编:《十八大以来重要文献选编》(中),中央文献出版社 2016 年版,第 249 页。

二、法治文化建设的新成就

党的十八大以来,以习近平同志为核心的党中央整体规划了全面推进依法治国的战略任务和目标,并围绕全面推进依法治国与“四个全面”的总体布局进行多方位的工作部署,在法治文化建设上取得众多新成就、新进展。

(一)以《宪法》为核心导向,完善中国特色社会主义法律体系

中国特色社会主义法律体系始终以《宪法》为核心。《宪法》是中国特色社会主义前进道路上最根本的法治保障,依法治国的头等要求便是依宪治国、依宪执政。2012 年 12 月 4 日,现行宪法公布施行 30 周年大会在北京人民大会堂召开,习近平总书记在大会上发表重要讲话,他指出:“全面贯彻实施宪法,是建设社会主义法治国家的首要任务和基础性工作。宪法是国家的根本法,是治国安邦的总章程,具有最高的法律地位、法律权威、法律效力,具有根本性、全局性、稳定性、长期性……任何组织或者个人,都不得有超越宪法和法律的特权。一切违反宪法和法律的行为,都必须予以追究。”①党的十八届三中全会在强调“推进法治中国建设”时将“维护宪法法律权威”置于首要位置,着重强调:“要进一步健全宪法实施监督机制和程序,把全面贯彻实施宪法提高到一个新水平。建立健全全社会忠于、遵守、维护、运用宪法法律的制度。”②这表明,要加强宪法的实施,稳固宪法的权威地位,关键要从健全宪法的实施与监督制度着手,将宪法实施的各方面要求提升至新水准。随后,在党的十八届四中全会通过的《中共中央关于全面推进依法治国若干重大问题的决定》中,专设有独立章节强调宪法的核心作用与立法体制机制的完善。《宪法》是中国的根本大法,法治权威的中心就在于宪法权威的稳固,《决定》中提出的新要求有:“完善全国人大及其常委会宪法监督制度,健全宪制;加强备案审查制度和能力建设,依法撤销和纠正违宪违法

① 中共中央文献研究室编:《十八大以来重要文献选编》(上),中央文献出版社 2014 年版,第 88 页。

② 中共中央文献研究室编:《十八大以来重要文献选编》(上),中央文献出版社 2014 年版,第 529 页。

的规范性文件；将每年十二月四日定为国家宪法日；在全社会普遍开展宪法教育，弘扬宪法精神。”[①]除此之外，宪法宣誓制度也在党的十八届四中全会中确立下来，规定相关工作人员在履职前公开进行宪法宣誓：全会决定规定，“凡经人大及其常委会选举或者决定任命的国家工作人员正式就职时公开向宪法宣誓”[②]。这样做，有利于彰显宪法权威，增强公职人员宪法观念，激励公职人员忠于和维护宪法，也有利于在全社会增强宪法意识、树立宪法权威。

这一时期，中国特色社会主义法律体系虽然已经形成，但仍然有诸多新的立法方面的进步与完善，为经济社会的改革和发展保驾护航。5 年间的立法工作呈现出数量多、分量重、节奏快的特点：“截至 2017 年 6 月底，第十二届全国人民代表大会及其常务委员会新制定法律 20 件，通过修改法律的决定 39 件，涉及修改法律 100 件，废止法律 1 件，作出法律解释 9 件，有关法律问题的决定 34 件。同时，国务院共提请全国人大常委会审议法律议案 43 件，制定修订行政法规 43 部，根据‘放管服’改革要求，先后‘一揽子’修订行政法规 125 部；最高人民法院、最高人民检察院制定出台 133 项司法实践中急需的司法解释；有立法权的地方人大及其常委会制定地方性法规 4000 余件。”[③]在全面建成小康社会的道路上，在各领域内查漏补缺、科学立法是引领改革的重要途径，在关乎国计民生的各个方面，立法工作不乏创新之举。比如，在国家安全领域，为了贯彻落实总体国家安全观，维护国家的核心利益，保护人民群众的生命财产安全，出台了各种保障国家安全的法律政策：《中华人民共和国反间谍法》《中华人民共和国国家安全法》《中华人民共和国国家情报法》《中华人民共和国反恐怖主义法》《中华人民共和国网络安全法》《中华人民共和国境外非政府组织境内活动管理法》等。又如在环境立法方面，第十二届全国人大常委会分别于 2014 年 4 月、2015 年 8 月、2016 年 2 月依次修订通过《中华人民共和国环境保护法》《中华人民共和国大气污

① 《中共中央关于全面推进依法治国若干重大问题的决定》，《人民日报》2014 年 10 月 29 日，第 1 版。

② 《中共中央关于全面推进依法治国若干重大问题的决定》，《人民日报》2014 年 10 月 29 日，第 1 版。

③ 朱宁宁：《锻造治国重器，以良法促善治》，《法制日报》2017 年 8 月 22 日，第 1 版。

染防治法》和《中华人民共和国深海海底区域资源勘探开发法》，对于保护自然环境、促进经济社会和环境的绿色发展、循环发展、低碳发展有着深远意义。在社会公共服务方面，有关教育、就业、收入分配、社会保障、医疗卫生、食品安全、扶贫、慈善、社会救助和妇女儿童、老年人、残疾人合法权益保护等方面的法律法规均有不同程度的完善。如在 2014 年 11 月，《中华人民共和国行政诉讼法》经历颁布 25 年以来的首次大规模修订，解决行政诉讼立案难、审理难、执行难等实际问题；2015 年 12 月，新中国第一部预防和制止家庭暴力、保护家庭成员合法权益的法律《中华人民共和国反家庭暴力法》正式颁布；2016 年 3 月，《中华人民共和国慈善法》的通过标志着中国开始以法治方式促进慈善事业发展的新时代；尤其是在 2017 年 3 月，《中华人民共和国民法总则》的诞生弥补了中国法律体系在民事法律制度上的不足，实际拉开了尔后制定《中华人民共和国民法典》的序幕。

习近平总书记强调："推进科学立法、民主立法，是提高立法质量的根本途径。科学立法的核心在于尊重和体现客观规律，民主立法的核心在于为了人民、依靠人民。"①立法的科学性在于充分尊重客观规律，发挥专家学者的作用，广泛征询学术界针对法律实施的各项意见建议，以文件征集、研讨会、座谈会等多种形式汇聚专家学者的观点，完善科学立法机制。立法的民主性则体现在目的上为了人民，实践中依靠人民，在立法过程中创新、拓展人民群众的立法参与方式，集思广益，充分听取人民群众的意见建议，使每一条法律都充分地反映人民群众的意愿、顾及人民群众之所需。党的十八大之后 5 年的立法工作，正是在这种科学立法与民主立法的有机结合基础之上，取得了长足的进步和发展。

党的十九大以来，中国特色社会主义法律体系的发展日趋完善，法治国家、法治政府、法治社会的建设目标不断迫近，习近平法治思想全面贯彻、深入人心，全面依法治国在新发展阶段稳步推进，党和国家在法治文化建设的各个方面依然取得了丰硕的成就。以宪法为核心的中国特色社会主义法律

① 中共中央文献研究室编：《十八大以来重要文献选编》（中），中央文献出版社 2016 年版，第 149 页。

体系日趋完善。本着科学立法、民主立法、依法立法的原则，在党的领导、人民当家作主、依法治国三者的有机统一之下，党的十三届全国人大及其常委会全面贯彻党中央的各项决策部署，在立法工作上有着长足的进展。截至2022年12月，党的十三届全国人大及其常委会共制定法律47件，修改法律111件次，废止法律16件，作出法律解释1件，通过有关法律问题和重大问题的决定51件，在重点领域、新兴领域和涉外领域中均有广泛的立法活动，呈现出覆盖广、数量多、节奏快、质量高的特点。

尤其值得注意，2018年3月11日，“八二宪法”的第五次修改工作在党的十三届全国人大一次会议中被决议通过，使宪法在中国特色社会主义法律体系中的核心地位更加稳固。从2018年至2023年的5年间，全国人大及其常委会不断完善宪法相关法律制度，相继制定和修改一系列法律，包括《全国人民代表大会组织法》《地方各级人民代表大会和地方各级人民政府组织法》《全国人民代表大会议事规则》等，在34部法律和决定中明确规定中国共产党在各项事业中的法律地位。值得一提的是，在新制定的一系列法律中，都明确规定了“根据宪法，制定本法”的原则，以确保宪法所确立的制度和原则能够全面覆盖、贯彻始终。

2020年5月28日，党的十三届全国人大三次会议表决通过《中华人民共和国民法典》(以下简称《民法典》)，《民法典》又被称为“社会生活的百科全书”，集中反映了具有中国特色的时代精神和民情民愿，是新中国第一部以法典命名的法律，在法律体系中居于基础性地位。伴随着中国正式迈入“民法典时代”，过往施行的《中华人民共和国婚姻法》《中华人民共和国继承法》《中华人民共和国民法通则》《中华人民共和国收养法》《中华人民共和国担保法》《中华人民共和国合同法》《中华人民共和国物权法》《中华人民共和国侵权责任法》《中华人民共和国民法总则》同时废止。《民法典》兼顾全面性、统一性和系统性，通过整合分散的民事法律规定，保障个人和家庭权益，维护社会公平和正义，同时也为市场经济提供坚实的法律基础，促进经济发展和社会稳定。

(二)司法改革不断深化，司法公信力提升

全面依法治国方略的落实，离不开司法公信力的提升，公正司法是社会

主义法治文化建设的核心要求。习近平总书记指出："深化司法体制改革，建设公正高效权威的社会主义司法制度，是推进国家治理体系和治理能力现代化的重要举措。公正司法事关人民切身利益，事关社会公平正义，事关全面推进依法治国。"①党的十八大之后，司法改革的步伐并未减缓，而是沿着正确的方向继续向更深处拓展，司法改革的显著成就对维护社会公平正义起到极为重要的作用。2014 年 2 月，《关于深化司法体制和社会体制改革的意见及贯彻实施分工方案》开始实施，此方案重在落实司法体制与社会体制改革的共同目标和任务，从全方位、多角度统一部署新时代司法体制改革工作。在党的十八届四中全会结束的半年后，2015 年 4 月，中共中央办公厅、国务院办公厅印发《关于贯彻落实党的十八届四中全会决定进一步深化司法体制和社会体制改革的实施方案》(以下简称《实施方案》)。该《实施方案》不仅意在贯彻落实党的十八届四中全会的决定，而且旨在充分协调、衔接三中全会的相关改革任务，对切实深化司法体制和社会体制改革作出全面系统的规划，同时深刻回应有关司法体制改革分步走的问题。党的十八届四中全会提出 190 项重大改革举措，其中有关司法体制和社会体制改革的共有 84 项，具体而言，主要包括三大方面：一是在司法改革中最为关切的公正司法、提高司法公信力方面，共有 48 项改革举措，重点包括推进以审判为中心的诉讼制度改革，改革法院案件受理制度，探索建立检察机关提起公益诉讼制度，实行办案质量终身负责制和错案责任倒查问责制，完善人民陪审员和人民监督员制度等；二是在增强全民法治观念、推进法治社会建设方面，共有 18 项改革举措，主要包括发展中国特色社会主义法治理论，主张将法治教育纳入国民教育体系和精神文明创建内容，完善守法诚信褒奖机制和违法失信行为惩戒机制，推进公共法律服务体系建设，构建对维护群众利益具有重大作用的制度体系，完善多元化纠纷解决机制等；三是在加强法治工作队伍建设方面，共有 18 项改革举措，重点包括完善法律职业准入制度，加快建立符合职业特点的法治工作人员管理制度，建立法官、检察官逐级遴选制度，健全法治工作部门和法学教育研究机构人员的双向交流与互聘机

① 习近平：《论坚持全面依法治国》，中央文献出版社 2020 年版，第 146 页。

制，深化律师管理制度改革等。[1]

中央顶层设计与地方实践探索是一个统一的整体，在中央两次全会的整体部署之下，政策决议与地方各改革试点的实际情况相结合，司法体制改革得以在基层稳步推进，与人民群众对公平正义的呼唤同步同调。成效较为显著的司法体制改革成果主要有：一是为了扎实推进司法体制改革，党的十八届四中全会作出最高人民法院设立巡回法庭的重要部署。2014 年 12 月，《最高人民法院设立巡回法庭试点方案》由中共中央全面深化改革领导小组审议通过。一个月后，最高人民法院第一和第二巡回法庭分别在广东省和辽宁省相继成立，这些巡回法庭的机构设置高效而精简，其工作取得良好的成效，并在部门架构、人员管理、运行机制等方面采取创新举措，为后续的改革试点工作积累了宝贵的经验。二是跨行政区划人民法院和检察院的设立。此一举措在党的十八届四中全会中就已提出，2014 年 12 月，上海市第三中级人民法院和上海市人民检察院第三分院正式挂牌成立，成为全国首个跨行政区划法院和检察院，负责跨区域处理一些行政诉讼案件和其他重大案件。此类跨行政区划人民法院、检察院的设立，可以有效地消除地方保护和行政干预，极大提升审判和检察的效率，保护重大民生利益。三是建立防止干预司法的相关制度。2015 年 3 月，中共中央办公厅、国务院办公厅印发《关于领导干部干预司法活动、插手具体案件处理的记录、通报和责任追究规定》，同时中央政法委印发《关于司法机关内部人员过问案件的记录和责任追究规定》，共同维护司法的公正性，要求记录一切与司法活动干预、具体案件处理干扰以及案件过问有关的情况，并对违法行为进行通报和追责，防止不正当的外部干预。在此基础之上，2015 年 9 月，最高人民法院、最高人民检察院、公安部、司法部联合印发《关于进一步规范司法人员与当事人、律师、特殊关系人、中介组织接触交往行为的若干规定》，重点打破司法活动中的潜规则，防止不正当的利益输送行为发生。总体上讲，包括后续的人民陪审员和人民监督员制度改革、律师制度和法律援助制度改革、人民警

① 参见周斌、李娜：《积极稳妥协调有序推进司法体制和社会体制改革》，《法制日报》2015 年 4 月 10 日，第 1 版。

察管理制度改革等在内，诸种措施均体现了党、国家以及政法系统的改革决心，一支高素质、专业化、正规化的法治工作队伍被逐步建立，司法活动的公正性在改革的过程中不断彰显。

党的十九大以来，司法改革步履不停、探索不止。从党的十八大提出“进一步深化司法体制改革”，到党的十九大要求“深化司法体制综合配套改革”，以习近平同志为核心的党中央从全面推进依法治国，实现国家治理体系和治理能力现代化的高度，为司法体制改革工作指明方向、提供根本遵循。一系列新的司法改革举措落地实施，尤其在人民群众最为关心、与社会公平正义实现最为相关的环节发力，持续深化司法体制综合配套改革，不断加强制约监督，使人民群众的司法获得感显著提升。司法改革紧紧围绕着司法责任制展开，以司法责任制为“牛鼻子”，强调“让审理者裁判、让裁判者负责”。党的十九大以来的司法改革侧重于司法责任制的综合配套改革，以温和平稳的方式查漏补缺。从人民法院的视角看，2018 年 12 月，为确保司法责任制改革任务落地见效，在新修订的《中华人民共和国人民法院组织法》指导下，最高人民法院印发《关于进一步全面落实司法责任制的实施意见》，就完善新型审判权力运行机制、完善新型监督管理机制等问题提出意见，推动司法责任制配套改革全面落实，促进司法效能和司法公信力整体提升。2020 年 2 月，中央全面依法治国委员会第三次会议召开，会议审议通过《关于深化司法责任制综合配套改革的意见》，强调司法责任制综合配套改革是司法体制改革的重要内容，是当下阶段改革的首要任务，直接关系到司法体制的公正、高效和权威。2020 年 7 月，为深入贯彻落实中央关于深化司法责任制综合配套改革文件的相关部署，最高人民法院印发《关于深化司法责任制综合配套改革的实施意见》，围绕落实全面从严治党主体责任、健全审判监督管理机制、加强廉政风险防控机制建设、加强履职保障体系建设等问题，结合各地改革实际进行详细说明。

国家监察体制改革和检察改革是司法体制改革的另外两大重要组成部分。2018 年 2 月，党的十九届三中全会审议通过《中共中央关于深化党和国家机构改革的决定》，继而公布《深化党和国家机构改革方案》（以下简称《方案》）。《方案》决定，组建国家监察委员会，同中央纪律检查委员会合署办公,不再保留监察部、国家预防腐败局。2018 年 3 月,党的十三届全国人大一次会议通过《中华人民共和国监察法》(以下简称《监察法》),以法律的形式将党对反腐败工作的集中统一领导机制固定下来,为反腐败斗争的胜利提供坚实的法治保证。随着国家监察委员会的成立和《监察法》的颁布实施,国家监察工作进入全面发展的新时代。面对国家监察体制改革完成所带来的外部影响,检察机关通过“职能重塑、机构重组、机制重构”,形成刑事、民事、行政、公益诉讼“四大检察”并列的新格局。2019 年 3 月 15 日,党的十三届全国人大二次会议通过《关于最高人民检察院工作报告的决议》,要求检察机关更好发挥人民检察院刑事、民事、行政、公益诉讼各项检察职能,为决胜全面建成小康社会提供更高水平司法保障,这是刑事、民事、行政、公益诉讼“四大检察”首次在全国人大决议中被提及。此后在 2020 年 5 月和 2021 年 3 月,党的十三届全国人大三次、四次会议又分别对“四大检察”的协调发展提出要求。2021 年 6 月,党中央出台《中共中央关于加强新时代检察机关法律监督工作的意见》(以下简称《意见》),这是中国首次印发关于检察机关法律监督工作的专门文件,充分彰显党中央深化司法体制改革的坚定决心,以及其对完善党和国家监督体系的高度重视。《意见》涵盖“总体要求”“充分发挥法律监督职能作用”“全面提升法律监督质量和效果”“全面落实司法责任制”“加强对检察机关法律监督工作的组织保障”五个方面,对加强新时代检察机关法律监督工作提出明确要求。围绕着司法责任制综合配套改革的要求,检察机关狠抓司法体制改革的任务落实,对检察官遴选入额和员额退出机制、检察官惩戒和权益保障制度、检察人员分类管理等方面进行分门别类的改革,推动检察履职方式、监督手段等更加适应新形势新任务带来的新要求。

(三)以全面从严治党引领全面依法治国

党的十八大以后,以习近平同志为核心的党中央高度重视全面从严治党,把党风廉政建设和反腐败工作作为重要的政治任务,以确保党的纯洁性和政府的廉洁性,从根本上提高党的领导水平和执政能力。全面依法治国方略的实施要依靠全面从严治党工作的引领,这一阶段的从严治党工作取得显著成绩。

首先是党内法规制度的完善。在全面依法治国方略实施的背景下，确保全面从严治党在全面依法治国中发挥引领作用，就需要持续加强党内法规制度的构建，以确保党内法规制度与国家法律之间的紧密衔接，同时积极促进它们之间相互协调、相互支持发展格局的形成。2016 年 12 月，中共中央印发《关于加强党内法规制度建设的意见》，提出要坚决贯彻党中央有关全面从严治党和依规治党的重大决策，并在多个维度提出明确要求和整体部署，比如，加速建设完善的党内法规制度体系、提升党内法规制度的执行力、强化组织领导等举措，力图完善党内法规制度建设，与新形势下的国情相适应。习近平总书记就此强调："加强党内法规制度建设是全面从严治党的长远之策、根本之策。我们党要履行好执政兴国的重大历史使命、赢得具有许多新的历史特点的伟大斗争胜利、实现党和国家的长治久安，必须坚持依法治国与制度治党、依规治党统筹推进、一体建设。"①

其次是加大惩治贪腐力度。反腐倡廉工作开展的核心是依靠法规制度的贯彻执行。关于反腐倡廉法规制度建设，习近平总书记提出一系列有效措施："铲除不良作风和腐败现象滋生蔓延的土壤，根本上要靠法规制度……不断加强和改进党的建设、管理、监督。只有建好制度、立好规矩，把法规制度建设贯穿到反腐倡廉各个领域、落实到制约和监督权力各个方面，发挥法规制度的激励约束作用，才能筑起遏制腐败现象滋生蔓延的'堤坝'，才能推动形成不敢腐、不能腐、不想腐的有效机制。"②这说明反腐倡廉法规制度的建设，必须一手抓制定完善，一手抓贯彻执行。党中央通过广泛的法治宣传教育来引导广大党员干部，提高其对法规制度的认识，维护法规制度的严肃性和权威性。同时，建立健全相关问责机制，明确责任追究的原则，确保监督、考核和追责的有机结合，以推动法规制度的执行。习近平总书记特别强调要抓好领导干部这个"关键少数"，"要发挥领导干部'关键少数'的模范带头作用。领导干部不论职务多高、资历多深、贡献多大，都要严格按法规制度办事，坚持法规制度面前人人平等、遵守法规制度没有特权、执

① 习近平：《论坚持全面依法治国》，中央文献出版社 2020 年版，第 169 页。
② 习近平：《论坚持全面依法治国》，中央文献出版社 2020 年版，第 150 页。

行法规制度没有例外”[①]。

（四）坚持依法治国与以德治国相结合

党的十八大以来，法治进程中的一大显著特点就是始终强调依法治国与以德治国相结合，这是对中国古代两千多年治国理政经验的精华提炼，更是当今社会主义法治文化建设的必然要求。关于法律与道德的辩证关系，在习近平法治思想中多有体现。2012 年 12 月，习近平总书记在首都各界纪念现行宪法公布施行 30 周年大会上发表重要讲话中指出：“法律是成文的道德，道德是内心的法律。我们要坚持把依法治国和以德治国结合起来，高度重视道德对公民行为的规范作用。”[②]在 2014 年 10 月召开的党的十八届四中全会上，习近平总书记进一步强调法律与道德的协同并进：“国家和社会治理需要法律和道德共同发挥作用。必须坚持一手抓法治、一手抓德治……既重视发挥法律的规范作用，又重视发挥道德的教化作用，以法治体现道德理念、强化法律对道德建设的促进作用，以道德滋养法治精神、强化道德对法治文化的支撑作用，实现法律和道德相辅相成、法治和德治相得益彰。”建设中国特色社会主义法治体系、建设社会主义法治国家是我们全面推进依法治国的总目标，为了实现这一目标，坚持依法治国和以德治国相结合是必须遵循的原则之一。2016 年 12 月，中共十八届中央政治局围绕“法治和德治”的主题开展第三十七次集体学习，习近平总书记在主持学习时强调：“法安天下，德润人心。法律有效实施有赖于道德支持，道德践行也离不开法律约束。法治和德治不可分离、不可偏废，国家治理需要法律和道德协同发力。”[③]中国特色社会主义法治“道路的一个鲜明特点，就是坚持依法治国和以德治国相结合，强调法治和德治两手抓、两手都要硬。这既是历史经验的总结，也是对治国理政规律的深刻把握”[④]。依法治国和以德治国的结合，关键在于要将法律和道德的共同作用融入无形的法治文化建设中，建立

① 习近平：《论坚持全面依法治国》，中央文献出版社 2020 年版，第 155 页。

② 中共中央文献研究室编：《十八大以来重要文献选编》（上），中央文献出版社 2014 年版，第 91 页。

③ 习近平：《论坚持全面依法治国》，中央文献出版社 2020 年版，第 165 页。

④ 习近平：《论坚持全面依法治国》，中央文献出版社 2020 年版，第 166 页。

法治文化与道德文明的统一是当今社会的必然要求和现实需求。在社会主义核心价值观的引领作用之下，道德的公信力与法律的权威性相结合，这将充分发挥道德对法治的支撑作用，把道德要求贯彻到法治建设中，以法治承载道德理念，共同营造优良的社会主义法治文化氛围。

依法治国和以德治国相结合是新时代坚持全面依法治国的基本原则之一，也是建设社会主义法治文化的必然要求，社会主义法治文化正是道德与法治相统一的文化系统。党的十九大以后，习近平法治思想提出一系列原创性重要理论、重要论断，成为全面依法治国的根本遵循和行动指南，也为新时代依法治国和以德治国相结合提供了科学的理论指导。2017 年 10 月，党的十九大报告在强调坚持全面依法治国时指出："坚持依法治国和以德治国相结合……提高全民族法治素养和道德素质。"[①]2018 年 3 月，习近平总书记在参加党的十三届全国人大一次会议重庆代表团审议时对法治与德治的关系进行一番深刻阐述，强调"要既讲法治又讲德治，重视发挥道德教化作用，把法律和道德的力量、法治和德治的功能紧密结合起来"，这显然是对党的十九大报告提出的"坚持依法治国和以德治国相结合"的进一步深化。全面依法治国的推进要求领导干部提高运用法治思维的能力，以优良的道德品质和廉洁操守推动社会道德建设，保障法治并为其提供坚实的道德支撑。[②] 2018 年 8 月，习近平总书记在中央全面依法治国委员会第一次会议上讲话时指出："坚持处理好全面依法治国的辩证关系。社会主义法治必须坚持党的领导，党的领导必须依靠社会主义法治……要坚持依法治国和以德治国相结合，实现法治和德治相辅相成、相得益彰。"[③]2019 年 10 月，中共中央、国务院印发《新时代公民道德建设实施纲要》（以下简称《纲要》），对于加强公民道德建设、提高全社会道德水平进行深入指导。《纲要》中指出："坚持德法兼治，以道德滋养法治精神，以法治体现道德理念，全面贯彻实施宪法，推动社会主义核心价值观融入法治建设，将社会主义核心价值观要求

① 中共中央党史和文献研究院编：《十九大以来重要文献选编》（上），中央文献出版社 2019 年版，第 16 页。

② 参见何民捷：《既讲法治又讲德治——学习习近平同志参加重庆代表团审议时关于法治与德治的重要论述》，《人民日报》2018 年 3 月 16 日，第 7 版。

③ 习近平：《习近平谈治国理政》（第三卷），外文出版社 2020 年版，第 286 页。

全面体现到中国特色社会主义法律体系中，体现到法律法规立改废释、公共政策制定修订、社会治理改进完善中，为弘扬主流价值提供良好社会环境和制度保障。”“法律是成文的道德，道德是内心的法律。要发挥法治对道德建设的保障和促进作用，把道德导向贯穿法治建设全过程，立法、执法、司法、守法各环节都要体现社会主义道德要求……推进全民守法普法，加强社会主义法治文化建设，营造全社会讲法治、重道德的良好环境，引导人们增强法治意识、坚守道德底线。”[①]法治能够承载道德理念，明确道德导向，维护道德规范，引导人们积极向善，道德的建设同样也能为法治体系的运转提供支撑。诸如，社会诚信、见义勇为、志愿服务、勤劳节俭、孝老爱亲、保护生态等方面的道德要求正逐渐转化为法律规范。2020 年 11 月，随着习近平法治思想的提出，坚持依法治国和以德治国相结合的主张也作为重要内容被囊括在内，法治和德治的作用和关系被不断重申，法治和德治的紧密结合是建设中国特色社会主义法治体系的必然要求。

（五）法治文化建设的地位更加凸显

法治文化是法治国家建设的灵魂，文化兴则国兴。然而，法治文化的培育并非一朝一夕之事，新中国成立以后的漫长法治道路正是中国社会主义法治文化的积淀过程。党的十八大以来，在全面推进依法治国的实践中，以习近平同志为核心的党中央对于建设社会主义法治文化的重要性和现实性有着深刻认识，习近平总书记在党的十八届四中全会中曾明确指出：“全面推进依法治国需要全社会共同参与，需要全社会法治观念增强，必须在全社会弘扬社会主义法治精神，建设社会主义法治文化。”[②]社会主义法治文化是中国特色社会主义文化的重要组成部分。

党的十九大报告进一步提出要“加大全民普法力度，建设社会主义法治文化”[③]。在党的十九大报告当中，“法治”一词出现频率极高，对依法治国方略的提法由党的十八届四中全会时的“全面推进依法治国”变为“坚持全面

① 中共中央办公厅、国务院办公厅印发：《新时代公民道德建设实施纲要》，《中华人民共和国国务院公报》，2019 年第 31 号。

② 《习近平谈治国理政》（第二卷），外文出版社 2017 年版，第 120 页。

③ 中共中央党史和文献研究院编：《十九大以来重要文献选编》（上），中央文献出版社 2019 年版，第 27 页。

依法治国”。党的十九大明确提出，从2020年到2035年，在全面建成小康社会的基础上，再奋斗15年，基本实现社会主义现代化，基本建成法治国家、法治政府、法治社会，使得各方面制度更加完善，国家治理体系和治理能力现代化基本实现。2018年3月，中共中央印发《深化党和国家机构改革方案》，提出组建中央全面依法治国委员会，负责全面依法治国各项工作的总体布局、统筹协调、整体推进、督促落实，作为党中央决策议事协调机构，习近平总书记亲自担任委员会主任。同年8月，习近平总书记在中央全面依法治国委员会第一次会议上讲话时指出：“党中央决定组建中央全面依法治国委员会，这是我们党历史上第一次设立这样的机构，目的是加强党对全面依法治国的集中统一领导，统筹推进全面依法治国工作。”[①]委员会的组建与成立，是党对全面依法治国集中统一领导的需要，是贯彻落实党的十九大精神、推动实现“两个一百年”奋斗目标的需要，更是社会主义法治文化建设迈向新阶段的需要。2019年10月，党的十九届四中全会在北京召开，这次会议主要针对坚持和完善中国特色社会主义制度、推进国家治理体系和治理能力现代化的若干重大问题。全会公报强调，建设中国特色社会主义法治体系、建设社会主义法治国家是坚持和发展中国特色社会主义的内在要求，必须坚定不移地走中国特色社会主义法治道路，加快形成完备的法律规范体系、高效的法治实施体系、严密的法治监督体系、有力的法治保障体系，加快形成完善的党内法规体系，提高党依法治国和依法执政的能力，完善权力配置和制约机制。此次会议的一大创举，就是将中国特色社会主义法治置于推进国家治理体系和治理能力现代化的实现路径和理论框架之中，是社会主义法治文化建设过程中的理论深化和实践拓展。2020年10月，党的十九届五中全会对中国特色社会主义法治的发展远景进行周密部署。围绕着“十四五”时期经济社会发展的六大主要目标——经济发展、改革开放、社会文明、生态文明、民生福祉、国家治理，法治建设的目标应当包括：第一，充分发扬社会主义民主，健全社会主义法治；第二，进一步满足人民群众的诉求，推动社会公平正义的进步；第三，完善国家行政体系，不断提高政府的行政效

① 习近平：《论坚持全面依法治国》，中央文献出版社2020年版，第222页。

率和公信力;第四,加强军队的法治建设,以依法治军推动国防和军队的现代化建设。由此可见,社会主义法治建设的远景目标应当与国家的现代化建设目标融为一体,到 2035 年基本建成法治国家、法治政府、法治社会的法治现代化目标,要为社会主义现代化建设的其他目标提供全方位的制度保障。

2020 年 11 月 16 日至 17 日,中央全面依法治国工作会议召开,这次会议最令人瞩目的就是首次提出并系统阐述习近平法治思想。习近平总书记在会上发表重要讲话,全面而深刻地回应新时代实行全面依法治国的原因,以及实行全面依法治国所要采取的方式等一系列重大问题。社会主义法治是国家治理体系和治理能力现代化实现过程中的最基础、最坚实、最稳固的依托,而全面依法治国则是中国特色社会主义的本质要求和重要保障,习近平法治思想是全面依法治国的根本遵循和行动指南。习近平法治思想脱胎于以习近平同志为核心的党中央领导全党开展的一系列工作实践和理论创新,具体而言,这一思想最为集中地体现在党的十八大以来的各个涵盖法治建设的文件之中,如党的十八大报告、党的十八届四中全会文件、党的十九大报告、中央全面依法治国委员会第一次会议上的讲话等。习近平法治思想的主要内涵在于"十一个坚持",这是由 2018 年 8 月中央全面依法治国委员会第一次会议上提出的"十个坚持"演化、丰富而来,系统涵盖依法治国的新思想、新理念。"十一个坚持"中首先强调的是"坚持党对全面依法治国的领导",党的领导是推进全面依法治国的根本保证;紧随其后的便是"坚持以人民为中心",全面依法治国的根本目的就是依法保障人民权益;以及"坚持中国特色社会主义法治道路""坚持依宪治国、依宪执政""坚持在法治轨道上推进国家治理体系和治理能力现代化""坚持建设中国特色社会主义法治体系""坚持依法治国、依法执政、依法行政共同推进,法治国家、法治政府、法治社会一体建设""坚持全面推进科学立法、严格执法、公正司法、全民守法""坚持统筹推进国内法治和涉外法治""坚持建设德才兼备的高素质法治工作队伍""坚持抓住领导干部这个'关键少数'"。正如习近平总书记所言:"推进全面依法治国是国家治理的一场深刻变革,必须以科学理论为指导,加强理论思维,不断从理论和实践的结合上取得新成果,总结好、运用好党关于新时代加强法治建设的思想理论成果，更好指导全面依法治国各项工作。”[1]党的十八大以来，以习近平同志为核心的党中央从坚持和发展中国特色社会主义的战略高度定位法治、布局法治、厉行法治，创造性地提出全面依法治国等一系列新理念新思想新战略，领导和推动中国社会主义法治建设取得历史性成就、发生历史性变革。习近平法治思想正是这样一种科学的理论武器，是党的领导集体关于新时代法治建设的最新思想理论成果。

2021 年 4 月，中共中央办公厅、国务院办公厅印发《关于加强社会主义法治文化建设的意见》，并发出通知，要求各地区各部门结合实际认真贯彻落实。社会主义法治文化建设是推进全面依法治国和建设社会主义文化强国的共同要求，这份文件在“十四五”开局之年出台，首次将社会主义法治文化建设的各项工作以正式文件的形式确立下来，意义非凡。文件中提出一系列具体的内容和任务，根本是要加强社会主义法治文化建设，从而成为中国特色社会主义法治国家建设的有力奠基。社会主义法治文化建设要以习近平新时代中国特色社会主义思想为指导思想，全面贯彻党的十九大和十九届二中、三中、四中、五中全会精神，并且深入学习宣传贯彻习近平法治思想和习近平总书记关于文化自信的重要论述。法治文化建设的总体目标被确立为：“到 2035 年，基本形成与法治国家、法治政府、法治社会相适应，与中国特色社会主义法治体系相适应的社会主义法治文化，基本形成全社会办事依法、遇事找法、解决问题用法、化解矛盾靠法的法治环境。”[2]为了实现这样的目标，要在社会主义法治文化的建设过程中不断推动习近平法治思想深入人心，不断完善中国特色社会主义法治理论，把马克思主义法治理论与中国具体实际相结合，加强党内法规理论的研究；要广泛开展宪法宣传教育活动，弘扬宪法精神，维护宪法权威，同时提升公民法治素养，加强普法工作，培养全民守法意识。社会主义法治文化的建设必定要围绕中国特色社会主义文化展开，一方面要创新性发展中华优秀传统法律文化，挖掘民为邦本、礼法并用、以和为贵等传统法律文化中的优秀思想和理念；另一方面还

① 习近平：《论坚持全面依法治国》，中央文献出版社 2020 年版，第 6 页。

② 中共中央办公厅、国务院办公厅印发：《关于加强社会主义法治文化建设的意见》，《中华人民共和国国务院公报》2021 年第 11 号。

要大力发展社会主义法治文艺，创作法治文艺作品，推动法治文化数字化建设，开展法治文化惠民活动，建立各式各样的法治文化阵地，包括法治宣传教育基地、法治文化创作基地等。文件中特别强调各类基层普法阵地在建设社会主义法治文化中发挥的重要作用，具体而言，比如加大对重大法治理论、法治文化研究课题的支持力度，在有条件的高校内设置法治文化相关二级学科硕士点、博士点，规划和实行法治文化相关人才教育培养，培养一批高素质法治建设人才；在全国中小学持续举办学生“学宪法、讲宪法”“宪法晨读”等系列活动，在青少年成人礼中设置礼敬宪法环节，增强青少年宪法观念，建设各类宪法学习宣传教育基地；在广大乡村等基层地区组织公益的法治文艺活动，在重大节庆日、法律法规实施日等时间节点，组织开展群众性法治文化活动，重在加大法治文化惠民力度。可以说，新中国70多年来厚重的法治发展历程，展现了社会主义法治文化积淀、建设的沉稳步伐，而社会主义法治文化又是中国特色社会主义文化的重要组成部分，对于社会主义法治国家建设具有重要支撑作用，如今周密部署、制定出台相关文件进行法治文化建设正当其时。社会主义法治文化将不断强化人们的法治信仰和法治观念，为法治中国的建设提供内在的精神动力和价值支撑，奠定坚实的人文基础；同时在全社会范围内为法治中国的建设营造良好的法治氛围，奠定坚实的社会基础。

三、新时代中国社会主义法治文化的未来展望

2022年10月，党的二十大胜利召开，二十大报告总结新时代以来法治建设的历史性成就：“社会主义法治国家建设深入推进，全面依法治国总体格局基本形成，中国特色社会主义法治体系加快建设，司法体制改革取得重大进展，社会公平正义保障更为坚实，法治中国建设开创新局面。”报告中专设一章《坚持全面依法治国，推进法治中国建设》以对下一阶段的法治建设进行高屋建瓴的决策部署，全面依法治国作为中国国家治理的关键一环，深刻关联着党执政兴国、人民幸福安康、国家长治久安，其重要性不言而喻。报告围绕着“完善以宪法为核心的中国特色社会主义法律体系”“扎实推进依法行政”“严格公正司法”“加快建设法治社会”四个方面对法治建设各方

面工作进行集中论述，并指出："我们要坚持走中国特色社会主义法治道路，建设中国特色社会主义法治体系、建设社会主义法治国家，围绕保障和促进社会公平正义，坚持依法治国、依法执政、依法行政共同推进，坚持法治国家、法治政府、法治社会一体建设，全面推进科学立法、严格执法、公正司法、全民守法，全面推进国家各方面工作法治化。"极为重要的是，基于对过往文化建设经验的总结和继承，党的二十大报告首次提出"文化自信自强"的核心概念，并提出了建设社会主义文化强国的具体任务，在践行社会主义核心价值观方面，重提法治与德治结合的必要性："坚持依法治国和以德治国相结合，把社会主义核心价值观融入法治建设、融入社会发展、融入日常生活。"党的二十大报告对社会主义法治文化建设的未来前景，大体上围绕以下四个方面展开：

（一）学习贯彻习近平法治思想，继续坚持全面依法治国

自党的十八大起，中国特色社会主义法治理论在与中国社会实际的结合中实现了创造性转化，因而得到不断丰富和发展，其集大成者便是习近平法治思想。基于对不同领域重点问题的研判和阐释，习近平法治思想与习近平强军思想、习近平经济思想、习近平生态文明思想、习近平外交思想、习近平文化思想共同成为习近平新时代中国特色社会主义思想不可或缺的部分。习近平法治思想是新时代十年法治建设最重要的标志性成果，是我们党百年来提出的最全面、最系统、最科学的法治思想体系，是马克思主义法治理论在新时代的原创性成果。习近平法治思想具备深刻的内涵、完备的体系和紧密的逻辑，我们国家要走什么样的法治道路，建设什么样的法治体系，都由此获得方向上的科学指引。在未来社会主义法治文化建设的新征程中，必须把习近平法治思想贯彻落实到全面依法治国的各方面和全过程中，围绕着关乎法治工作生命线的"十一个坚持"，充分凸显其在政治方向、工作布局、重点任务、突出矛盾中的引领地位，不断提高运用法治思维和法治方式解决社会发展难题的能力。

推进全面依法治国是国家治理的一场广泛而深刻的变革，习近平法治思想是全面依法治国的根本遵循和行动指南，是新时代全面依法治国必须坚持的指导思想。全面依法治国的战略方向至今没有发生改变，要在承接

过往10年推进和坚持全面依法治国的经验基础上，在立法、执法、司法、守法等各个环节中继续深化改革、促进发展，努力开拓法治文化建设的历史新局面。习近平法治思想在过往10年全面依法治国的道路上已经充分显现其卓越的理论优势，今后也必将继续在全面依法治国、建设法治中国的伟大实践中发挥重要作用，通过充分发挥社会主义法治固根本、稳预期、利长远的保障功能，来确保国家强国建设和民族复兴的伟大事业行稳致远。

（二）坚持党的领导、人民当家作主和依法治国的有机统一

"坚持党的领导、人民当家作主和依法治国的有机统一"是一个富有中国特色的理论命题，最初源于党的十五大报告，在党的十六大报告、十七大报告、十八大报告和十九大报告中被反复强调。党中央在新时代依旧关心和重视这一理论命题，将坚持党的领导、人民当家作主、依法治国有机统一作为中国社会主义法治的基本经验，这也是全面依法治国的核心。

就三者的关系而言，第一，坚持中国共产党的领导永远是中国特色社会主义事业的一项根本保证，也是中国特色社会主义制度的最显著优势，更是人民当家作主和依法治国的根本前提，坚持全面依法治国、建设法治中国的首要问题就在于将党的全面领导贯彻到法治建设的各项工作中。中国共产党是中国特色社会主义事业的执政党，党的执政地位的坚实稳固离不开广大人民群众的支持和拥护，广大人民群众的积极性、主动性、创造性要在党的领导下调动起来，人民当家作主的地位也要依靠党的坚强领导来实现。今后国家和社会的各项事务，包括法治中国建设和社会主义法治文化建设，都要继续毫不动摇地坚持党的领导，由此使得全面依法治国获得可靠的政治保障。第二，人民当家作主是社会主义民主政治的本质特征，也是中国社会主义民主与西方资本主义民主的最显著差异。全心全意为人民服务是中国共产党的根本宗旨，党的领导从根本意义上讲就是对人民根本利益的维护，而人民根本利益的实现就体现在对人民当家作主权利的保障上。人民当家作主的实现要落实在具体的制度层面上，习近平总书记曾在党的十九大报告中指出："人民代表大会制度是坚持党的领导、人民当家作主、依法治国有机统一的根本政治制度安排，必须长期坚持、不断完善。要支持和保证人民通过人民代表大会行使国家权力。发挥人大及其常委会在立法工作中

的主导作用,健全人大组织制度和工作制度,支持和保证人大依法行使立法权、监督权、决定权、任免权。”①毫不动摇地坚持人民代表大会制度,与时俱进地完善人民代表大会制度是我们当前乃至今后的一贯遵循,这样才会使党的领导、人民当家作主、依法治国在健全的制度体系下形成和谐整体,进而将坚持党的领导与支持和保证人民通过人民代表大会行使国家权力在根本上统一起来。第三,依法治国是党领导人民治理国家的基本方式,其核心是按照宪法和法律治理国家、管理社会事务,为党的长期执政提供制度支撑。人大及其常委会作为最高国家权力机关在党的领导下行使立法权、监督权、决定权、任免权,充分发挥其运用宪法和法律治理国家、管理社会事务的职能。未来,要继续坚持将三者统一于中国社会主义民主政治的伟大实践,不断改进和完善党的领导方式和执政方式,始终坚持群众路线和依法执政;扩大人民有序政治参与,保证人民依法实行民主选举、民主协商、民主决策、民主管理、民主监督,在党的领导下有效参与国家治理;党的领导为依法治国提供了思想上、政治上、组织上的保障,要持续在法治工作的各个方面推进改革,确保法律体系的权威性和公信力,实现社会公平、稳定和可持续发展,推动社会主义法治文化事业的繁荣兴盛。

(三)紧抓“关键少数”,厉行从严治党

党的政治路线确立以后,领导干部就是在国家发展各项事业中起决定性作用的“关键少数”,新时代全面依法治国的推进和社会主义法治文化的建设必须要紧抓这一“关键少数”。各党政机关的主要领导人应当认真履行推动法治文化建设的首要责任,当好各项法治建设工作的第一责任人,这是确保社会主义法治文化事业繁荣兴盛的关键组织保证。“一把手”和领导班子应当充分发挥在法治建设工作中的引领作用,明确法治建设的重点任务,对计划、监督、考核等工作环节进行周密部署,协调推动科学立法、严格执法、公正司法,以身作则激励全民守法意识的提升,培育良好的法治文化氛围。党政机关需要以制度规定的形式明确领导干部的管党治党责任,培育

① 中共中央党史和文献研究院编:《十九大以来重要文献选编》(上),中央文献出版社 2019 年版,第 26 页。

领导干部的法治思维,以"关键少数"带动"绝大多数",推动政治监督工作落到实处,增进监督的具体化、精准化和常态化。

对于一个常存常新、与时俱进的政党而言,打铁还须自身硬,全面从严治党永远在路上,管党治党一刻不容松懈。新时代必定面临新的征程,党的二十大报告从7个不同的方面对坚定不移全面从严治党、深入推进新时代党的建设新的伟大工程作出了重大部署,同时在党的二十大新修改的党章中也体现出以伟大自我革命引领伟大社会革命的具体要求,强调和申明党的自我革命一直在路上,所以应该持续不断地健全党内法规体系,有效分化全面从严治党主体责任和监督责任,真正推进党员不敢腐、不能腐、不想腐的自我思想改革。具体到社会主义法治文化建设的事业中,从严治党的含义有两重,一方面要制度治党、依规治党,在法治文化建设中体现以法为先、从严管党治党的高度自觉;另一方面要明罚敕法,依照法律法规制裁违反党纪国法的行为,清除有损党的先进性和纯洁性的因素,确保党永远不变质、不变色、不变味。当前,全面从严治党持续向纵深发展,全面从严治党体系的内涵、功能、规范不断健全,党的建设取得许多新的成就和经验。法治文化建设要以党的建设为引领,解决法治领域的突出问题,带头形成尊崇法治、敬畏法律的社会氛围,为社会主义法治文化的厚植提供坚实保障。

(四)坚持依法治国和以德治国相结合,发挥道德的支撑作用

法律是成文的道德,道德是内心的法律。在国家治理中充分发挥依法治国和以德治国的作用,强调二者的相辅相成、并行不悖,已经是中国70多年法治进程探索出的宝贵经验,是新时代国家治理现代化的必然要求。社会主义法治文化的概念意涵深远,既包括人们对于法治所共有的价值观念、追求、思维方式和信仰,也包括法律制度、实践方式等物质成果的总和。总之,它是中国社会主义制度下先进文化的必要构成部分。党的十九届五中全会审议通过的《中共中央关于制定国民经济和社会发展第十四个五年规划和二〇三五年远景目标的建议》曾提出2035年要实现的社会主义现代化远景目标,其中包括基本建成法治国家、法治政府、法治社会,也包括建成文化强国。随着当今中国经济腾飞,国家综合实力大幅提升,国际影响力显著增强,文化自信也得到彰显,法治中国与文化强国的统一便在于社会主义法

治文化的培育，以及法治与德治在治国方式上的结合。社会主义文化建设离不开法治建设，尤其是法治文化建设，要坚持在法治轨道上推进社会主义文化强国建设，提高全社会的文明程度，使得法律和道德规范社会行为、调节社会关系、维护社会秩序的作用充分彰显。

在全面依法治国和建设社会主义法治文化过程中，必须发挥道德的支撑作用和教化作用，以润物无声的方式滋养法治精神，将符合社会主义核心价值观的良法内化于民心，使法治的权威获得广泛的社会文化基础。在未来的法治文化建设道路上，要把社会主义核心价值观作为法治的灵魂，使其融入法治建设的每一环节，大力弘扬中华民族传统美德，培育政治道德、社会公德、职业道德、生态道德、商业道德、家庭道德，使广大人民群众清楚认识法治中国的价值所向；同时要在立法、执法、司法、守法的全过程中充分汲取道德养分、评估道德风险，不断完善法律法规和执法司法实践，以使其彰显有温度的人文关怀和道德价值；要力求中国特色社会主义道德体系与法律体系的衔接和互补，坚持依法治国和以德治国相结合，积极培育人民群众的法治精神、法治观念、法治思维和法律信仰，把道德要求贯穿法治文化建设的始末。

第六章　新时代中国特色社会主义法治文化的时代特征与价值诉求

党的十八大以后，中国特色社会主义进入新时代，党和国家根据当今国情与时代特征，对依法治国作出了一系列重大战略部署，凸显了全面依法治国在推进国家治理体系和治理能力现代化中的关键性作用，阐释了中国特色社会主义法治道路的核心内涵，明确了全面依法治国的战略方向。新时代的到来，中国特色社会主义法治文化呈现出鲜明的时代特征，强化社会主义法治文化建设，必须在牢牢把握其时代特征的基础上，突出中国特色、实践特色和时代特色。新时代对中国法治建设提出了新任务、新需求、新挑战，也对中国特色社会主义法治文化建设提出了更高的价值诉求。

第一节　新时代中国特色社会主义法治文化建设的时代特征

社会主义法治文化作为全面推进依法治国的内在动力，是建设社会主义法治国家的精神支撑和价值基础，对人们的法治观念、价值取向和行为方式具有稳定而持久的作用和影响。习近平总书记指出："全面推进依法治国需要全社会共同参与，需要全社会法治观念增强，必须在全社会弘扬社会主义法治精神，建设社会主义法治文化。"[①]2021 年 3 月 26 日，为了进一步推进和强化中国社会主义法治文化建设，中共中央办公厅、国务院办公厅印发《关于加强社会主义法治文化建设的意见》，强调社会主义法治文化是中国

① 习近平：《加快建设社会主义法治国家》，《求是》2015 年第 1 期。

特色社会主义文化的重要组成部分，是社会主义法治国家建设的重要支撑。为中国法治文化建设提供了更系统、更具体的指导，体现了鲜明的时代特征。明确提出中国社会主义法治文化建设的五个原则，要以习近平新时代中国特色社会主义思想为指导，以坚持党对全面依法治国的领导，坚持以人民为中心，坚持法安天下、德润人心，坚持知行合一、重在实践，坚持继承发展、守正创新为工作原则。

一、坚持党对社会主义法治文化建设的全面领导

党的十九大报告指出，新时代党的建设总要求是要坚持和加强党的全面领导。在党的二十大报告中，强调坚持党的全面领导是坚持和发展中国特色社会主义的必由之路。坚持和加强党的全面领导在新时代国家各项事业建设布局中的首要地位。在中国社会主义法治建设方面，自党的十八大以后，党的领导就在历次会议中被不断强调，是中国法治建设的一个主要特征和根本保障。党的十八届四中全会通过的《中共中央关于全面推进依法治国若干重大问题的决定》中明确指出，党的领导是中国特色社会主义最本质的特征，是社会主义法治最根本的保证。把党的领导贯彻到中国法治建设的各方面和全过程，成为全面推进依法治国的一条基本经验和原则。新时代以来，作为中国法治工作的重要组成部分，社会主义法治文化建设更加突出了党的全面领导的作用。

中国的社会主义法治文化建设包含了不同层次、多个方面，既有理论的更新，也有制度的完善，更有人民观念的进步，是一个系统的复杂工程，这就需要一个具有强大领导力的政党来发挥总揽全局、协调各方的作用。中国共产党作为中国的执政党，拥有无可比拟的政治优势、组织优势、思想优势和密切联系群众优势，只有在党的全面领导下，社会主义法治文化建设才有依靠和保障，法治的精神、价值、理念等才能得以实现，国家和社会生活才能稳步推进。坚持党对法治各个环节的全面领导，将党的引领融入中国法治文化建设全方位和全过程，是中国社会主义法治文化建设的一个重要特征。新时代以来，在党的领导下，持续推进法治建设，完善中国特色社会主义法治体系，构筑了法治运行的体制机制，在全国范围内开展了法律常识的普及

工作,为建设社会主义法治文化奠定了坚实基础。未来,在建设法治文化的进程中,也要继续坚持和加强党的领导,维护党中央权威和集中统一领导,增强“四个意识”,做到“两个维护”。加强党的领导是保证中国社会主义法治文化建设始终沿着正确轨道运行的必由之路。

二、以满足人民美好生活需要为出发点和落脚点

根据马克思主义基本原理,矛盾存在于一切事物的发展过程中,是推动事物发展的动力,社会主要矛盾是在事物发展过程中起决定性作用的矛盾,是社会发展的根本动力。在党的十九大报告中,习近平总书记提出:“中国特色社会主义进入新时代,我国社会主要矛盾已经转化为人民日益增长的美好生活需要和不平衡不充分的发展之间的矛盾。”①满足人民群众的美好生活需要是破解新时代社会主要矛盾的基本诉求。

在新时代,随着物质生活条件的改善,人们对美好生活的需要越来越多样化、多层次、多方面。美好生活需要既关注到物质文化需要中的新内容,同时又关注到日益突出的精神文化需要。而人民美好生活需要的满足,很大程度上依赖于社会文明程度的进步和发展。只有整个社会处于一种公平、自由、文明、和谐的氛围之中,每个人的需求才会得到满足,人民的获得感、幸福感、安全感才会得到提升。法治文化作为一种具有鲜明价值判断和价值取向的文化形态,具有引领和指导法治国家建设进程的功能作用。② 在当前社会中,法治文化可以为人们的行为提供一种模式、标准和方向,引导人们自觉将自己的言行举止限制在合法的轨道范围内,从而使整个社会的运转在一个良性的模式下进行。同时,在法治文化的熏陶下,人们的思维方式、价值选择、人格塑造、道德判断、行为习惯都会受到不同程度的教育和影响,这对于一个人法治观念的树立具有潜移默化、润物无声的促进作用。清新的法治文化环境,能够使人们在不知不觉中,自然而然地受到法治情感的

① 习近平:《决胜全面建成小康社会　夺取新时代中国特色社会主义伟大胜利——在中国共产党第十九次全国代表大会上的报告》,人民出版社 2017 年版,第 11 页。

② 参见王寿林、张美萍:《文化视阈聊法治——中国特色社会主义法治文化研究》,重庆出版社 2019 年版,第 135 页。

感染。同时要将这种情感传播出去,使人们相互影响、相互触动、相互交流,从而形成一种从众效应,逐渐将法治的价值和理念蔓延到整个社会人们的脑海中。在新时代,中国特色社会主义法治文化的建设工作,就是为了构建良好的社会环境,提升人民群众的生活质量。可以说,以满足人民美好生活需要为出发点和落脚点是新时代中国法治文化的显著时代特征。

三、坚持继承发展、守正创新

中国特色社会主义法治文化,是中国社会主义文化的重要组成部分,它的形成和发展不是一蹴而就的,而是必然要经历一个从不成熟到比较成熟、从不完善到比较完善的过程。这一过程离不开对新的时代特点和基本国情的总结和升华,离不开对古今中外优秀文明成果的借鉴和交流。没有总结和升华,就没有发展;没有借鉴和交流,就没有创新。因此,新时代中国特色社会主义法治文化,绝不是一个孤立、僵化的思想文化体系,而是积极借鉴中外法治建设中的优秀理论成果和实践经验的开放、包容、发展的文化体系。正如《共产党宣言》中所说,"过去那种地方的和民族的自给自足和闭关自守状态,被各民族的各方面的互相来往和各方面的互相依赖所代替了。物质的生产是如此,精神的生产也是如此。各民族的精神产品成了公共的财产"①。

新时代以来,中国特色社会主义法治文化建设坚持继承发展、守正创新,在继承中国传统法律文化的基础上,吸收和借鉴国外法治经验,逐步形成了具有中国特色的道路体系。在中国传统法律文化中,有许多超越时空,具有普遍价值的思想理论。例如"奉法者强,则国强,奉法者弱,则国弱""立善法于天下,则天下治;立善法于一国,则一国治""天下之事,不难于立法,而难于法之必行"等。此外,中国传统法律文化还强调注重法律的教育功能,主张以法为教,指出法律的任务不仅是"禁暴惩奸",而且要"弘风阐化"。法律与道德应当相互配合,主张"德主刑辅""礼法合治"的原则。在中国传统文化中,道德对人具有很强的规范作用,相比之下,法律成为道德的辅助

① 《马克思恩格斯选集》(第一卷),人民出版社 1972 年版,第 255 页。

手段，因而道德可以调控的领域远比法律更为宽泛。2021 年，中央印发《关于建立社会主义核心价值观入法入规协调机制的意见(试行)》，将社会主义核心价值观写入法律，这与中国传统法律文化中德法结合的观念相一致，是中国继承优秀传统法律文化的体现。因此，新时代建设中国特色社会主义法治文化，要求我们系统考察和深入挖掘中国传统法律思想中的有益成分，以便从中获取精神补益和思想滋润，使其在新的历史条件下不断发扬光大。

另外，当今世界全球化趋势日益明显，为满足中国法治文化建设的客观要求，我们要善于借助国外法治经验，遵循国际惯例，以便在较短的时间内实现法治现代化。进入新时代中国面临百年未有之大变局，世界上不同文化间的交流越来越多，相应地，冲突碰撞也越来越多。法治文化的发展更是如此，可以说，每一种法治文化都面临着接受挑战、改革创新、不断完善的过程。此外，随着全球化的深入发展，中国的对外文化交流活动愈加频繁，相应地，我国法治文化中的外来元素也在逐渐增多。2014 年 12 月 23 日，习近平总书记在党的十八届四中全会第二次全体会议上指出："坚持从我国实际出发，不等于关起门来搞法治。法治是人类文明的重要成果之一，法治的精髓和要旨对于各国国家治理和社会治理具有普遍意义，我们要学习借鉴世界上优秀的法治文明成果。"①中华民族有着海纳百川、兼容并包的民族精神，不断吸收借鉴其他民族的优秀文化，并适当进行创造性转化和创新性发展，才能真正形成我们自己特色的民族文化。因此，新时代中国特色社会主义法治文化建设，一方面继承了中国传统法律文化的精华部分，又借鉴了西方法治文化的优秀成果，坚持以我为主、为我所用的方针，继承发展、守正创新，使中国的法治文化始终保持强大的生命力。

四、坚持法安天下、德润人心

2016 年 12 月，习近平总书记在中央政治局第三十七次集体学习中发表重要讲话，他指出，"法律是成文的道德，道德是内心的法律。法律和道德都具有规范社会行为、调节社会关系、维护社会秩序的作用，在国家治理中都

---

① 习近平：《加快建设社会主义法治国家》，《求是》2015 年第 1 期。

有其地位和功能。法安天下，德润人心”[①]。可见，法律和道德都是社会行为规范，国家和社会治理需要法律和道德共同发挥作用，把依法治国和以德治国结合起来。法律以刚性的国家强制力来确保其实施，道德以柔性的社会舆论或个人自觉来确保其实施，一个强调制度底线，一个强调内心防线，这对于中国社会主义法治文化建设来说缺一不可。

党的十八大以来，中国法治进程中的一大显著特点就是始终强调要将依法治国与以德治国相结合，这不仅是对中国传统文化中治国理政经验的精华凝炼，还是新时代中国特色社会主义法治文化建设的客观要求。关于法治与德治的辩证关系，党和国家在不同场合曾多次强调。比如2012年12月，习近平总书记在首都各界纪念现行宪法公布施行30周年大会上发表重要讲话，他指出：“法律是成文的道德，道德是内心的法律。我们要坚持把依法治国和以德治国结合起来，高度重视道德对公民行为的规范作用。”[②]2014年10月，习近平总书记在党的十八届四中全会上进一步指出：“既重视发挥法律的规范作用，又重视发挥道德的教化作用，以法治体现道德理念、强化法律对道德建设的促进作用，以道德滋养法治精神、强化道德对法治文化的支撑作用。”全面推进依法治国，需要坚持依法治国和以德治国相结合，这是我国构建法治国家、法治政府、法治社会必须遵循的原则之一。2016年12月，中共十八届中央政治局围绕“法治和德治”的主题开展第三十七次集体学习，习近平总书记在主持学习时强调：“法安天下，德润人心。”[③]中国特色社会主义法治“道路的一个鲜明特点，就是坚持依法治国和以德治国相结合，强调法治和德治两手抓、两手都要硬。这既是历史经验的总结，也是对治国理政规律的深刻把握”[④]。党的十九大报告在讨论新时代中国特色社会主义思想和基本方略时再次强调，要坚持依法治国和以德治国相结合。新时代以来，我们既重视发挥法律的规范作用，不断完善法律体系，健全相关

① 习近平：《论坚持全面依法治国》，中央文献出版社2020年版，第165页。
② 中共中央文献研究室编：《十八大以来重要文献选编》（上），中央文献出版社2014年版，第91页。
③ 习近平：《论坚持全面依法治国》，中央文献出版社2020年版，第165页。
④ 习近平：《论坚持全面依法治国》，中央文献出版社2020年版，第166页。

法律的体制机制,还注重发挥道德的教化作用,在新的历史条件下,加快社会主义思想道德体系建设,确立全社会成员共同遵循的行为准则和价值取向,倡导社会主义核心价值观,通过弘扬中国精神凝心聚力,大力弘扬中华优秀传统文化,并做好创造性转化和创新性发展,增强民众的法治意识、法治观念、法治信仰,让法治的种子在人们心中落地生根。党的二十大报告明确指出,法治社会是构筑法治国家的基础。弘扬社会主义法治精神,传承中华优秀传统法律文化,引导全体人民做社会主义法治的忠实崇尚者、自觉遵守者、坚定捍卫者。建设覆盖城乡的现代公共法律服务体系,深入开展法治宣传教育,增强全民法治观念。推进多层次多领域依法治理,提升社会治理法治化水平。发挥领导干部示范带头作用,努力使尊法、学法、守法、用法在全社会蔚然成风。

第二节　新时代中国特色社会主义法治文化建设的价值诉求

党的十八大以来,中国特色社会主义建设进入了新时代,新的时代特征为中国法治建设提出新任务、新要求。党的十九大报告中强调要建设社会主义法治文化,树立"宪法法律至上、法律面前人人平等"的法治理念。因此,基于新时代的大背景,中国特色社会主义法治文化建设需要有更高的价值诉求。2020 年 12 月 1 日,中共中央印发的《法治中国建设规划(2020—2025 年)》提出,到 2025 年,党领导全面依法治国体制机制将更加健全,以宪法为核心的中国特色社会主义法律体系将更加完备,职责明确、依法行政的政府治理体系将日益健全,相互配合、相互制约的司法权运行机制将更加科学有效,法治社会建设取得重大进展,党内法规体系更加完善,中国特色社会主义法治体系初步形成。到 2035 年,法治国家、法治政府、法治社会将基本建成,中国特色社会主义法治体系将基本形成,人民平等参与、平等发展权利将得到充分保障,国家治理体系和治理能力现代化将基本实现。"这是新中国成立以来第一部法治中国建设的专门规划,是新时代推进全面依法治国的纲领性文件,是'十四五'时期统筹推进法治中国建设的总览图、路线图、施工图。”①

同日，中共中央印发《法治社会建设实施纲要（2020—2025年）》，提出法治社会是构筑法治国家的基础，法治社会建设是实现国家治理体系和治理能力现代化的重要组成部分。建设信仰法治、公平正义、保障权利、守法诚信、充满活力、和谐有序的社会主义法治社会，是增强人民群众获得感、幸福感、安全感的重要举措。该文件明确了法治社会建设应该遵循的主要原则：坚持党的集中统一领导；坚持以中国特色社会主义法治理论为指导；坚持以人民为中心；坚持尊重和维护宪法法律权威；坚持法律面前人人平等；坚持权利与义务相统一；坚持法治、德治、自治相结合；坚持社会治理共建、共治、共享。从推动全社会增强法治观念、健全社会领域制度规范、加强权利保护、推进社会治理法治化、依法治理网络空间五个方面明确当前法治社会建设的重点内容，作出具体部署。

一、坚持人民本位的价值引领

根据马克思主义的基本观点，人民群众是社会实践的主体，是历史的创造者。建设中国特色社会主义法治体系、全面推进依法治国、构建社会主义法治文化，必然要坚持人民主体地位，强化人民本位的价值取向。党的十八届四中全会提出“人民是依法治国的主体和力量源泉”的重要论断。党的二十大报告强调，要“坚持人民主体地位，充分体现人民意志、保障人民权益、激发人民创造活力”②。2021年3月26日中共中央办公厅、国务院办公厅印发的《关于加强社会主义法治文化建设的意见》明确提出中国社会主义法治文化建设的五个原则，其中就包括要“坚持以人民为中心，做到社会主义法治文化建设为了人民、依靠人民，不断满足人民日益增长的对民主、法治、公平、正义的需要”③。可见，新时代中国法治文化建设的出发点和落脚点就是

① 中央全面依法治国委员会办公室：《中国共产党百年法治大事记（1921年7月—2021年7月）》，人民出版社、法律出版社2022年版，第324页。

② 习近平：《高举中国特色社会主义伟大旗帜　为全面建设社会主义现代化国家而团结奋斗》，《人民日报》2022年10月26日，第1版。

③ 中共中央办公厅、国务院办公厅印发：《关于加强社会主义法治文化建设的意见》，《中华人民共和国国务院公报》2021年第11号。

为了人民的利益,人民不仅是法治文化的建设者,同时也是法治文化的受益者。可以说,人民本位的价值取向被摆在了法治文化建设的中心位置,是当前中国特色社会主义法治文化建设的鲜明特征。

建设中国特色的社会主义法治文化,必须以人民的广泛参与为基础、以人民的满意为检验的标准,否则就成了无源之水、无本之木。全面推进依法治国,建设社会主义法治国家,形成健康良好的法治文化氛围,符合全体人民的共同意愿,也需要每位公民的广泛参与。可以说,人民参与法治文化建设的广度和深度,是衡量中国法治文化是否深入人心、是否符合人民利益的一把标尺。只有提升全体人民参与法治文化建设的主动性,全面推进依法治国的目标才能真正实现。此外,只有将"人民满意"作为法治文化成果的检验标准,才能真正调动人民的积极性和创造性,形成良好的人人参与的法治文化氛围。新时代以来,中国在党的领导下,不断完善各项制度,深入推进民主政治建设,确保人民的主体地位得到充分的实现,确保人民的利益可以最大限度地得到保障。在立法过程中,中国在充分发挥人民代表大会主导作用的同时,更加广泛地倾听人民的呼声,征求人民的意见,各个环节都渗透着人民群众的思想和建议,这不仅使中国的立法更具科学性,也体现了立法为了人民、立法保护人民的宗旨,真正使中国的法律成为保障人民利益的有力武器。此外,党的十八大以来,中国始终坚持全面从严治党,坚持对官员的腐败行为零容忍,惩治了一大批贪污腐化的干部,这有力地传播了马克思主义的权力观,维护了党和政府的良好形象,弘扬了"法律面前人人平等""权为民所赋"等法治理念,提升了人民对法治的信任,增强了人民参与社会主义事业建设的主体意识和责任意识,这无疑构成了我国社会主义法治文化建设的群众基础。最后,进入新时代,人民群众法治参与的渠道、途径和形式更加多样,民生方面的法律制度建设得到进一步改善,人民在教育、就业、社会保障、医疗卫生、食品安全、扶贫、社会救助等方面享受更多的权利和利益。在完善人民参与法治活动的过程中,人民群众对执法和司法的监督手段也更加多样,种种举措都使得法治文化在广大人民群众中得到巩固和传播,使人民群众的法治意识、法治观念不断提升,使人民群众的合法利益和社会公平正义得到彰显,从而推动我国社会主义法治文化建设的不断发展和进步。

二、追求公平正义的价值核心

公平正义是文明社会的基本价值原则，也是人们对法治生活的普遍要求，更是中国特色社会主义法治文化追求的核心价值原则。进入新时代以后，随着中国改革开放的不断深化，人们更加注重公平正义价值观念的落实。在党的二十大报告中，习近平总书记强调，全面依法治国要“围绕保障和促进社会公平正义”，该论断进一步明确在新时代、在法治建设中全面落实公平正义的价值理念，是维护社会安定、满足人民美好生活需求的根本保证。对于中国特色社会主义法治建设来说，公平正义是其核心追求和目标，实现社会公平正义，就是要在现阶段社会发展水平的基础上使社会各方面的利益关系得到妥善协调，让每一个社会成员的基本权利和正当利益得到切实保障，让人们能够平等地享受广阔的自由和发展机会。而要实现社会公平正义的价值目标，除了依赖国家法律的完善和各项制度的构建，还需要提升全社会所有人民的法治意识、法治精神、法治观念、法治信仰等。只有使法治原则在全体社会成员的脑海中得到普及，使人们对法治有更自觉的认同和尊重，在这个基础上才能真正使公平正义的价值理念得到落实和践履。法治文化以公平正义作为核心的价值目标，将公平正义的理念贯穿于法治建设全过程，提升立法人员、执法人员、司法人员和全体国民的高水平法律素质，这是法治国家建设中的“软实力”建设，是法治社会建设的题中应有之义。

此外，随着中国特色社会主义进入新时代，中国社会的主要矛盾已经发生重要转变。可以说，人民对美好生活的需要更加广泛，层次也更加多样。与之相比，中国发展不平衡不充分的问题较为凸显，比如城乡发展差距和居民收入差距仍然较大等，公平正义理念得不到充分的落实，成为影响中国社会稳定的重要因素，这就要求我们用法治思维和法治方式化解潜在的矛盾纷争，需要法治文化从人们内心深处为人们的行为模式确定基调，引导人们按照法治精神处理生活中的矛盾和问题，从而将公平正义真正传播到社会的各个角落、生活的各个层面。

三、维护法律至上的价值根基

在人类社会发展进程中,始终要有一个至高无上的权威存在,只不过这个权威经历从神到人、从人到法的演变过程,而这个过程正是人类社会走向进步、文明的过程。法治作为治国理政的基本方式,其中蕴含着良法之治、法律至上、公平正义、权力制约等价值取向。其中,法律至上是法治的本质体现,它内含着在社会运行的规范体系中,法律所具有的至高无上、不可抗拒的位置,意味着法律是评判公民、法人和国家机关行为最基本的准则,其他任何社会规范都不能与法律相冲突,任何组织或者个人都不能有超越宪法和法律的特权。一个国家只有法律至上,才能实现法的治理。[①] 因此,可以说,法律至上是法治文化建设的价值根基。法律至上是法治区别于人治的根本标志,法律至上是法治实现的首要基础,并构成其他价值原则的前提条件。没有法律至上,任何法治价值都将是空中楼阁。法律至上具体表现为:法律至上、《宪法》至上和人民权利至上。所谓法律至上,即法律具有最高的权威性,每个人都要受到法律的制约。法律不仅支配着每一个人,而且支配着整个社会,把基本的社会生活都纳入一个制度化、规范化的范围中,所有的人、组织、团体都要严格依照法律的规范来从事各项活动。所谓《宪法》至上,就是作为国家根本大法,《宪法》具有最高的法律效力,是所有法律的基础。所谓人民权利至上,就是人民意志、人民利益、人民权利凌驾于任何个人、阶层、集团、党派的意志、利益和权力之上,只有人民才有权为社会的一切部分、事务、行为和每个成员制定法律,制定具有普遍性、一般性、规范性、明确性、平等性的行为准则,任何违背人民意志、人民利益、人民权利的法律都是虚伪的,最终必将为人民所抛弃。

作为中国法治建设的重要组成部分,法治文化体现了法治建设的核心理念和价值原则,是法治建设在精神层面的体现,因此两者在价值诉求上是天然一致的。与法治建设相同,中国特色社会主义法治文化建设同样以维

① 参见李德顺主编:《中国特色社会主义法治文化研究》,中国政法大学出版社 2016 年版,第 29 页。

护法律至上为价值基础,这也是中国法治文化得以顺利建设的基础性前提。进入新时代以后,中国共产党制定了“四个全面”的战略布局,其中全面推进依法治国,就是坚持走中国特色社会主义法治道路、建设中国特色社会主义法治体系、建设社会主义法治国家,实现科学立法、严格执法、公正司法和全民守法,将法治工作看作一个系统工程。需要将法律的至上性、权威性更加明确和突出,将法治理念、法治精神等通过中国特色社会主义法治文化的建设渗透到社会的方方面面,这样才能保证中国社会各种利益、权利的合理分配和平衡配置,保证中国建立起良好、稳定、和谐的社会秩序,从而建成社会主义现代化强国。

四、推进国家治理体系和治理能力现代化的价值目标

2013 年 11 月,党的十八届三中全会通过的《中共中央关于全面深化改革若干重大问题的决定》明确提出,全面深化改革的总目标是完善和发展中国特色社会主义制度,推进国家治理体系和治理能力现代化。2014 年 10 月,在党的十八届四中全会上,进一步提出,依法治国是实现国家治理体系和治理能力现代化的必然要求。由此,推进国家治理体系和治理能力现代化与全面推进依法治国,在中国成为两个紧密相连的重大命题。深刻领会党中央的精神和要求,加快建设社会主义法治国家,构建中国特色社会主义法治文化,积极稳妥推进国家治理现代化,成为当前中国的一项重要任务。中国加快法治建设进程,全面推进依法治国,目的就是要完善中国的治理体系,提升中国的治理能力,只有国家的运转始终沿着法律的正确轨道,才能真正地实现“良法善治”。

国家治理体系和治理能力现代化既是中国推进全面依法治国的驱动力和目标,也是中国特色社会主义法治文化的价值目标。毋庸置疑,国家治理体系和治理能力现代化作为中国全面深化改革的目标,事关中国经济、政治、社会、文化、生态发展的方方面面,具有全局性、系统性和复杂性的特点。要实现国家治理体系和治理能力现代化的目标,首先要实现国家治理思维和治理模式法治化的目标。中国传统的国家治理体系制度化程度较低,带有明显的人治和行政权力主导色彩,治理成本较高,治理效率较低。治理归

根到底是人的治理,不同的治理思维会产生完全不同的治理观念和价值,进而会形成不同的治理模式。要实现系统、协调、有序、稳定的治理体系和高效、有力、合理、准确的治理能力,就必须塑造有助于构建和培养此种治理体系和治理能力的文化氛围。法治文化在规范性、协调性和全面性等方面具有无可比拟的优势。因此,中国要实现社会治理的现代化,关键就是要突破传统的“人治”模式,形成以制度化、系统化和法治化为核心内容的文化价值引导。与此同时,我们要充分认识到,全面深化改革需要安定有序、充满活力、健康向上的社会环境,将社会矛盾的预防和化解机制纳入法治轨道,有助于从源头上构建国家长治久安的长效机制,解决纷繁复杂的社会问题。因此,在建设中国特色社会主义道路上,构建以实现国家治理体系和治理能力现代化为价值目标的法治文化,对于推进中国各项事业发展、满足人民日益增长的美好生活需要,具有十分重要的实践意义。

第三节　新时代中国特色社会主义法治文化建设呼唤道德支撑

法律和道德都是社会行为规范,国家和社会治理需要法律和道德共同发挥作用。两者的关系是相互依赖、相互影响、相互借鉴,缺一不可。法律发挥作用主要依靠国家强制力,属于硬性要求,道德主要依赖于人们的内心信念、道德感、责任感、社会舆论、风俗习惯等来保证实施。此外,法律明确规定允许人们做什么、禁止人们做什么,以人的行为无害于他人和社会为基本要求,是道德的制度底线;而道德倡导人们应该做什么、不应该做什么,以人的行为有利于他人和社会为基本要求,是法律的价值内涵和精神核心。法律是成文的道德,道德是内心的法律,因此,对于法治文化建设来说,缺少道德的滋养和支撑,就如同缺少源头活水,法治文化的建设就会缺乏思想和灵魂。2021 年 3 月 26 日,中共中央办公厅、国务院办公厅印发《关于加强社会主义法治文化建设的意见》,在“总体要求”部分确立了中国社会主义法治文化建设的重要原则之一,就是“坚持法安天下、德润人心,把社会主义核心价值观融入社会主义法治文化建设全过程各方面,实现法治和德治相辅相成、相得益彰”[1]。明确社会主义法治文化的总体目标：到 2035 年，基本形成与法治国家、法治政府、法治社会相适应，与中国特色社会主义法治体系相适应的社会主义法治文化，基本形成全社会办事依法、遇事找法、解决问题用法、化解矛盾靠法的法治环境。因此，社会主义文化建设离不开法治建设，尤其是法治文化建设，要坚持在法治轨道上推进社会主义文化强国建设，提高全社会的文明程度，使得法律和道德规范社会行为、调节社会关系、维护社会秩序的作用充分彰显。

一、增强社会主义法治文化的道德底蕴

自古以来，法律和道德就是安邦治国的两大法器，二者拥有共同的价值基础和目标，在内容上相互渗透，在作用上相互支撑、相互补充。2016 年 12 月 9 日，中共中央总书记习近平在主持中共中央政治局第三十七次集体学习时强调，法律是准绳，道德是基石。在新的历史条件下，要把依法治国基本方略、依法执政基本方式落实好，把法治中国建设好，必须坚持依法治国和以德治国相结合，使法治和德治在国家治理中相互补充、相互促进、相得益彰，推进国家治理体系和治理能力现代化。[2] 要实现社会的良好发展，不仅要注重发挥法律的规制效用，还要充分重视道德的教化效用，要在弘扬中华民族传统美德、社会公德、职业道德、家庭美德等时，实现法律和道德的相互融合，使法治和德治相得益彰。中国 5000 年的悠久历史孕育了深厚的中华传统文化，其中有很多思想和观念仍然存活于当代中国人的头脑之中，深刻影响着当代人的思维和行为习惯。因此，构建社会主义法治文化离不开对优秀传统文化的弘扬，要深入挖掘中国传统文化中的思想精髓，使其成为法治文化的精神源泉。比如中国传统上的“礼法合治、德主刑辅”“民唯邦本、政得其民”“法不阿贵”“矜老恤幼”等思想精华，都能给人们以重要启示，值得我们今天继承和弘扬。

改革开放以来，中国思想道德建设取得了显著成就，思想道德领域的主

---

① 中共中央办公厅、国务院办公厅印发：《关于加强社会主义法治文化建设的意见》，《中华人民共和国国务院公报》2021 年第 11 号。

② 参见习近平：《论坚持全面依法治国》，中央文献出版社 2020 年版，第 165 页。

流是积极、健康、向上的。同时还应当看到,随着互联网的快速发展,社会越来越开放,各种价值观念之间不断碰撞,人们的道德观念和行为方式受到了深刻影响,现有的一些道德规范已落后于时代发展的需要,而新的道德规范还没有完全形成,在某种程度上出现一定的真空期。因而在一些领域和方面,善恶、是非、美丑的界限混淆,制假贩假、以次充好、欺行霸市、不讲信用等现象时有发生,严重污染社会风气,妨碍社会主义市场经济的健康发展。因此,坚持依法治国和以德治国,必须加强公民道德建设,不断增强中国特色社会主义法治文化的道德底蕴。

第一,不断完善社会主义思想道德体系,使之更好地与社会主义法治相衔接、相协调。中国公民基本道德规范,第一条就是“爱国守法”,同样,社会主义核心价值观中,“法治”也是重要的价值要求之一。可见,守法不仅是法律义务,也是重要的道德要求,法治与德治具有相融的价值基础。

第二,道德教育与法治教育相统一。道德教育,顾名思义就是培养人的道德观念,促人崇尚真、善、美的过程,也是培育法治理念、法治精神的重要渠道。要深入实施公民道德建设工程,加强社会公德、职业道德、家庭美德、个人品德建设。在这个过程中,针对中国传统人情观念较重、规则意识淡薄的社会现实,要着力培育规则意识,倡导契约精神,弘扬公序良俗,引导人们自觉履行法定义务和道德责任。

第三,在文化传承中涵养法治精神和道德理念。中华民族历史悠久、文明灿烂,在中国的传统文化中,既包含丰富的道德资源,也包含丰富的法律资源,这是今天我们建设社会主义法治文化的思想来源。要大力弘扬中华优秀传统文化,深入挖掘其中蕴含的守诚信、讲仁爱、重民本、崇正义、求大同等德治价值,法不阿贵、以法为本、刑无等级等法治精华,并做好创造性转化和创新性发展,使其在新时代条件下发扬光大。

二、将社会主义核心价值观融入法治文化建设全过程

任何规范都是价值观的具体化,法律规范也是如此。法律规范、法治精神、法治文化、法治信仰,都体现着一定的价值选择、价值观念和价值导向。当前,中国特色社会主义法治文化建设必须体现社会主义核心价值观,必须

以社会主义核心价值观为引领。如果偏离社会主义核心价值观,法治文化建设就会失去价值根基和价值方向。2014年,习近平总书记在中央政治局第十三次集体学习时强调,要用法律来推动核心价值观建设,注重在日常管理中体现价值导向,使符合核心价值观的行为得到鼓励、违背核心价值观的行为受到制约。2016年,中共中央办公厅、国务院办公厅印发《关于进一步把社会主义核心价值观融入法治建设的指导意见》指出:"要坚持以社会主义核心价值观为引领,恪守以民为本、立法为民理念,把社会主义核心价值观的要求体现到宪法法律法规规章和公共政策之中,转化为具有刚性约束力的法律规定。"与其他规范比较起来,法律规范具有一元性、权威性和强制性。将社会主义核心价值观融入社会主义法治文化建设,具有重要意义,一方面为社会主义法治文化建设提供了方向和支撑,另一方面也为社会主义核心价值观的落实提供强有力的法律保障。

2013年12月,中共中央印发《关于培育和践行社会主义核心价值观的意见》,其中提出培育社会主义法治文化与培育和践行社会主义核心价值观的内在关联,提出要"注重把社会主义核心价值观相关要求上升为具体法律规定,充分发挥法律的规范、引导、保障、促进作用"等,这一指导性要求包含"文化法治化"和"法治文化化"的发展方向。其中"文化法治化"就是要把以培育和践行社会主义核心价值观为基本要求的社会文化建设纳入法治建设全过程,用法律强制力的一面来为社会主义核心价值观的落实提供后盾;而"法治文化化"就是中国法治建设本身要充分体现社会主义道德要求及社会主义核心价值观的底蕴和内涵,两者之间具有不可分割的内在联系。事实上,社会主义核心价值观倡导的12个价值观念,是涵盖多方面、多层次的内容要求。比如"平等""公正"是中国特色社会主义价值观念体系中的核心价值,也是中国法治建设的核心价值。"民主",也就是"坚持人民的主体地位",始终把"人民本位"的理念放在基础性和根本性位置,不仅是中国法治的基本目标,也是中国社会主义核心价值观在社会层面的重要价值之一。

要想更好地将社会主义核心价值观融入法治文化建设,首先,在立法上要将社会主义核心价值观的要求和内涵融入立法全过程,推进科学立法、民主立法,用社会主义核心价值观提高立法质量,完善法律体系,同时加强社会主义核心价值观对行政执法、司法、守法、法律监督等法治环节的引领指导，通过践行社会主义核心价值观彰显中国法治的基本精神和价值内涵。其次，党和政府率先垂范，坚持严格执法、依法行政、公正司法，在法律框架内依据法律授权行事。同时要加强对司法活动的指导和监督，努力让人民群众在每一个司法案件中感受到公平正义。最后，让社会主义核心价值观成为全社会的共同追求，让守法成为全民的真诚信仰。只有法律彰显强大的道义力量，散发浓厚的道德气息，才能让人们从被迫接受法律转变为主动遵守并信仰法律，才能培养人们的法律信任和法律情感。

三、夯实国民法治信仰的道德根基

法治信仰是人们发自内心地认同法律、信赖法律、遵守和捍卫法律的心理状态。如果说，信仰是文化的精神根基，那么，法治信仰就是法治文化的精神根基。法治信仰是法治建设的强大内驱力，是人们的法治认知、法治情感、法治意志、法治精神、法治信念和法治行为的凝聚，是法治主体意识的集中体现，涉及人与法的根本价值联系和法治的根本价值走向。法治文化是围绕着法治所形成的文化，于外表现为法律规范、法典法令、法律制度、法律设施，以及立法、执法、司法机构、程序及活动等，于内则体现在人们的法律认知、法律情感、法律意志、法治精神、法治信念和法律行为。无论内外，都以法律及其权威为核心。建立最合理的、最人道的、有利于人民的法律并敬重此法律、遵守此法律、维护此法律，是法治文化的重要内容和功能。对最优良法律的追求、向往，即对法律最高价值目标和理想状态的追求、向往，内含着法治信仰的基本要素；对优良法律的至高无上性的认同、敬仰、敬畏和信奉，也是法治信仰的重要内涵；严格遵守法律，积极维护法律的至上性和尊严，坚决与违法行为做斗争，这些都是法治信仰中不可或缺的意志因素。而这些法治信仰的基本要素，构成了法治文化的灵魂和精神根基。如果没有人民对良好法治社会的追求和向往，没有人民对法律认同、信任、敬畏、捍卫和持之以恒地奉行，良好的法治文化就不可能形成，全面依法治国就不可能实现，真正的社会主义法治社会就不可能建成。正如《中共中央关于全面推进依法治国若干重大问题的决定》所指出的："法律的权威源自人民的内心拥护和真诚信仰。人民权益要靠法律保障,法律权威要靠人民维护。”[①]没有全体社会成员的法治信仰,法律就会失去其权威性,法治文化甚至法治社会的建设就会缺乏精神动力和精神根基。如果在民众的内心没有树立起对法律的尊崇和信仰,人们不是从自身出发去认可、信任、需要、敬重并遵守法律,那么就难以实现真正的法治。

法治信仰的建立不能仅仅依靠外部的强制力,更需要通过内在价值的渗透,而这个内在价值主要指道德价值和道德精神。正如英国学者米尔恩指出:“道德在逻辑上先于法律,没有法律可以有道德,但没有道德就不会有法律。这是因为,法律可以创设特定的义务,却无法创设信仰和服从法律的一般义务。”[②]这说明对于法治信仰培育而言,道德价值是必不可少的。可见,要想在民众中树立或唤起法治信仰,势必要将与民众内心价值相一致的道德精神融入法治工作中。简单地说,任何试图剥离道德价值、道德精神,却又想树立法治信仰的行为,都是无用之功。因此,要想把法治信仰的培育落到实处,离不开道德的支撑。具体来说,包括:其一,离不开国民的正义感。因为“只有那些具有正义德性的人才有可能知道怎样运用法律”[③]。在亚当·斯密看来,“虽然没有仁慈之心,社会也可以存在于一种不很令人愉快的状态之中,但是不义行为的盛行却肯定会彻底毁掉它”[④]。正义是社会存在的根基,是人们必须遵守的“强制性美德”。对于法律素质的培育来说,正义感是国民的基础性美德,也是首要的美德,是每名国民都应具备的道德情感。正义的法律的遵守有赖于国民的正义美德,因为正义的法律只有对那些拥有正义美德的人来说才是充分有效的。在一个正义感撕裂的社会,社会成员不可能自愿守法,法律素质也难以培养。所以,对于一个社会来说,无论何时都应将正义当作核心价值,将培育国民的正义感作为国民教育的重要内容。其二,离不开国民的义务感。国民义务包括法律义务、政治义

① 《中共中央关于全面推进依法治国若干重大问题的决定》,《人民日报》2014 年 10 月 29 日,第 1 版。

② [英]米尔恩:《人的权力与人的多样性——人权哲学》,夏勇译,中国大百科全书出版社 1995 年版,第 35 页。

③ [美]麦金泰尔:《德性之后》,龚群等译,中国社会科学出版社 1995 年版,第 192 页。

④ [英]亚当·斯密:《道德情操论》,蒋自强等译,商务印书馆 1997 年版,第 107 页。

务、社会义务和道德义务。法律义务包括三个方面:人际义务方面,包括尊重他人自由权、言论自由、信仰自由等;组织责任方面,包括促进普遍福利、尊重个人权利、尊重政府合法制定的法律;强制义务方面,包括协助确保国内治安、为法律系统出力、尊重并配合警察调查等。[①] 遵守义务、承担责任是所有在社会生活中的国民都不应逃避的事情,社会的良好运行离不开每个人的参与。其三,离不开国民的敬畏感。敬畏感是一种心怀敬重、持以畏惧的为人处世态度。一个人拥有敬畏感,才会时时处处严格约束自己,端正自己的行为。法律敬畏就是要将法律视为一种信仰,体现为对法律发自内心的敬仰、畏惧,并且自觉地维护法律的尊严与权威,坚守法律这条“底线”“红线”[②]。2021 年 3 月 26 日,中共中央办公厅、国务院办公厅印发《关于加强社会主义法治文化建设的意见》明确提出了社会主义法治文化建设的主要任务是:深入学习、宣传、贯彻习近平法治思想,完善中国特色社会主义法治理论,大力弘扬宪法精神,在法治实践中持续提升公民法治素养,推动中华优秀传统法律文化的创造性转化与创新性发展,繁荣发展社会主义法治文艺,加强社会主义法治文化阵地建设,加强法治文化国际交流。只有对法律保持敬畏感,我们才会尊重法律,才会加强自律,才会自觉遵纪守法。

① 参见[英]雅诺斯基:《公民与文明社会》,柯雄译,辽宁教育出版社 2000 年版,第 70—71 页。
② 参见魏长领、李源:《论公民法律素质的基本要素及其提升路径》,《中州学刊》2017 年第 6 期。

第七章　当前道德支撑法治文化建设的问题及其根源

本书第一章、第二章探讨了法治文化的内涵、基本要素、功能和道德的内涵、特点等，并在此基础上阐述了法治文化建设与道德的关系。第三章、第四章探讨了中国历史和西方历史中法治文化建设与道德文化的关系。第五章、第六章探讨了新中国成立以来中国特色法治文化建设的曲折而艰难的历史进程、经验和教训，新时代法治文化建设的指导思想、基本目标、基本特征和总体要求。本章则着重探讨新时代以来中国道德支撑法治文化建设的问题及其根源，以利于第八章对新时代中国特色社会主义法治文化建设的道德支撑的路径和对策的探讨。

第一节　当前道德支撑法治文化建设面临的问题

中国特色社会主义建设进入新时代，改革进入攻坚期和深水期，身处“百年未有之大变局”，面临的矛盾风险挑战前所未有。在法治文化建设方面，也遇到很多障碍和挑战。一方面，可以肯定，在法治文化建设过程中，把道德导向贯穿法治建设全过程，把社会主义道德要求渗透于立法、执法、司法、守法各环节。人们越来越认识到，应该将道德融入法治文化中去，用道德激发法治文化内在活力是新时代中国特色社会主义法治文化建设的必然要求。另一方面，也应该看到，道德领域的问题往往是破坏法治文化建设的内在问题。当前，在道德支撑法治文化建设过程中仍然存在一些突出矛盾和问题。由于道德素质低、道德品质差，一些人守不住道德底线而“越礼入法”、践踏法律、贪赃枉法、徇私舞弊等现象还层出不穷，应该引起高度关注。

关于道德生活领域中存在的问题，在中共中央、国务院最新印发的《新时代公民道德建设实施纲要》中曾经明确指出："一些地方、一些领域不同程度存在道德失范现象，拜金主义、享乐主义、极端个人主义仍然比较突出；一些社会成员道德观念模糊甚至缺失，是非、善恶、美丑不分，见利忘义、唯利是图，损人利己、损公肥私；造假欺诈、不讲信用的现象久治不绝，突破公序良俗底线、妨害人民幸福生活、伤害国家尊严和民族感情的事件时有发生。"[①]这些问题不仅扰乱了社会生产和人民生活的基本秩序，也扰乱和阻碍了新时代中国特色社会主义法治文化建设，成为亟待解决的社会问题。

一、立法、执法、司法过程中存在的问题

在《中共中央关于全面推进依法治国若干重大问题的决定》中，明确指出了中国在立法、执法、司法过程中存在的主要问题："有的法律法规未能全面反映客观规律和人民意愿，针对性、可操作性不强，立法工作中部门化倾向、争权诿责现象较为突出；有法不依、执法不严、违法不究现象比较严重，执法体制权责脱节、多头执法、选择性执法现象仍然存在，执法司法不规范、不严格、不透明、不文明现象较为突出。"[②]可以从立法、执法、司法诸环节分析其具体表现：

第一，立法质量及立法部门存在的问题。近年来，中国法律体系虽然形成，在立法实践中也取得不凡成就，但依然面临着立法质量不高、立法领域不全面、操作性差、道德立法难等问题，按照党的十八届四中全会决定，良法"要恪守以民为本、立法为民理念，贯彻社会主义核心价值观"，要"符合宪法精神、反映人民意志、得到人民拥护"。现实中我们距离"良法"的目标还有一定的差距，至少表现在三个方面：其一，有些法律法规未全面反映客观规律和人民意愿，比如未成年人负刑事责任的年龄界定问题，虽然 2020 年的刑法修正案对刑事责任最低年龄改为 12 岁，但现实中未成年人发生极端行为

① 中共中央办公厅、国务院办公厅印发：《新时代公民道德建设实施纲要》，《中华人民共和国国务院公报》，2019 年第 31 号。

② 《中共中央关于全面推进依法治国若干重大问题的决定》，《人民日报》2014 年 10 月 29 日，第 1 版。

的年龄正在逐步下降,比如在网络上激起民愤的不满 12 周岁的未成年人实施的极端侮辱他人事件,这提醒我们立法应做到与时俱进。其二,针对性、可操作性不强,比如各地出台的“养犬令”,本意是维护社区公共空间秩序以及保障公民人身安全、隐私,但以 2021 年 5 月 1 日根据《民法典》修订的新规为例,规定犬主在带犬外出时,应按规则佩戴犬牌,并按规则系上犬绳等,防止犬伤人、传播疾病,但并未说明规则是何,大多数地区也从未分发过犬牌,这一新规可操作性值得商榷。其三,立法工作中部门化倾向、争权诿责现象较为突出,立法工作往往牵涉多部门、多领域,很多立法工作往往是“牵一发动全身”,比如关于自然资源领域的立法工作,就要牵涉山、水、林、田、湖、草等有关各个部门,这些部门的用途管制和生态保护修复职责各不相同,就会造成在立法行动中产生责任划分不清、空间规划不一、地方权力掣肘等一系列问题。

第二,执法和司法实践过程中出现的问题。执法与司法过程往往直面群众,更加贴近人民的社会生活。执法与司法过程中出现的问题不仅影响着中国民主实践的效果以及政府形象,更关系到党的执政基础。然而,执法和司法领域仍然存在一些不公平、不文明、不合理的问题,这些问题突出表现在以下几个方面:其一,有法不依、执法不严、违法不究现象比较严重,现实中存在执法司法机关人员权大于法、权大于德,利大于法、利大于德的现象,尤其是法治领域干部违纪违法现象、执法司法队伍中“灯下黑”现象频频出现。其二,执法体制权责脱节、多头执法、选择性执法现象仍然存在,一些行政部门工作不严密、体制不完善、职责交叉严重,比如政府机构设置和职责划分不够科学,职责缺位和效能不高。一些部门条块不清晰、程序意识不强,比如在执法中执法机关面对一些违法闹事行为,存在为了不引起更多关注选择性执法的现象,未按照法定程序依法追究当事人责任。其三,执法司法不规范、不严格、不透明、不文明现象较为突出,比如,“城管”的污名化就是这一现象突出的深刻体现,出现一些执法人员素质不够、价值观扭曲,采取暴力执法、以权谋私、收取保护费等行为;又比如,存在司法实践中司法人员业务能力欠缺、失德违纪违法导致司法行为变形,进而引发的司法不公正的情况,以及对法治文化相关理论的宣传工作先进性、德行不够,方式方法较为陈旧,导致公民民主实践的参与度降低。

二、公民群体信法、守法、护法方面的问题

法律首先要被认同,才能被奉行。公民只有了解法律的重要性,认同法治的优越性和必然性,才能自觉守法和护法。然而,在现实生活中,不少公民长期以来对法律不信任,不愿意通过司法手段维护自身权益以解决纠纷。中国学者欧运祥教授在《法律的信任——法理型权威的道德基础》(法律出版社,2010 年版)一书中,通过对比中西方法律传统,从法律信任的角度入手,研究法理型权威的道德基础,发现无论是儒家的德治思想,还是道家的无为而治,抑或法家维护统治者权威的有限法治思想,皆未使中国产生譬如"法律至上"的西方法文化传统,法律仅仅成为辅助治国的工具,再加上审判制度的不健全,民众的诉讼权利无法得到有效的制度保障,这就进一步限制了法律在调整处理社会人与人关系方面的有效性。公民对法律的权威、法治的重要性认识不够,在解决矛盾纠纷和社会利益关系的时候,往往寻求法律之外的"更有效""更快捷"的路径和方法,比如,托人情、走后门、拉关系、请客送礼等。

公民在信法、守法、护法方面存在的问题至少表现为以下几个方面:

其一,对法律、法治认识不够或不认同。《中共中央关于全面推进依法治国若干重大问题的决定》指出,部分社会成员尊法、信法、守法、用法、依法维权意识不强,部分社会成员对法律、法治认识不够、认同不够。比如:一是一部分公民不知道、不重视、不善于运用宪法和法律赋予自己的权利,如选举权;一部分选民对法律赋予的权利不够珍惜,对法律赋予的选举权和被选举权比较冷漠,参与选举的热情不够高。二是一部分公民不知道如何运用法律赋予自己的权利来维护自己的合法权益。弱势群体由于自身文化水平的局限,政治参与意识与政治表达能力不强,因而在面对行政权力对其自身合法权益进行侵犯时,不善于应用法律武器来维护自身权益,取而代之的是使用过激行为来表达自己的利益诉求。三是在人情与法治之间,一部分公民更愿意选择人情。重礼治轻法治的观念否定了人与人之间的平等关系,产生各种复杂的人际关系网络,在乡村事务上更多地表现为人情关系和无

“讼”关系。四是自古以来形成的“拜官主义”和“拜金主义”相互交织，导致权钱交易现象频发，权、钱的威力和便捷效益高于法治。“拜官主义”“官本位”现象普遍存在。所谓“官本位”，就是以官为本，权力本位，它突出官权，忽视民权，以官为主，以民为仆，执政者按照本集团的价值观念来评价、决定和操纵民众的行为，而民众只有服从的权利。

其二，法治思维薄弱。法治思维就是将法治的诸种要求运用于认识、分析、处理问题的思维方式，是一种以法律规范为基准的逻辑化的理性思考方式。法律思维是建立在人们对法律、法治认同和信任基础上的。人们认同和信任法律和法治，就会遇事想到法律，首先考虑运用法治的路径、方式和方法去解决问题。法治思维作为一种思维方式，往往诉诸法律所规定的权利义务关系，依据法律规范体系选择行为方式，依靠法治程序解决各种利益纠纷和社会矛盾。法治思维是一种理性思维，道德思维在个人方面更多地表现为感性思维。在社会生活中，人们既需要感性思维，也需要理性思维，二者既相互区别，又相互联系。离开理性思维的感性思维往往导致感情用事，离开感性思维的纯粹理性思维，往往表现得不近人情。因此，在现实生活中，往往是感性思维与理性思维并用，道德思维和法治思维相互促进。在社会主义法治文化建设过程中，既要培育道德思维，也要重视法治思维。

总的看来，中国人比较注重道德思维，而法治思维相对薄弱。法治思维薄弱至少有以下表现：

其一，个体权利意识淡薄。无论是个体的公权意识，比如选举，还是私权意识，从程序性权利到实体性权利，意识均不高。比如，很多权益受损的受害者，选择忍气吞声，尤其是牵涉个人隐私、名誉等民事或刑事案件，如猥亵、强奸、抢劫等，受害人宁愿私下了结，“化干戈为玉帛”，也不会主动提出合理合法的赔偿请求。

其二，公民缺少规则思维。法治文化建设目标之一是实现规则公平，规则公平的要义在于，能够根据公平正义的原则，制定出公平的规则，并以权利公平与机会公平的同步推进，使全社会都能自觉地、主动地遵守规则。法治思维依托于法律规则，表现为一种规则意识。中国历来“法不责众”“法为红白事让路”等现象就一直存在，比如无视交通规则的“中国式过马路”，又比如公民已经习惯占用公共空间举行红白事，哪怕损害公共利益，也不会有人在这种事上计较，即便有人向有关部门投诉，也无济于事。①

其三，法治思维缺失。既定的法律程序体现着一种正当性与合理性的标准，尊重程序、追求程序正义，是任何国家推进法治化的题中之义。中国目前面临着公民信闹不信法的程序思维缺失情况，比如，一些公民一旦尝到闹访解决问题的便捷，其他公民就会纷纷效仿，遇到问题就闹、上访，很多地区的信访部门甚至每天都能见到写满"冤屈"的白纸黑字，加之网络科技的加速进步，在网上掀起舆论风暴，"带节奏"也成了不少公民表达诉求的方式，这种信闹不信法的现象在很大程度上消解了法治的权威。

三、领导干部群体存在知法犯法失德的问题

《中共中央关于全面推进依法治国若干重大问题的决定》指出，一些国家工作人员特别是领导干部依法办事观念不强、能力不足，知法犯法、以言代法、以权压法、徇私枉法等现象依然存在。习近平总书记指出，全面推进依法治国，抓住领导干部这个"关键少数"，首先要"解决好思想观念问题"，并强调"在整个改革过程中，都要高度重视运用法治思维和法治方式"，"徒法不足以自行"。作为"关键少数"的领导干部群体相较一般公民，其个人的法律观念、道德品质具有示范性和主导性。领导干部群体不仅有着作为公民依法享有的公民权利，也有依法履行作为法治规则主体和法治精神宣传者的义务，其履行成效不但关系到全面从严治党目标能否实现，而且影响着社会主义法治文化建设的成色。目前，社会生活秩序正在朝着法治化的方向加速变化，将领导干部个人道德建设纳入法治化轨道是时代发展的必然要求。党的十八大后，因领导干部道德失范造成的贪污腐败、守法不廉现象时有发生。党的二十大新闻中心发布消息显示，党的十八大以来，全国纪检监察机关共立案464.8万余件，其中，立案审查调查中管干部553人，处分厅局级干部2.5万多人、县处级干部18.2万多人。另外，党的二十大以来，副

① 参见黑静洁：《公民法治思维的现状考察及反思》，《北方民族大学学报(哲学社会科学版)》2019年第4期。

部级以上高官落马的已有 43 人。

领导干部群体由于道德人格低下、道德品质败坏、道德底线失守而走向知法犯法、贪污腐败、贪赃枉法、监守自盗、践踏法律等现象层出不穷，反腐倡廉工作任重道远。在此仅谈及以下两个方面。

其一，部分领导干部存在权大于法、权大于德的问题。

一些领导干部习惯把自己当作“官老爷”，习惯用人治思维解决问题，“一言堂”，专权独断，以言代法，忽视法定程序，对问题不尊重客观规律，强行主观判断。比如，社会广泛关注的孙某某受贿、操纵证券市场、非法持有枪支一案，他为了实现政治目的，不择手段，操弄权术，权力观、政绩观极度扭曲，严重破坏社会公平正义，危害政治安全。孙某某无视中央八项规定精神，生活腐化堕落，毫无道德底线，是典型的权大于法、权大于德的问题。

还有一些领导干部习惯众星捧月、阿谀奉承的不健康政治生态，对下属以及人民群众态度恶劣，比如在网络上掀起轩然大波的某地市委书记掌掴市政府秘书长的例子，这位市委书记将嚣张跋扈的品性带进工作中，缺少对他人基本的尊重，习惯权大于德的思维方式，随意对下属施加暴力。

值得注意的还有在中纪委教育整顿过程中揪出的一大批害群之马、频繁出现的“灯下黑”等纪检队伍领导干部违纪违法现象。据中纪委网站通告，仅 2023 年 8 月 23 日一天，就有 6 名纪检内鬼被揪出，足以证明纪检监察部门系统内部坚持刀刃向内、自我亮剑，已是势在必行。中央巡视组原副组长刘某某是党的二十大后，中纪委重磅部署、教育整顿处于“检视整治”环节下的首个落马的省部级纪委“内鬼”，他曾以中央巡视组副组长身份巡视过多个省份及单位，其原巡视组的老搭档张某某也被证实为“内鬼”，于 2017 年 4 月被查处，并被指多次利用巡视权违规干预被巡视单位相关工作。这些纪委监委系统的“内鬼”将纪检监察工作当作自己的私权，滥用纪律审查和监察调查权力，威胁被调查者及相关单位，索要贿赂，为自己谋私利，对法律不知敬畏，缺乏道德底线。“灯下黑”现象是权大于法、权大于德行为的集中体现，这些领导干部普遍存在法律工具主义的认知误区，更多强调法律是一种管理工具，是管理“被管理者”的强制手段，而忘记“法律面前人人平等”的法治初心。

其二,部分领导干部存在利大于法、利大于德的问题。

在中央纪委国家监委网站通报的违纪违法领导干部中,政法系统领导干部的落马尤其受社会关注,中央纪委国家监委网站通报中,仅2021年上半年,已有90余名政法系统(含原任)厅局级及以上领导干部被查处。党的二十大以来,据中纪委官网通告,仅2023年8月31日就有5名政法系统干部被调查,这些政法系统干部基本都是曾经的法律界权威、司法界专家,有着比其他社会成员更丰富的法治实践经验,他们走向违法犯罪,无不由于道德信念不坚定、道德人格扭曲、道德信仰缺失,经不起利益的诱惑。比如,原第十九届中央委员,全国政协原常委、社会和法制委员会原主任沈某某受贿这一典型案例,沈某某不仅长期担任重要领导职务,而且在中国司法事业发展过程中担任过重要角色,他不可谓不懂法。还比如上文提到的孙某某案,他是公安部原党委委员、副部长,在政法系统工作数十年,可以说是位"政法老兵",他也不可谓不懂法。这些政法系统干部往往凭借自己手中的权力,谋取私人利益,充当不法势力的保护伞。更有甚者,如曾任新疆维吾尔自治区石河子市公安局副局长、市公安局扫黑办主任的白某,经查发现,他作为公安局领导,既当"保护伞"又是"黑老大",滥用手中权力笼络骨干分子,操控整个犯罪集团,甚至贩卖毒品、开设赌场谋取巨额违法收益,社会危害性极大。从一个公平正义的守护者沦为法律秩序的践踏者。这些案例都足以证明以道德支撑法治文化建设的必要性和必然性。当面对金钱贿赂、钱色交易等一系列利益诱惑的时候,往往直面挑战的是领导干部的道德品质和道德底线。在这些落马的政法系统干部中,还有一些出身农村、家境穷困,实现阶层跃升后知法犯法的。比如天津市委政法委原副书记武某某的违法案例,武某某在刚步入领导岗位时曾长期坚持早起蹬自行车暗访天津城,时常联系群众,是群众路线的实践者,也曾被天津市民尊称为"武爷"。他出身农村靠着自身的努力获得成功的故事也曾成为励志典范,但最终还是没有守好道德与法律的底线,没有经受住物质利益的诱惑,走向了违法犯罪的道路。又比如,贵州省政协原主席、党组书记王某某的违纪违法案例,他出生在贫困农村,凭借努力和才能,成长为省部级高官。在权力和金钱的诱惑下,他逐渐迷失自我,忘记初心和使命。他利用职务便利以及政治影响力为他人谋取利益,收受财物共计折合人民币4.5亿余元,最终在退休后被中纪委揪出。总结如武某某、王某某这种从农村发迹、中年违法犯罪的领导干部,他们大多数经历艰辛的奋斗历程,童年时期缺吃少喝,青年时期发愤图强,在走向领导岗位前长期浸润在朴实、勤奋的中国传统乡土文化中,往往作为乡里乡亲眼中的道德楷模,中年时期成功走向领导岗位,他们当下的生活环境与童年时期相比产生了强烈对比,他们积累了更多物质财富,对公权力的滥用以及对家人、老家的乡亲近邻无限的纵容,都是利大于法、利大于德的行为表现。

这些贪污腐败的案例充分暴露了贪官们人性的贪婪、人格的堕落、道德的沦丧,也说明了反腐倡廉在中国特色社会主义法治文化建设中的重要性,说明了法治文化建设中道德支撑的重要性。

从以上两个方面的例证分析可见,在法律、权力、利益的相互较量和相互制衡的过程中,道德的调节是不可或缺的内在保障。“要充分认识官本位和以言代法在我国政治生活、社会、文化建设以及经济运作过程中影响的顽固性;充分认识不正当的部门利益、地方利益和个人利益可能对法律实施造成的阻碍。”①反腐倡廉任重道远,社会主义法治文化建设是一项复杂而艰巨的系统工程。道德如何支撑法治文化建设,既是一个重要的理论问题,又是一个迫在眉睫的现实问题。在这方面,我们赞同全国杰出资深法学家李步云的观点:“依法治国,治‘民’还是治‘官’?我认为既治民也治官,但根本目的、基本价值和主要作用应该是治官。……实际上从法律本身来看,它的核心作用是解决权利与权力这两个问题,即保障个人的合法权利不受侵犯,对个人、集体与国家相互之间的利益冲突进行合理的分配与调节;同时,对政府的权力和行为作出规定,以防止其权力过大和滥用权力。”②

四、社会诚信体系不完善的问题

社会诚信体系既是一种社会道德规范体系,也是一种社会法律规范体

① 刘海年:《依法治国是历史的经验总结》,中国社会科学出版社2013年版,第241页。
② 李步云:《中国法治之路》,中国社会科学出版社2013年版,第236页。

系，它是一种以社会诚信制度为核心的维护经济活动、社会生活正常秩序和促进诚信的社会机制，是一项在政府推动下全社会参与的社会系统工程。诚实守信、讲究信用是道德规范，也是法律规范；既是道德文化的要求，也是法治文化的要求。建立社会诚信体系和社会信用体系既是中国现代化进程的必需，也是道德支撑法治文化建设的一个重要支点。市场经济的发展，是以信用关系的日益透明和不断扩大为基础的，没有诚信就没有良好的社会经济秩序，诚信是现代市场经济的基石，是政府取信于民的基础，是企业发展的生命，是个人立身的根本。在《中共中央关于全面推进依法治国若干重大问题的决定》中就明确指出，"加强社会诚信建设，健全公民和组织守法信用记录，完善守法诚信褒奖机制和违法失信行为惩戒机制"[①]，以此来推动法治社会建设。然而，在社会现实中，社会诚信体系和社会信用体系有待进一步建立和完善。无论是人际交往层面、市场交易层面，还是政府诚信层面，都存在一定问题，面临着前所未有的挑战。主要体现在以下几个方面：

第一，人际信任危机。在 2013 年的《中国社会心态研究报告 2012—2013》中，经过社科院课题组对北京、上海等 7 个城市的 1900 多名居民的访问调查，结果表明中国社会信任度总体呈下降趋势，人际信任危机显著，群体间不信任扩大化，问卷数据频频跌破以"60 分"为信任度测量标准的及格线，不信任他人的被调查者占据了总体五成以上，仅有两到三成表示能够信任陌生人。中国社会从传统的熟人社会向陌生人社会转型，在社会变迁中，人际的信任度持续走低，造假欺诈、不讲信用的现象、"老人跌倒扶不扶"的社会问题、"欠钱的是大爷"的老赖问题、"地沟油"问题以及山寨假货损害知识产权权益的问题等社会现象层出不穷。

第二，一些社会成员道德观念模糊，见利忘义、唯利是图。一些人道德失范，损人利己、损公肥私，将个人利益放置于整体利益之上，一旦是对自己有利的情况，亲情、友情皆可抛；一些商家追求经济利润以次充好，虚假宣传，这不仅是一种违法行为，也是背德行为，失去了消费者的信任；一些家庭

① 《中共中央关于全面推进依法治国若干重大问题的决定》，《人民日报》2014 年 10 月 29 日，第 1 版。

为了争夺财产,兄弟姐妹之间闹得不可开交,毫无亲情,只剩利益;一些企业打着国货品牌的旗号,肆意定价远超产品价值,这些高价格、低质量的产品过度消费民众的爱国情怀,对国货品牌的形象造成严重损害;一些人为了个人利益与不法目的在外网大肆抹黑国家形象,甚至出卖国家机密赚取政治资本,这种严重违法行为不仅伤害国家尊严、民族感情,也给国家安全带来严重风险。

第三,政府公信力有待提高。有学者利用 CSS2019 数据的实证研究,得出公众对中央政府、区县政府以及乡镇政府的信任呈现由高到低的差序格局的结论。[①] 一些反映民意的中央政策、法律法规需要基层政府执行,一些地方政府官员欺上瞒下、弄虚作假,形式主义泛滥,导致中央法律法规、政策在执行过程中走偏扭曲。这会触发一系列问题,最直接的影响就是公民参与民主实践的态度,有的学者基于 CSS2019 的实证研究证明,政府信任对社会个体的村(居)民选举、决策讨论以及人大代表选举等民主实践产生正向积极影响,对政府信任越高的社会个体参与民主实践的概率也越高,对政府的信任也会影响到公民民主的态度,进而影响到民主理念和制度的实践行为。政府信任是公民自觉参与民主实践的一个重要考量因素,当对政府的信任感较低时,公民参与民主实践的概率会较低。[②] 社会诚信体系之于政府,是政府取信于民的基础,公民对政府信任感的降低,明显不利于社会诚信体系的建立。

第二节　当前道德支撑法治文化建设面临问题的根源

中国当前道德支撑法治文化建设过程存在问题,其原因是多方面的。本节仅从历史层面、利益关系层面、“关键少数”违法背德的个体层面、社会诚信体系不健全层面这四个方面进行简要分析。

---

① 参见唐斌、成婷、彭媛:《政府信任、政府责任与公众环境满意度——基于 2019 年中国社会状况综合调查的分析》,《经济地理》2023 年第 7 期。

② 参见林玲:《政治信任与民主实践:基于 CSS2019 的实证检视》,《浙江社会科学》2023 年第 7 期。

一、历史层面的原因

在中国五千年的文化发展史中，封建文化历时最长，影响最大、最广、最深。中国封建文化最主要的表现形式是礼乐文化，最根本的特点是宗法等级制度，“三纲五常”“三从四德”“君君臣臣、父父子子”既是封建伦理纲常，也是政治法律秩序。以儒家为代表的中国封建文化尽管包含很多合理因素，如民为邦本、尚中贵和、尊老爱幼、尊师重教、自强不息、厚德载物等，但总的来说，还属于人治文化、德治文化、礼治文化，缺乏现代意义上的法治理念、法治精神、法治思维、法治观念、法治信仰，与新时代中国特色社会主义法治文化相比存在不小的差距，不能适应中国当前的法治文化建设，其消极因素甚至阻碍中国当前法治文化建设。我们仅从两个方面简析。

（一）传统的人治文化不适应现代法治理念

中国传统文化源远流长，其内容有积极方面也有消极方面。从不同角度发现问题，不同维度认识问题，不同方法解决问题，由此催生出儒家、道家、法家、墨家等文化派别，其中儒家和法家成为显学，“人治文化”或“权治文化”成为中国长期的政治文化传统。儒家和法家在国家治理逻辑上的王道霸道之争则集中体现两种极端的倾向，主要有两个方面的消极影响，一是过于强调严刑峻法而否认德治的作用，“严刑重罚者，民之所恶也，而国之所以治也”（《韩非子 · 奸劫弑臣》），韩非子作为法家的代表，从治国的立场上根本否认儒家道德仁义的价值；二是过于强调道德作用而排斥法治方式，孔子的最高治国目的就是达到“无讼”天下，克己复礼，天下归仁，把礼乐文化推到极致。这两种倾向都或多或少地阻碍了人们对法治与德治关系的正确理解，影响道德对法治文化建设的支撑。

中国传统儒家的礼乐文化和法家“严刑峻法”都不是现代意义上的法治文化。儒家思想作为中国古代封建王朝的长期正统思想，其创始人孔子主张德治主义，认为统治者的道德修养决定着国家和人民的命运，认为“为政以德，譬如北辰，居其所而众星共之”（《论语 · 为政》），德治主义的效用在孔子那里也有着毋庸讳言的意义，“道之以政，齐之以刑，民免而无耻；道之以德，齐之以礼，有耻且格”（《论语 · 为政》），孔子认为单凭借严苛的刑罚与峻法即使能避免犯罪行为的发生，但是不足以让民众真正理解触犯法律是可耻的，如果以道德进行约束，用礼仪规整社会，如此一来，民众不仅能有廉耻之心，而且能恪己爱国，甘心臣服，这就强调了道德教化的威力。儒家思想主张德治主义的同时，也尤其重视“人治”，贤人治国是孔子一贯的政治主张，“其身正，不令而行”（《论语 · 子路》），强调了具备优秀道德修养的统治者的强大感化力。孟子则擘画了“贵德而尊士，贤者在位，能者在职，国家闲暇。及是时，明其政刑”（《孟子 · 离娄上》）的国家治理理想蓝图，其关键在于阐述了贤能之人治国的必要性。荀子则系统提出了人治优越于法治的观点，“故，法不能独立，类不能自行，得其人则存，失其人则亡。法者，治之端也；君子者，法之原也。故，有君子，则法虽省，足以追矣；无君子，则法虽具，失先后之施，不能应事之变，足以乱矣。不知法之义而正法之数者，虽博，临事必乱”（《荀子 · 君道》）。又如“有良法而乱者有之矣，有君子而乱者，自古及今，未尝闻也”（《荀子 · 王制》），都强调了君子之于国家治理的不可替代性，良法与否都维系于人是否善治。儒家重视德治、人治，轻视法治的思想，对中国后世“德主刑辅”和实用主义的法文化观产生了很大的影响。

法家，作为另一个对中国法文化传统产生影响的思想流派，其代表人物都是主张“变法”的现实政治家，比如商鞅和韩非，他们反对儒家礼乐文化，否定道德在治国理民中的地位和作用。中国法家的思想与西方法学家的主张实际上是不相同的。与西方所主张的“法律至上”思想不同，法家的“法”实为“刑罚”、严刑峻法，强调法律制裁的威慑力。法家主张以君主为法的出发点，以君主权威为法律运作的保障。作为法家代表人物的商鞅，强调君主独揽变法大权，“论至德者，不和于俗；成大功者，不谋于众”（《商君书 · 更法》）。韩非更是集法家之大成，将慎子所主张的“君主擅势”，申不害所提出的君主潜御群臣的“术治”与坚持“法治”结合起来，力主“不媚俗，不听民，唯法为尊，唯君是从”。他认为，“民知之不足师用”，君主以势独断，“变与不变，圣人不听，正治而已”（《韩非子 · 南面》）。法家所主张的“法”并没有像西方那样，演变成民众为捍卫自身权利与专制政府对抗的武器。法律只是统治的一种工具而已，缺乏依法约束君主的观念。中国古代法家的“法”，归根结底只是针对黎民百姓的,是以重刑主义统治黎民百姓的手段,最终目的是“人治”,即维护统治者的权威。

“人治文化”作为中国传统的政治文化传统,其所体现的对于绝对权力的崇拜,不可能诞生以“制约权力、维护权利”为鲜明特征的现代法治理念。几千年来的人治主义文化是阻碍新时代中国特色社会主义法治文化建设不可忽视的原因。

(二)传统“无讼”理念导致民众“厌讼”“轻讼”

几千年来,中国人的“厌讼”“轻讼”等思想观念根深蒂固,“吃官司”“惹上官司”“官司缠身”依然是人们避犹不及的麻烦事,“饿死不做贼,屈死不告状”。从古至今,“无讼”观点已然深刻影响着中国广大人民群众对于法治的本质内涵、价值取向、基本功能的认知和认同感,弱化了法治的实践功能。

孔子曾经提出,“听讼,吾犹人也,必也使无讼乎”(《论语·颜渊》)阐释了他的“无讼”思想,意思是在关于案件的审理上,我与他人是一样的,目的就是不再有诉讼。“无讼”思想深层次的原因还在于儒家提倡的礼乐文明,“父为子隐,子为父隐”才是符合“礼”的人间正道,强调“礼之用,和为贵”。中国传统文化的“无讼”理念不仅对古代社会治理产生了深刻影响,也导致几千年来中国人具有“厌讼”“轻讼”等思想观念,这是现代社会中广大民众对法治认同不到位的思想根源之一。

现实生活中,一些人看到别人闹一闹就能摆平事情,就质疑为什么还要诉诸法律,还要进入那么繁琐的司法程序呢?一旦有了这种心理,就会有更多人选择用大众普遍认为更为有效的方式来维护自己的权益。从社会学角度来看,这是一种消极从众的心理。打破这种心理的唯一方法,就是政府要正确引导大众以正当的法律途径来维护自己的合法权益,而不是以“一哭二闹三上吊”的违法方式。但现实生活中经常出现这样的现象,即便一些权益本身就并不合法,但由于大多不属于极端的恶性行为并不触及刑事范围,有关部门为了不引起更多关注,把很多闹事的行为也都定性为民事纠纷,不了了之,因此闹事主体也不会承担太严重的后果。这也从侧面反映出,即使是一些执法主体,也或多或少地被“无讼”“贵和”理念影响导致违法不究。

习近平同志对中国传统文化和当前国情非常了解。2014 年 1 月,他在中央政法工作会议上的讲话中说:“我国历来有‘好人不见官’的习俗,更有‘惜讼’、‘厌讼’甚至‘耻讼’的传统,不到万不得已老百姓不愿意打官司,打官司也无非就是相信能讨‘一个说法’。”①由于两千多年封建社会人治传统的影响,老百姓对法律、法治缺乏信任度,缺乏法律意识、法律观念、法治思维和法治习惯,认为法律是为有钱有势的人设的,“官府衙门八字开,有理无钱莫进来”。不相信法律能够伸张正义,遇到冤枉盼望“包青天”,甚至盼望神秘的超自然的力量,相信“老天爷”能够主持正义,盼望“老天爷睁睁眼吧”,基本上没有运用法律解决问题的习惯,缺乏法治方面的思考,更谈不上具有法律信仰和法治信仰了。这种传统思维和习惯严重阻碍了中国法治社会建设和现代化进程,习近平同志指出:“我国是个人情社会,人们的社会联系广泛,上下级、亲戚朋友、老战友、老同事、老同学关系比较融洽,逢事喜欢讲个熟门熟道,但如果人情介入了法律和权力领域,就会带来问题,甚至带来严重问题。”②老百姓不相信法律的权威,不信仰法治的力量,缺乏法律意识和法治思维,没有运用法律手段经过法律程序解决问题的习惯,就会走上访的路子,相信大闹大解决,小闹小解决,不闹不解决,不仅严重影响安定团结的大好局面,而且增加国家的治理成本。对此,习近平同志在党的十八届中央政治局第四次集体学习时的讲话中特别强调:“要引导全体人民遵守法律,有问题依靠法律来解决,决不能让那种大闹大解决、小闹小解决、不闹不解决现象蔓延开来,否则还有什么法治可言呢?要坚决改变违法成本低、守法成本高的现象,谁违法就要付出比守法更大的代价,甚至是几倍、十几倍、几十倍的代价。当然,这是一个过程,要逐步在广大干部群众中树立法律的权威,使大家都相信,只要是合理合法的诉求,通过法律程序就能得到合理合法的结果。”③

因此,在全面推进依法治国的进程中,应该大力弘扬社会主义法治精神,培育法律意识、法治思维和法治信仰,让法律深入人心,让法治成为习惯。习近平同志指出:“要深入开展法制宣传教育,弘扬社会主义法治精神,

① 《习近平关于全面依法治国论述摘编》,中央文献出版社2015年版,第96页。

② 《十八大以来重要文献选编》(上),中央文献出版社2014年版,第721页。

③ 《习近平关于全面依法治国论述摘编》,中央文献出版社2015年版,第88页。

引导群众遇事找法、解决问题靠法,逐步改变社会上那种遇事不是找法而是找人的现象。当然,这需要一个过程,关键是要以实际行动让老百姓相信法不容情、法不阿贵,只要是合理合法的诉求,就能通过法律程序得到合理合法的结果。"[①]建设法治中国,就需要大力宣传和维护法律的权威性、至上性和神圣性,使全体公民敬畏法律、遵守法律,特别是领导干部,更应该率先垂范,树立法治信仰,做知法、尊法、守法、用法的楷模,并把对法律的敬畏转化成思维方式、执政方式和行为方式,依法想问题、作决策、办事情。

二、利益关系层面的原因

在马克思、恩格斯看来,"在任何情况下,个人总是'从自己出发'"[②]。去认识、把握、改造自然和社会,与此同时也改造人自身。"人们的社会历史始终只是他们的个体发展的历史,而不管他们是否意识到这一点。"[③]而且,"任何人如果不同时为了自己的某种需要和为了这种需要的器官而做事,他就什么也不能做"。[④] 人总是从需要出发来改造自然、构造社会、创造历史。人的需要及其满足是人类永恒的话题,同样,人的不断增长的需要和满足这些需要的条件和手段之间的矛盾是人类社会的永恒的矛盾。马克思指出:"人们奋斗所争取的一切,都与他们的利益有关。"[⑤]恩格斯也曾说:"每一个社会的经济关系首先是作为利益表现出来。"[⑥]人性、需要、利益,无论在外延上还是在内涵上都具有内在一致性。人性和需要密切相关,需要的内容及其层次和人性的内容及其层次在根本上是一致的;而需要与利益紧密相连,内在统一,利益是需要的外在化、对象化,需要是利益的内在根据。没有人的需要就没有人的利益,对一个什么都不需要的人来说没有所谓利益可谈,没有什么利益可争。满足人们需要的对象、客体,就是人们的利益,而利益的获得具有社会性和历史性。不同社会历史条件的人的需要是不一样的,满足

① 《十八大以来重要文献选编》(上),中央文献出版社 2014 年版,第 722 页。
② 《马克思恩格斯全集》(第三卷),人民出版社 1960 年版,第 514 页。
③ 《马克思恩格斯选集》(第四卷),人民出版社 1972 年版,第 321 页。
④ 《马克思恩格斯全集》(第三卷),人民出版社 1960 年版,第 286 页。
⑤ 《马克思恩格斯全集》(第一卷),人民出版社 1956 年版,第 82 页。
⑥ 《马克思恩格斯选集》(第二卷),人民出版社 1972 年版,第 537 页。

人们需要的手段、方式、对象、客体也是不一样的。利益从内在主观方面讲具有个体性,而从外在客观方面讲具有社会性,利益关系是社会关系的反映,特别是社会经济关系、生产关系的反映。“马克思主义利益理论认为,任何一个社会首先必须满足人们的物质生活需要,满足人们的外在要求,即满足人们的物质利益要求。利益是社会发展的基础、前提和动力因素。利益是历史唯物主义的基本范畴。生产力是社会发展的基本动力,而需要和利益是社会生产不断向前发展的内在动因。任何社会变革归根到底都必须重新调整人们的利益关系,以促进和推动社会生产的发展,以满足人们的物质文化的利益需要。”①

分析人们的道德关系、道德观念、道德行为、道德状况,离不开人们的利益关系及其处理方式;分析人们的利益关系,离不开人们生活于其中的社会关系、经济关系、生产关系。马克思主义伦理学认为,道德与利益的关系是伦理学的基本问题。这一基本问题包括两个方面:一是经济利益与道德的关系问题,二是个人利益与社会整体利益的关系问题。“伦理学研究道德现象和道德关系,主要就是揭示道德关系中的个人利益和社会整体利益的矛盾,并根据这种矛盾的性质和特点,总结出反映这种矛盾发展规律的道德理论,确定解决这种矛盾的道德原则和规范,提出进行道德评价的标准。”②调节个人利益与社会整体利益的矛盾不仅是道德的基本问题,也是法律的基本问题。道德对法治文化的支撑,就是要通过确定解决这种矛盾的道德原则和规范,提出评价是非善恶的标准。

中国改革开放以来,特别是党的十八大以来,面对经济社会前所未有之大变局,国际关系、政治关系、经济关系、利益关系、道德关系、法律关系等方面,都发生了重大变化,社会体制和运行机制也发生重大变化,故而原有的利益关系和利益格局被改变,利益关系复杂化、利益主体多元化、利益矛盾突出化、利益冲突明显化、利益结构重组化等,对人们的生活方式、行为方式、思维方式以及人们的人生观、价值观、道德观念、法治观念都产生极大影

① 王伟光:《利益论》,人民出版社 2001 年版,第 33 页。

② 罗国杰主编:《伦理学》,人民出版社 1989 年版,第 11 页。

响。在道德支撑新时代中国特色社会主义法治文化建设的过程中,仍然存在一定的问题,从利益关系层面分析,至少存在以下原因:

其一,利益主体多元化。利益是需要的对象化,利益主体是由需要主体转化而来的。“所谓利益主体就是在一定社会关系下从事生产活动或其他社会活动,以便直接或间接地追求自身生活需要满足的人(个人或群体),即利益的追求者、承担者、生产者、实现者、消费者和归属者。”①利益主体可以分为利益个体和利益群体两大类,而利益群体随着时代的发展越来越分化为更多的层次和种类。在原始社会,主要是部落、氏族、家庭、家族、民族。到了阶级社会,除了家庭、家族、民族,又增加阶级、阶层、政党、国家,以及各种团体、集体、企业、组织、社区等等。而现代社会里,分工越来越细,职业种类越来越多,政府机构越来越复杂,行政区划也越来越清晰,各种团体、集体、工商业、非营利组织、农村、城市、社区越来越多,利益主体越来越多元化。不同的利益主体之间的利益诉求不尽相同,甚至相互分离、相互矛盾、相互冲突。这就给国家管理、社会治理提出更高的要求,道德、法律的调节任务越来越重。如果道德规范和法律规范相一致,调节的力量和效果就比较好;如果道德规范和法律规范相不一致甚至相互冲突,无论是道德还是法律,都难以得到理想的效果,违法背德的社会现象就会层出不穷。

其二,利益关系复杂化。“人要生存、发展,必须要从事获取利益、满足自身生存需要的社会活动,在为了满足自身需要而获取利益的社会活动中,彼此之间必然发生一定的社会关系,这种社会关系归根到底是一种利益关系,利益关系实质上就是人际社会关系的体现。”②由于人需要随着社会发展而不断增长,利益的范围也不断扩大。人类社会早期,人们的需要是很简单的,往往围绕着生存和繁衍而产生的肉体需要或物质需要,食物的需求往往是第一位的。进入农业社会,土地及其产生物成为人们的核心需求,基于农业生产而形成的人们的社会关系和利益关系也相对简单。如中国古代农业社会里,“五伦”(即君臣关系、父子关系、夫妻关系、长幼关系、朋友关系)就

① 王伟光:《利益论》,人民出版社 2001 年版,第 90 页。

② 王伟光:《利益论》,人民出版社 2001 年版,第 134 页。

是人们之间最基本的社会关系,“三纲五常”便构成封建社会的伦理纲常,既是道德规范,也是法律要求,同时也是政治行为规范。进入工业社会以后,随着工商业的迅猛发展,市场和交换的开拓,人们的交往范围日益扩大,与陌生人的交往越来越频繁,人们从熟人社会越来越走向陌生人社会,传统的“三纲五常”越来越不能完全适应和调节人们日益复杂的社会关系和利益关系。到了当今社会,随着信息化、智能化、网络化、数字化时代的到来,人们的社会关系和利益关系进一步分化和复杂化,形成了不少传统道德规范和法律规范调节的“真空”,出现了道德失范和法律滞后的社会现象。

其三,利益矛盾突出化。由于利益主体的多样化、利益关系的复杂化,以及社会基本矛盾的转化和社会利益结构的重组等方面的原因,社会矛盾和领域矛盾出现了新的特点。党的十九大明确提出,中国特色社会主义进入新时代,中国社会主要矛盾已经转化为人民日益增长的美好生活需要和不平衡不充分的发展之间的矛盾。认识并把握到这个主要矛盾,是扭转社会发展问题的关键一环,也是中国特色社会主义进入新时代的逻辑前提。中国经济发展取得举世瞩目的巨大成绩,但社会生活领域中人民群众物质生活水平的提高与精神生活的丰富尚未实现协调发展,城乡之间、体制内外、不同地区、不同阶层、不同行业、官民之间、医患之间、部门之间发展不平衡,经济发展与环境保护、生态平衡之间矛盾突出等。随着中国人民生活水平的提高,中等收入群体持续扩大,人民需求在广度与深度上不断扩大,无论是物质文化需求还是对民主、公平、正义等方面的要求,都在日益增长且呈现出多样化、多层次的特征。同样,对以德治国和依法治国战略无论是在理论层面还是实践层面都提出了更高要求。

在新形势下,利益矛盾冲突化主要表现在以下几个方面:其一,利益的利己性与利他性之间的矛盾,即利己与利他的矛盾。每个人在现实生活中都经常面临这种矛盾,当个人利益与他人利益、社会利益发生冲突、不可兼得的时候,最能体现一个人的道德水平、道德境界,且个人道德水平、道德境界对立法、执法、司法、守法具有关键性的影响作用。其二,个别利益、局部利益同一般利益、整体利益之间的矛盾。也包括地方利益、部门利益、行业利益与社会整体利益、大众利益之间的矛盾。很多地方保护主义、行业保护主义、部门保护主义的违法背德现象的产生，都与不能正确处理这些利益矛盾紧密相关。其三，根本利益、长远利益与近期利益、既得利益之间的矛盾。为了眼前利益、既得利益、近期利益而不惜损害国家利益、根本利益、长远利益，这是很多人违背道德、徇私枉法的具体表现。既得利益者对利益格局的变更调整往往持否定态度，阻碍利益格局、利益分配改革。其四，利益主体之间的矛盾。利益主体多种多样，大致可以区分为三类：个人、集体和国家。利益主体之间的矛盾包括个人与个人之间的矛盾、个人与集体之间的矛盾、个人与国家之间的矛盾、集体与集体之间的矛盾、集体与国家之间的矛盾、国家与国家之间的矛盾。这些错综复杂的利益矛盾关系正是道德和法律应该予以调节的，因而给法治文化建设及其道德支撑提出了新的挑战和任务。目前看来，道德建设和法治文化建设并没有达成理想的目标。

三、"关键少数"违法失德的个体原因

本节前两部分分析了道德支撑法治文化建设存在问题的历史根源和利益关系方面的原因，而利益关系方面的分析离不开社会现实条件，离不开社会经济关系、政治关系，离不开社会经济关系、生产关系、生产方式和生活方式。本部分的分析则侧重于领导干部的行为方式、思维方式和心理分析。

（一）从社会心理学角度分析领导干部违纪违法失德现象

马克思主义认为，事物的发展存在着内部矛盾与外部矛盾，内部矛盾即内因是事物发展变化的根据，外部矛盾即外因是一事物与其他事物之间的相互影响和相互作用。从社会心理学角度分析，领导干部违纪违法现象是由内因与外因相互作用形成的，内因是人的心理结构、观念与动机，外因是整个社会的经济基础与政治环境。主要表现在以下三个方面：

第一，权力的消极效应。社会心理学认为，权力大小不同的主体，会运用不同的方式来构建自己的社会环境以及生活环境。权力在一定程度上改变了权力主体的认知方式与行为习惯，具有广泛的社会心理效应。社会认知理论是社会心理学中关于权力感的重要理论，其认为权力感是社会中人们在不同情境下有不同认知与行为方式的影响因素之一。接近—抑制理论则是描述这种权力感的典型观点之一，即权力感大与奖励机制完善的环境

相联系，个体身处其中更觉自由，权力感小与资源限制多、威胁风险高的环境相联系，个体身处其中倍觉约束，所以提高权力激发“行为接近系统”（Behavioral Approach System，BAS），触发周边的奖励机制，使人更具积极情绪，大脑更加自动化地加工信息，行为更自由；降低权力则激发“行为抑制系统”（Behavioral Inhibition System，BIS），人们更加关注威胁风险并尝试回避，因此，人们也更加渴望权力，都有追逐权力的倾向。权力的接近—抑制理论是一个中性概念，它整合了权力的多种结果，也有力避免了绝对权力产生绝对腐败的刻板印象。[①] 根据权力的接近—抑制理论，权力高的人往往运用更多资源来为自己服务，从而获得对自己的奖赏，因此与权力小的人相比，他们更显得居高临下，对权力小的一方进行控制，将其当作实现目的的手段与工具，物化他人。这导致他们自然很难从权力弱势方的角度看待问题，他们在认知上就习惯以自我为中心。我们之前提到的落马官员，他们都曾经位高权重，也曾依靠权力为社会作过有益的贡献，权力在他们手中也曾产生过积极的效应，类似在政法系统内对机制、制度问题提出过有建设性的意见，但是，权力也带给他们一种物化他人的虚幻控制感，依靠权力获取的利益不断重复一种自我奖励机制，于是腐败也终于找到它赖以生存的土壤，权力的消极效应成为腐败的物质基础，利益驱动成为这些领导干部腐败的动机。

第二，角色转变引发的补偿心理。有许多出身农村的领导干部在实现阶层跃升后知法犯法，农村到城市的空间转换造成的角色转变是其主要原因。在相对落后、封闭的农村生活环境中，人与人之间的交往常常局限于亲缘关系之内，人们的活动空间就是熟人圈，社会流动性很少，这种有限空间对人的道德制约效力更甚，置身其中不觉已在约束自己的言行举止，大家都是在彼此的眼中成长起来的，知根知底，非常熟悉。[②] 自给自足的重复性生产活动使得主体需求经常保持低水平，囿于活动空间的限制，人们在拥有的物质生产资料领域缺少比较，容易产生心理自足感。而一旦进入纷繁复杂的城市空间和领导岗位，需要处理的人际关系相较农村变得复杂、立体，工

---

① 参见俞国良、韦庆旺：《权力产生“腐败”吗？——社会心理学的答案》，《黑龙江社会科学》2009 年第 2 期。

② 参见费孝通：《乡土中国》，人民出版社 2012 年版，第 3—4 页。

作属性又要求他们尽快转变角色，适应复杂多变、人情世故的政治环境，同时个体的角色行为又受到环境的影响，坏的情境、糟糕的政治生态与角色就会让好人、好官变坏。① 从社会心理学的视角分析，一个人的角色行为与他自己的社会地位或由此决定的身份有关，这些领导干部将印象中假设的“公职人员”角色代入社会现实中，从中获得自我认同，现实与错觉之间产生了混淆，一旦对“公职人员”这一角色有功利性印象，那他们的角色扮演就会向谋取利益的目标倾斜。马斯洛的需求理论提到，当人们的温饱问题不再成为需求，自尊就会显得格外重要，于是为了维护童年时期失去的尊严、弥补物质方面的短缺，就会在角色转变握有权力资本后，产生补偿心理，利用手中的权力谋取私利。

第三，社会比较造成认知失调。社会心理学家利昂·费斯廷格将人们在现实生活中定义自己的社会特征（如能力、智力等）时，往往是通过与周围他人比较，在一种比较性的社会环境中获得其意义，而不是根据纯粹客观的标准来定义的现象，称为社会比较。现实中，随着中国经济社会的快速发展，一部分人享受到改革红利成为腰缠万贯的大款、企业家、富豪。作为有一定社会地位的领导干部，往往进行上行社会比较，这是社会比较的一种方式。与下行社会比较相对应，是指在某一特质上与比自己强的人进行比较，其与自尊息息相关，针对比较对象的不同，对自尊的影响可能是正向的也可能是负向的。领导干部往往是社会中能力更强的“关键少数”，习惯要比优秀的人更优秀的上行比较。现实中，公职人员经济收入显然不如那些“有钱人”，这种现实情况会令部分公职人员心生不忿、产生攀比心理，自觉自尊心受挫，认为论能力、才识、文化水平都要强过这些大款，尤其是曾经作出过贡献的领导干部，自认为“政绩”好就应是收入更高的理由，因此心理失衡，激发了其较差的情感体验。比如，内蒙古自治区呼和浩特经济技术开发区党工委原书记李某某，长期亦官亦商。调查中，李某某表示自己一直被各种商人“围猎”，自己产生一种不要白不要、凭什么有钱人就能轻轻松松挣钱、自己却要辛苦工作至深夜还拿不到多少工资的心理，从而造成认知失调，完全

① 参见谢晖：《价值重建与规范选择——中国法制现代化沉思》，法律出版社2019年版，第111页。

丧失理想信念，偏离“为人民服务”的宗旨，为了缓解社会比较造成的认知失调就改变初心铤而走险接受新的追求享乐、金钱至上的腐朽价值观。

（二）从道德心理整合机制的角度分析领导干部违纪违法失德现象

在诸多领导干部违纪违法的案例，尤其是法治领域的领导干部“落马”案例中，我们不难发现，即便知法懂法，很多领导干部也依然违纪违法。在已经结案的官方定性中，“意志薄弱”、“毫无理想信念”、“道德底线完全失守”、对法“不知敬畏”等，表明领导干部个人道德素质对法治素质的主要作用。从道德心理学来看，道德心理的整合机制涉及道德认知、道德情感、道德意志和道德人格等问题，它是道德信仰形成的内在过程和机理。① 一个人有了道德信仰，才真正完成道德自律，有了道德信仰的领导干部，才会凭“良心”、促“良法”、懂“善治”。从道德心理整合机制的角度来看，领导干部违纪违法的原因主要有以下三个方面：

第一，缺乏道德意识。道德意识包括个体的自爱心、自尊心、羞耻心，责任心、义务感和良心等。很多违纪违法的领导干部都在这一方面出现问题。如上文提到的法治领域的领导干部，他们都是“两面人”，虽然犯了严重错误，但表面上都十分清廉。调查中，某个领导的家中甚至挂着“做人好心洁如玉，为民精神富若仙”的对联，实际上，他内心深处缺乏基本的道德意识。

第二，缺少敬畏情感。这是道德情感层面的问题。道德情感的形成是道德信仰形成一个重要环节，人们会在对道德信仰对象笃信的基础上产生对唯恐违背道德信仰对象价值基础的敬重与畏惧的强烈情感。敬畏的情感力量十分强大，教人严于律己、弃恶从善。那些违纪违法的领导干部大都不具备对道德的敬畏情感，也没有正确的荣辱观。道德作为人的一种高级精神需要，往往表现为人对尊严、荣誉、道德人格、自我实现的需要，具有社会性、利他性、自觉性、超越性和理想性。那些有强烈自尊需要和荣辱感的人，就比那些没有自尊需要、没有荣辱感的人重视道德价值在人生中的地位，荀子将荣誉区分为“义荣”和“势荣”：由于德行好，民众交口称赞得到的荣誉称作“义荣”；由于手中的权力大、地位高、出行的排场大引得民众广为议论的

① 参见魏长领：《道德信仰与自我超越》，河南人民出版社 2004 年版，第 231 页。

荣誉是“势荣”。违纪违法的领导干部明显倾向“势荣”带来的心理优越，缺少对于从政理应遵循的两袖清风、清正廉洁等道德信仰价值基础的敬畏。从道德心理的角度来说，道德情感是伴随信仰主体对信仰客体的切身认同而产生的对客体的尊重、景仰等比较稳定的心理状态，这种心理状态是一种稳定的内在心理结构，可以克服情绪的不稳定性。就比如一个有真正道德信仰的领导干部，在面临各种各样的诱惑之时，由于对两袖清风等道德规范价值基础的信仰，他对两袖清风的道德情感已然转向为他的心理需要，在面对诱惑需要抉择的时候，他会毫不犹豫地基于这种对“两袖清风”“清白做官”的心理需要而作出自己的正确抉择，这种心理需要会逐步也必然会导致和其信仰对象达到统一的渴望，由此推动道德心理需要向道德行为与道德意志的转化。

第三，没有形成坚定的道德意志。意志是一种心理倾向，是人自觉确定目标，并积极发挥主观能动性，克服困难、排除干扰，最终实现预定目标。道德意志是在面临任何困难以及道德诱惑时，不顾艰难，拒绝诱惑完成理想道德目标的意愿斗志。在道德心理整合机制中，道德意志是一个重要环节，是道德信仰的重要心理因素，它是主体排除道德诱惑，战胜各种道德困难挫折完成最终道德理想目标的一个心理过程。是否具备道德意志主要体现在三个方面，一是主体是否达到“慎独”的境界，这是主体是否具备道德意志，是否坚定其价值目标的试金石，“慎独”的主要表现是道德行为的一贯性和持之以恒的精神，我们常说做好事不难，难的是做一辈子好事，其中的关键就是道德意志的驱动力，当一个人具备持之以恒的精神并愿意为了自己的理想人格去迈进，那是任何挫折与诱惑都不能阻挠的。很多领导干部违纪违法都是晚年放松严于律己的神经，突破了自己曾经坚守的道德底线，这正说明他们没有持之以恒保持清正廉洁、头脑清晰的精神与坚定决心。二是主体是否有拒绝非正当利益的毅力，领导干部作为许多领域的“把关人”“领头人”，时常会遇到各方面的利益诱惑，甚至是多个利益方的集体“围猎”，这个时候，能不能抵挡住这些诱惑而坚定不移地按照自己内心的道德行事，是判断这个领导干部是否具有道德意志和道德信仰的标准，上文提到的落马干部基本上都是在面对高官厚禄、金钱美色等利益诱惑时，方寸大乱、丧失道德底线,置道德要求于无物,因此落得个违纪违法的下场。三是主体是否具有坚决贯彻道德要求的勇气与决心。不良的社会风气与政治环境往往造成某地区、某领域的集体腐败,有些领导干部在集体腐败中,即使已经意识到腐败的重要性,主观上并不想参与,但因种种利害关系,深陷利益“圈子”,最终也会不知不觉地放弃自己原有的立场,同流合污,混迹于腐败分子之间。比如,原铁道部部长刘某某的违纪违法案例就是典型的集体腐败案例。据调查,他在任期间就利用职务便利为 11 人在职务晋升、承揽工程、获取铁路货物运输计划等方面提供帮助,构建自己的利益“圈子”。在这个“圈子”中,当某个领导者拒收行贿者的红包时,行贿者会声明“其他领导都收了,就看你的了”,为了和他人保持一致同时又担心其他班子成员对自己的不信任,只好随大流。这种集体腐败深刻地说明在一个鱼龙混杂、利益交织、善恶混淆的社会环境及政治环境中,是最能考验一个人是否具有道德意志和道德信仰的。

第四,道德人格缺失。由于以上三个环节的缺失,这些违纪违法的领导干部无法形成道德人格。道德人格是人们通过道德生活意识到自己的道德责任和道德义务以及人生的价值和意义,从而自觉地选择自己做人的范式,是道德认知、道德情感、道德意志三个环节的有机统一和必然结果。[①] 一旦形成道德人格,人就会通过人格的升华体会到超越人生与人的动物性局限的无限崇高感,道德信仰的超越性本质也就体现在此处。我们在分析领导干部违纪违法现象时发现,这个群体中鲜有突破前三个环节的人,他们也因此无法去崇拜一个理想的、超越有限人生的“我”。没有第一阶段道德认知的“知”,就不会认同与确立自己的道德目标;缺失第二阶段道德情感的“情”,也就不会对违背自身的道德要求产生羞耻感,不会期望、崇拜理想的道德人格;不具备第三阶段道德意志的“意”,就会失去“出淤泥而不染”的勇气,就会在面临利益诱惑时轻易突破道德底线。“知”“情”“意”无法统一,就不会真正达到道德自律,也就无法确立理想的、带有超越性本质的道德人格。

---

① 参见魏长领:《道德信仰与自我超越》,河南人民出版社 2004 年版,第 238 页。

四、社会诚信体系不健全的原因

在中国传统文化中,“诚”非常接近信仰,是发自内心的笃信和自觉遵从。有学者认为:“假如说在中国古代的许多哲学和道德的概念中有一个可以在整体上替代‘信仰’的概念的话,那么它就是‘诚’。”①把“诚”当作最重要的核心观念的是《中庸》,“今传《中庸》以诚为人生之最高境界,人道之第一原则”②。如果人性本善,而又能诚,则道德就有了内在的根基。诚信体系的建立和遵守,最终落实到每个社会成员的信奉和遵行上。因此,我们对社会诚信体系不健全的原因分析,侧重于对个体存在境遇的社会学分析。

(一)人际交往关系脱域

英国社会学家吉登斯在其著作《现代性的后果》中提出脱域理论,脱域理论是指社会系统的解嵌,这种解嵌是将社会关系从当地的互动语境中“提升”出来,并在无限的时空范围内进行重组。脱域理论解释了现代社会人际关系的一种普遍趋势。现代社会中,交通与信息技术的迅猛发展,特别是在网络空间和虚构世界里,人们的社会交往与社会生活已经打破地域限制,甚至呈现出越来越脱离本土情境的趋势。哪怕在不在场的情况下,也能建构自己的社会关系网络,脱域的社会关系已经成为个人社会关系的主要模式。但随着社会脱域机制的不断完善,推动社会逐步由熟人社会向陌生人社会转型,也会导致广泛社会成员之间的交往关系呈现出“物本”的价值向度,这也是导致人际信任危机的原因之一。人们交往关系脱域的主要影响表现在以下几个方面:

第一,脱域交往双方的隐秘性容易导致社会规范失序。吉登斯提出,现代性的动力机制包括三个方面,分别是“时空分离”“脱域”和“制度反思性”。“时空分离”是脱域的前提,凭借现代交通与网络虚拟世界,人们可以在“虚空”中,在双方甚至多方缺场的情况下交往,大大扩展自己社会行动的时空范围,“时空分离”为脱域奠定了基础。时空延伸与脱域程度的提高,为

---

① 刘建军:《追问信仰》,河北人民出版社 1998 年版,第 68 页。

② 张岱年:《中国哲学大纲》,中国社会科学出版社 1982 年版,第 328 页。

人们依赖抽象系统提供了可能性,反思性才能在现代性条件下得以制度化。正是由于脱域的人际交往是以时空分离为前提的,又由于“符号标志”是脱域的一大机制,人们的交往身份都有一定程度的隐秘性,交往中的双方不是面对面的有血有肉的个体,而是符号标志,就比如网络头像、网名等,这就导致判断对方是否值得信任成为颇具难度的事情。这种脱域交往也就提高了人与人交往的风险性,一些不诚信、对社会不满、道德素质低下的社会成员就会利用这种隐秘性,扰乱社会秩序,甚至违法犯罪。比如,网络谣言的肆虐,一些网民为了博取关注,披着言论自由的规则外衣,编造一些不真实言论,使很多缺乏媒介素养的不知情人士信以为真并继续转发言论,在不知不觉中成为谣言的助推器。轻者扰乱清朗的网络秩序,重者一旦牵涉到社会痛点,甚至会被西方势力渗透,造成社会规范失序,给国家安全带来严重风险。又比如,电信诈骗,诈骗分子就充分利用符号标志所带来的脱域机制的隐秘性,假装受害者亲人、朋友等角色来骗取受害者的信任,从而达到自己的非法目的。这也反过来倒逼人们在社会生活中主动降低对他人的信任度,十分不利于构建社会的诚信体系。

第二,对脱域社会关系的依赖导致人们对“自我”的迷失。从社会学的角度分析,每个人在社会生活中都背负着角色期望,扮演着符合期望的角色。当脱域的社会关系成为个人社会关系的主要模式时,人们在缺场交往中能够抛开角色期望扮演各式各样的角色。一方面,由于上述脱域交往双方的隐秘性,人们不再担心在场交往的一切社交规范和本土化情境带来的道德约束;另一方面,虚拟环境的“自我”带来超越现实生活的积极情感体验,这种类似于激励机制的情感体验会常常使人迷失自我,沉迷于“虚空”世界的自我、厌恶现实中的自我。从伦理学的角度分析,对现实中自我的否认,是对现实个人社会关系的否定,会造成自我的认同危机,因为个体总是要与不同的共同体、关系结构相连而拥有不同的社会角色。他或她围绕着多重的社会角色,定义和构建其与落入这一范围的其他人的关系,正是这些关系的不断编织,个体才拥有自己独特的生活方式和生活意义。[①] 所以,过

① 参见余露:《伦理学视域下的自我认同问题》,《伦理学研究》2018 年第 5 期。

度依赖缺场交往,现实与虚拟的交往落差产生失落情绪,会导致个体回归现实世界缺少归属感,引发自身的认同危机以及对社会的负认同,对现实社会产生不满情绪。

第三,脱域关系导致信任模式"物本"化。德国社会学家卢曼认为,信任是一种简化机制,它对人心理上的功能是帮助人取消疑虑、简化复杂、快速利用价值标准判断交往双方的可信程度,为人类在认识世界的实践过程中节省精力。吉登斯秉持现代性运行机制的有关内容,将信任类型分为系统信任与人格信任两种,系统信任的代表就是专家系统。比如,人们总会在选择之前听一听专家对这个选择的看法,这体现出对专家系统的信任。人格信任的核心是一个社会的道德行为准则,比如,人们总会凭借善恶标准来判断一个人是否值得信任。吉登斯倾向于将这两种信任类型的工具性单独考虑,也就是将系统信任与人格信任当作信任的分析模式,简单来说,就是人们可以通过这两种信任类型的核心观点来判断交往的对方是否值得信任。

脱域交往一方面打破了人际交往的地域限制,另一方面却也减弱了本土化交往的感性力量,人们很少再面对面进行交流,失去了通过生活中的实践去完成对一个人的理性认识从而选择对对方信任与否的过程,这削弱了信任关系中的"人本"价值向度。人们越来越将社会生活的一切放置于脱域机制中,因为这样更有效率,更能将脱域交往的工具性作用发挥到极致。现代社会在很大程度上将人与人之间的信任关系建立在一个好的"系统"上,比如货币和专家系统,但从现实生活的角度看,以专家系统为例,我们总能看到社交媒体当中对专家发言的评论往往遭到吐槽与不屑,以专家系统为代表的系统信任模式已经面临着严峻挑战,过度追求脱域交往的工具性已经带来了一系列公民对于政府等权威机构的信任危机,这显然不利于社会诚信体系的构建。

(二)社会道德教育的缺失

社会道德教育是社会道德调控形式中较为主要的形式,不仅有比社会赏罚机制更强的广泛性与正面性,也有比社会道德评价更明确的目的性与系统性。所谓社会道德教育,是指一定社会或阶级为了使人们遵循其道德原则和规范,自觉履行相应的道德义务,而有组织有计划地对人们施加系统的道德影响的活动。具有教育内容的广融性、教育环节的渐进性、教育进程的重复性、教育功能发挥的实践性、教育效果的渐进性等特点。[①] 我们分别从家庭、学校、职业、网络这四个社会道德教育的主要途径分析其教育缺失的原因。

一是家庭教育中落。党的十八大以来,以习近平同志为核心的党中央高度重视家庭文明建设,其核心就是家风建设。家风又称门风,是一个家庭在世代繁衍过程中逐渐形成的较为稳定的生活作风、生活方式、传统习惯、道德规范和为人处世之道的总和。家风建设的核心在于父母的言传身教,身行一例,胜似千言。言传在于父母应做到在孩子面前言而有信、言而成理,将一些含有核心道德价值基础如家国情怀、热爱劳动等道理形成家训。如果父母满不在意兑现对孩子许下的承诺、不诚信待人、蛮不讲理,那么孩子的诚信意识也很难形成。身教在于父母的举止形象,自古就有“有其父必有其子”,形象解释了父母对下一代潜移默化的影响,父母良好的品行、为人就是对孩子无声的教诲,如果父母本身就品行不端、行为不雅,孩子就会沾染上同样的不良习惯,对个人道德观念的形成产生消极影响。如果家庭中代代相传的家风是落后的、守旧的,那么就会成为个人发展的阻碍;若是积极向上、健康阳光的家风,就会推动个人发展、催人奋进。当前出现的一些人道德观念模糊在很大程度上归咎于家庭教育的反面怂恿。

二是学校道德教育形式化倾向。学校教育是由专职人员和专门机构承担,具有社会正式规定的有目的、有系统、有组织的特征,旨在向人教授特定本领以及价值标准,并有计划地以影响受教育学校教育者的身心发展为直接目标的社会活动。道德教育应是学校教育中较为核心的任务。现实中,一些学校往往对教育采取功利主义的价值向度,因过分重视升学率致使道德教育流于形式化、边缘化。学校对一名学生的道德评价不是以道德品质为标准而是以道德教育课程的知识掌握程度为标准。一些教师在工作中带有功利性,注重教授专业知识而忽视传道解惑,甚至出现教师失德现象,十分不利于学生的道德品质与道德人格的培养。

---

① 参见唐凯麟主编:《伦理学》,高等教育出版社 2001 年版,第 223—232 页。

三是职业道德约束力不够。职业是社会分工的表现,人们不仅要在职业活动中与对象、同事发生关系,而且要通过人与人的关系对整个社会发生关系,因此职业是人们社会关系的一个重要载体,必然形成各行各业的职业道德要求。职业教育包括职业道德教育,不仅整合职业实践中具体的、适宜的、经常性的道德要求,也使得职业利益与个人利益紧密联系,约束个人在职业实践中谨遵职业道德。现实中,对违反职业道德的约束显然不够,比如,一些个人为了自身利益而泄露商业机密、不尊重客户隐私,以及一些企业虚假宣传、夸大产品功效等现象,往往只在特定群体内引起群体内人员的反感以及谴责,很难上升到社会层面的道德谴责抑或法律惩戒。

四是大众传媒对社会道德风尚引导不力。大众传播媒介指的是报纸、杂志、广播、书本、电视、网络等不同的通信形式,尤其是网络社交媒体以其影响覆盖面之广和传播速度之迅速,对整个社会的道德风尚产生巨大的导向性作用。确定性与系统化应是道德教育内容的本质规定性,发挥着价值引导的作用。信息化时代,信息传播机制以及场域的巨大变化使得道德教育内容产生不容忽视的不确定性风险,道德教育内容呈现出碎片化和模糊化倾向,甚至受到西方意识形态的渗透。个别别有用心的国家、组织、个人通过视频、文章、“新闻”、图画等带有明显意识形态性质的内容在网络空间传播中外观念、文化、思想等差异对比,甚至在传播中“夹带私货”,引导群众意识形态走偏,产生意识形态对立,进而威胁政治安全。当这些内容借助教育数字化平台,作为信息被广大社会成员所接收,就会出现诸如伤害国家尊严和民族感情等事件,成为阻碍社会道德教育过程的消极因素。

第八章　道德支撑法治文化建设的路径与对策

充分发挥和全面强化道德对中国法治文化建设的支撑作用,是社会主义法治文化建设的重要路径和方略。习近平总书记明确指出:“要强化道德对法治的支撑作用。……发挥道德对法治的滋养作用,努力使道德体系同社会主义法律规范相衔接、相协调、相促进。”①

社会主义法治文化同时代表着先进的法治理念、科学的法治思维和文明的法治行为三种方式。法治文化不仅包含着法律规范体系、法律制度等理论层面的相关内容,也包含着不同法律实施时的具体活动及活动过程中所形成的有关习俗、观念、精神等,法治文化建设的目标是让全体公民在行为方式、生活方式、价值取向、理想信念等方面,都能够遵照法治理念、法治精神、法律思维、法治方式,养成法治信仰和法治习惯。法治文化囊括法律制度、规则,法律精神,以及法律自律意识、法治信仰等。中国当前的法治文化建设处于精神层面、制度层面、物质层面,贯穿于中国当前全面依法治国、加快法治中国建设的全进程。如何强化道德对法治文化建设的支撑作用?如何发挥道德对法治的滋养作用?这是本章探讨的重要问题和任务。探讨新时代全面依法治国背景下道德支撑法治文化建设的路径与对策,是本书的实践价值所在。道德支撑法治文化建设的路径与对策,不仅体现在立法、执法、司法和守法的各个环节,而且体现在发挥领导干部在依法治国和以德治国中的关键作用,贯彻社会主义核心价值观,加快个人诚信、政务诚信、商务诚信、社会诚信和司法公信建设,完善法治文化建设的道德评价和监督机

① 习近平:《论坚持全面依法治国》,中央文献出版社 2020 年版,第 166 页。

制等方面。

第一节　立法要体现社会主义道德要求

良法是法治文化的基础,也是善治的前提。全面以德治国和法治文化建设必须坚持立法先行,提高立法质量,保证所立之法皆为良法,要把社会主义道德要求贯彻到立法的全过程和所立法之中。《中共中央关于全面推进依法治国若干重大问题的决定》指出:“法律是治国之重器,良法是善治之前提。建设中国特色社会主义法治体系,必须坚持立法先行,发挥立法的引领和推动作用,抓住提高立法质量这个关键。”①良法在新时代中国特色社会主义法治文化建设中具有关键地位,道德对中国特色社会主义法治文化建设的支撑作用,首先体现在立法方面,立法过程和所立之法要体现社会主义道德要求,或者说,社会主义道德要求体现在立法过程和所立法之中。当前中国,道德对立法的支撑作用,主要表现在以下几个方面:

一、恪守以民为本、立法为民的理念

任何立法都体现着一定的立法理念和立法的价值观或价值取向。为什么立法?为谁立法?立什么法?立法工作是法律体系健全的核心内容,新时代中国立法工作的重心应围绕立法质量的提升,秉承依法立法原则,实现良法善治。习近平总书记指出:“要把道德要求贯彻到法治建设中。……法律法规要树立鲜明道德导向,弘扬美德义行,立法、执法、司法都要体现社会主义道德要求,都要把社会主义核心价值观贯穿其中,使社会主义法治成为良法善治。”②

当前中国的立法理念和价值取向,应符合社会主义基本道德要求和社会主义核心价值观。社会主义道德以为人民服务为核心,以集体主义为原则,以爱祖国、爱人民、爱劳动、爱科学、爱社会主义为基本要求。“任何一种

① 《中共中央关于全面推进依法治国若干重大问题的决定》,《人民日报》2014年10月29日,第1版。

② 习近平:《论坚持全面依法治国》,中央文献出版社2020年版,第166页。

道德规范体系都有一个核心的价值精神，它处于该道德规范体系的中心，构成为该道德规范体系的深层内核，决定了该道德规范体系的本质。”①如果说，维护封建尊卑贵贱的宗法等级秩序是中国封建社会道德规范体系的核心，“以个人为中心，一切为了个人”则是资本主义社会道德规范体系的核心，而“为人民服务”则是社会主义社会道德规范体系的核心。“为人民服务”作为社会主义道德规范体系的核心，“坚持了历史的尺度和道德的尺度的统一，实现了道德的目的性和道德的工具性的统一，促进了个人利益和社会集体利益的结合”②。“为人民服务”作为社会主义道德规范体系的核心，要求一切为了人民，一切依靠人民，无论立法的出发点还是落脚点都是人民的利益，始终要把人民群众的利益放在首要位置。“为人民服务”既是社会主义道德规范体系的核心，也是中国社会主义立法的价值根基和基本价值取向，应贯彻于社会主义立法的全过程。以“为人民服务”为核心的社会主义道德规范体系，体现在社会主义立法中，要贯彻以民为本、立法为民的理念，就是要体现“人民至上”，坚持以人民为中心。《中共中央关于全面推进依法治国若干重大问题的决定》指出：“要恪守以民为本、立法为民理念，贯彻社会主义核心价值观，使每一项立法都符合宪法精神、反映人民意志、得到人民拥护。”③在人民至上的社会主义国家，法的人民性体现在以人民为中心的坚定要求，切实掌握人民群众对于民主、公平、正义、法治等方面的需求变化并以之为着力点，面向人民群众日益增长的对美好、幸福生活的期待，保障人民切身利益、根本利益和长远利益。如果立法不体现人民的意志，就失去了社会主义的根本性质。

立法要体现以民为本、立法为民的价值理念，要体现“为人民服务”的道德核心，要落实到社会主义立法的内容和重点之中，要关注与人民密切相关的切身利益和权利。

---

① 唐凯麟主编：《伦理学》，高等教育出版社 2001 年版，第 276 页。

② 唐凯麟主编：《伦理学》，高等教育出版社 2001 年版，第 291 页。

③ 《中共中央关于全面推进依法治国若干重大问题的决定》，《人民日报》2014 年 10 月 29 日，第 1 版。

二、科学立法、民主立法、依法立法

从立法理论和立法实践看，良法的制定（立法）既有程序、过程、方式、方法方面的要求，即要民主立法、科学立法、依法立法；也有规范、内容、价值、目的方面的要求，即法律要符合公平正义。这两个方面都要体现社会道德的要求。美国当代著名法学家富勒在其名著《法律的道德性》一书中把第一方面称为“法律的内在道德”，把第二方面称为“法律的外在道德”，在该书第二部分“道德使法律成为可能”中论证了法律内在道德的八个方面的要求，并强调指出正是这些内在道德要求使法律成为可能。进而，富勒从现代自然法角度论述“法律的外在道德”，并在该书第四部分“法律的实体目标”中“从总体上分析法律的内在道德与外在道德发生互动关系的方式”。① 富勒指出，法律的道德性表现在两个方面：一方面，法律必须以最高的道德——正义，作为其追求的实体目标。另一方面，法律自身的制定和实施，以及其内容和形式必须符合道德的要求。如果说，外在道德追求的是实质正义的话，那么内在道德所追求的则是形式正义。富勒认为，因为法律有道德性，才使人们愿意服从它。尽管富勒的观点遭到包括新分析实证主义法学家哈特的反驳，且富勒的观点带有自然法学固有的局限性，但富勒所强调的良法必须体现道德要求、法律与道德的内在联系等观点，还是具有很大合理性的，在某些方面值得我们借鉴。

（一）科学立法

“五爱”（爱祖国、爱人民、爱劳动、爱科学、爱社会主义）是社会主义社会道德的基本要求和基本规范，“爱科学”是社会主义基本道德规范之一。科学是人类认识自然、改造自然的重要手段，也是认识社会、改造社会的重要武器。科学追求真理、追求智慧、追求真善美，是人类社会发展和人的解放的基本路径和重要力量。古今中外，热爱真理、追求真理、追求智慧、捍卫真理既是社会道德规范，也是每个人的美德。中国儒家文化创始人孔子把“智”作为君子应该具备的三大美德（智、仁、勇）之一，儒家文化推崇的“三

① ［美］富勒：《法律的道德性》，郑戈译，商务印书馆 2005 年版，第 178 页。

纲五常”中的“五常”（仁、义、礼、智、信）就包括“智”。古希腊著名哲学家柏拉图、亚里士多德都非常重视“智慧”美德，柏拉图把“智慧”列入“四主德”（智慧、勇敢、节制、公正）之一；亚里士多德在《尼各马可伦理学》中把德性分为两类：一类是理智德性，一类是伦理德性。科学追求真理、发现规律、把握规律，而发现和把握客观规律是人类社会进步的必然路径。社会要发展，人类求解放，人民获幸福，都离不开真理和智慧，离不开科学技术。爱科学渗透于社会发展和个人生活的方方面面，当然也体现在立法的社会实践中。

习近平总书记在《关于〈中共中央关于全面推进依法治国若干重大问题的决议〉的说明》中明确指出：“科学立法的核心在于尊重和体现客观规律。”①客观规律包括人类社会发展规律、中国特色社会主义社会发展规律，有经济发展规律、政治发展规律、文化发展规律等，人们只有在社会实践活动中才能认识和把握规律。实践是认识的基础，是真理的来源，当然也是法律及其发展的基础。习近平总书记指出：“实践是法律的基础，法律要随着实践发展而发展。转变经济发展方式，扩大社会主义民主，推进行政体制改革，保障和改善民生，加强和创新社会管理，保护社会环境，都会对立法提出新的要求。”②科学立法要求所立之法要反映和体现这些新要求、新特点、新任务，要符合中国经济社会发展规律，符合中国改革发展大趋势及其要求。“我们要坚持改革决策和立法决策相统一、相衔接，立法主动适应改革需要，积极发挥引导、推动、规范、保障改革的作用，做到重大改革于法有据，改革与法治同步前进，增强改革的穿透力。对实践证明已经比较成熟的改革经验和行之有效的改革举措，要尽快上升为法律。”③2021 年 4 月，中共中央办公厅、国务院办公厅颁发的《关于加强社会主义法治文化建设的意见》中指出，要“坚持科学立法，推进党的领导入法入规，把党的主张依照法定程序转化为国家意志，把社会主义核心价值观融入法律法规的立改废释全过程，使法律法规、司法解释等更好地体现国家价值目标、社会价值取向和公民价值

① 习近平：《习近平关于全面依法治国论述摘编》，中央文献出版社 2015 年版，第 49 页。
② 习近平：《习近平关于全面依法治国论述摘编》，中央文献出版社 2015 年版，第 43 页。
③ 习近平：《习近平关于全面依法治国论述摘编》，中央文献出版社 2015 年版，第 52 页。

准则，以良法保障善治”[①]。

目前，在中国立法领域，还存在一些未能全面反映客观规律和人民意愿、未能全面准确反映改革发展要求的问题，存在部门利益和地方保护主义法律化的问题，存在立法及时性、针对性、系统性、可操作性、时效性不强的问题，出现立法效率不足、立法工作中部门化倾向、争权诿责的现象，等等。《中共中央关于全面推进依法治国若干重大问题的决定》指出，有的法律法规未能全面反映客观规律和人民意愿，针对性、可操作性不强，立法工作中部门化倾向、争权诿责现象较为突出。习近平总书记也曾经指出：“有的法律法规全面反映客观规律和人民意愿不够，解决实际问题有效性不足，针对性、可操作性不强；立法效率需要进一步提高。还有就是立法工作中部门化倾向、争权诿责现象较为突出，有的立法实际上成了利益博弈，不是久拖不决，就是制定的法律法规不大管用，一些地方利用法规实行地方保护主义，对全国形成统一开放、竞争有序的市场秩序造成障碍。”[②]针对这些问题，习近平总书记提出：“推进科学立法，关键是完善立法机制。……要明确立法边界，从体制机制和工作程序上有效防止部门利益和地方保护主义法律化。”[③]

（二）民主立法

在人类历史上，关于法律的来源和目的至少有以下几种观点：第一种观点认为，法律出于神意和神定，法律是神定的人类的行为规范；第二种观点认为，法律是哲学层面上发现的原则体系，它表达了事物的本质，人类的行为与之保持一致；第三种观点认为，法律是对永恒不变的道德法典的揭示和宣告；第四种观点认为，法律是政治组织化社会中主权者认同的关于人们应该如何控制自己的行为的标准；第五种观点认为，法律是统治阶级为了实现自身利益而施加在社会民众身上规则体系的一系列命令；第六种观点认为，法律由经济或社会法则中与社会生活中的人类行动有关的诫命所构成，它

① 中共中央办公厅、国务院办公厅印发：《关于加强社会主义法治文化建设的意见》，《中华人民共和国国务院公报》2021 年第 11 号。

② 习近平：《习近平关于全面依法治国论述摘编》，中央文献出版社 2015 年版，第 48—49 页。

③ 习近平：《习近平关于全面依法治国论述摘编》，中央文献出版社 2015 年版，第 50 页。

通过观察而被发现。[①] 在马克思主义看来，法律作为上层建筑的组成部分，是该社会物质生活条件特别是经济基础的反映。在私有制社会里，在奴隶社会、封建社会、资本主义社会，法律是统治阶级意志的体现，维护的是统治阶级的利益。而在以公有制为基础的社会主义国家，法律是人民意志的体现和表达，法律维护的是广大人民群众的根本利益和基本价值诉求。法律的制定是为了人民，法律制度的过程要依靠人民。习近平总书记明确指出："民主立法的核心在于为了人民、依靠人民。……创新公众参与立法方式，广泛听取各方面意见和建议。"[②]"要完善立法工作机制和程序，扩大公众有序参与，充分听取各方面意见，使法律准确反映经济社会要求，更好协调利益关系，发挥立法的引导和推动作用。"[③]民主立法，一方面需要扩大人民群众的广泛而有序的参与，创新人民群众有序参与立法的途径和方式；另一方面要加强广大人民群众对立法的监督，保障法律能够快捷地、顺利地、充分而全面地体现广大人民群众的利益诉求和主张。立法监督不仅在法律体系中占据重要地位，也是法律得以实施的前提保障，加强立法监督更是建设社会主义国家法治文化的基础条件。立法监督的过程中要将民意纳入首要考虑的范畴之中，确保人民群众能够便捷、顺利地表达意见，收集群众的真实诉求与建议，做到认真分析、切实践行。

（三）依法立法

党的十九大报告在科学立法、民主立法的基础上，提出依法立法，其核心在于破解立法中部门利益法律化的问题。依法立法，一方面要求立法部门在立法时需遵守宪法法律设定的程序、权限，另一方面还要正确处理党的领导、人民当家作主和依法治国的关系。立法工作离不开党的领导，依法治国也离不开党的领导，这是中国特色社会主义法治文化建设的一个根本特色。

① 参见［美］庞德：《法哲学导论》，于柏华译，商务印书馆 2020 年版，第 25—28 页。
② 习近平：《习近平关于全面依法治国论述摘编》，中央文献出版社 2015 年版，第 49 页。
③ 习近平：《习近平关于全面依法治国论述摘编》，中央文献出版社 2015 年版，第 44 页。

三、把公正、公平、公开原则贯穿立法全过程

《辞海》认为,“公正”即“正义”,是指“对政治、经济、法律、道德等领域中制度和行为之合理性的一种道德认识和肯定评价。作为伦理学范畴,既指符合一定道德规范的行为,又主要指处理人际关系和利益分配的一种原则,即一视同仁和得所当得”[①]。公正首先是一种综合性的道德价值和道德规范,也是一种整体性的美德,是一个重要的伦理学范畴。人类社会进入阶级社会以后,公正也成了政治学、法学的核心价值和基本规范。立法公正就是指立法要有合理性,要一视同仁、得所当得。立法者应认识道德的价值,遵循“应然”的道德状态,具体表现为贯彻社会公正、平等、正义的价值追求,合乎道德的法律内容、法律形式。公平正义是法律的实质追求,也是社会美德和整体德性。“立法公正是政治公正的法律表现,也是司法公正的前提条件。立法公正是整个法律公正的基础。法律的公正必先体现为立法的公正。可以说,立法公正是法律公正的开始。没有立法公正,就没有法律的公正。”[②]在奴隶社会、封建社会,社会成员被分成不同的等级,宗法等级制度和不平等的君臣关系,使得立法过程和立法内容不可能实现公平正义。即使在以立法公正、法律面前人人平等为标榜的资本主义社会,由于私有制、经济剥削、政治压迫的存在,法律仍然是统治阶级意志的表现,立法公正和立法平等也不能真正实现。而社会主义社会为立法公正提供前所未有的社会基础和历史条件,法律作为人民意志的体现,既能体现最广大人民群众的意志和利益,也能够维护少数人的基本权益和意志。在立法过程中,广泛征求最广大人民群众的意见,吸收最能体现广大人民群众意志的代表参与,最大可能地拓宽广大人民群众直接参与和间接参与立法的路径、方式和方法。

公平首先也是个伦理学范畴,是道德的基本价值和自由规范之一,后来在政治学、法学、经济学、社会学等领域被广泛运用。《辞海》认为,“公平,作为伦理学范畴,含有从公正的角度出发平等地对待每一个与之相关的对象

---

① 夏征农、陈至立主编:《辞海》,上海辞书出版社 2009 年版,第 2922 页。

② 卓泽渊:《法的价值论》(第三版),法律出版社 2018 年版,第 388 页。

的意义。在经济伦理学中,指社会成员的财富分配相对均衡化”①。立法公平一方面要求立法要平等地对待每一个与之相关的对象;另一方面要求法律面前人人平等。简单地说,公平就是对于同类主体或同类事项同等对待。公平常常被视为法律的基本精神,法律的制定和法律规范都应该以公平为基本的价值依据和价值追求。法律作为对公民基本权利的认定和保障,就应该保障公民的权利公平,体现法律面前人人平等的基本要求,以及公民的机会公平、起点公平、规则公平、结果公平。这些都应该在立法及其过程中得到充分的体现。不能因公民的家庭出身、性别、年龄、民族、地域、职业、文化程度、政治身份、经济状况等因素,而在公民基本权利(包括政治权利、经济权利、人身权利、文化权利、交往权利)上有所差别。在公民应当承担的基本义务方面亦是如此。而且,在法律责任的认定和承担方面,立法也不能因人而异。在现代社会,每一个国家公民都应该平等拥有确定的基本权利和基本义务,社会主义国家更应该如此。《中共中央关于全面推进依法治国若干重大问题的决定》指出,要加快完善体现权利公平、机会公平、规则公平的法律制度,保障公民人身权、财产权、基本政治权利等各项权利不受侵犯,保障公民经济、文化、社会等各方面权利得到落实,实现公民权利保障法治化。②

四、将实践中广泛认同、较为成熟、操作性强的道德要求及时上升为法律规范

习近平总书记明确指出:“要把实践中广泛认同、较为成熟、操作性强的道德要求及时上升为法律规范,引导全社会崇德向善。”③

应该把什么样的道德要求上升到法律规范呢?一方面,是实践中广泛认同、较为成熟、操作性强的道德要求;另一方面,从道德要求的内容上看,要把最基本的、作为“完全义务”“无条件义务”的道德要求上升为法律规范。

① 夏征农、陈至立主编:《辞海》,上海辞书出版社 2009 年版,第 721 页。

② 参见《中共中央关于全面推进依法治国若干重大问题的决定》,《人民日报》2014 年 10 月 29 日,第 1 版。

③ 习近平:《论坚持全面依法治国》,中央文献出版社 2020 年版,第 166 页。

不同的道德义务与法律义务的关系不一样。不少学者把道德义务分为两类，一类是关系到人类社会的最基本秩序和最基本条件的道德义务，是维持社会稳定和发展的最基本的道德要求，这是人们必须履行的道德义务，是带有强制性的道德义务；另一类是使人与人之间关系更美好、社会关系更和谐的道德要求，这些道德要求使人充满爱心和善意，使人性充满德性的光辉。这是更高层次的要求，并不构成人们必须履行的道德义务，是不具有强制性的道德义务。国内学者余涌把道德义务区分为完全义务和不完全义务，并认为，一般而言，对于完全义务，履行并不值得特别褒奖，而不履行则应受到严厉谴责；对于不完全义务，履行就应受到褒奖，而不履行亦无可指责。完全义务对行为者具有一种强约束力，不完全义务对行为者具有一种弱约束力。完全义务是要求行为者"必须"如此，不完全义务则是倡导行为者"应该"如此。①

德国古典哲学家康德曾经把道德义务分为"无条件的义务"和"有条件的义务"。康德指出："仁爱和尊重人类权利这两者都是义务；然而前者是有条件的义务，反之后者则是无条件的、绝对命令的义务。"②当代美国现代自然法学家富勒在《法律的道德性》中作了"义务的道德"和"愿望的道德"的区分。"义务的道德"旨在确认人的社会生活的基本要求，"它确立了使有序社会成为可能或者使有序社会得以达致其特定目标的那些基本规则"③，而"愿望的道德"的目标则指向人类所期望达到的最高境界，"它是善的生活的道德、卓越的道德以及充分实现人之力量的道德"。④ 比如，自我提高或自我实现就不属于义务的道德，我们不能因为一个人未能充分发挥潜能实现自我而指责其未尽到道德义务，它是"愿望的道德"；而不伤害别人就属于义务的道德，伤害别人就要受到道德的谴责。美国当代著名法学家博登海默把前一种道德义务称为"完全强制性义务"，把后一种道德义务称为"不完善强制性义务"。博登海默提出："在道德价值的这个等级体系中，我们可以区分

① 参见余涌：《论道德上的完全义务与不完全义务》，《哲学动态》2017 年第 8 期。
② ［德］康德：《历史理性批判文集》，何兆武译，商务印书馆 1990 年版，第 143 页。
③ ［美］富勒：《法律的道德性》，郑戈译，商务印书馆 2005 年版，第 8 页。
④ ［美］富勒：《法律的道德性》，郑戈译，商务印书馆 2005 年版，第 8 页。

出两类要求和原则。第一类包括社会有序化的基本要求,它们对于有效地履行一个有组织的社会必须承担的任务来讲,被认为是必不可少的、必要的或极为可欲的。避免暴力和伤害、忠实地履行协议、协调家庭关系,也许还有对群体的某种程度的效忠,均属于这类基本要求。第二类道德规范包括那些极有助于提高生活质量和增进人与人之间的紧密联系的原则,但是这些原则对人们提出的要求远远超过了那种被认为是维持社会生活的必要条件所必需的要求。慷慨、仁慈、博爱、无私和富有爱心等价值都属于第二类道德规范。"①第一类道德规范是道德的基本要求,是维持社会生活的必要条件所必需的要求,因而成为人们必须遵守的道德行为规范,或者说,是人们必须履行的道德义务,具有强制性。这一类的道德义务往往被称为法律义务的要求,或者说,在第一类道德义务上,法律义务和道德义务往往是一致的。而第二类道德规范则是更高层次的道德要求,远远超过那种被认为是维持社会生活的必要条件所必需的要求。这类道德规范不是人们强制性的道德义务,人们有选择做与不做的权利。

根据前文分析的不同的道德义务与法律义务的不同关系,在立法过程中,应该把道德规范体系中那些属于前文提到的"无条件的义务"(康德)"完全义务"(余涌)、"义务的道德"(富勒)、"完全强制性义务"(博登海默)的道德义务,上升为法律义务,转化为法律规范,比如平等、自由、正义、诚信等,具体来说包括方方面面,比如不许伤害无辜、不许偷盗别人财产、不许作伪证、不许拐卖妇女儿童、不许迫害忠良、不许欺骗诈骗、不许坑蒙拐骗、不许制造伪劣假冒、不许虐待父母、不许危害社会安全和国家安全等。2019 年 10 月,中共中央、国务院印发实施《新时代公民道德建设实施纲要》,其中也明确指出:"及时把实践中广泛认同、较为成熟、操作性强的道德要求转化为法律规范,推动社会诚信、见义勇为、志愿服务、勤劳节俭、孝老爱亲、保护生态等方面的立法工作。"②简要说明什么样的道德义务应该上升到法律规范

① ［美］博登海默:《法理学——法哲学及其方法》,邓正来译,中国政法大学出版社 2017 年版,第 392 页。

② 中共中央办公厅、国务院办公厅印发:《新时代公民道德建设实施纲要》,《中华人民共和国国务院公报》,2019 年第 31 号。

的宏观层面和领域。而进一步落实和细化把什么样的道德要求上升为、转化为法律规范,是中国当前法治中国建设和公民道德建设的一个迫切任务。

第二节　提高执法人员和司法人员的道德素质

科学立法、严格执法、公正司法和全民守法是全面依法治国的四个重要环节,其中严格执法和公正司法是落实全面依法治国的重要环节。任何完美的法律规范体系只有在现实社会中得到过程落实,才能实现其功能和价值,否则就是一纸空文。

正如上一章所述,在中国当前执法领域,还存在执法不严、野蛮执法、有法不依、知法犯法、徇私枉法、权钱交易、执法混乱等现象。在司法领域,也存在不作为、慢作为、乱作为、知法犯法、贪赃枉法、司法不公正等现象,“地方大局”“领导意思”的事件层出不穷。针对执法环节,《中共中央关于全面推进依法治国若干重大问题的决定》明确指出,法律的生命力在于实施,法律的权威也在于实施。各级政府必须坚持在党的领导下、在法治轨道上开展工作,创新执法体制,完善执法程序,推进综合执法,严格执法责任,建立权责统一、权威高效的依法行政体制,加快建设职能科学、权责法定、执法严明、公开公正、廉洁高效、守法诚信的法治政府。除此以外,我们应该认识到,无论是执法环节还是司法环节都需要道德的支撑。执法人员、司法人员的道德素质,对于严格执法和公正司法至关重要。没有执法人员、司法人员的道德素质作为保障,任何外在的制度和规定都是有空可钻的。外在的监督能被逃避,内在良心的监督却无处可逃。如何提高执法人员、司法人员的道德素质,至少要做好以下三个方面的工作。

一、建立和完善行政伦理规范体系

严格意义上的行政人员是指国家工作人员,是法律法规的执行者。行政人员作为国家权力的拥有者和执行者,也是国家法律的实施主体。行政人员的道德水平和专业素质对于文明执法、严格执法具有重要的作用。行政伦理是行政人员在行政过程中应该遵循的道德行为准则,包括在现代法治社会中，执法人员、司法人员在执法过程和司法过程中应该遵守的道德规范。行政伦理和行政道德规范由来已久，在中国古代夏商周时期就有了“敬德保民”“以德配天”“忠君爱民”“内圣外王”“廉洁奉公”等行政伦理规范。西方从古希腊时期开始，柏拉图在《理想国》中就强调“公正”“勇敢”“智慧”“节制”的美德，亚里士多德在《尼各马可伦理学》和《政治学》中就强调“中道”“正义”“勇敢”“友爱”“智慧”“节制”“大方”“慷慨”“公正”等道德要求。一些现代西方国家直接颁布国家行政人员行政伦理行为准则或公务员伦理法，如1981年韩国颁布《韩国公职人员伦理法》，1990年美国总统颁布《美国政府官员及雇员的行政伦理行为准则》，1999年日本颁布《日本国家公务员伦理规程》和《日本国家公务员伦理法》，加拿大颁布《加拿大公共服务的价值与伦理规范》。这些行政伦理行为规范或行政伦理法不仅包含对行政程序、办事规则、行政效率、行政纪律、言行标准等方面的要求，也包括公正严明、团结协作、顾全大局、恪尽职守、严禁行贿受贿、严禁徇私枉法等道德要求。

在新时代中国特色社会主义法治文化建设的过程中，应该批判性地借鉴古今中外的一些成功经验，进一步建立和完善中国行政伦理规范体系，加强行政伦理建设和监督机制。“所谓行政伦理规范就是指社会对行政人员所提出的从思想修养到具体行政行为等全部行政管理职业活动中所应遵循的道德要求，既包括对行政人员的思想意识、价值观念等主观因素的一般要求，也包括在行政人员的具体行为中应遵循的活动原则、工作程序、办事规则、言行标准和行政纪律等。这些道德要求表现为基本准则，既是行政人员进行职业行为选择的价值依据，也是对行政人员职业行为进行善恶评价的标准。”①执法人员、司法人员作为国家行政人员，应该严格执行国家法律法规和行政伦理规范。

在中国当前，执法人员、司法人员应该政治立场坚定、业务素质精强、清正廉洁、实事求是、人格高尚、公道正派、作风优良、恪尽职守、勤奋工作、全心全意为人民服务。由于执法领域、司法领域广泛复杂，行政关系多种多

① 张康之、李传军主编：《行政伦理学教程》，中国人民大学出版社2004年版，第85页。

样,具体的行政伦理规范的内容也很多。从整体上看,行政伦理规范至少包括三个方面:廉洁奉公、勤政为民、求真务实。

“廉洁奉公”是最基本的行政伦理要求。“廉洁”就是不贪、不占、不奢,不贪污腐败,不徇私枉法,不行贿受贿,不假公济私,不收取、索取和非法占有公共财物及他人财物,不挥霍浪费,不奢侈腐化,不请客送礼,不搞形式主义、官僚主义和奢靡之风等。“奉公”就是以公共利益、国家利益、人民利益、民族大义为重,要忠于党、忠于国家、忠于人民,要顾全大局、团结协作,要公正严明、秉公办事,要艰苦奋斗、勤俭节约,等等。

“勤政为民”也是最基本的行政伦理规范。“勤政”就是忠于职守、勤奋敬业,反对“懒政”“惰政”。“勤政”还包括勤于学习、勤于思考、勤于工作、勤于创新、勤于进取,不仅要做好本职工作,而且要开拓进取、顽强拼搏。“为民”就是为人民服务,想人民所想,急人民所急,实心实意为人民办实事、为人民排忧解难,以维护和增进人民利益为己任。

“求真务实”是解放思想、实事求是思想路线在行政伦理方面的具体体现。求真务实既是思想方法,也是伦理规范。在执法、司法过程中,要以事实为依据、以法律为准绳。“求真务实”作为行政伦理规范,要求行政人员要尊重客观规律、尊重客观事实、尊重宪法法律,反对人情大于法治,反对弄虚作假、贪赃枉法,反对唯上是从、唯权是从,反对形式主义、“政绩工程”和“形象工程”。

二、加强执法人员、司法人员的道德教育和道德修养

执法人员严格执法、文明执法,司法人员公正司法,既是国家法律得以贯彻落实的重要环节,也是树立政府良好形象和威信的重要途径。而严格执法、公正司法既需要对执法人员、司法人员的行为选择进行外在约束(法律法规、组织纪律、行政伦理规范、监督机制等),也需要执法人员、司法人员行为选择的道德自觉和自我约束(道德情感、道德意志、道德信念、道德人格、职业良心等)。道德自觉来自行为主体的道德境界和道德水平,而道德教育和道德修养是提升人们道德境界和道德水平的两个主要途径。道德教育强调外在灌输和环境熏陶,道德修养强调内在自觉和慎独。当然,道德修

养也可以算是一种道德教育，只不过是自我教育。

道德教育是社会依据一定的道德规范体系和价值要求，对社会成员有组织、有计划地施加系统影响的活动。对执法人员、司法人员进行系统的道德教育，至少包括五个紧密相连的环节：

第一个环节是提高执法人员的道德认识。执法人员、司法人员作为国家法律法规、政策的执行者和维护者，是法治理念、法治精神、法治思维、法治方式得以贯彻落实的重要主体，是国家机关依法运行的主体，是调节社会关系、社会矛盾、法律关系、利益关系的主体，也是维护社会秩序、主持公平正义的主体，担负着极其重要的社会责任。社会和国家对执法人员、司法人员在执法过程、司法过程中提出了一系列的道德要求（包括职责、义务、责任）。道德认识是执法人员、司法人员对这些道德要求的认识与认同。对执法人员、司法人员的道德教育，首先就是让执法人员、司法人员认识、认同这些道德要求，然后内化为自己的道德情感、道德意志和道德信仰。

第二个环节是培育执法人员、司法人员的道德情感。当执法人员、司法人员认识、认同自己在执法过程和司法过程中所应遵守的道德要求或道德规范，就要培育执法人员、司法人员的道德情感。陶冶道德情感包括两个方面的任务：一方面是形成和增强同所获得的道德认识相一致的道德情感；另一方面是改变与应有的道德认识相抵触的道德情感。

正义感是执法人员和司法人员应该具备的最基本的道德情感。正义是社会的首要价值，也是法律的首要价值。法律旨在创立一种正义的社会秩序。执法人员和司法人员的重要职责就是维护法律，维护正义的社会秩序。首先，执法人员和司法人员要为人正直，为人正直是做人最基本的品德，是有正义感的基础。其次，执法人员和司法人员把尊重和遵守制度、规则和程序，当作自己行为的习惯。再次，有正义感的人不伤害他人、不侵犯他人的基本权利，有正义感的人尊重每个人的财产权利、名誉权利、隐私权利。最后，执法人员和司法人员要鄙视非正义行为，敢于对实施非正义行为的人进行劝说和制止，敢于同非正义的行为作斗争。

第三个环节是锻炼执法人员、司法人员的道德意志。正面、健康的道德情感的形成和巩固，不但需要个人理智的“参与”和对理想人格的坚定追求，且更需要在实践中经历和体验长久甚至痛苦的磨炼从而形成自身的道德意志。道德意志是个人在道德情境中自主调控意识以控制自己的行为，是无视诱惑、战胜困难，坚定达到道德目的的内心过程。道德意志是道德实践的根本推动力，不仅给予道德活动正向的道德动机，而且针对具体行为中的各种不良诱惑、畏难退缩等情绪干扰，还能够稳固道德初心，克服重重困难，完成道德目的。道德意志尤其突出地表现在抗拒不良环境的诱惑、抑制不道德行为的过程中。执法人员、司法人员在执法、司法过程中，会遇到来自外在的各种利益诱惑，也会遇到来自外在（如来自上级）的胁迫（如偏离公正的指示、暗示、命令）和威胁（如相关利益者的恐吓）。面对威逼利诱，执法人员、司法人员仍然能够坚持依法办事、严格执法、公正司法，就要靠顽强的道德意志和坚定的道德信念。

第四个环节是坚定执法人员、司法人员的道德信念。道德信念是人们在认识、认清、认同道德规范后，在道德情感的影响下产生对道德准则的信任和承担道德责任的坚定信念。构成道德品质的主要因素之一是人们对某种道德理想、道德原则和规范在内心的确信，这种信念一经形成便有着相对的稳定性和持久性。

第五个环节是培养执法人员、司法人员的道德信仰和道德人格。道德信仰和道德人格的形成是道德教育和道德修养的最后环节或最高境界。“道德信仰体现着道德理想及其价值依据，进一步表现为‘我应具有什么样的道德理想（或道德境界、道德理想人格）’和‘我为什么要具有这样的道德理想（或道德境界、道德理想人格）’两个道德基本问题。在一定意义上可以说，道德信仰的信仰性质更突出地表现在对道德的价值基础的认可和确信上。”①道德信仰是人类的基本信仰形式之一，与人关于世界的信仰、关于社会的信仰、关于人生的信仰等紧密统一，共同构成人们的信仰系统，共同决定着人们的价值选择、生活方式和做人模式。道德信仰作为人对道德的最高价值理想及其根据的笃信和奉行，与人的人生价值观和人生道路具有紧密的内在联系，从而决定着人生的价值方向，决定着人一生中一系列的行为方式、

① 魏长领：《道德信仰与自我超越》，河南人民出版社 2004 年版，第 17—18 页。

思维习惯和生活方式，对人的素质的提升具有重要的作用和功能。人们要真正得到解放，不仅要从自然界和社会中解放出来，还得从狭隘的自我中解放出来。

人们一旦把道德当成人生的最高价值，或者把人生价值和道德价值真正统一起来，也就养成了高尚的道德人格，就会在任何情况下坚定不移地做有道德的人，做符合道德的事。道德人格是指个人在行为中表现出的道德品质和精神素质。在道德人格的指引下，人会对自己、他人和社会具有一定的责任感和义务感，同时在道德决策中考虑他人和社会的利益。道德人格不仅仅是一种行为方式，更是一种人生态度。执法人员、司法人员一旦具有道德信仰和道德人格，就会自觉自愿地以社会整体利益和他人利益为重，以维护社会秩序和每个人的合法权利为己任，发自内心地严格执法、文明执法、公正司法。

道德修养的第一层含义是动态的"下功夫"，即依照一定的道德原则规范所进行的学习、体验、对照、检查、反省等心理活动和客观的实践活动；第二层含义是指静态的"已达到的功夫"，即在经过长期的努力之后所形成的品质、情操和道德境界。① 道德修养是从提高道德认识开始，认识到自己的道德责任、道德义务，认同社会道德规范及其价值，并在道德实践过程中践行道德规范、履行道德义务，"日三省乎己"，培育正义感、同情心、怜悯心能够促进道德情感，进而排斥干扰，做到在没有外在监督和制约的情况下仍然能够坚持做有道德的人和事，达到"慎独"的道德境界。这种道德境界就是康德所称的"善良意志"，也是中国古代孟子、王阳明所谓的"良知"，也就是伦理学和日常生活中所谓的"良心"。在社会中生活的我们作为道德的主体，需要认识并履行自己的道德义务与道德责任，而良心正是这一过程中所形成的道德责任感与道德义务感的总和，也是人的道德信念、道德人格、道德认知与道德情感的统一。

三、提升执法人员、司法人员的综合素质和人文情怀

执法人员的严格执法、文明执法和司法人员的公正司法离不开执法人

① 参见罗国杰主编：《伦理学》，人民出版社 1989 年版，第 456 页。

员和司法人员的综合素质和人文情怀。素质是指国民在先天禀赋的基础上,受传统文化和同期政治、经济、社会、文化、生态制度观念的共同影响,通过后天的教育和实践活动,所形成的涵盖身体、心理、社会文化等方面的总体水平、综合质量和相对稳定的特质。综合素质包括身体素质、心理素质、社会文化素质三大方面。其中,社会文化素质又包括道德素质、文化素质、政治素质、法律素质、技能素质等要素。素质蕴含着人们较为稳定的价值取向、思维方式、行为方式和行为能力,体现为人们的基本素养。素质的基本特点是局部性和整体性的统一、差异性和普遍性的统一、变动性和稳定性的统一、历史性和现实性的统一、个体性和社会性的统一、主体性和创造性的统一。历史和现实证明,综合素质越高,人越具有人文情怀。

当今社会,国民素质日益成为各国在国际竞争中拉开距离的重要原因,成为各国综合国力中的一个核心因素。提升国民素质是加速中国现代化进程、开创中华民族美好未来的主体保障和内在动力。现代化的主题是人的现代化,现代化必然以人为载体,并最终体现为人的现代化。无论从发展的动力,还是从发展的目标来说,中国式现代化是以人为本的现代化,是以提升人的综合素质、追求人的自由全面和谐发展为目标的现代化。当前,中国式现代化的进程是物质文明、精神文明、政治文明、社会文明、生态文明协调发展的进程,也是全面实施依法治国的过程。依法治国的全面推进和社会主义法治文化建设,离不开公民政治素质、法律素质、道德素质、人文素质等综合素质的提高。其中,执法人员和司法人员的综合素质和人文情怀尤为重要。

当前,提升中国执法人员和司法人员的综合素质和人文情怀,至少包括以下几个方面:

第一,提升执法人员和司法人员的政治素质。政治素质是组织或管理社会政治事务的人员必须具备的基本条件,是政治信仰、立场、方向、观念、态度、技能等在个人身上的综合反映。人的政治素质高低是社会政治文明发展水平的重要标志,准确把握政治素质的内涵和特征是提高人的政治素质的前提。良好的政治理想、政治信念、政治信仰一定包含着良好的道德理想、道德信念和道德信仰,良好的政治制度、政治体制、公共政策也一定包含着人道、公正、平等、正义等道德价值诉求，良好的政治官员也一定是有良心的、有良知的、有道德底线的人，是有道德感、道义感、正义感、责任感的人，是富有人文情怀和善良人性的人。在中国当前新时代中国特色社会主义法治文化建设过程中，执法人员和司法人员作为国家工作人员，要具有较高的思想政治觉悟，自觉维护党的领导、人民当家作主和依法治国的统一，坚持马克思主义基本原理，运用马克思主义基本方法，坚持法律思维和道德思维的辩证统一，做中国特色社会主义法治文化建设的排头兵和强力推动者。

第二，提升执法人员和司法人员的法律素质。法律素质也是执法人员和司法人员的业务素质，是他们的必备素质、基本素质。“法律素质是人们在一定法律知识的基础之上，通过不断地法律学习和法律实践，逐步在内心形成相对稳定的基本品质和法律能力的综合体现。”①法律素质包括主观、客观两方面的要素，主观要素包括法律知识、法律意识、法治观念、法治精神、法治思维、法治信仰，客观因素主要指法治实践能力。法治实践能力又可以分为法律判断能力、参与法律制定的能力、依法办事的能力、公正司法的能力、运用法律的能力和维护法律的能力。

第三，提升执法人员和司法人员的心理素质。当前国民心理素质堪忧，患有心理疾患和心理失常（如焦虑症、抑郁症、狂躁症、强迫症、恐怖症、精神分裂症）的人越来越多；由于心理压力过大、生活无意义感、人际关系紧张、道德选择焦虑等造成的自杀行为比比皆是；攻击心理和攻击行为增多，动辄破口大骂、大打出手乃至伤人性命，特别是无直接利益的冲突现象越来越多，这已经成为影响中国部分地区社会稳定的重要因素。这种现象在公务员队伍中也大量存在。一些执法人员、司法人员心理素质低下，经不起考验，经不起诱惑，缺乏耐心和爱心，缺乏道德情感和人文情怀，缺乏与坏人坏事作斗争的斗志和意志，思想意识薄弱，组织纪律涣散，心理空虚，无法感受到工作、生活、人生的意义，等等。导致这些现象的原因固然很多，有政治原因、经济原因、社会原因等，但道德方面的原因是一个不可忽视的重要原因。例如有些官员贪污腐化引发内心焦虑，有些人做了背德之事受到自己良心

① 魏长领：《道德信仰与国民素质》，中国社会科学出版社 2019 年版，第 172 页。

谴责而内心愧疚、心神不宁,因官员贪赃枉法、诚信度低引发的社会不公平,导致无直接利益冲突现象,等等。善恶是非观念模糊,道德情感麻木乃至倒错,道德意志薄弱,道德信念缺位,道德人格分裂,都是导致心理问题和心理素质低下的原因。因此,提高国民心理素质,就要加大道德特别是道德信仰方面的疏导和引导力度,包括提高道德认识、培育道德情感、锻造道德意志、确立道德信念和完善道德人格。

第四,提升执法人员和司法人员的人文素质。人文是人类文化中先进的价值观及其规范,是人类文化的核心部分,具体表现为:尊重人、重视人、关心人、爱护人。因此,人文也可概述为重视人的文化。我们说执法人员和司法人员要具有人文情怀,就是强调执法人员和司法人员在执法和司法的过程中,要以人民为中心,尊重人民群众的人格尊严、生命财产安全和其他基本权利,关心人民群众的切身利益和基本诉求,依法保护人民群众的合法权益。人文素质是指人们在人文方面所具有的综合品质或达到的发展程度。人文素质要求具备人文知识、理解人文思想、掌握人文方法和遵循人文精神。执法人员和司法人员应该认真学习人文知识、掌握人文方法,特别是要遵循人文精神。人文精神是人类文化或文明的真谛所在,民族精神、时代精神从根本上说都是人文精神的具体表现。遵循人文精神,自然就具有了人文情怀,对人民群众就怀有爱心、关心、同情心、怜悯心、公正心,就会办事公道、为人正派。

第五,提升执法人员和司法人员的道德素质。道德素质也称为道德品质或德性,是人们在处理个人之间以及个人与社会之间的关系时表现出来的基本品行和素养。“道德素质是指国民在调整自己与他人和社会之间的相互关系中,所表现出来的符合社会要求的、具有良好的品质和行为。”①道德素质是人们的道德认识和道德行为水平的综合反映,包含一个人的道德修养和道德情操,体现着一个人的道德水平和道德风貌。道德素质与道德品质、道德人格、良心、德性是同等程度的概念,具有稳定性、一贯性、内在

① 林世选:《国民素质论:和谐社会构建与国民素质研究》,中央编译出版社2009年版,第29页。

性、主体性的特点。道德素质体现了一定社会或者阶级的道德原则和规范，它是一定社会道德现象的个体化；道德素质是一种综合个人道德行为、道德意识、道德心理等的特定属性；道德素质是个人自觉意志高度的体现；道德素质具有稳定性的倾向。

无论国民的政治素质、人文素质、法律素质，还是国民的心理素质、职业素质，都与人的道德素质有关。道德属于人们的实践理性，不仅审视和代表着人们的价值追求标准，而且指引着人们实现价值追求的实现方式、路径、方法，规制和引导着人们的工具理性，内含于国民素质的其他要素之中，并对其起引导和制约作用。

第三节　以道德信仰滋养全民的法治信仰

要全面推进依法治国，加强新时代中国特色社会主义法治文化建设，在保证科学立法、公正司法、严格司法的同时，也需实现全民守法。公民的守法意识来自两个方面：一方面是外在的教育、约束、制裁、监督和赏罚，另一方面来自公民对法律、法治的认知、认同，以及基于对法律、法治价值、法治理念、法治精神、法治方式的认同和信奉而形成的法治信仰。法治信仰是法治文化建设最牢固的内在保障。党的十八届四中全会通过的《中共中央关于全面推进依法治国若干重大问题的决定》首次以党的重要文件形式提出一个重要的论断："法律的权威源自人民的内心拥护和真诚信仰。人民权益要靠法律保障，法律权威要靠人民维护。"①越来越多的人认识到，法治信仰是建设法治国家、法治政府、法治社会的重要支撑力量。全民守法就是要人人守法，所有人都要发挥自己的主人翁作用，自觉维护法律的权威，自觉自愿地接受、认可、遵守和信仰法治，坚信法律是维护自身合法正当权利的坚实后盾。培育全民的法治信仰对建设新时代中国特色社会主义法治文化具有极其重要的意义。法治信仰一旦形成，无论对信仰者个人、各种社会组

① 《中共中央关于全面推进依法治国若干重大问题的决定》，《人民日报》2014 年 10 月 29 日，第 1 版。

织,还是对治国理政等方面,都会对个人的思维方式、行为方式、生活方式、行为习惯等产生多方面的影响,对国家治理、法治国家建设、法治社会建设发挥重要的作用。

一、法治信仰的内涵

在《辞海》中,信仰是“对某种宗教,或对某种主义极度信服和尊重,并以之为行动的准则”①。在《伦理学大辞典》中,“信仰”是人们“从内心深处对某种理论、思想、学说的尊奉,并以此作为自己行动的指南”②。万俊人认为,“信仰的根本问题或本质是一种生活价值导向问题。对社会而言,它通常表现为被某一社会、民族和社群所选择并确定的一以贯之的价值理想和终极目标,有着鲜明的社会意识形态特性。对个体而言,它总是显现为某一特殊的成熟个体在其生活实践中所选择并坚信不疑的主导价值观,对其言行有着支配性和决定性的影响”③。

“法治”是相对于“人治”而言的,是一种不同于人治的治国理政的方略、策略,其英文翻译为“rule of law”。“法治”一词在《辞海》中的解释主要有两种:一种是指中国古代法家以法治国的政治主张,如商鞅、韩非子所提倡的;另一种是指资产阶级宣扬法治主义的政治主张,提倡法律至上、三权分立等。④ 现代意义上的“法治”来源于西方。亚里士多德在《政治学》中指出:“我们应该注意到邦国虽有良法,要是人民不能全部遵循,仍然不能实现法治。法治应包含两重意义:已成立的法律获得普遍的服从,而大家所服从的法律又应该本身是制定得良好的法律。”⑤从他的论述中我们可以看出,法治包含良法和法律至上。法治不仅是现代社会的核心价值,还是现代国家治国理政的最基本方式和最鲜明的特征。法治是一种与人治相对立的、与德治相辅相成的,依据法律治理国家和社会的政治主张与施政方式。它强调

① 夏征农、陈至立主编:《辞海》,上海辞书出版社 2009 年版,第 2555 页。
② 朱贻庭主编:《伦理学大辞典》,上海辞书出版社 2002 年版,第 44 页。
③ 万俊人:《信仰危机的“现代性”根源及其文化解释》,《清华大学学报(哲学社会科学版)》2001 年第 1 期。
④ 参见夏征农、陈至立主编:《辞海》,上海辞书出版社 2009 年版,第 552 页。
⑤ [古希腊]亚里士多德:《政治学》,吴寿彭译,商务印书馆 1981 年版,第 202 页。

依法治国、依法行政与依法执政，强调法律权威、法律至上、法律面前一律平等、权利保障与权力制约等价值、原则与精神，有形式意义上的法治和实质意义上的法治之分。我们所主张的法治是形式法治与实质法治的统一，其应包含两个方面：良法和善治。良法是法治的前提，善治是法治的目的。良法是指那些符合公平正义要求、能够反映社会发展规律、能够反映最广大人民群众意愿与利益的法律。只有良法能够获得人民心底最为真实的认同，这样法治的效力才能得以充分发挥。善治就是要通过法治，切实保障宪法法律赋予人民管理国家与社会各项事务的权利，并通过民主法治化对国家与社会管理事务进行治理。法治的本质在于对良法的全部遵循。

我们可以对法治信仰下一个简单的定义：法治信仰就是社会主体在对法治现象理性认识的基础之上，发自内心地信服与认同法治所蕴含的公平、正义、自由、平等等价值理念，以及依据良法来治理国家和社会事务这一治国理政方式，并在日常生活中自觉维护良法权威的一种意识形态和行为选择。

二、法治信仰的要素构成

在法治信仰的构成要素上，中国学者丘丽丹认为，法治信仰的构成要素主要由三部分组成：法治认知、法治情感与法治理性精神。其中，法治认知是形成法治信仰的基础与前提；法治情感是对法治的热爱和信仰，是建设法治国家的内在动力；法治理性精神则是法治信仰中最高层次的组成部分。[①]陈满玉、黄新根认为，法治信仰应包含法律知识、法治意识和法治思维。法律知识是法治信仰的基础内容，是衡量公民法治信仰的关键依据；法治意识是公民对法律及其现象的心理、知识、观点和思想的反映形式；法治思维是公民按照法律的规定和法的精神进行思考、分析和解决法律问题的习惯和取向。[②] 毛杰认为，“法治信仰既包括主体对法律价值的感受与认同，也包括主体的权利意识、理想意识和守法精神”[③]。

① 参见丘丽丹：《论公众法治信仰的培育》，《广西青年干部学院学报》2014 年第 3 期。

② 参见陈满玉、黄新根：《公民法治信仰的价值内涵探析》，《中共南昌市委党校学报》2016 年第 1 期。

③ 毛杰：《论公民法治信仰的培育路径》，《中州学刊》2016 年第 10 期。

我们认为,法治信仰的构成要素包括三个部分:法治信仰的主体、法治信仰的客体(对象)以及法治信仰的实践活动。

(一)法治信仰的主体

法治信仰的主体尽管归根到底都是人,只有人才能成为信仰的主体,但是,由于政治活动、法治体系涉及由人组成的各级组织、团体等,法治信仰的主体既可以是每一个社会成员,是个人,也可以是从事治国理民的政党、政府和政治团体,还可以是企业、社区等各种社会组织。

一是政党。在人类社会的政治发展过程中,伴随着社会经济的发展、资本主义的产生以及阶级斗争的出现,政党开始在世界现代国家中普遍存在,并在社会生活的每个领域中开始发挥重要的作用。从一般意义上来讲,政党具有利益整合和表达的功能。在发挥这一功能的过程中,社会成员的利益得到不断整合与表达,带来的效果就是社会成员对政党的认同不断强化,社会公众更加主动地接受它的价值观念,这时政党的言行就成了社会公众的风向标与榜样。

二是政府。政府信仰法治,就是要具备法治意识和法治思维,就是要在行政执法活动中,依据宪法法律和法定程序,做出合法、合程序且科学的决策。作为政府组成部分的行政工作人员信仰法治,既要依宪行政、依法行政,避免滥用行政裁量权、以权谋私、选择性执法、多头执法等现象。政府信仰法治,就是要依宪行政、依法行政,就是要有权必有责、权责统一。

三是社会组织。党的十八届三中全会指出:“正确处理政府和社会关系,加快实施政社分开,推进社会组织明确权责、依法自治、发挥作用。适合由社会组织提供的公共服务和解决的事项,交由社会组织承担。”①社会组织是中国进行社会建设、推进国家治理体系和治理能力现代化以及建设法治国家、法治政府、法治社会的重要力量,主要包括各类社会团体、民间组织、非营利组织、非政府组织以及公益慈善组织等。社会组织信仰法治,一方面可以进一步完善社会组织的依法自治,促使各类社会主体加强自我约束、自我管理,有效发挥社会组织在社会治理中的作用;另一方面,社会组织是社

① 《中共中央关于全面深化改革若干重大问题的决定》,《人民日报》2013年11月16日,第1版。

会个体自愿形成的自治组织,对其组织成员的言行具有引导功能,可以整合社会公众分散的不同利益诉求,并向政府传达社会公众的利益诉求。

四是公民。社会是由个人组成的,公民是社会的主体,也是社会法治信仰的主体。在社会日常生活和工作中,为了行使自己的合法权利,维护自身合法权益,适应社会的发展,公民必须具备法治信仰,善于运用法治思维和法治方式来处理和解决遇到的各种问题,使法治成为正确理解和处理人与人、人与社会之间复杂关系的常用工具。从“经济人”角度而言,人都是逐利的,人们的所有行为都是为了满足自我的需求,都是带有功利性的。而这种具有功利性的行为必然带来竞争,因为实现自我需要的资源是有限的,是稀缺的。但是这种竞争必须是有序的,因为无序的竞争是无效率可言的。要想竞争有序,就必须借助于一定的契约或规则。因此,社会公众的这种功利性行为的实现必须借助于契约或规则的约束。而法治就是社会中存在的最具权威的、最值得人们借助的规则。要满足自我需要,社会公众就必须从内心深处自觉自愿地接受、信任、遵守并信仰法治。

(二)法治信仰的客体

法治信仰的对象包括三个层面:良法、良治和法治的价值。

一是良法,即法律规范体系。法治信仰的对象首先是被认为良好的法律规范体系,即良法。只有被认为是良法才可能成为人们法治信仰的对象,人们不可能去信仰与自己利益和福祉根本对立的法律,即恶法。“法律是治国之重器,良法是善治之前提。”[①]法学界对何为良法的看法大致可分为两派:一派是形式法治派,认为良法是经过民主程序并得到民众同意的法律;一派是实质法治派,认为良法必得保障人人的尊严与平等,体现出民主精神和公平正义的价值,违反人道、有悖民意、损害公平的法律决不能称为良法。王利明表示这两种观点都是有一定道理的,但是一部法律是否为良法的标准应从其内容的角度进行判断,并指出“良法应当反映最广大人民群众的意志和利益,符合公平正义要求,维护个人的基本权利,反映社会的发展规

① 《中共中央关于全面推进依法治国若干重大问题的决定》,《人民日报》2014年10月29日,第1版。

律”[①]。还有学者也从内容的角度指出:“所谓良法,是指法律的内容必须是以尊重保障和发展人的基本权利,即‘人权’。”[②]

我们认为,良法不仅要在内容上反映最广大人民的意志,也要在程序上是正当的。因此,良法应具备四个基本特征。其一,良法产生的程序是正当的。其二,良法是基于良善正义的法律,必须是捍卫正义的法律,否则就称不上是法。良法内含着正义,才能为社会公众从内心深处自觉自愿地接受、认同并遵守和运用。其三,良法是根据客观规律而创立的。其四,良法是能够反映最广大人民根本利益的,是以民为本、体现人民意志的。良法是依法治国、依法执政与依法行政的前提。

二是良治,即法律制度。任何法律规范体系及其价值追求得以贯彻实现,都要求把法律落实到治国理民的各种社会制度和生活秩序之中。法治信仰不仅仅要信仰良法,更要信仰良制。良制,其实就是良好的制度。邓小平曾经说过:“制度好可以使坏人无法任意横行,制度不好可以使好人无法充分做好事,甚至会走向反面。”[③]制度的问题带有全局性、稳定性与根本性。良制具有公开性、透明性、公正性等特征,是在社会公众发自内心的认同与支持下建立起来的,它体现了制度的平等精神。对制度评估的结果要做到四点:一是对于那些已经过时的、与实际情况不符的法规制度,要及时地废止;二是对于那些运行良好但仍需修改完善的法规制度,要适时进行修改完善,使其更加契合社会经济的发展;三是对于那些统领性的、需进一步细化的法规制度,要加快制定相关实施细则的步伐,提升法规制度的执行力;四是增加法规制度的系统性,对于那些需要制定相关配套制度与措施来协助实施执行制度的,要抓紧制定并实施,增加法规制度的系统性,提升制度效能。

三是法治的价值。信仰法治,不仅要信仰良法、良制,还要信仰其所蕴含的价值理念。这些价值主要包括:法律至上、法律面前人人平等、权利、自由、公正等。

法律至上。在中国,法律是人民意志的体现,任何组织和个人都必须遵

---

① 王利明:《法治:良法与善治》,《中国人民大学学报》2015 年第 2 期。

② 周军虎、何祥林:《法治信仰的培育探究》,《理论月刊》2017 年第 2 期。

③ 《邓小平文选》(第二卷),人民出版社 1994 年版,第 333 页。

守宪法和法律,任何人的意志都不能凌驾于法律之上。法律具有至高无上的地位和权威,任何组织和个人,包括国家机关在内,都必须在宪法法律允许的范围内进行社会活动,不享有任何特权。信奉"法律至上",才能将法律摆在最高的位置,维护宪法和法律的权威,真正从内心深处敬畏和信仰法治。

法律面前人人平等。平等是中国社会主义法治的基本属性,只有当人们内心真正信服法律面前人人平等的理念,才能够发自内心自觉维护宪法法律的权威,真正认同和信仰法治,将法治精神内化于心、外化于行,营造良好的法治生态,培育全社会的法治信仰。坚持法律面前人人平等,必须维护宪法法律权威,保证宪法法律被切实执行,杜绝任何无视法律、破坏法律、挑战法律等行为。

权利。维护公民权利是法律的重要组成部分。首先,在全面推进依法治国和培育法治信仰进程中,社会成员要有权利意识,要信任并运用法律赋予我们的权利。其次,维护公民基本权利,就要不畏强权,主动依靠法律、运用法治思维和法治方式解决自身遇到的社会不公等问题。加强对权力的制约,使有权必有责、违法必追究、权责统一,消除有法不依、违法不究、执法不严的行为。再次,社会公众要坚定对法治的信心,要信法不信闹、信法不信访、信法不信权、信法不信钱。

自由。自由是古今中外人们的美好追求和向往,是人与生俱来的属性和价值,没有人不渴望自由而向往被束缚。自由也是法治社会里人们的基本权利之一,法治就是要维护人们行使自己正当权利的自由。"法的自由是指一定社会中人们受到法保障或得到法认可的按照自己的意志进行活动的人的权利。"①自由是现代法的精神。在现代社会中,人们越来越认识到,人的自由需要法治的保护。法治保障人的自由免受侵犯,同时也保证自由不被滥用。孟德斯鸠指出:"在一个国家里,即在一个有法可依的社会里,自由仅仅是做他应该想要做的事和不被强迫做他不应该想要去做的事。我们应该牢记,什么是不受约束,什么是自由。自由是做法律所许可的一切事情的

① 卓泽渊:《法的价值论》(第三版),法律出版社2018年版,第231页。

权利；倘若一个公民可以做法律所禁止的事情，那就没有自由可言了，因为其他人同样也有这个权利。”①

公正。公正是全社会共同的价值追求，也是法治的核心价值。“公正是人类共同关注的重要价值准则与价值目标，但是却难以见到关于‘公正’的十分公允的定义。公正可能被理解为公平的同义语，也可能被理解为正义的同义语或者理解为公平正义的统称。”②社会主义法治理念的基本要求之一正是公平正义，公平是和谐社会的基本特征，正义是和谐社会的最终价值追求。公正是法治的生命线，法治一旦失去公正的价值，就不可能为社会公众所信服，更谈不上信仰。公正具有历史性、具体性和相对性三大特征。在社会公正领域中，司法公正是具有引领作用的。司法公正，司法就具有公信力，公众就会信任司法、信任法治，进而对法治产生信仰。

(三)法治信仰的活动

把法治信仰主体和法治信仰客体连接起来的是法治活动，这包括认知和实践。法治信仰要经历一个从认知到情感，最终付诸实践的过程。

一是法律认知和法律认同。法律认知是法律认同的前提，法律认同是法治信仰的基础。法律认知是对法律规范体系和法治治理体系的把握，特别是对法律知识的把握。

二是法治意识。法治意识就是公民对现行法律及其现象在心理上、观点上和思想上的反映形式。法治意识在法律认知的过程中形成对法律的认可，并将其运用到实践的思维和行动选择之中。《中共中央关于全面推进依法治国若干重大问题的决定》指出，推动全社会树立法治意识。坚持把全民普法和守法作为依法治国的长期基础性工作，深入开展法治宣传教育，引导全民自觉守法、遇事找法、解决问题靠法。③ 在法治意识增强的同时，有利于社会公众树立权利义务意识、社会责任意识、契约意识以及程序公正意识，有利于社会公众坚守诚实守信、维护公平正义、遵守规则等原则，使其能够

① [法]孟德斯鸠：《论法的精神》，许明龙译，商务印书馆 2009 年版，第 165 页。

② 卓泽渊：《法的价值论》(第三版)，法律出版社 2018 年版，第 358 页。

③ 参见《中共中央关于全面推进依法治国若干重大问题的决定》，《人民日报》2014 年 10 月 29 日，第 1 版。

满足市场经济条件下对“社会人”的基本要求，做一名具备基本法治素养的合格公民。

三是法治思维。“法治思维”这一概念首次被明确提出，是在2010年国务院发布的《关于加强法治建设的意见》中。党的十八届四中全会指出：“党员干部是全面推进依法治国的重要组织者、推动者、实践者，要自觉提高运用法治思维和法治方式深化改革、推动发展、化解矛盾、维护稳定能力，高级干部尤其要以身作则、以上率下。”①法治思维不仅是法治信仰的表现形式，更是形成法治信仰的关键所在。有学者指出，“法治信仰包括用法治思维来分析、了解事物的本质，用法律判断是非、解决问题”②。要形成法治信仰，就必须树立和运用法治思维，养成依法、信法、用法、靠法来解决问题和化解矛盾的思维习惯。

四是法治方式。法治方式要求我们在日常工作生活中，在法治意识和法治思维的指导下，当遇到困难和挫折时，第一时间要想到解决的途径是法律。对社会个体而言，在行使自己合法权利的过程中，一定要在宪法和法律的范围内进行。当自己的权益受到侵害时，要运用法治方式而不是其他方式来维护自身的正当利益。

五是法治信任。对于社会公众而言，法治信任体现的是对法治价值的认可、对法治方式的接受、对法治整合过程的拥护。要使社会公众对法治产生信任，首先，法治必须以维护公众权利为核心，内含权利、公平、自由、平等等价值；其次，还要保证执法活动的公平性与正当性，尤其是执法人员本身的行为，将直接影响到公众对法治的信任程度。

六是法治意志。法治意志是否坚定将直接影响法治意识和法治思维的形成，从而影响到全社会法治信仰的培育。法治意志就是社会组织和个人在心理上对法治的价值、作用坚信不疑，在行为上坚持用法治作为维护自己合法权益的工具，即使遇到法治不公现象，仍然会相信法治是维护权利、治理国家和社会事务最有力的工具。

---

① 《中共中央关于全面推进依法治国若干重大问题的决定》，《人民日报》2014年10月29日，第1版。

② 毛杰：《论公民法治信仰的培育路径》，《中州学刊》2016年第10期。

七是法治精神。法治精神是法治意识形态的精髓,是法治信仰的高级体现。法治精神是治理公权、保护民权的精神,也就是崇尚法治、反对特权的精神,其内含有权利、平等、自由、公平、正义等价值理念,是我们建设法治国家、法治政府、法治社会不可或缺的力量。是否具有法治精神,是我们衡量法治信仰是否完善的一个重要指标。

三、充分发挥道德在培育人们法治信仰的作用

在现代社会中,法律和道德有着共同的价值诉求:追求公正、良好的社会秩序,追求平等、和谐的社会关系,追求自由、幸福的个人生活。法治文化的实质在于它是一种现代人崇尚法律的价值取向,以及依法办事的行为方式。法治文化又以法律至上、人民主权、制约政府公权力、保障私人权利等价值理念为其核心内涵。现代法治文化有着丰厚的道德底蕴和人文精神。缺乏道德底蕴和人文精神的法治不是现代意义上的法治,很难被人们所信仰。要充分发挥道德在法治信仰培育过程中的作用,把法治文化建设纳入公民道德建设的过程中,实现法治文化建设和公民道德建设的有机统一。

其一,把法治文化建设纳入公民道德建设工程、社会信用体系建设中。

法治文化建设和公民道德建设都是中国当前社会主义精神文明建设的重要组成部分,二者相互渗透、相互影响、相互作用。加强公民道德建设是法治文化建设的重要支撑。在中国当前社会中,道德领域还存在不少问题。一些地方、一些领域不同程度地存在道德失范现象,拜金主义、享乐主义、极端个人主义仍然比较突出;一些社会成员道德观念模糊甚至缺失,是非、善恶、美丑不分,见利忘义、唯利是图,损人利己、损公肥私;造假欺诈、不讲信用的现象久治不绝,突破公序良俗底线、妨害人民幸福生活、伤害国家尊严和民族感情的事件时有发生。这些道德问题不仅扰乱了社会秩序、安定团结,破坏了社会信用体系,也阻碍了人们对法律、法治的信任和信仰。因此,加强公民道德建设要和法治文化建设结合起来。加强新时代公民道德建设,是推进中国特色社会主义事业的一项基础性、战略性工程。道德建设既要靠教育倡导,也要靠有效治理。要综合施策、标本兼治,运用经济、法律、技术、行政和社会管理、舆论监督等各种手段,有力惩治失德败德、突破道德

底线的行为。《关于加强社会主义法治文化建设的意见》指出，要“把法治文化建设纳入公民道德建设工程、社会信用体系建设中，推动完善市民公约、乡规民约、学生守则、行业规章、团体章程等社会规范”①。

其二，增强法治的道德底蕴，强化规则意识。

中国古代传统文化一方面强调法律是道德的底线，法律是道德最基本的要求，一旦违背了道德最基本的要求，就可能走向违法犯罪，“越礼入法”；另一方面强调对违法犯罪行为，道德禁于将然之前，法律禁于已然之后。因此，引导人们增强法德底线意识，对公民遵纪守法具有重要作用。《新时代公民道德建设实施纲要》指出：“推进全民守法普法，加强社会主义法治文化建设，营造全社会讲法治、重道德的良好环境，引导人们增强法治意识，坚守道德底线。”②守住道德底线，才能避免践踏法律红线。《中共中央关于全面推进依法治国若干重大问题的决定》指出，“加强公民道德建设，弘扬中华优秀传统文化，增强法治的道德底蕴，强化规则意识”③。规则，就是指由政府制定或民众统一认定的，具有约束性、普遍性、指导性，需要社会全体成员遵守的规范和准则。规则意识，实质是发自内心的、以规则为自己行动准绳的意识。比如，遵守校规、遵守法律、遵守社会公德、遵守游戏规则的意识。规则意识是现代社会每个公民都必备的一种意识。规则意识，首先指关于规则的知识，其次是遵守规则的愿望和习惯，最后是遵守规则成为人的内在需要，成为人的第二天性，外在规则成为人的内在素质。不同职业的道德规范、各个学校的学生守则及各地的市民公约等行为准则的完善，都须将遵纪守法作为重点要求，这不仅让民众认识到守法这一法律义务与道德要求的重要性，而且还能形成相应的观念，树立正确的价值观。道德教育的加强需要法治内涵的高度融入，同样，法治精神的培育也要结合道德塑造品格、促进和谐、引人向善的独特功能，助力公民道德建设，深入加强社会、家庭、个

① 中共中央办公厅、国务院办公厅印发：《关于加强社会主义法治文化建设的意见》，《中华人民共和国国务院公报》2021 年第 11 号。

② 中共中央办公厅、国务院办公厅印发：《新时代公民道德建设实施纲要》，《中华人民共和国国务院公报》，2019 年第 31 号。

③ 《中共中央关于全面推进依法治国若干重大问题的决定》，《人民日报》2014 年 10 月 29 日，第 1 版。

人等道德方面建设工作的执行力与主动力。

其三，倡导契约精神，弘扬公序良俗。

《中共中央关于全面推进依法治国若干重大问题的决定》指出，“增强法治的道德底蕴，强化规则意识，倡导契约精神，弘扬公序良俗”①。强调在法治文化建设过程中要倡导契约精神。

契约精神是在商品经济社会中逐渐形成、发展的契约关系与内在原则，蕴含着自由、平等、守信的精神内涵。法治精神和契约精神具有内在的统一性。契约精神在现代社会生产生活中具有非常重要的作用：从人与人的交往关系和商品交换关系看，契约精神促进人与人之间的社会交往和商品交易的发展，为市民社会提供良好的秩序；从人与社会和社会治理的层面看，契约精神在控制公权力，实现人权方面具有重要意义。在构建社会主义法治国家和维持社会主义市场经济的良性运转方面，契约精神都为参与者提供了有力的法律保障，维护着市场的秩序与稳定，促进经济发展的同时也推动着社会的进步。契约精神内含着自由、平等、自愿、诚信精神，这既是现代法治精神，也是现代道德精神。《关于加强社会主义法治文化建设的意见》指出，要“大力弘扬平等自愿、诚实信用等法治精神，教育引导公民正确行使权利、积极履行义务”②。运用自由、平等、自愿、诚信的契约精神和法治精神，引导人们建立自由平等关系、诚实守信关系，自觉履行法定义务、社会责任、家庭责任。习近平总书记指出：“要在道德教育中突出法治内涵，注重培育人们的法律信仰、法治观念、规则意识，引导人们自觉履行法定义务、社会责任、家庭责任，营造全社会都讲法治、守法治的文化环境。”③无论是道德关系，还是法律关系，都是权利与义务的关系，权利是能够做什么、应该怎么做，义务是必须怎么做、不能做什么。做自己应该做的、必须做的，是每一位社会公民的责任和义务。每位公民都应该做一个有责任心、有道德感、有法律意识的人。

---

① 《中共中央关于全面推进依法治国若干重大问题的决定》，《人民日报》2014 年 10 月 29 日，第 1 版。

② 中共中央办公厅、国务院办公厅印发：《关于加强社会主义法治文化建设的意见》，《中华人民共和国国务院公报》2021 年第 11 号。

③ 习近平：《论坚持全面依法治国》，中央文献出版社 2020 年版，第 166 页。

公序就是公共秩序，良俗就是良好的风俗习惯，弘扬公序良俗就是要发扬古今中外的公共秩序和良好的风俗习惯，继承先进法治文化，培育良好社会风气，促使每一位公民守道德、讲法治。良好社会风尚是社会文明程度的重要标志，涵育着公民的美德善行，推动着社会和谐有序运转。风俗习惯的力量在农村更为突出。在中国当前广大农村，要围绕实施乡村振兴战略，培育文明乡风、淳朴民风，倡导科学文明生活方式，挖掘创新乡土文化，不断焕发乡村文明新气象。

其四，营造全社会讲法治、重道德的良好环境。

每个人都是社会的成员，都生活在社会之中，都受社会环境的影响。营造良好的社会氛围和法治环境，对培育法治信仰具有重要作用。社会氛围和社会舆论、社会评价具有内在统一性，都蕴含着社会的价值导向。人们的行为选择符合社会氛围、社会舆论、社会评价的价值导向，就会得到社会的认可、赞许、表扬，行为者就会感到光荣；反之，就会感到羞耻。社会氛围、社会舆论、社会评价与人们的荣辱观紧密相关。荣辱观就是关于什么是光荣、什么是耻辱的价值观，内含着道德评价标准和道德评价体系，是道德价值观的综合体现，也是道德发挥作用的重要路径和方式。因此，在全社会形成守法光荣、违法可耻的社会氛围，培养规则意识，培育良好法治环境，对法治信仰培育和法治文化建设非常重要。《中共中央关于全面推进依法治国若干重大问题的决定》指出，“必须弘扬社会主义法治精神，建设社会主义法治文化，增强全社会厉行法治的积极性和主动性，形成守法光荣、违法可耻的社会氛围，使全体人民都成为社会主义法治的忠实崇尚者、自觉遵守者、坚定捍卫者”①。遵纪守法是公民最基本的要求，一个良好的社会成员首先应该是一个遵纪守法的人，这是道德的底线，是基本的社会公德。一个违法乱纪、胆大妄为的人，不可能成为一个道德高尚的人。

法治氛围和法治环境的培育要从与人们生活息息相关的细节抓起，要关心、关注人民群众反映最强烈的问题。《关于加强社会主义法治文化建设

① 《中共中央关于全面推进依法治国若干重大问题的决定》，《人民日报》2014 年 10 月 29 日，第 1 版。

的意见》指出,要"强化依法治理,从人民群众反映强烈的问题改起、从细节抓起、从小事做起,积极引导公民在日常生活中遵守交通规则、做好垃圾分类、杜绝餐饮浪费、革除滥食野生动物陋习等,培养规则意识,培育良好法治环境"①。社会氛围、社会舆论与社会传统习惯紧密相连。在法治文化建设过程中,要逐渐改变与法治相悖的风俗习惯,培育人们的规则意识和法治思维。

其五,传承和转化中华传统法律文化精华。

传统的力量是无穷的。传统习惯既具有道德的意义,也具有法律的功能。中国当代法治文化建设离不开两千多年的中国传统法治文化。中国传统法治文化与道德文化紧密相连,相互渗透、相互影响、相互促进,政治、法律、道德相通互融是中国传统文化的特点。这种特点有消极的一面,也有可资借鉴的积极因素。在中国当前法治文化建设过程中,要传承和转化中华传统法律文化精华,促进公民法治信仰的培育。《关于加强社会主义法治文化建设的意见》指出,要"研究我国古代法制传统和成败得失,挖掘民为邦本、礼法并用、以和为贵、明德慎罚、执法如山等中华传统法律文化精华,根据时代精神加以转化,加强研究阐发、公共普及、传承运用,使中华优秀传统法律文化焕发出新的生命力"②。在中国传统法治文化中,蕴含着以道德支撑法治文化的思想和价值观念,如民为邦本、礼法并存、为政以德等。再如,《左传·襄公二十四年》:"德,国家之基也。"《论语·为政》:"为政以德,譬如北辰,居其所而众星共之。""道之以政,齐之以刑,民免而无耻;道之以德,齐之以礼,有耻且格。"《孟子·公孙丑上》:"以力服人者,非心服也,力不赡也;以德服人者,中心悦而诚服也。"《孟子·公孙丑下》:"得道者多助,失道者寡助。"《荀子·议兵》:"隆礼贵义者其国治,简礼贱义者其国乱。治者强,乱者弱,是强弱之本也。"朱熹《四书章句集注·论语集注》:"政者,为治之具;刑者,辅治之法。德礼则所以出治之本,而德又礼之本也。此其相

① 中共中央办公厅、国务院办公厅印发:《关于加强社会主义法治文化建设的意见》,《中华人民共和国国务院公报》2021 年第 11 号。

② 中共中央办公厅、国务院办公厅印发:《关于加强社会主义法治文化建设的意见》,《中华人民共和国国务院公报》2021 年第 11 号。

为终始，虽不可以偏废，然政刑能使民远罪而已，德礼之效，则有以使民日迁善而不自知。故治民者不可徒恃其末，又当深探其本也。”这些思想经过创造性改造和转化，可以成为中国当前法治文化建设中重要的历史文化资源。

第四节　发挥领导干部道德在法治文化建设中的关键作用

中国共产党是中国特色社会主义事业的领导核心，代表着最广大人民的根本利益，肩负着实现中华民族伟大复兴和中国梦的历史重任。培育全社会的法治信仰离不开作为执政党的中国共产党的支持和引导，这就需要党将“依宪执政、依法执政”的执政原则与理念贯彻于整个执政过程中，为全社会法治信仰的培育打好头阵，树立起榜样。在这一过程中，各级领导干部是“关键少数”，是党和国家形象的代表，承担着执行政策和法律的职责。作为各个地方、各个领域、各个单位、各级组织的“领头雁”，领导干部是全面依法治国的关键角色，其言行举止对普通干部和民众都有着积极的示范作用。党员干部，特别是高级领导干部，要强化法治意识，发挥在法治文化建设中的关键作用，持续探索以领导干部为发力点推进中国特色社会主义法治文化建设的具体途径；同时，也要善于运用法治思维和法治方式来处理社会发展中出现的问题，从而树立全社会的法治信仰，使全社会从内心自觉自愿地认同、信任和遵守法律制度，为持续推进中国法治文化建设、为推进中国式现代化提供有力保障。

一、领导干部要深入学习宣传贯彻习近平法治思想

充分发挥领导干部这个“关键少数”在法治和法治文化建设中的突出作用，是习近平法治思想的重要内容。2020 年 11 月 17 日召开的中央全面依法治国工作会议上，首次提出了“习近平法治思想”，并用“十一个坚持”概括习近平法治思想。习近平法治思想论述深刻、结构完整、内容丰富，不仅贯通着历史与现实、关联着国际与国内，也是理论与现实相结合而形成的马克

思主义法治理论中国化的最新成果，其先进性和实用性的理论内容，是新时代全面依法治国和推进中国式现代化实践的行动指南。在"十一个坚持"中，阐述了坚持抓住领导干部这个"关键少数"的重要性。领导干部法治意识和法治能力的强大与否，对全面依法治国能否顺利推进具有关键作用。深入学习、全面贯彻习近平法治思想，充分发挥意识指导实践改造客观世界的作用，有助于领导干部更好地运用习近平法治思想武装头脑、指导实践、推动工作。在这次会议上，习近平总书记明确指出，各级领导干部应该如何坚决贯彻落实党中央关于全面依法治国的重大决策部署，如何通过发挥示范带头作用做尊法、学法、守法、用法的模范。① 这不仅是对领导干部在法治方面所需能力的要求，也阐释了他们在全面依法治国中担负的重要责任。在2021年4月由中共中央办公厅、国务院办公厅印发的《关于加强社会主义法治文化建设的意见》中，更为明确地指出深入学习宣传贯彻习近平法治思想是当今时代的主要任务，强调加强学习、运用习近平法治思想的现实需要性和必要性，并进一步指出了深入学习、宣传、贯彻习近平法治思想的具体途径。

其一，要把习近平法治思想作为党委（党组）理论学习中心组学习的重点内容、党校（行政学院）和干部学院的重点课程，不断深化思想认识、筑牢理论根基，提高领导干部运用法治思维和法治方式开展工作的本领。

其二，加强错误思想观点的辨析批驳，帮助干部群众尤其是领导干部明辨是非，坚持正确的政治方向和政治立场，坚定走中国特色社会主义法治道路的信心，坚决同党中央保持高度一致。

其三，要把学习宪法纳入各级领导干部学法的清单，增强领导干部的宪法意识，增强法治观念，把握法治精神，树立法律信仰。各级领导干部要带头以宪法为行为选择的根本准则，带头尊法、学法、守法、用法，提高运用法治思维和法治方式分析问题、解决问题的能力，提高运用法治思维和法治方式深化改革、推动发展、化解矛盾、维护稳定、应对风险的能力，在实践中维

① 《中央全面依法治国工作会议在京召开》，《党史文苑》2020年第12期。

护宪法权威。

二、各级党委和政府要高度重视社会主义法治文化建设

中国共产党历来十分重视法治文化的培育与建设，在革命、建设和改革的过程中取得许多有益的成果。新时代以来，以党的十八届四中全会提出的“要建设社会主义法治文化”的命题为起点，中国共产党始终一脉相承，在实践中不断探索和发展法治文化建设。在党的十九大报告中，习近平总书记对建设社会主义法治文化提出更加明确的要求，将“加大全民普法力度，建设社会主义法治文化，树立宪法法律至上、法律面前人人平等的法治理念”作为建设社会主义法治文化的目标导向。在2021年4月《关于加强社会主义法治文化建设的意见》中，又明确提出要求把建设社会主义法治文化作为建设中国特色社会主义法治体系、建设社会主义法治国家的战略性、基础性工作和建设社会主义文化强国的重要内容，明确指出各级党委和政府必须高度重视社会主义法治文化建设，在组织领导层面通过加强领导、统一部署，把法治文化建设纳入法治建设总体规划，凸显加强法治文化建设的重要性和推进法治文化与法治实践深度融合的现实要求。

各个党政组织、各个领导干部须对法律服从和遵守，必须带头尊崇法治、敬畏法律，运用法治思维和法治方式开展工作，做尊法、学法、守法、用法的模范，确保所有的行为都符合宪法法律规范，才能有助于法治信仰的形成。

总体而言，作为法治信仰的主体，政府信仰法治的行为、对法治的态度以及是否遵守法治，都将会为社会其他组织、社会公众带来示范效应，政府的行为、态度将会对其他社会成员对法治的行为、态度产生重要的影响。如果政府能够主动信仰法治，懂法、守法、护法，社会公众就会主动效仿其行为，自觉自愿信任法治、认同法治和维护法治；反之，就会损害法治的权威，破坏社会公众对法治的信仰，甚至会任意践踏法治。只有政府信仰法治，全社会成员才会共同形成法治信仰，推进法治国家、法治政府和法治社会的建设，法治信仰的功能才会发挥出来。

具体而言，在全面推进依法治国，建设法治国家、法治政府、法治社会，培育全社会法治信仰的进程中，每个关键环节上党员干部的一言一行都会对立法、执法、司法、守法等活动产生重要的影响，对法治信仰的培育产生一种模仿效应。如果他们能够在社会生活工作中带头引领和崇尚法治信仰之风，那么在无形之中就会引导全社会坚定法治信仰。因此，在社会生活工作中，党员领导干部要带头引领和崇尚法治信仰之风，充分意识到自己的责任，树立法治思维和法治观念，带头遵法、守法，善于运用法治方式处理和解决问题，坚决杜绝以言代法、以权压法和徇私枉法的现象。

推进中国特色社会主义法治文化建设的实质是完成以法治文化代替人治文化的艰巨任务，这一任务的复杂性和艰巨性对作为“关键少数”的领导干部提出更高的要求。尤其涉及立法、执法、司法的具体和关键环节，就对领导干部的法治文化素质提出更高的要求。领导干部具备较高的法治文化素质是准确把握法治的原则和精神的基本前提，也是在法治文化建设中坚持社会主义方向的必然保障，故而各级党委和政府必须要高度重视社会主义法治文化建设，在法治建设实践中培养干部、锻炼干部，提升领导干部依法办事的能力和水平，将推进中国特色社会主义法治文化建设的要求落在实处，落在依法决策、行政、管理的具体环节。

三、领导干部要努力成为全社会的道德楷模

在全面建设社会主义现代化国家的关键进程中，领导干部承担着重要的任务，干部队伍的素质高低对全面建成社会主义现代化国家的意义举足轻重。党的二十大报告中，强调要“堪当民族复兴重任”，并明确指出干部队伍必须政治过硬、适应新时代要求、具备领导现代化建设能力。在对于干部队伍素质要求的具体表述中，明确指出干部队伍要“坚持德才兼备、以德为先、五湖四海、任人唯贤”，突出体现道德在实现全面建成社会主义现代化国家目标中的作用。

将建设高素质干部队伍的目标具体落实在实现全面依法治国的总目标和建设中国特色社会主义法治文化的进程中，就是要建设高素质法治专门队伍，坚持依法治国和以德治国相结合的基本方针，培养领导干部既

要成为立法、执法、司法、守法的先锋模范，也要努力成为全社会的道德楷模。

要建设高素质法治专门队伍，首先，要把思想政治建设摆在首位，加强理想信念教育，深入开展社会主义核心价值观和社会主义法治理念教育，着力培养其崇尚法治、追求公平正义的价值观，坚持党的事业、人民利益、宪法法律至上。其次，加强立法队伍、行政执法队伍、司法队伍建设，提高领导干部学习的主动性和积极性，深入学习先进科学的宪法法律知识，不断提高自身法律知识水平和法治素养，提高其决策、行政、管理、办事的能力和水平。再次，突出政治标准，以立法、执法、司法机关各级领导班子建设为抓手，畅通人才交流渠道，挖掘更多善于运用法治思维和法治方式推动工作的人才到领导岗位。最后，充分利用党校、行政学院和法学院校等阵地和资源，抓好领导干部法治专门培训，不断向各级领导干部传授先进的法治思想和科学的法治理念，使各级领导干部与时俱进、更新观念，同时强化道德教育，把道德要求贯彻到领导干部的培育和教育中，充分发挥领导干部作为道德模范的示范作用，在实践中强化道德对法治的支撑作用，实现法治和德治的相得益彰。

法律在任何时候都必须遵循，通过法治的权威性、明确性和强制性约束形式发挥“准绳”作用，而道德虽然将教化性、劝导性和自律性的要求加以呈现，却实实在在地发挥着“基石”作用，在任何时候都不可忽视，二者犹如车之两轮、鸟之双翼，并行不悖、缺一不可。在推进法治文化建设的过程中，同样不能忽视道德因素在规范社会行为、调节社会关系、维护社会秩序的重要作用和关键地位。促进领导干部成为全社会的道德楷模，对展现马克思主义道德观与中华优秀传统文化的契合性、落实依法治国和以德治国的工作要求、增强法治文化的道德底蕴、充分发挥“以德润人心”的效能具有不可替代的关键作用。

马克思主义的道德观始终以人的发展作为社会发展的道德尺度，始终强调道德的实践能动作用和对现实的价值引领作用。马克思认为，道德作为一种上层建筑，具有实践的能动性，且体现着相对独立性，它不仅是一种对现实进行批判的力量，还是一种变革现实向理想发展的实践性力量。马克思的道德观不是空洞的说教，而是主张在道德实践中改造社会、推动社会进步，这一观点体现在中国共产党推进法治文化的建设过程中，就是坚持依法治国和以德治国相结合，做到“两手抓、两手都要硬”，通过树立道德楷模的方法，在实践中推动全社会进步。

四、领导干部要筑牢“不想腐”的道德堤坝

作为中国特色社会主义文化的重要组成部分，社会主义法治文化承担着支撑社会主义法治国家建设的关键作用。中国特色社会主义法治国家的建设，离不开全面依法治国的总体部署和全面从严治党的有机结合。从这个意义上讲，推进反腐倡廉工作、推进新时代廉洁文化建设既是全面依法治国和全面从严治党的具体要求，也是推进法治文化建设的具体路径。

从党的反腐败斗争的历史和现实中可以看到，“关键少数”的腐败现象屡禁不止，成为腐败问题的高发群体。作为掌握公权力的主体力量，近年来，社会经济的高速发展，物质水平大幅提升，这就使得部分党员干部在“享乐主义”“拜金主义”的社会思潮影响下，道德观念日趋淡薄，理想信念动摇，难以经受钱、权、色的诱惑，违法乱纪、腐败现象屡见不鲜，更屡禁不止，因此带来不好的社会风气，更严重地影响了党的形象。

“关键少数”能否做到廉洁从政，深刻影响着党的形象、党的政治生态和党的政治领导，这是持续推动党和人民事业进步的关键所在。党一直带领人民在实践中推进依法治国，这一工程的实现对于党的领导的加强、党的执政地位的巩固和执政使命的完成具有积极作用。营造良好政治生态、构建廉政生态系统、营造风清气正的政治环境是党的重要工作。

一方面，法律红线不可逾越，法律底线不可触碰。领导干部要对法律怀有敬畏之心，带头遵守法律，带头依法办事，不得违法行使权力，更不能以言代法、以权压法、徇私枉法。作为新时代廉洁文化的建设者和推行者，既要继承好中国共产党反腐败的优良传统，继承党敢于自我革命、建设良善政治的正确作风，永葆党的先进性与纯洁性，同时也要倡导廉洁文化，通过加强对“关键少数”的廉政教育，通过“头雁效应”减少腐败问题的发生率，推动全

党营造风清气正的廉政环境，铸造廉洁政治。①

另一方面，领导干部要将“三不”原则一以贯之，筑牢“不想腐”“不敢腐”“不能腐”的反腐倡廉防线。在这一过程中，“不敢腐”“不能腐”更多依靠法律、制度，把权力关在制度的笼子里，“不想腐”则依靠领导干部的理想信念和道德觉悟。探索如何保持反腐败政治定力，为了实现不敢腐、不能腐、不想腐的廉政目标，必须将习近平总书记对领导干部特别是高级干部要带头落实关于加强新时代廉洁文化建设的意见要求落在实处，要突出“不想腐”的显著作用，从思想上提高党性觉悟，从意识上增强拒腐防变的能力。

五、领导干部要加强政德修养

中华文明源远流长，创造了丰富的文明成果和智慧结晶，是挖掘中国式现代化的文化根基和文明底蕴，是创造中国式现代化这一人类文明新形态的历史自信和文明依托。党的二十大报告中指出，中华优秀传统文化作为中华文明的智慧结晶，其中蕴含“天下为公、民为邦本、为政以德”等优秀的文明观念。其中，“为政以德”是中国传统政治文明中强调为政者必须恪守政德的基本信条，既是稳定社会和保障民生的政治目标，也是实现社会稳定和百姓祥和的具体方法，对新时代推进领导干部政德建设、加强领导干部政德修养具有重要的现实意义。

习近平总书记强调政德是整个社会道德建设的风向标。领导干部要立政德，就要明大德、守公德、严私德。国无德不兴，人无德不立，领导干部作为“关键少数”，既要重视“以德修身”，又要注重“为政以德”，将中华文明“为政以德”思想转化为现代参与立法、执法关键过程的道德智慧，展现中华优秀传统文化与现代治国理政思想的契合性，使“为政以德”的文明成果在推进领导干部政德建设和推进全社会良好风尚形成中发挥积极作用。

从个人层面而言，领导干部特别是党员干部的道德操守对全社会道德风尚的形成和改善起到重要的示范和带动作用。领导干部必须加强自身的

---

① 参见齐文娟：《新时代中国共产党廉政建设的逻辑理路、鲜明特征与基本经验》，《延安大学学报（社会科学版）》2023 年第 4 期。

政德修养,在不逾越法律红线的同时,坚持守住道德底线,正心明德,践行艰苦奋斗、清正廉洁等品格,时刻保持对党忠诚,将中华传统道德理念中“修身、齐家、治国”的自我要求向时代化转化,将“明大德、守公德、严私德”的具体要求落在工作、生活的实处,修好共产党人的“心学”。

新时代的领导干部提升政德修养,必须不断增强党性修养。对领导干部而言,党性就是最大的德。党性教育是共产党人修身养性的必修课。明大德,就是要求党员领导干部要坚定理想信念、立志高远,在原则问题上旗帜鲜明,立场坚定,在种种考验面前无所畏惧,抵御各种诱惑,锤炼起坚强的党性,必须时刻坚定人民立场,始终做到全心全意为人民服务。新时代的党员领导干部必须始终坚定对马克思主义的信仰,坚定对科学社会主义的信仰,始终坚定对共产主义和中国特色社会主义的理想信念,自觉做习近平新时代中国特色社会主义思想的坚定信仰者和忠实实践者。

新时代的党员领导干部提升政德修养,必须守好“公德”。中国共产党的执政理念和性质、宗旨与中华优秀传统文化中的“为政以德”理念紧密契合。所谓“为政”就是为人民而执政,“为政以德”就是始终秉持为人民服务的执政理念,坚持以人民为中心的人民立场,以良好的党风、政风引领社会风尚,造福于广大人民。所谓守公德,就是要强化宗旨意识,全心全意为人民服务,恪守立党为公、执政为民的理念,自觉践行人民对美好生活的向往就是我们奋斗目标的承诺,做到心底无私天地宽。党员领导干部要始终牢记并坚持以人民为中心的发展思想,将广大人民的根本利益实现好、维护好、发展好,践行全心全意为人民服务的根本宗旨,为实现人民对美好生活的向往而不懈奋斗。

新时代的党员领导干部要践行“以德修身”,严守私德。严私德,就是对自己的品行严格要求、严格约束。无论身为党员还是干部,都要严以修身、廉政无私,珍视人民赋予的权力,致力于为人民造福。新时代党员领导干部要严守私德,学习陆贽秉性贞刚、严于律己的优良品质,常思贪欲之害,常怀律己之心,涵养廉洁自律的道德修为,不断提升精神境界和道德水平。新时代的党员领导干部要严私德,除了加强个人修身,还要做好“齐家”的功夫,要把家风建设摆在重要位置。廉洁修身、廉洁齐家,要守好家庭防线的“后门”，要防止“枕边风”，过得了“亲情关”，严防“裙带腐败”“衙内腐败”，自觉做廉洁自律、廉洁用权、廉洁齐家的模范。时刻不能忽视提高自身的党性修养，坚定理想信念，提高道德品行，坚定政治信仰，时刻做到对党忠诚、对人民忠诚。

新时代的党员领导干部除了要提升个人政德修养，更要注重社会效益，持续探索如何更好地作为全社会道德表率发挥示范带头作用，推动明大德、守公德、严私德的个人追求成为全社会的共同追求，不断提高人民的道德水准和文明素养，培养、带动更多有生力量加入社会主义法治文化建设的进程，促进全社会良好风尚的形成。要把党的二十大报告中明确提出的实施公民道德建设工程的要求落在实处，通过提升自身道德修养和思想品德，以实际行动形成示范效应、弘扬中华传统美德的同时，以家庭为基本单位，探索加强家庭、家教、家风建设的具体途径，加强和改进未成年人思想道德建设，培养和造就千千万万具有高尚思想品质和良好道德修养的合格建设者和接班人，确保党的事业后继有人和社会主义事业的兴旺发达。

在全社会普遍开展宪法教育。牢固树立宪法法律权威，设立国家宪法日，宣传宪法作为基本法在全面依法治国中的重要作用。同时通过多种形式开展宪法宣传教育活动，弘扬宪法精神。例如，通过建立国家工作人员正式就职时公开向宪法宣誓的宪法宣誓制度，以公开形式增强公众对法治精神的了解，增强对社会主义法治文化的认同感。培养造就新时代高素质法治人才。作为中国特色社会主义法治实践的主要推动者和社会主义法治文化的主要践行者，法治人才是中国特色社会主义法律体系健全完善的后备力量。法治人才的培养必须以习近平法治思想为根本遵循，始终坚持立德树人，以坚定的政治信念和正确的政治方向，培养造就熟悉和坚持中国特色社会主义法治体系的法治人才及后备力量，为建设高素质法治干部队伍服务，以及为社会主义法治文化建设持续提供有生力量。

中国特色社会主义法治文化是中国特色社会主义文化的重要组成部分。它始终以马克思主义法学思想为根本指导，植根于中华优秀传统文化，又与时俱进，始终立足于中国具体国情，是吸收、借鉴人类法治文化形成的时代化优秀成果，是中国建设社会主义法治国家的重要支撑。相较于立法、执法、司法、法治宣传的具体环节,法治文化作为一种软实力,其特有的稳定性和持久性在促进法治建设进程中发挥着十分重要且无可替代的作用。因此,必须持续探索促进社会主义法治文化的具体途径,以社会主义法治文化的发展推进全面依法治国总目标的实现。

当前,中国社会主义法治文化建设领域仍然存在认知偏颇、信仰缺失等问题,法治文化建设作为中国法治建设的重要组成部分,建设任务仍然任重道远。领导干部作为立法、执法、司法、守法活动环节的关键执行者,只有充分发挥这一"关键少数"在法治文化建设过程中的示范带头作用,才能使尊法、学法、守法、用法在全社会蔚然成风,助力中国式现代化的顺利实现和全面建成社会主义现代化强国的顺利达成。

六、领导干部要树立正确的权力观

权力观是人们对权力的来源、性质、使用,以及目的的基本观点和看法。

(一)历史上几种典型的权力观

历史上,除法治权力观外,权力观还包括以下几种:君权神授的权力观、世袭权力观、契约权力观、自然权力观、人治权力观等。

一是君权神授的权力观。该权力观强调君权的正当性来自天命和天道,在这样的条件下皇权也就有了可靠的合法性。皇权受命于天,天子乃是民之主、民之父母。官吏则通过天子的授权,辅佐天子治理百姓。君主集立法、行政、司法大权于一身,享有无上的权力。

二是世袭权力观。世袭权力观普遍流行于奴隶社会和封建社会,在中国长期的封建社会里表现得非常突出和鲜明。国家通过不断强化家族的方式,形成稳固的宗法家长制,重视调节家族内部的关系,而家族内部家长制的统治和保持家庭的内在凝聚力,既是家族兴旺的依据,也是国家统治的前提。世袭权力观就是建立在这种宗法制和家庭伦理基础之上的。

三是契约权力观。契约权力观在古希腊雅典时期已存在,如伊壁鸠鲁就突出社会契约论的观点,而社会契约论和契约权力观开始盛行并普及始于17、18世纪的西方启蒙思想运动,代表人物有霍布斯、孟德斯鸠、洛克、卢梭。在契约权力观的指导下,人们共同约定建立起一系列权力让渡的法制和机构。人们必须让渡一部分权力,才能订立契约。

四是自然权力观。私权体系自古罗马以来一直占据着主要思想地位,直到启蒙思想家的出现,将其改造为一种全新的"自然权力体系"。在自然权力观看来,自然权力就是本性权利,这种权利出自人的本性,与生俱来、不可剥夺。而资产阶级革命后,自然法随之改为宪法,"天赋权利"一词成为宪法的权力或文化的自然权利,人的自然权利构成政治统治的基础。自然权力观主张的平等、正义、权力的自然法思想深深地影响西方人的生活和价值观。在主张自然权力观的思想家们看来,人的生存权、自由权、财产权是天赋的,国家不过是人权与公共意志聚合的政治共同体。

五是人治权力观。人治是相对于法治而言的,人治权力观与法治权力观形成鲜明对比。人治权力观认为权力就是统治者的意志,权力的行使就是通过统治者的意志来管理、治理、处理社会和国家公共事务。人治权力观导致"唯上是从""一言堂",无视或轻视法律的作用,具有随意性和专制性。

(二)法治权力观的内涵及其道德意蕴

树立法治权力观是提高全体社会公民特别是领导干部法治信仰的重要内涵,也是中国当前法治文化建设的重要路径。

法治权力观中的权力是指国家权力,它必须受到法律的限制和制约。法治权力观体现法的价值,法的价值中包含着生命、自由、平等、人权、民主、公平、正义、人的全面自由发展等众多价值目标。法治权力观强调权力来源的合法性。法治权力观的一个重要理念就是为民用权,执政为民。人民是国家的主人,掌权者是人民的公仆,既然权力来源于人民,那么掌权者就应该为民用权,执政为民。这具体表现为忠诚于公共利益。因为掌权者所处的社会位置、所扮演的社会角色肩负着至关重要的职责,承载着人民的美好寄托,要致力于实现和维护公共利益,对个人得失淡然置之。这种公共利益至上、权为民所用的理念,与权力个体的出身和性情特征并无决定性关系,而是取决于权力组织的职能。权力个体在权力的活动中不能夹杂自己的主观意愿,必须将人民的利益视为最高理念。权为民所用,利为民所谋,是一种重要的道德控制力量。作为一种义务,权力忠诚于人民,实质上是一种意志行为,其道德性是基于义务的自觉、自愿基础上的"自律"。只有树立正确的用权观念，为民用权，行使权力才不会走样，掌权者才不至于为了迎合无德的上级和小集团而无视甚至损害人民的利益，以至于出现权力异化的现象。法治权力观强调依法行使权力。法律是人民意志的体现，尊重法律就意味着尊重人民的意志，而不是某个上级的个人意志。掌权者必须依法行使权力，这是一种在法律权威下运行的制度，使权力服从法律，赋予权力主体应有的权力，保障权利与法律之间适度的张力。从一定意义上可以说，法治是针对人治而言的，是为了消除人治在权力产生和行使中的消极因素而被呼唤出来的。法治的一个重要功能诉求就是对权力随意化、私有化的规制，以保障权力在法律的范围内产生和运行，保证权力的公共性和公正性。依法行使权力是正确行使权力的重要程序与手段。权力依法运行是对权力的规范和限制，也是法治的根本。法治权力观强调对权力的制约和监督。党的十八大报告强调，“要健全权力运行制约和监督体系”，这标志着中国共产党关于权力制约的理论基本形成并逐步完善起来。

第五节　法治文化建设要贯彻社会主义核心价值观

社会主义核心价值观不仅承载着中华民族的精神追求，还蕴含着社会生活中是非、善恶、曲直的价值标准，既是个人的美德，也是一种社会大德，同时还决定着法治文化的性质和发展方向。社会主义法治文化作为中国特色社会主义文化的重要方面，具有鲜明的社会主义性质。法律是治国之重器，体现着公平性和权威性，其本身蕴含着社会主义核心价值观的重要内容。党的二十大报告强调要坚持依法治国和以德治国相结合，把社会主义核心价值观融入法治建设、融入社会发展、融入日常生活。将道德观念与法治价值相融合，有利于促进社会主义核心价值观与法治文化建设之间的良性互动，真正实现“德法兼治”。

一、核心价值观是全体成员共同的价值追求和普适的行为准则

习近平总书记指出：“对一个民族、一个国家来说，最持久、最深层的力量是全社会共同认可的核心价值观。核心价值观，承载着一个民族、一个国

家的精神追求，体现着一个社会评判是非曲直的价值标准。”①习近平总书记的重要论述强调社会主义核心价值观内在包含着对行为准则的要求，同时还对人们行为的选择具有指引和评价作用。

作为全社会成员共同的价值追求和普遍适用的行为准则，社会主义核心价值观具有以下两个方面的特征：一是社会主义核心价值观是根植于中华优秀传统文化的思想结晶，能够极大地增进人们的道德认同。习近平总书记在党的二十大报告中着重强调：中华优秀传统文化源远流长，博大精深，是中华文明的智慧结晶，其中蕴含的天下为公、民为邦本、为政以德、革故鼎新、讲信修睦、亲仁善邻等，是中国人民在长期生产生活中积累的宇宙观、天下观、社会观、道德观的重要体现，同社会主义核心价值观的主张具有高度契合性。在发展和创新中传承中华优秀传统文化的价值观，使社会主义核心价值观具有新的时代内涵和时代价值。作为日用而不觉的道德价值共识，社会主义核心价值观不仅使个人对自己有正确的认知，而且可以增强人们的道德认同，成为人们的行为习惯。二是社会主义核心价值观引领道德规范，为开展公民道德建设提供实践指向。只有将社会主义核心价值观内化为人的信仰，才能将理性的认同和自觉的实践相结合，进而实现其不可替代的特殊功能和独特地位。以社会主义核心价值观引领公民思想道德建设，正是培养现代公民公共理性的最佳范式，实现公共生活秩序由无序向有序转化，让个人小我融入国家大我，与时代发展同向同行，产生对社会主义核心价值观的坚定信仰、积极传播、模范践行②。使自私自利的行为受到抑制，利人利己的言行得到弘扬。

习近平总书记在宣传思想文化工作中作出重要指示，明确要求“着力培育和践行社会主义核心价值观”。培育到践行是一个逐步推进的过程，要重视对青年一代的培养，引导他们补足精神之钙，扣好人生的第一粒扣子。《关于加强社会主义法治文化建设的意见》指出，要“坚持立德树人、德法兼修，实施法治文化人才教育培养计划，深入开展社会主义核心价值观和社会

① 习近平：《习近平著作选读》（第一卷），人民出版社2023年版，第238页。

② 参见习近平：《在北京大学师生座谈会上的讲话》，《人民日报》2018年5月3日，第2版。

主义法治理念教育”①。要高度重视青少年的价值观培育,端正青少年的人生价值取向和道德价值取向,教育和培育青少年的道德信仰和法治信仰,补好青少年的精神之钙,树立科学的世界观和方法论,确立正确的理想信念,使广大青少年自觉做到勤学、修德、明辨、笃实。

二、核心价值观既是个人的德,也是一种大德

社会主义核心价值既是个人的德,也是一种大德,这是在道德层面的具体体现。法治文化建设则是维护法律权威和社会公平正义的方法和手段,也是在法律层面的具体要求。中国法治文化建设和社会主义核心价值观不仅体现了法律和道德之间的本质联系,而且决定了法律正义与道德正义的互动结构。“社会正义通常采取法律形式和道德形式来表达。法律正义是以国家意志的形式来表达的社会关系的规定性,它通过制度规范方式来确认和捍卫公民的合法权益和守法义务。道德正义是以德性和良心的形式来表现的社会关系的规定性,它通过伦理规范的方式来确认和维护公民的伦理权利和道德义务。法律正义是道德正义的基础和保障,因而也是社会正义的底线和起点;道德正义是法律正义的前提和灵魂,因而也是社会正义的理想和目标。构建法律正义与道德正义的良性互动关系,是实现社会正义的有效保证。”②法治建设需要以道德作为内在支撑,道德需要法治建设的规范和保障。

第一,培育社会主义核心价值观有助于推进中国法治文化建设。

首先,社会主义核心价值观作为道德准则,为中国法治文化建设提供正确方向。习近平总书记指出,“核心价值观,其实就是一种德,既是个人的德,也是一种大德,就是国家的德、社会的德。国无德不兴,人无德不立”③。在法治文化建设中,社会主义核心价值指引人们形成崇德向善的品德力量,作为一种大德,为法治建设提供道德准则。只有在先进的道德规范指引下

① 中共中央办公厅、国务院办公厅印发:《关于加强社会主义法治文化建设的意见》,《中华人民共和国国务院公报》2021 年第 11 号。

② 窦炎国:《法律正义与道德正义》,《伦理学研究》2008 年第 1 期。

③ 习近平:《习近平谈治国理政》(第一卷),外文出版社 2014 年版,第 168 页。

法治建设才能健康有序发展，更好地推进“法治”与“德治”有效结合。其次，社会主义核心价值观凝聚中国力量，为中国法治文化建设提供精神动力。中国法治文化从建设之初就面临着各种社会思潮的冲击、消解和渗透，处于各种思想文化碰撞和交融的危险环境中。如西方大肆宣扬的新自由主义、历史虚无主义、普世价值论等错误思潮，极力歪曲与解构中国的社会主义价值认同。西方的错误思潮不仅干扰和混淆人们的价值判断，而且阻碍中国法治文化建设正确认识和正确把握自身发展规律。以社会主义核心价值观做思想与价值引领，有利于强化理论武装，增强人们应对和反击错误思潮的信心和底气，同时作为中国精神的集中体现，社会主义核心价值观为把握中国法治文化建设的发展规律提供精神力量与方向指引。

第二，中国法治文化建设为培育社会主义核心价值观提供制度保障和实践载体。

一是提供制度保障。贯彻社会主义核心价值观既要靠道德教育等柔性力量，还要靠法律、政策和规章制度等刚性力量，将引导与约束有机结合，特别是要依靠制度与管理的力量来推动扶正祛邪、扬善惩恶良好社会道德风尚的形成。与法治的强制性和规范性不同，社会主义核心价值观主要依靠感召力和影响力等柔性力量进行引导，而因道德评价主体具有主观性，评价标准的模糊性等柔性特点，人们的价值观念容易出现主观化或相对主义。借助法治刚性化的约束促使社会主义核心价值观从理念转化为制度，从观念转变为规范，促进和保障社会主义核心价值观的培育和践行。二是提供实践载体。社会主义核心价值观在法治建设过程中得以量化、细化和具体化，其可操作性增强，人们在实践的过程中产生较为明确的感知和领悟，进一步提高和增强社会主义核心价值观的感召力和影响力。法治文化建设为践行社会主义核心价值观提供载体和平台，通过法律法规规范和引导人们的行为，进一步提高人们的精神追求，在行动上真正使社会主义核心价值观落地、落细、落实。

三、推动社会主义核心价值观融入法治建设的基本路径

《新时代公民道德建设实施纲要》指出：“坚持德法兼治，以道德滋养法

治精神，以法治体现道德理念，全面贯彻实施宪法，推动社会主义核心价值观融入法治建设。”①推动中国当前社会主义核心价值观融入社会主义法治文化建设的基本路径，至少包括以下几个方面：

第一，要站在新的历史起点，进入新的发展阶段，培育、弘扬和践行社会主义核心价值观，能够为全面建成社会主义现代化强国聚集强大正能量。在这一过程中，我们一是要通过坚定“四个自信”，增强做中国人的志气、骨气和底气，更好地培育、弘扬和践行社会主义核心价值观。当今我们正面临百年未有之大变局，世界局势变幻莫测，风险与挑战错综复杂，新形势、新阶段下的意识形态领域不断面临新的挑战，因此在激烈的国际竞争中提高话语权和主动权尤为重要。大力弘扬社会主义核心价值观，为世界更好地展示中华优秀传统文化，提供中国智慧，让世界更好地认识和了解具有中国特色的社会主义核心价值观。二是要坚持用马克思主义的基本立场、观点、方法，指导社会主义核心价值观的培育和践行，深入分析、研究中华优秀传统文化中价值观念的传承和发展，要以习近平总书记关于社会主义核心价值观的重要论述为原则，深入理解和把握其理论内容，为法治建设中社会主义核心价值观的融入打好坚实基础，持续不断地推进中华优秀传统文化的创造性转化和创新性发展。法治建设应包含社会主义核心价值观的精神价值和道德文化，二者的结合和融入相得益彰，能够进一步增强走中国特色社会主义法治道路的文化自觉和价值自信。

第二，在融入的过程中要把握好全面性和重点性之间的关系。社会主义核心价值观融入社会主义法治建设要把握好全面性，从立法、执法、司法、守法全过程、全方位推动二者的融入。而融入的重点性在于，要尤其重视社会主义核心价值观在立法、修法环节的指导和引领。习近平总书记指出：“要推动把社会主义核心价值观贯穿立法、执法、司法、守法各环节，使社会主义法治成为良法善治。”②习近平总书记的重要指示旨在强调，要发挥好社会主义核心价值观在立法环节的指引、执法与司法阶段的保障以及在守法

① 中共中央办公厅、国务院办公厅印发：《新时代公民道德建设实施纲要》，《中华人民共和国国务院公报》2019 年第 31 号。

② 习近平：《论坚持全面依法治国》，中央文献出版社 2020 年版，第 236 页。

过程中的促进等作用。

第三,要做好社会主义核心价值观在立法环节的指引。善治的前提是要有良法,以社会主义核心价值观在立法环节做指引是社会主义法治建设实施的依据,能够使执法、司法及守法的过程有章可循、有法可依。在2018年中共中央印发的《社会主义核心价值观融入法治建设立法修法规划》中要求:“把社会主义核心价值观融入法律法规的立改废释全过程。”在2023年,新修订的《中华人民共和国立法法》第八条规定:“立法应当倡导和弘扬社会主义核心价值观,坚持依法治国和以德治国相结合,铸牢中华民族共同体意识,推动社会主义精神文明建设。”立法时,要将社会主义核心价值观作为立法原则,并在此过程中贯彻社会主义核心价值观的基本要求,而且在法律法规制定、完善、补充、修订中也要体现社会主义核心价值观和道德要求,从而推进形成更完备的法治体系。这包含两个层面的内容:一是将社会主义核心价值观作为立法原则,立法要贯彻社会主义核心价值观的基本要求。对此,习近平总书记明确指出:“要把实践中广泛认同、较为成熟、操作性强的道德要求及时上升为法律规范,引导全社会崇德向善。”①二是在新的法律法规中,体现社会主义核心价值观或道德要求。这就是要通过完善相关法律制度本身对道德风险进行直接规定和制约。《社会主义核心价值观融入法治建设立法修法规划》中强调法律法规的修改,要求修法要按照社会主义核心价值观的要求来进行,特别指出“在宪法中体现社会主义核心价值观的要求”②。

第四,要做好社会主义核心价值观在执法与司法阶段的保障。社会主义核心价值观是维护执法与司法公平、公正的价值导向。与立法不同,执法和司法的过程是贯彻和落实国家法治的社会活动。针对执法、司法在践行社会主义核心价值观方面的内容和要求,习近平总书记指出:“要坚持严格执法,弘扬真善美、打击假恶丑。要坚持公正司法,发挥司法断案惩恶扬善

① 习近平:《习近平谈治国理政》(第二卷),外文出版社2017年版,第134页。

② 《中共中央印发〈社会主义核心价值观融入法治建设立法修法规划〉》,《人民日报》2018年5月8日,第1版。

功能。”①社会主义核心价值观保障和推进执法、司法活动主要包括两个方面：一是要倡导社会主义核心价值观在制定抽象的规范性法律文件中的作用，同时指导各级法院和行政机关的执法与司法活动。这是指要在社会主义核心价值观的指导下严格规范、文明执法、公正司法。在执法和司法的过程中要贯穿和体现社会主义核心价值观中关于平等、公平、正义等价值理念，更好地维护执法与司法的公正性和权威性。同时可以发挥道德引导和道德监督功能，以实现社会主义核心价值观对执法和司法行为中自由裁量权的制约和约束，确保执法与司法活动在规范内正常运行。二是在执法和司法活动过程中，主要参考和依据社会主义核心价值观的相关内容。要以社会主义核心价值观是否鼓励和倡导为依据，审视执法和司法行为的标准和依据是否合理。社会主义核心价值观作为执法和司法工作者践行法治的根本原则，是提升执法和司法工作者综合素质和能力水平的重要手段。要严格遵循和执行法律规定明确的内容，对于界限模糊或规定不够明确的方面，应在社会主义核心价值观的指导下进行处理，同时要保证、保护、保障好社会公共利益和人民的合法权益。在培育执法与司法工作者的法治信仰时以社会主义核心价值观为引导，有助于全面提升执法和司法工作者的能力水平和综合素质，不断增强政府部门的公信力。

第五，做好社会主义核心价值观在守法过程中的工作。要重视道德教化在社会主义核心价值观融入法治建设过程中的重要作用，以培育社会主义核心价值观来推进全民守法，以人民内心的拥护和真诚的信仰筑牢法治根基和维护法治权威。广泛培育和践行社会主义核心价值观，需要全体社会成员的共同的认同、遵守和实践，从某种程度上来讲，社会主义核心价值观为全民守法提供了价值遵循和践行依据，这是因为社会主义核心价值观不仅要求个人要做到“爱国、敬业、诚信、友善”，同时在国家与社会层面上提出的“富强、民主、文明、和谐”“自由、平等、公正、法治”也与个人的道德行为密切联系。尤其是“法治”原则，更是要求所有公民在社会活动中要依法办事、尊法守法。促进社会主义核心价值观的全民守法引导，不仅要发挥社会

① 习近平：《习近平谈治国理政》（第二卷），外文出版社 2017 年版，第 134 页。

主义法治对社会主义道德的促进作用，而且要充分重视道德教化对法治信仰培育的重要支撑。在这一过程中，首先，要加强法治宣传。通过媒体报道、理论宣讲、短视频、公众号的推送等宣传形式，增强人们的法治意识，推动以社会主义核心价值观为主要内容的法治精神入脑入心。其次，强化教育引导。把社会主义核心价值观融入各类法治培训内容当中，以教育培训增强人民的道德水准，强化社会主义核心价值观的引领作用和感染力。通过制作优秀的法治文艺作品，传递法治精神，以法治精神感染人，引导人们树立法治信仰。最后，突出示范引领。榜样是最好的教育，把社会主义核心价值观融入法治文化建设，要注意发挥典型的示范功效，通过选树先进典型，教育引导人们自觉践行法治精神。此外，在示范引领这个环节还要抓住领导干部"关键少数"这个重要群体，习近平总书记专门强调："坚持抓住领导干部这个'关键少数'。领导干部具体行使党的执政权和国家立法权、行政权、监察权、司法权，是全面依法治国的关键。各级领导干部要坚持贯彻落实党中央关于全面依法治国的重大决策部署，带头尊崇法治、敬畏法律，了解法律、掌握法律，不断提高运用法治思维和法治方式深化改革、推动发展、化解矛盾、维护稳定、应对风险的能力，做尊法学法守法用法的模范。"① 从习近平总书记的重要论述中，要充分认识到作为"关键少数"的领导干部在一定区域和范围内能够起到的示范引领作用，不断提高作为"关键少数"领导干部的法律素质和法治意识，保证法治建设在一定区域和范围内贯彻推行。重视道德教育的重要指导作用，有助于进一步细化社会主义核心价值观融入法治文化建设的实施路径。

第六节　以社会诚信体系建设促进法治文化建设

《中共中央关于全面推进依法治国若干重大问题的决定》指出："加强社会诚信建设，健全公民和组织守法信用记录，完善守法诚信褒奖机制和违法

① 习近平：《习近平谈治国理政》（第四卷），外文出版社 2022 年版，第 298 页。

失信行为惩戒机制，使尊法守法成为全体人民共同追求和自觉行动。”[①]法治文化建设与社会诚信体系具有内在一致性，二者紧密相连，相互促进。一方面，社会诚信体系建设离不开法治文化建设，法治是现代社会诚信体系的保障和路径；另一方面，法治文化建设也离不开社会诚信体系建设，诚信是制定良法、严格执法、公正司法、全面守法的主体保障。

一、诚信与社会诚信体系

“诚”有诚实、真诚、诚恳、诚心、诚意之意，就是忠实于事物的本来面貌，不歪曲事实，不隐瞒自己的真实思想，不掩饰自己的真实情感。“信”是信用、信义、信任、信誉、相信之谓。信是讲信用，讲信誉，信守诺言，忠实于自己应该承担的义务。诚信是一个道德范畴，指待人处事真诚、老实、讲信用，主要包括两个方面：一是指为人处事真诚诚实，尊重事实，实事求是；二是指信守承诺。诚信是中华民族的传统美德。孟子说：“诚者天之道也，思诚者人之道也。至诚而不动者，未之有也，不诚，未有能动者也。”（《孟子·离娄上》）荀子说：“君子养心莫善于诚，致诚则无它事矣。”（《荀子·不苟》）《中庸》说：“诚者，天之道也；诚之者，人之道也。诚者，不勉而中，不思而得，从容中道，圣人也。诚之者，择善而固执之者也。”与“道”合一，就是与道德合一，就是达到自觉自愿地遵守道德，把道德变成自己的内心信念，形成道德信仰。《中庸》又说：“唯天下至诚，为能尽其性；能尽其性，则能尽人之性；能尽人之性，则能尽物之性。能尽物之性，则可以赞天地之化育；可以赞天地之化育，则可以与天地参矣。”可见，至诚是一种尽性知天并达到天人合一的崇高境界。《大学》认为要想齐家、治国、平天下（这叫“外王”），就必须修身、正心、诚意、致知、格物（这叫“内圣”）。治身必先治心，治心的关键是诚意。什么叫诚意？《大学》指出：“所谓诚其意者，毋自欺也。如恶恶臭，如好好色。此之谓自谦。故君子必慎其独也。”诚意就是发自内心的意愿或意志，就是自己笃信，不自我欺骗。即使没有任何外在的监督，也能够自觉地

① 《中共中央关于全面推进依法治国若干重大问题的决定》，《人民日报》2014年10月29日，第1版。

遵照道德要求行事。

现代社会诚信体系建设,其实就是收集那些与诚信建设相关的文化、制度、理论等各种内容后将其整合起来,借助如教育、奖惩、鼓励等多种方式来规范民众行为,培养其诚实守信的价值取向。现代社会诚信体系建设既要以法治为基础,也需以道德为基础,突出体现依法治国与以德治国相结合的重要性。

社会诚信体系建设对法治文化建设具有重要的意义,也体现法律与道德的内在统一性。只有尊重和遵守诚信规则,人们的创造活动得到维护,创造力才能得到发挥,社会才会充满活力;唯有在诚信的基础上,人与人之间才能坦然相处,也才能建立起良好和谐的人际关系。如果离开人心中的诚信,没有道德上的"慎独"自律,政治、法律的约束都会有空子可钻,二者就不能充分发挥作用。一旦逃避政治义务、法律义务而不会受到外在惩罚,就会有人置其于不顾,甚至有人故意钻制度、法律的空子,并为因非法牟利而未被惩罚感到庆幸。因此,《新时代公民道德建设实施纲要》提出,要"加快个人诚信、政务诚信、商务诚信、社会诚信和司法公信建设,构建覆盖全社会的征信体系,健全守信联合激励和失信联合惩戒机制,开展诚信缺失突出问题专项治理,提高全社会诚信水平"①。

从诚信的主体来看,社会诚信大致可以分为三个方面:公民诚信、企业诚信、政府诚信。其中起关键作用的是政府诚信,原因在于:第一,政府诚信是社会诚信的重要力量和楷模,能够增强社会公众的社会信任感、归属感和责任感。一个诚信的政府才是人民信得过的值得信赖的政府,政府失去了诚信,就会失去人心,失去人心的政府是没有感召力的。第二,政府信用是社会信用体系的重心,是建立完善的社会信用体系的必要前提。诚信首先应该是政府的诚信,诚信政府是诚信社会的定心石,政府诚信是社会诚信的前提。只有政府在诚信上成了楷模,才能带动公民、企业的诚信,进而提高整个社会的诚信水平。第三,政府诚信对社会经济的发展有着正向的推动作用。对于为政者而言,只有做到诚实无欺,讲究信用,才能不失信于民,才

① 中共中央办公厅、国务院办公厅印发:《新时代公民道德建设实施纲要》,《中华人民共和国国务院公报》2019 年第 31 号。

能得到百姓的拥护和信赖。政府是代表公共利益、行使公共权力的国家机构,是社会的管理者,是各项方针政策的制定者,也是市场经济的监督者和裁判者,应当公平、公正,充分考虑到对公众利益的保护。政府及政府官员失信,会引发并加剧社会的诚信危机。诚实守信原则包含着市场经济就是法治经济、信用经济的核心内容,体现了公平正义的价值观。第四,建立政府诚信是民主政治的必然要求。民主必须在取信于民的基础上才能得到充分发扬,法治的过程应该是一个诚信的过程。第五,建立政府诚信有利于政府角色的正确定位,是树立良好政府形象的重要手段,也是国际合作的要求。

二、社会诚信体系与社会信用体系

中共中央印发《法治社会建设实施纲要(2020—2025 年)》指出:"加快推进社会信用体系建设,提高全社会诚信意识和信用水平。"①《现代汉语词典》把"信用"界定为"能够履行与人约定的事情而取得的信任"。所谓社会信用体系,也称国家信用体系,是指以法律法规体系为基础,以建立和完善信用信息共享机制为核心,以信用服务市场的培育和形成为动力,以信用服务行业主体竞争力的不断提高为支撑,以政府的监管体系为保障的国家社会治理机制。

社会诚信体系与社会信用体系紧密相连,二者在价值诉求和规范体系层面是一致的,都体现了诚实守信的道德要求。其区别在于,社会诚信比社会信用在外延上要更宽泛,且侧重于社会文化层面和价值观层面,能够重点运用各种与诚信相关的资源,通过教育、奖惩、鼓励等方式引导社会民众诚实守信;社会信用则是社会诚信在法律法规、机制、制度方面的应用和体现,是服务市场、维护经济交往、商务活动、金融体系的社会治理机制。而作为一种社会机制,信用服务体系所构建的市场环境不仅有利于信用交易的发展,还带动着市场规范向信用经济方向的转变。社会信用体系的基本功能和作用是记录社会主体信用状况、警示社会主体信用风险,褒扬诚信,惩戒

① 《法治社会建设实施纲要(2020—2025 年)》,中国法制出版社 2020 年版,第 7 页。

失信。

社会信用从主体上也可以区分为三类:个人信用、企业信用、政府信用。在推进社会信用体系建设方面,《法治社会建设实施纲要(2020—2025年)》强调了几个方面:其一,完善企业社会责任法律制度,增强企业社会责任意识,促进企业诚实守信、合法经营。无论是国有企业、合资企业、独资企业,还是集体企业、个体企业,都要具有社会责任意识、法律意识和道德意识。企业不仅要注重经济效益,也要注重社会效益;不仅要盈利,也要注重社会生态环境保护。企业要统筹兼顾企业利益与员工利益、社会利益、国家利益,不得以牺牲员工利益、社会利益、国家利益为代价谋取企业利益。其二,健全公民和组织守法信用记录,建立以居民身份证号码和组织机构代码为基础的统一社会信用代码制度。任何公民和组织都要诚实守信,自觉遵守国家法律法规和社会道德规范,以诚实守信为荣,以见利忘义为耻;以遵纪守法为荣,以违法乱纪为耻。禁止坑蒙拐骗、伪劣假冒、弄虚作假、偷税漏税。其三,完善诚信建设长效机制,健全覆盖全社会的征信体系,建立完善失信惩戒制度。一方面要建立和健全覆盖公民、企业、政府的征信体系,及时全面反映公民、企业、政府的信用状况,另一方面要加大对失信人员、企业、政府的惩罚力度,提高失信成本,运用法律手段和道德舆论使失信人员、企业、政府不敢失信,从而选择主动遵德守信、遵纪守法。其四,结合实际建立信用修复机制和异议制度,鼓励和引导失信主体主动纠正违法失信行为。加强行业协会商会诚信建设,完善诚信管理和诚信自律机制。完善全国信用信息共享平台和国家企业信用信息公示系统,进一步强化和规范信用信息归集共享,等等。①

三、打造诚信政府,带动社会诚信体系建设

政府诚信是社会诚信的基础和保障,提升政府诚信,打造诚信政府是建立社会诚信体系的关键。

(一)政府诚信的指标体系

什么是政府诚信,判定政府是否诚信的标准是什么?一般认为,判定政

① 参见《法治社会建设实施纲要(2020—2025年)》,中国法制出版社2020年版,第7页。

府诚信的指标体系至少包括以下几个方面：

其一，政府行为的法治化程度。法律是现代社会最基本的规则，是最基本的公理和契约，因此，守法是最基本的诚信，也是建立政府信用的前提。法治社会中的法律无疑是社会公正性的有力保障，集中代表并体现着社会成员的基本意志。

正是由于法律规定着平等性，所以作为最高行政机关的政府处事时更应时刻谨记遵守法律，维护法律的权威，最大限度地为整个国家的法治化提供正向积极的作用。政府如果不守法，知法犯法，贪赃枉法，就失去了诚信，势必会破坏法律的神圣性，导致社会诚信体系的垮塌。

其二，政府政策的稳定性、连续性。政府是政策的制定者，也是政策的贯彻执行者。政策的制定应该以促进、增加、维护广大人民群众的根本利益、长远利益为目的。政策一旦制定出来，就应该全面贯彻执行，保持相对的稳定性和连续性，不能因为“一把手”的变更或领导干部的利益而随意改变。倘若政府对政策的制定、更动、取消过于随意或自由，那么政策在社会公民中的权威性也将大打折扣。想要保证政策的稳定，就不能依据个人主观意愿进行改变，而是从政策的制定着手，实现政策自身及制定过程的制度化、法治化。另外，“政府在制定政策时应当考虑的是民众的利益，不能因为个人利益、集团利益而制定政策，这样的政策既不具有合法性，也容易随人事的变更而变更。政府要把政策看做是对民众的郑重承诺”①。政府要认真履行对民众的承诺，做到言必信、行必果。

其三，政府工作人员的道德水平。诚信本身就是一种基本的道德要求和道德规范。有道德的人一定是诚信的人，不讲诚信、出尔反尔、坑蒙拐骗的人不可能是有道德的人。总而言之，工作人员还是政策的实施和执行者，如果在实行方面出现问题，那么政策无论好坏都是一种失信。如此就强调执行人员对于政府信用考量的关键作用，诚实守信、克己奉公等优秀品性则是工作人员需要具备的基本道德要求。

其四，政府工作能否坚持公开、公平、公正原则也是衡量政府信用的一

① 李建华主编:《行政伦理导论》，中南大学出版社 2005 年版，第 111 页。

个指标。政府的工作是为民众服务,民众应该享有知情权、监督权。政府应该政务公开,成为阳光政府,才能让权力在阳光下运行,主动接受广大人民群众的监督,保障人民群众的知情权、监督权得以实现,从而防止腐败。暗箱操作是产生腐败的肥沃土壤。

(二)政府诚信危机的主要表现

李建华主编的《行政伦理导论》曾列举政府诚信危机的几个突出表现:其一,社会政策多变,朝令夕改。政策制定缺乏严肃性和连续性,前任栽花后任拔,后任又有后任"挖";"书记一动,各事重弄",不同任的官员为了彰显自己的才干和政绩,往往对前任的政策不认账,从头再来。即使同一任的官员,个别人也是今天说一套,明天讲另一套,出尔反尔,言而无信。其二,浮夸造假,谎话连篇。有的地区官员说假话、办假事、造假账、编假政绩。个别官员甚至隐瞒事实,掩盖失误,欺骗上级,蒙蔽群众,完全置人民群众生命于不顾。其三,上有政策,下有对策,地方保护主义严重。个别地区政府官员对国家制定的宏观调控政策不认真贯彻执行,而是从本地和本人之私出发,扭曲执行,变相处理,上有政策,下有对策,行中央之名,做地方保护主义和谋个人私利之实。其四,一些地方政府部门机构臃肿,人浮于事,在其位不谋其政,对群众的呼声充耳不闻,对群众的疾苦无动于衷,对群众的难题不管不顾,对群众的要求漠然视之,没有好处不办事,有了好处乱办事。其五,无视法律法规,权大于法。有些地方甚至出现官匪勾结、欺压百姓、鱼肉乡里的情况。[①] 政府诚信缺失引发诚信危机,导致公共权力的异化,致使政府公信力、感召力、执行力下降。这不仅影响了政府形象,也阻碍了社会经济发展,降低了人民群众对社会主义现代化建设的认同感、获得感、幸福感,而且也阻碍了包括个人诚信、商务诚信、社会诚信、司法公信在内的社会诚信体系建设。导致政府诚信危机的原因,究其根源,就是政府官员的私心、私利、贪欲,就是政府官员的道德水平低下,缺乏公心、良心、事业心。"行政道德的匮乏是引发政府信任危机的直接原因,它不仅直接影响行政管理的效率和成果,还对公共

① 参见李建华主编:《行政伦理导论》,中南大学出版社 2005 年版,第 120—121 页。

行政构成直接的挑战。”①

（三）打造诚信政府的路径

提升政府诚信，打造诚信政府是一项复杂而艰巨的系统工程，至少包括以下几个方面的路径：

一是制定符合实际又切实可行的工作人员道德规范，引导机关干部树立全心全意为人民服务的意识，正确认识和对待权力、地位与自身利益。造成政府诚信危机的根源是多方面的，有政治、经济、法律制度体制不健全、不完善方面的原因，有行政文化建设滞后和价值观偏差方面的原因，有评价系统和监督体系不健全的原因，也有部分国家工作人员道德素质低下和社会道德制裁薄弱方面的原因。政府诚信危机引发公众对政府的信任危机，政府公信力下降，也会影响政府的行政效率。道德的特点之一就是价值自觉和内在的控制性，任何外在的控制（包括政治控制、法律控制、经济控制、宗教控制）如果不与内在的价值自觉和自我控制相结合，都会有空可钻，因此，加强行政伦理、制度伦理建设，提高国家工作人员的道德水平，是打造诚信政府不可或缺的路径之一。国家工作人员不仅要依法行使权力，而且要以德用权。“所谓以德用权，就是要求行政人员在行使公共权力时，首先考虑的是人民的利益而不是一己私利，按照民意，遵守官德。”②政府成员法治信仰的培育首先要从良好的道德习惯、守法习惯做起，当尊德守法变为个人的思维习惯、行为习惯时，诚信就会在无形中成为人自身生活的一部分，久而久之诚信意识和诚信观念就会在脑海中产生，进而升华为法治信仰和道德信仰。要从现实出发，以奖罚的形式促使民众将诚信变为自己的习惯。加大失信的成本，更多的人就会选择诚信和遵纪守法。

二是加快政府诚信立法和失信赔偿立法。通过政府诚信立法，加大法治监督和赏罚，提高失信成本。中国当前在诚信立法和失信赔偿立法方面，至少存在三个方面的问题：其一，政府诚信法规不健全。其二，政府人员诚信约束和激励机制不完备。各个政府工作人员之间的诚信自觉程度存在差

① 张康之、李传军主编：《行政伦理学教程》，中国人民大学出版社 2004 年版，第 393 页。
② 张康之、李传军主编：《行政伦理学教程》，中国人民大学出版社 2004 年版，第 398 页。

别,对于诚信观念及意识稍有欠缺的成员来说,制度规定无疑是必需的诚信保障。诚信约束机制的缺失,同时激励机制相关内容也存在漏洞,政府诚信法治与制度基础不足,这些都是政府失信的重要原因。其三,失信赔偿立法和执行机制不完善。在失信赔偿方面,对政府及其成员的失信赔偿极其模糊,诚信档案建设非常薄弱。无论是赔偿指标的体系还是责任的界定与判断,相关机制都存在着漏洞,使得部分执政人员借此逃脱法律的制裁。另外,一些地方政府的赔偿未能达到警示的力度,无法起到提醒的作用。很多地方政府的赔偿执行不力,会以打白条或抵押税收等形式弱化赔偿执行。针对这些问题,健全和完善政府诚信立法和失信赔偿立法迫在眉睫,不仅对诚信政府建设具有重要意义,而且对公民个人诚信和企业诚信建设具有重要的示范价值和带动作用。

三是真正落实政务公开,杜绝"暗箱操作"现象。政务公开包括政府信息公开,政府信息是指政府机构为履行职责而制造、利用、传播、保存和反馈的信息,而政府信息公开就是政府除去须保密的信息外,向社会公民发布的民生相关政策、财政支出、人事调动等各种信息的过程。与此同时,要加快推行电子政务,网上办公不仅提高政府实际工作情况的准确性与快捷性,办公信息化还有助于政府收集和处理民众的真实心声与政策反馈,为评估政府信用度提供质和量的依据。只有政府信息公开、政务公开,广大人民群众的监督才能得到充分的发挥,人民群众的知情权、监督权才能得以实现。通过政务公开,促进政府诚信,促进公平公正。

四是加强政府诚信监督机制和监督体系建设。政府诚信的监督体系包括外部监督和内部监督,外部监督又包括权力监督、政党监督、社会团体监督、社会舆论监督等,在中国,最高权力机关是人民代表大会及其常务委员会,其行政监督包括工作计划审查权、罢免权、质询权、视察检查权等。政党监督包括执政党监督和民主党派监督,监督方式有日常监督、专门监督、信访监督等,社团监督是由社会各界、社会团体、群众组织、企事业单位、公民个人构成的最具广泛性、大众性的监督,监督的形式多样,包括询问、批评和建议各个行政机关,也包括控告和检举国家机关及其工作人员的违法乱纪及不诚信问题。社会舆论监督包括自发的社会舆论监督和有组织的舆论监督,通过广播电视、报纸杂志、互联网、微信群等进行监督。舆论监督信息量大、传播速度快、受众广、“曝光”范围大,在当今信息社会中具有很大的威慑力和效果。内部监督包括自我监督、行政监督、审计监督等。自发诚信的自我监督包括一般监督、职能监督和主管监督,也包括国家工作人员自我信念和道德监督。行政监察是在政府内部设立行使监察权的机关,对所有行政部门进行全面监督。审计监督权包括调查权、审查权、建议权、处理权、通报权等。在充分发挥各监督主体积极性、有效性的同时,还要进一步完善相应的法律制度,如《举报法》《监督法》《新闻监督法》等,建立和完善《公务员法》《公务员行为准则》《公务员职业道德标准》等,加强政府工作人员道德水平和工作作风的考察。完善法治文化建设的道德评价和监督机制,并通过参与机关活动直接了解和考察或通过信访、媒体、纪检监察相结合的方式,以提高对政府工作人员作风考察的准确度,进一步发挥监督职能,进而提升政府及其工作人员的诚信水平。

主要参考资料

一、古籍类

1. [宋]朱熹:《四书章句集注》,中华书局 2011 年版。

2. [清]王先谦:《荀子集解》,中华书局 1988 年版。

3. 陈鼓应:《老子今注今译》,中华书局 2020 年版。

4. 高亨:《商君书注译》,中华书局 1974 年版。

5. 王先慎:《韩非子集解》,中华书局 2013 年版。

6. 黎翔凤:《新编诸子集成:管子校注》,中华书局 2004 年版。

二、著作类

(一)中文著作

1.《马克思恩格斯全集》(第一卷),人民出版社 1956 年版。

2.《马克思恩格斯全集》(第三卷),人民出版社 1960 年版。

3.《马克思恩格斯选集》(第一卷),人民出版社 1972 年版。

4.《马克思恩格斯选集》(第二卷),人民出版社 1972 年版。

5.《马克思恩格斯选集》(第三卷),人民出版社 1972 年版。

6.《马克思恩格斯选集》(第四卷),人民出版社 1972 年版。

7.《中华人民共和国民法典》,人民出版社 2020 年版。

8.《中国共产党第十九次全国代表大会文件汇编》,人民出版社 2017 年版。

9.《中国共产党第十九届中央委员会第三次全体会议文件汇编》,人民出版社 2018 年版。

10.《法治社会建设实施纲要(2020—2025 年)》,中国法制出版社 2020

年版。

11. 中国共产党章程汇编编写组:《中国共产党章程汇编:从一大到十七大》,中共党史出版社 2007 年版。

12. 中央档案馆、中共中央文献研究室编:《中共中央文件选集(1949 年 10 月—1966 年 5 月)》(第 34 册),人民出版社 2013 年版。

13.《中国共产党第十九届中央委员会第三次全体会议文件汇编》,人民出版社 2018 年版。

14. 中共中央文献研究室编:《三中全会以来重要文献选编》(上),人民出版社 1982 年版。

15. 中共中央文献研究室编:《十三大以来重要文献选编》(上),人民出版社 1991 年版。

16. 中共中央文献研究室编:《十四大以来重要文献选编》(上),人民出版社 1996 年版。

17. 中共中央文献研究室编:《十五大以来重要文献选编》(上),人民出版社 2000 年版。

18. 中共中央文献研究室编:《十六大以来重要文献选编》(上),中央文献出版社 2005 年版。

19. 中共中央文献研究室编:《十七大以来重要文献选编》(上),中央文献出版社 2009 年版。

20. 中共中央文献研究室编:《十八大以来重要文献选编》(上),中央文献出版社 2014 年版。

21. 中共中央文献研究室编:《十八大以来重要文献选编》(中),中央文献出版社 2016 年版。

22. 中共中央党史和文献研究院编:《十九大以来重要文献选编》(上),中央文献出版社 2019 年版。

23. 习近平:《习近平谈治国理政》(第一卷),外文出版社 2014 年版。

24. 习近平:《习近平谈治国理政》(第二卷),外文出版社 2017 年版。

25. 习近平:《习近平谈治国理政》(第三卷),外文出版社 2020 年版。

26. 习近平:《习近平谈治国理政》(第四卷),外文出版社 2022 年版。

27. 习近平:《习近平关于全面依法治国论述摘编》,中央文献出版社2015年版。

28. 习近平:《决胜全面建成小康社会　夺取新时代中国特色社会主义伟大胜利——在中国共产党第十九次全国代表大会上的报告》,人民出版社2017年版。

29. 习近平:《论坚持全面依法治国》,中央文献出版社2020年版。

30. 习近平:《习近平著作选读》(第一卷),人民出版社2023年版。

31. 中共中央文献研究室编:《毛泽东文集》(第六卷),人民出版社1999年版。

32. 中共中央文献研究室编:《毛泽东文集》(第七卷),人民出版社1999年版。

33.《毛泽东选集》(第二卷),人民出版社1991年版。

34.《邓小平文选》(第二卷),人民出版社1994年版。

35.《邓小平文选》(第三卷),人民出版社1993年版。

36.《江泽民文选》(第一卷),人民出版社2006年版。

37.《胡锦涛文选》(第二卷),人民出版社2016年版。

38.《江泽民文选》(第三卷),人民出版社2016年版。

39. 陈独秀:《陈独秀文章选集》(上),生活·读书·新知三联书店1984年版。

40. 陈寅恪:《隋唐制度渊源略论稿》,河北教育出版社2002年版。

41. 陈来:《古代宗教与伦理——儒家思想的根源》,生活·读书·新知三联书店2009年版。

42. 楚向红:《中国共产党依法治国方略的历史分析》,人民出版社2020年版。

43. 费孝通:《乡土中国》,人民出版社2012年版。

44. 郭沫若:《郭沫若全集》,科学出版社2002年版。

45. 侯欣一主编:《中国法律思想史》,中国政法大学出版社2016年版。

46. 罗国杰、宋希仁:《西方伦理思想史》(下卷),中国人民大学出版社1988年版。

47. 罗国杰主编:《伦理学》,人民出版社 1989 年版。

48. 罗国杰编:《中国革命道德》,中国人民大学出版社 2013 年版。

49. 李泽厚:《历史本体论 · 乙卯五说》,生活 · 读书 · 新知三联书店 2003 年版。

50. 李建华:《法治社会中的伦理秩序》,中国社会科学出版社 2004 年版。

51. 李建华主编:《行政伦理导论》,中南大学出版社 2005 年版。

52. 李安增、李先明编著:《中华人民共和国史纲》,山东人民出版社 2011 年版。

53. 李步云:《中国法治之路》,中国社会科学出版社 2013 年版。

54. 李德顺主编:《中国特色社会主义法治文化研究》,中国政法大学出版社 2016 年版。

55. 林世选:《国民素质论:和谐社会构建与国民素质研究》,中央编译出版社 2009 年版。

56. 刘建军:《追问信仰》,河北人民出版社 1998 年版。

57. 刘海年:《依法治国是历史的经验总结》,中国社会科学出版社 2013 年版。

58. 马小红:《礼与法:法的历史连接》,北京大学出版社 2004 年版。

59. 马汉宝:《法律、道德与中国社会的变迁》,载《法律思想与社会变迁》,清华大学出版社 2008 年版。

60. 马志冰:《中国法制史》,中国政法大学出版社 2017 年版。

61. 潘维和等著:《中西法律思想论集》,汉林出版社 1984 年版。

62. 瞿同祖:《中国法律与中国社会》,中华书局 1981 年版。

63. 瞿同祖:《瞿同祖法学论著集》,中国政法大学出版社 1998 年版。

64. 唐凯麟:《伦理学》,高等教育出版社 2001 年版。

65. 王伟光:《利益论》,人民出版社 2001 年版。

66. 王伟主编:《公共行政伦理读本》,国家行政学院出版社 2005 年版。

67. 王寿林、张美萍:《文化视阈聊法治——中国特色社会主义法治文化研究》,重庆出版社 2019 年版。

68. 吴经熊:《法律哲学研究》,中国方正出版社 2008 年版。

69. 魏英敏主编:《新伦理学教程》(第三版),北京大学出版社 2012 年版。

70. 魏长领:《道德信仰与自我超越》,河南人民出版社 2004 年版。

71. 魏长领、刘学民、刘晓靖:《道德信仰与社会和谐》,武汉大学出版社 2013 年版。

72. 魏长领:《道德信仰与国民素质》,中国社会科学出版社 2019 年版。

73. 西方法律思想史编写组编:《西方法律思想史资料选编》,北京大学出版社 1983 年版。

74. 辛世俊:《公民权利意识研究》,郑州大学出版社 2006 年版。

75. 夏征农、陈至立主编:《辞海》,上海辞书出版社 2009 年版。

76. 熊进光、易有禄:《法学通论》,复旦大学出版社 2012 年版。

77. 谢晖:《价值重建与规范选择——中国法制现代化沉思》,法律出版社 2019 年版。

78. 余涌:《道德权利研究》,中央编译出版社 2001 年版。

79. 严存生:《西方法律思想史》,中国法制出版社 2012 年版。

80. 杨楹、卢坤:《政治:一个伦理话题》,社会科学文献出版社 2008 年版。

81. 杨鸿烈:《中国法律思想史》,商务印书馆 2017 年版。

82. 赵震江、付子堂:《现代法理学》,北京大学出版社 1999 年版。

83. 郑开:《德礼之间——前诸子时期的思想史》,生活·读书·新知三联书店 2009 年版。

84. 郑显文:《中国古代的法典、制度和礼法社会》,中国法制出版社 2020 年版。

85. 张岱年:《中国哲学大纲》,中国社会科学出版社 1982 年版。

86. 张中秋:《中西法律文化比较研究》,南京大学出版社 1999 年版。

87. 张康之、李传军主编:《行政伦理学教程》,中国人民大学出版社 2004 年版。

88. 张彩凤主编:《西方法律思想史》,中国政法大学出版社 2007 年版。

89. 张兆瑞:《警察哲学》,中国人民公安大学出版社 2008 年版。

90. 张培强、魏长领、余兴龙:《伦理学概论》,河南大学出版社 2001 年版。

91. 朱贻庭主编:《伦理学大辞典》,上海辞书出版社 2002 年版。

92. 卓泽渊:《法的价值论》(第三版),法律出版社 2018 年版。

93. 邹昌林:《中国礼文化》,社会科学文献出版社 2000 年版。

94. 夏征农编:《辞海》,上海辞书出版社 1999 年版。

(二)外文著作

1. [古希腊]亚里士多德:《政治学》,吴寿彭译,商务印书馆 1981 年版。

2. [古希腊]柏拉图:《柏拉图全集》(第三卷),王晓朝译,人民出版社 2003 年版。

3. [古罗马]西塞罗:《国家篇　法律篇》,沈书平、苏力译,商务印书馆 1999 年版。

4. [苏]列宁:《列宁选集》(第四卷),人民出版社 1972 年版。

5. [苏]季塔连科:《马克思主义伦理学》,中国人民大学出版社 1984 年版。

6. [英]约翰·穆勒:《功用主义》,唐钺译,商务印书馆 1957 年版。

7. [英]洛克:《政府论》(下篇),叶启芳、瞿菊农译,商务印书馆 1964 年版。

8. [英]霍布斯:《利维坦》,黎思复等译,商务印书馆 1985 年版。

9. [英]泰勒:《原始文化》,蔡江浓译,浙江人民出版社 1988 年版。

10. [英]米尔恩:《人的权力与人的多样性——人权哲学》,夏勇译,中国大百科全书出版社 1995 年版。

11. [英]哈特:《法律的概念》,张文显等译,中国大百科全书出版社 1996 年版。

12. [英]亚当·斯密:《道德情操论》,蒋自强等译,商务印书馆 1997 年版。

13. [英]亚当·斯密:《道德情操论》,余涌译,中国社会科学出版社 2003 年版。

14. [英]雅诺斯基:《公民与文明社会》,柯雄译,辽宁教育出版社 2000 年版。

15. [英]边沁:《道德与立法原理导论》,时殷弘译,商务印书馆 2000 年版。

16. [英]怀特海:《过程与实在》,杨富斌译,中国城市出版社 2003 年版。

17. [英]霍布豪斯:《社会正义要素》,孔兆政译,吉林人民出版社 2006 年版。

18. [美]J. P. 蒂洛:《伦理学》,北京大学出版社 1985 年版。

19. [美]弗兰克纳:《伦理学》,关键译,生活·读书·新知三联书店 1987 年版。

20. [美]博登海默:《法理学——法律哲学与法律方法》,邓正来译,中国政法大学出版社 2017 年版。

21. [美]伯尔曼:《法律与宗教》,生活·读书·新知三联书店 1991 年版。

22. [美]麦金泰尔:《德性之后》,龚群等译,中国社会科学出版社 1995 年版。

23. [美]富勒:《法律的道德性》,郑戈译,商务印书馆 2005 年版。

24. [美]罗斯科·庞德:《法律与道德》,陈林林译,商务印书馆 2015 年版。

25. [美]庞德:《法哲学导论》,于柏华译,商务印书馆 2020 年版。

26. [法]卢梭:《社会契约论》,何兆武译,商务印书馆 1980 年版。

27. [法]孟德斯鸠:《论法的精神》,许明龙译,商务印书馆 2009 年版。

28. [德]黑格尔:《哲学史讲演录》(第一卷),贺麟、王太庆译,商务印书馆 1959 年版。

29. [德]黑格尔:《法哲学原理》,范扬等译,商务印书馆 1961 年版。

30. [德]康德:《历史理性批判文集》,何兆武译,商务印书馆 1990 年版。

31. [德]康德:《法的形而上学原理——权利的科学》,沈叔平译,商务印书馆 1991 年版。

32. [德]康德:《道德形而上学原理》,苗力田译,人民出版社 2012 年版。

33. [德]马克斯·韦伯:《经济与社会》(上卷),林荣远译,商务印书馆1997年版。

34. [德]古斯塔夫·拉德布鲁赫:《法律智慧警句集》,中国法制出版社2001年版。

35. [意]阿奎那:《阿奎那政治著作选》,马清槐译,商务印书馆1963年版。

36. [荷]斯宾诺莎:《神学政治论》,温锡增译,商务印书馆1963年版。

三、论文类

(一)报纸类

1. 中共中央办公厅印发:《关于培育和践行社会主义核心价值观的意见》,《中华人民共和国国务院公报》2013年第24号。

2. 中共中央办公厅、国务院办公厅印发:《新时代公民道德建设实施纲要》,《中华人民共和国国务院公报》2019年第31号。

3. 中共中央办公厅、国务院办公厅印发:《法治政府建设实施纲要(2021—2025年)》,《中华人民共和国国务院公报》2021年第24号。

4. 中共中央办公厅、国务院办公厅印发:《关于加强社会主义法治文化建设的意见》,《中华人民共和国国务院公报》2021年第11号。

5.《中共中央关于全面深化改革若干重大问题的决定》,《人民日报》2013年11月16日。

6.《中共中央关于全面推进依法治国若干重大问题的决定》,《人民日报》2014年10月29日。

7.《坚持依法治国和以德治国相结合　推进国家治理体系和治理能力现代化》,《人民日报》2016年12月11日。

8.《中共中央印发〈社会主义核心价值观融入法治建设立法修法规划〉》,《人民日报》2018年5月8日。

9.《中共中央国务院印发〈党和国家机构改革方案〉》,《人民日报》2023年3月17日。

10. 习近平:《决胜全面建成小康社会　夺取新时代中国特色社会主义

伟大胜利——在中国共产党第十九次全国代表大会上的报告》,《人民日报》2017 年 10 月 28 日。

11. 习近平:《在北京大学师生座谈会上的讲话》,《人民日报》2018 年 5 月 3 日。

12. 习近平:《高举中国特色社会主义伟大旗帜　为全面建设社会主义现代化国家而团结奋斗——在中国共产党第二十次全国代表大会上的报告》,《人民日报》2022 年 10 月 26 日。

13. 毛泽东:《在法制建设问题座谈会上的讲话》,《人民日报》1978 年 10 月 29 日。

14. 周斌、李娜:《积极稳妥协调有序推进司法体制和社会体制改革》,《法制日报》2015 年 4 月 10 日。

（二）期刊类

1. 习近平:《切实把思想统一到党的十八届三中全会精神上来》,《求是》2014 年第 1 期。

2. 习近平:《加快建设社会主义法治国家》,《求是》2015 年第 1 期。

3.《中央全面依法治国工作会议在京召开》,《党史文苑》2020 年第 12 期。

4. 陈仲:《法律文化与法治文化辨析》,《社科纵横》2009 年第 9 期。

5. 陈满玉、黄新根:《公民法治信仰的价值内涵探析》,《中共南昌市委党校学报》2016 年第 1 期。

6. 程立显:《试论道德权利》,《哲学研究》1984 年第 8 期。

7. 程秀波:《道德义务的特点探析》,《河南师范大学学报》1990 年第 4 期。

8. 窦炎国:《法律正义与道德正义》,《伦理学研究》2008 年第 1 期。

9. 公丕祥:《习近平总书记法治思想中的改革论述》,《东方法学》2021 年第 2 期。

10. 黑静洁:《公民法治思维的现状考察及反思》,《北方民族大学学报（哲学社会科学版）》2019 年第 4 期。

11. 黄谋琛:《法治必须被信仰》,《理论月刊》2017 年第 2 期。

12. 江必新:《论司法自由裁量权》,《法律适用》2006 年第 11 期。

13. 李建华、周蓉:《道德权利与公民道德建设》,《伦理学研究》2002 年第 1 期。

14. 李德顺:《法治文化论纲》,《中国政法大学学报》2007 年第 1 期。

15. 李林:《社会主义法治文化概念的几个问题》,《北京联合大学学报》2012 年第 2 期。

16. 林玲:《政治信任与民主实践:基于 CSS2019 的实证检视》,《浙江社会科学》2023 年第 7 期。

17. 刘斌:《中国当代法治文化的研究范畴》,《中国政法大学学报》2009 年第 6 期。

18. 刘作翔:《法治文化的几个理论问题》,《法学论坛》2012 年第 1 期。

19. 罗能生:《市场经济、道德权利与产权伦理》,《伦理学研究》2003 年第 2 期。

20. 毛杰:《论公民法治信仰的培育路径》,《中州学刊》2016 年第 10 期。

21. 齐文娟:《新时代中国共产党廉政建设的逻辑理路、鲜明特征与基本经验》,《延安大学学报(社会科学版)》2023 年第 4 期。

22. 钱颖萍:《论道德对法治文化的支撑作用》,《探索》2015 年第 1 期。

23. 钱秋月:《国家治理视域下中国特色社会主义法治信仰的培养》,《宁夏社会科学》2015 年第 3 期。

24. 丘丽丹:《论公众法治信仰的培育》,《广西青年干部学院学报》2014 年第 3 期。

25. 权麟春:《在文化认同的视域中培育法治信仰》,《学习论坛》2016 年第 2 期。

26. 沈国明:《中国社会主义法治文化的历史回溯和进路》,《学术月刊》2022 年第 9 期。

27. 孙育玮:《和谐社会法治文化命题的理论与实践》,《法学》2006 年第 6 期。

28. 唐凯麟:《重读马克思——关于人的本质和人的需要的再认识》,

《衡阳师范学院学报》2000 年第 2 期。

29. 唐斌、成婷、彭媛:《政府信任、政府责任与公众环境满意度——基于 2019 年中国社会状况综合调查的分析》,《经济地理》2023 年第 7 期。

30. 万俊人:《信仰危机的“现代性”根源及其文化解释》,《清华大学学报(哲学社会科学版)》2001 年第 1 期。

31. 万俊人:《人为什么要有道德?(下)》,《现代哲学》2003 年第 2 期。

32. 王利明:《法治:良法与善治》,《中国人民大学学报》2015 年第 2 期。

33. 王春燕:《〈社会心态蓝皮书:中国社会心态研究报告(2016)〉发布》,《社科院专刊》2016 年第 372 期。

34. 王曼倩:《多元主体互动的法治文化建设》,《中共中央党校学报》2021 年第 4 期。

35. 魏长领:《道德权利基本内涵探析》,《郑州大学学报》2013 年第 1 期。

36. 魏长领:《道德权利的特点探析》,《中州学刊》2013 年第 1 期。

37. 魏长领、李源:《论公民法律素质的基本要素及其提升路径》,《中州学刊》2017 年第 6 期。

38. 魏长领、李源:《法治国家建设的道德基础》,《伦理学研究》2018 年第 2 期。

39. 魏长领、李源:《法治信仰培育的两种模式及其关系》,《郑州大学学报(哲学社会科学版)》2020 年第 4 期。

40. 燕华:《全民树立法治信仰的考量》,《领导科学论坛》2015 年第 3 期。

41. 杨义芹:《道德权利问题研究三十年》,《河北学刊》2010 年第 5 期。

42. 俞国良、韦庆旺:《权力产生“腐败”吗?——社会心理学的答案》,《黑龙江社会科学》2009 年第 2 期。

43. 余涌:《论道德上的完全义务与不完全义务》,《哲学动态》2017 年第 8 期。

44. 余露:《伦理学视域下的自我认同问题》,《伦理学研究》2018 年第 5 期。

45. 张开城:《试论道德权利》,《山东师范大学学报(社会科学版)》1995年第5期。

46. 张文显:《法治中国建设的前沿问题》,《中共中央党校学报》2014年第5期。

47. 张文显:《法治的文化内涵——法治中国的文化建构》,《吉林大学社会科学学报》2015年第4期。

48. 周军虎、何祥林:《法治信仰的培育探究》,《理论月刊》2017年第2期。

49. 郝耀武、孙长春:《论现代法治精神》,《行政与法》2009年第9期。

后 记

这是我出版的关于道德信仰的第四部书。第一部《道德信仰与自我超越》(河南人民出版社 2004 年版),是在我的博士学位论文《道德信仰探究》的基础上完成的;第二部《道德信仰与社会和谐》(武汉大学出版社 2013 年版),是在我主持的国家社科基金项目"社会主义和谐社会构建中的道德信仰问题研究"(项目编号:06BZX057)的最终研究成果的基础上完成的;第三部《道德信仰与国民素质》(中国社会科学出版社 2019 年版),是在我主持完成的国家社科基金项目"国民素质提升中的道德信仰问题研究"(项目编号:13BZS100)的最终研究成果的基础上完成的;而本书是在我主持完成的国家社科基金项目"新时代中国特色社会主义法治文化建设中道德支撑问题研究"(项目编号:19BZS140)最终研究成果的基础上完成的,出版时书名取为《道德信仰与法治文化》,有与前三部书一起成为道德信仰研究系列成果之考虑。

在本国家社科基金项目的完成过程中,从相关文献资料收集、部分章节写作提纲的拟订到初稿写作,得到了李源、杨启帆、魏子凯三位同学的有力协助。李源同学先后在郑州大学哲学学院、北京大学哲学系攻读伦理学硕士学位和伦理学博士学位,后到华东政法大学马克思主义学院做博士后研究并于出站后留校任教,现已经成为硕士研究生导师,协助我完成了本项目第一章、第六章的初稿写作;杨启帆同学是郑州大学哲学学院 2020 级硕士研究生班的班长,是伦理学专业硕士研究生,协助我完成了本项目第五章的文献资料的收集、梳理和初稿写作,2023 年考取了北京大学哲学系中国哲学方向的博士研究生;魏子凯同学是郑州大学马克思主义学院马克思主义基本理论方向的博士研究生,协助我完成了本项目第七章的初稿写作。在本书即将出版之际,向三位同学表示感谢,并祝愿他们学业有成、事业顺利、诸事顺遂!

本书的出版,离不开郑州大学马克思主义基本理论学科“双一流”建设项目支持,离不开河南人民出版社副总编辑蔡瑛先生的鼓励和关心,离不开本书的责任编辑林子副编审的辛勤工作,离不开黄河科技学院马克思主义学院王振国院长的宝贵建议,在此一并感谢!

自知本书存在很多不足和需要完善之处,请读者同仁批评指教。

魏长领

2024 年初雪于郑州大学